21世纪法学系列教材　　普通高等教育"十一五"国家级规划教材

律师法学

Jurisprudence of Attorneys

第五版

主　编　谭世贵

撰稿人　谭世贵　谢佑平

以撰写章节先后为序　卞建林　姚　莉

法律出版社

——北　京——

始创于1954年

好书，同好老师和好学生分享

图书在版编目(CIP)数据

律师法学 / 谭世贵主编. -- 5 版. -- 北京：法律出版社，2022
ISBN 978 - 7 - 5197 - 7012 - 9

Ⅰ. ①律… Ⅱ. ①谭… Ⅲ. ①律师法 – 法的理论 – 中国 Ⅳ. ①D926.5

中国版本图书馆 CIP 数据核字(2022)第 151960 号

律师法学(第五版)
LÜSHI FAXUE(DI - WU BAN)

谭世贵 主编

责任编辑 陆帅文
装帧设计 凌点工作室

出版发行 法律出版社
编辑统筹 法律教育出版分社
责任校对 杨锦华
责任印制 刘晓伟
经　　销 新华书店

开本 787 毫米 × 1092 毫米　1/16
印张 20　　**字数** 360 千
版本 2022 年 9 月第 5 版
印次 2022 年 9 月第 1 次印刷
印刷 固安华明印业有限公司

地址：北京市丰台区莲花池西里 7 号(100073)
网址：www.lawpress.com.cn
投稿邮箱：info@lawpress.com.cn
举报盗版邮箱：jbwq@lawpress.com.cn

销售电话：010 - 83938349
客服电话：010 - 83938350
咨询电话：010 - 63939796

书号：ISBN 978 - 7 - 5197 - 7012 - 9　　**定价**：45.00 元

凡购买本社图书，如有印装错误，我社负责退换。电话：010 - 83938349

出 版 说 明

法律出版社作为中国历史悠久、品牌积淀深厚的法律专业出版社，素来重视法学教育图书之出版。

原“21世纪法学规划教材”系列作为本社法学教育出版的重心，延续至今已有十余年。该系列一直以打造新世纪新经典教材为己任，遍揽名家新秀，因其卓越品质而颇受瞩目并广受肯定。当前，根据法学教育发展变化的客观需要，本社将原有教材系列调整重组，形成新编“21世纪法学系列教材”，以便更好地为法学师生服务。

中国的法学教育正面临深刻变革，未来的法学教育势必以培养高素质法律人才为目标，以知识教育与应用教育相结合、职业教育与素质教育相结合、精英教育与大众教育相结合为导向，法学教育图书的编写与出版也将由此进入变革与创新的时代。

为顺应未来法学教育的改革方向和发展趋势，本社将应时而动，为不同学科、不同层次、不同阶段、不同需求的法学师生量身打造法学教材及教学辅助用书。在教材方面，将推出课堂教学系列、实训课程系列、通识课程系列、简明本系列、双语教学系列等；在教学辅助用书方面，将推出案例教程系列、法规教程系列、练习与测验系列、法学讲座系列、专业培训系列等。或革新，或全新，以厚基础、宽口径、多元化、开放性为基调，力求从品种、内容和形式上呈现崭新风采，为法学师生提供更好教本与读本，同享教材规划之盛。

“好书，同好老师和好学生分享。”本社在法学教育图书出版上必将继往开来，以精益求精的专业态度，打造全新“21世纪法学系列教材”，传播法学知识，传承法学理念，辅拂法律教育事业，积累法律教育财富，服务万千法学师生和明日法治英才。

法律出版社

2015年1月

作 者 简 介

（以撰写章节为序）

谭世贵　华南师范大学法学院教授，法学博士，博士生导师，中国刑事诉讼法学研究会前副会长，系“第四届全国十大杰出青年法学家”。代表性著作有：《司法改革的理论探索》《中国司法原理》《中国司法改革研究》《刑事诉讼法学》《律师权利保障与律师制度改革》《法律职业良性互动研究》等。

卞建林　深圳大学特聘教授，中国政法大学诉讼法学研究院名誉院长，教授，法学博士，博士生导师，中国刑事诉讼法学研究会名誉会长。代表性著作有：《刑事起诉制度的理论与实践》《刑事诉讼的现代化》《外国刑事诉讼法》《证据法学》《刑事证明理论》《现代司法理念研究》等。

谢佑平　湖南大学法学院教授，法学博士，博士生导师，中国刑事诉讼法学研究会副会长。代表性著作有：《刑事诉讼模式与精神》《刑事诉讼法原则：程序正义的基石》《刑事司法程序的一般理论》《刑事诉讼国际准则研究》等。

姚　莉　中南财经政法大学副校长，教授，法学博士，博士生导师，中国刑事诉讼法学研究会副会长。代表性著作有：《反思与重构——中国法制现代化进程中的审判组织改革研究》《刑事诉讼法学》《新编证据学》等。

编 写 说 明

本教材是普通高等教育“十一五”国家级规划教材之一，于2007年6月由教育部批准立项。

在我国，广大律师肩负着“维护当事人合法权益，维护法律正确实施，维护社会公平和正义”的光荣使命，他们坚守法治、主持正义、仗义执言、为民请命；他们精通法律，能言善辩，奔走于法庭内外，努力为当事人提供优质高效的法律服务，是我国社会主义法治建设的一支重要力量。为了完善律师制度，规范律师执业行为，保障律师依法执业，发挥律师在社会主义法治建设中的积极作用，最高国家权力机关于1996年5月制定了我国第一部《律师法》，2001年、2007年、2012年和2017年先后对《律师法》进行了修改，从而使我国的律师制度更加完善，更具中国特色。

本教材自第一次出版以来，深受广大读者欢迎。现根据律师理论的最新研究成果和现行《律师法》《刑事诉讼法》《民事诉讼法》《行政诉讼法》《仲裁法》《人民调解法》等法律法规以及有关司法解释和规范性文件对本教材进行全面修订，力求完整、准确地阐述律师法学的基本概念、基本原理和基本知识，实现科学性、系统性和实用性的有机统一。本教材既可作为高等院校法学本科学生的专业教材，也适合广大律师人员和法律爱好者阅读。

本教材由主编谭世贵教授拟定编写、修订提纲并审改定稿。撰写人分工如下（以撰写章节先后为序）：

谭世贵：第一、二、三、十二、十三、十六章

谢佑平：第四、五、六、七、八章

卞建林：第九、十、十四、十五章

姚　莉：第十一、十七、十八、十九章

尽管我们做了很大的努力，但由于水平有限，教材中疏漏甚至错误之处在所难免，敬请广大读者批评指正。

谭世贵

2022年6月16日

目　　录

第一章　律师法学概述

第一节　律　　师

一、律师的概念和特征

说到律师，人们往往会有律师通晓法律、能言善辩的印象。那么，何为律师呢？从字面上看，“律”是指法律，“师”是指专业人员，即具有专门知识或技能的人，如经济师、会计师、工程师、教师、医师等。因此，顾名思义，“律师”就是指具有法律知识的专业人员。英文“lawyer”“attorney”（美）既可以称为律师，亦泛指从事法律职业的人。

律师一词的使用具有广泛性。首先，律师是一种职业，这种职业是社会分工的产物。其次，律师是一种身份，是社会对从事律师工作的人的泛称。最后，律师还是一种称谓，是人们对具有律师身份的某个人的特称，如“李律师”“张律师”等。

美国《国际大百科全书》对“律师”一词的解释是：“律师或称法律辩护人，是受过法律专业训练的人，他在法律上有权为当事人于法院内外提出意见或代表当事人的利益行事。”这一概念的特点，一是指出了律师职业的专业性，即律师是受过法律专业训练的人；二是说明了律师工作的专门性，即于法院内外提出意见或代表当事人的利益行事。

《苏联百科全书》将律师解释为：“律师是选择了以提供法律帮助为自己职业的人。在苏联，凡具有高等法律教育程度并从事专业工作两年以上的苏联公民，可以成为律师。”这一概念的特点，一是指出了律师是一种职业，二是指出了从事这一职业应具备的基本条件，即具有高等法律教育程度；从事专业工作两年以上；是苏联公民。

1996 年八届全国人大常委会第 19 次会议通过的第一部《律师法》第 2 条规定：“本法所称律师，是指依法取得律师执业证书，为社会提供法律服务的执业人员。”这一概念的特点，一是指出了成为律师的前提条件，即“依法取得律师执业证书”；二是指出了律师工作的内容，即“为社会提供法律服务”；三是界定了律师的属性,即律师属于“执业人员”,由此将律师与公职人员区别开来。

2007年十届全国人大常委会第30次会议修订的《律师法》第2条规定:“本法所称律师,是指依法取得律师执业证书,接受委托或者指定,[1]为当事人提供法律服务的执业人员。”与1996年《律师法》相比,2007年修订后的《律师法》更加明确地指出了律师工作的前提和内容,即律师工作的前提,不仅要“依法取得律师执业证书”,而且要“接受委托或者指派”;律师工作的内容由“为社会提供法律服务”改为“为当事人提供法律服务”。需要说明的是,2007年修订后的《律师法》之所以作这样的修改,主要是考虑到军队律师只为军队提供法律服务;公职律师和公司律师,只为政府机关或公司提供法律服务。也就是说,军队律师、公职律师和公司律师的服务对象是特定的主体,因此,并不是所有的律师都为社会提供法律服务。2012年、2017年修正的《律师法》一直沿用了2007年《律师法》第2条关于律师概念的规定。

综上所述,律师具有以下几个显著特征:

1. 专业性。在任何一个国家,取得律师职务都必须具备一定的条件,一般的要求是受过法律专业训练,具有法律专业知识。在我国,则必须“依法取得律师执业证书”,而要取得律师执业证书,就专业条件而言,必须“通过国家统一法律职业资格考试”。在我国,报名参加国家统一法律职业资格考试的专业条件是:具备全日制普通高等学校法学类本科学历并获得学士及以上学位,或者全日制普通高等学校非法学类本科及以上学历并获得法律硕士、法学硕士及以上学位,或者全日制普通高等学校非法学类本科及以上学历并获得相应学位且从事法律工作满三年。因此,一个人如果不具有相当的法律专业知识,就不可能成为一名律师。

2. 服务性。律师的天职是为当事人提供法律服务,而且这种服务一般来说是有偿的。在世界上,绝大多数国家的律师都不是国家公职人员,不享有国家赋予的公权力,而只能依靠自己的法律知识和专业技能,为当事人提供法律服务,由此获得报酬,并赖以生存和发展。

3. 受托性。律师虽然是法律方面的专业人员,但又不同于法官、检察官。律师的业务主要来自当事人的委托(也有少部分来自法律援助机构的指派),而不是基于国家权力。如果没有当事人的委托,则律师的业务活动便无从谈起;而不开展业务活动,则法律规定的律师执业权利就无法行使。

4. 公正性。律师根据当事人的委托,运用自己的法律知识和专业技能,为当事

[1] 说明:根据2012年修正的《律师法》第28条第3项的规定,律师“接受刑事案件犯罪嫌疑人、被告人的委托或者依法接受法律援助机构的指派,担任辩护人,接受自诉案件自诉人、公诉案件被害人或者其近亲属的委托,担任代理人,参加诉讼”。由此,该条中的“指定”一词应当改为“指派”。

人提供法律服务。由于律师是法律方面的专家，因此，人们自然而然地认为律师的意见是公正的，此其一。其二，根据《律师法》第2条第2款的规定，律师除了维护当事人的合法权益外，还必须维护法律的正确实施，维护社会公平和正义。这也说明，律师的执业活动应当具有公正性。其三，从各国律师的誓词也可以看出律师具有公正性。例如，法国律师的誓词是："我宣誓，为了实现公平正义和维护国家利益，我一定公正无私，认真努力地履行我的职责。"意大利律师的誓词是："我谨以一个律师的名义起誓，我一定严肃认真、公平正直地执行职务。"

二、律师的性质和职能

（一）律师的性质

关于律师的性质，我国学术界争论很大。1980年五届全国人大常委会第15次会议通过的《律师暂行条例》第1条明确规定："律师是国家的法律工作者。"按照当时的解释，律师的工作性质，实际是肩负着国家赋予的使命，按照我国的社会主义法律办事，又通过自己的工作维护社会主义法律的正确实施。因此，"律师是国家政治、经济领域和社会生活中一支维护法律的力量"[2]。据此，当时的主流观点认为我国的律师是"国家法律工作者"。到了20世纪80年代后期，我国律师界、法学界对律师性质展开了激烈的讨论，大致有四种意见：第一种意见仍认为律师是"国家法律工作者"；第二种意见认为律师是"社会法律工作者"；第三种意见认为律师是"社会主义法律工作者"；第四种意见认为律师是"自由职业者"。

随着我国社会主义法制的不断健全和学术界对律师性质认识的深化，第一种意见显然是不能成立的。这是因为：首先，律师具有服务性，其业务活动是有偿的，因此，律师与法官、检察官等"国家法律工作者"不同，后者的职责是向社会提供强制性的法律保护，而律师的职责是向社会提供由当事人自愿选择的法律服务，这种区别决定了律师不宜以国家公职人员的身份出现。其次，律师担任辩护人行使辩护权或担任代理人行使代理权，从本质上讲，都属于"私权"（辩护权、代理权）的范围，是公民"私权"的延伸，这与审判权、检察权等国家权力（亦称"公权"）是截然不同的。[3] 最后，律师是国家法律工作者，这种身份难以被国内外当事人所接受。因为如此一来，容易使当事人产生这样的感觉：律师为自己进行辩护或代理，纯粹是在执行公务，而不是为自己提供法律服务。这显然不利于律师业务活动的开展，

---

〔2〕 李运昌：《关于〈中华人民共和国律师暂行条例（草案）〉的说明》，载《中华人民共和国国务院公报》1980年第10期。

〔3〕 参见谭世贵：《完善律师辩护制度简议》，载《未定稿》1988年第14期。

更不利于我国律师业与国际律师业的接轨。

第二种意见将律师界定为“社会法律工作者”,使律师与行使国家权力的法官、检察官等国家法律工作者明显区别开来,突出了律师的“民间性”和为社会提供法律服务的特点,有一定的可取之处。

第三种意见将律师界定为“社会主义法律工作者”,虽然不再认为律师是国家法律工作者,但由于社会主义是一种社会性质,因而将其与律师联系在一起,容易使律师的性质变得模糊不清,无法分辨。

第四种意见照搬资本主义国家的做法,将律师界定为“自由职业者”,明显不符合我国国情。在我国,律师必须坚持马列主义、毛泽东思想、邓小平理论、“三个代表”重要思想、科学发展观和习近平新时代中国特色社会主义思想,坚持中国共产党的领导,坚持社会主义制度和人民民主专政制度,接受司法行政部门的监督和指导。同时,律师队伍是落实依法治国基本方略、建设社会主义法治国家的重要力量,是社会主义法治工作队伍的重要组成部分。因此,律师不可能是自由职业者。实际上,自由职业者也无法反映律师的本质属性。按照通例,自由职业者无须取得执业证书,并可以自由选择从业方式、从业时间和从业地点等,而律师在开展业务活动时必须取得律师执业证书,且一般都不具有这样的自由。

我国《律师法》从律师的职业特点、执业属性、法律属性三者统一出发,明确规定律师是“依法取得律师执业证书,接受委托或者指定,为当事人提供法律服务的执业人员”。这与《律师暂行条例》关于律师性质的规定相比较,无疑更具有科学性和完整性。首先,它高度概括了作为律师的必备条件,即律师必须是依照《律师法》的规定取得律师执业证书的人员。其次,它准确地体现了律师为当事人提供法律服务的职业特点,从而使律师不同于国家工作人员。再次,“执业人员”的定位表明律师必须依法取得执业证书,并接受委托或者指派,才能开展律师业务活动,这表明我国律师亦不同于自由职业者。最后,它有利于我国律师队伍的发展。由于律师不再是国家法律工作者,可以不占国家编制,不需要国家核拨经费,因此律师队伍就可以根据社会需要和现实可能性,不断发展壮大起来。

(二)律师的职能

律师的职能,亦即律师的基本任务或主要职责,是由国家法律规定的,与各国的社会、政治制度密切相关。如日本《律师法》第1条规定:“律师的使命:(1)律师以维护基本人权、实现社会正义为使命;(2)律师根据前项使命应当诚实地执行职务,努力维护社会秩序和改善法律制度。”

我国《律师法》第2条第2款规定“律师应当维护当事人合法权益,维护法律正确实施,维护社会公平和正义”,从而以法律的形式确立了我国律师的职责和使命，进一步明确了律师所肩负的责任。这对于促进律师树立正确的价值观，确保律师工作的正确方向，深化对律师职业属性和法律属性的认识，提升律师的社会地位，塑造律师的良好形象，充分发挥律师在社会主义法治建设中的积极作用，具有十分重要的意义。

根据《律师法》第2条第2款的规定，我国律师具有以下三项职能：

1. 维护当事人合法权益

在我国，公民、法人和其他组织依法享有广泛的权利和利益，如人身权利、民主权利、财产权利和经济利益等，律师为当事人提供法律服务，其目的就是帮助当事人依法行使权利，保护他们的利益，即维护当事人的各种合法权益。离开了这一目的，律师便无存在的必要。

2. 维护法律正确实施

一方面，当事人的合法权益是由国家法律赋予并保护的，因此，通过律师提供法律服务，维护当事人的合法权益（而不是非法权益），国家法律也就可以得到正确实施；反之，如果当事人的合法权益得不到维护，则规定这种权益的法律也就得不到遵守和执行。另一方面，律师在为当事人提供法律服务的过程中，必须严格遵守法律的规定，依法办事，而不能歪曲法律、故意规避法律去迎合当事人，损害国家和集体的利益，破坏法律的统一和尊严。由此可见，维护法律的正确实施和维护当事人的合法权益，两者是统一的，不可偏废。律师既不能以维护法律为借口，损害当事人的合法权益，也不能以维护当事人合法权益为由，损害法律的统一和尊严。

3. 维护社会公平和正义

公平与正义历来被视为人类社会的美德，是人类孜孜以求的崇高理想。“自古至今，人类社会尽管对正义有无数不同的解释，但普遍认为这是一个崇高的价值、理想和目标。”[4]在人类发展的历史长河中，实现公正的方式有很多，但通过法律分配正义，通过司法实现正义，无疑是实现公正的基本和主要的方式。“从这个意义上说，正义是法律职业活动最根本的价值目标，也是人们对法律职业的终极企盼。”[5]律师职业的法律属性，决定了律师肩负着维护社会公平和正义的职责，律师在从事法律服务工作中，必须抱有正义的理念，追求正义的目标，做到仗义执言，为民请命。只有这样，他们才能融入法律职业共同体，投身于建设社会主义法治国家的伟大实践，从而更好地维护当事人的合法权益，维护法律的正确实施。而离开

---

〔4〕 沈宗灵：《法·正义·利益》，载《中外法学》1993年第5期。

〔5〕 王新清主编：《法律职业道德》，法律出版社2007年版，第29页。

了公平和正义这一灵魂,律师队伍就可能成为一个追逐金钱的群体,进而失去其存在的价值。

第二节 律 师 法

一、律师法的概念

律师法是从属于宪法的部门法,它和法官法、检察官法、人民警察法、注册会计师法乃至人民法院组织法、人民检察院组织法一样,属于组织法的范畴,从广义上讲亦属于程序法的范畴。

律师法是国家制定的,规定律师、律师事务所和律师管理机构的法律地位及其相互关系以及律师进行业务活动所必须遵守的行为规范的总称。

律师法有广义和狭义之分。狭义的律师法,是指由国家最高立法机关通过的《律师法》这样一部法典,如日本 1949 年制定的《律师法》。在我国,八届全国人大常委会第 19 次会议于 1996 年通过的《中华人民共和国律师法》,是我国第一部律师法典。该法经 2001 年、2007 年、2012 年和 2017 年多次修改,现有七章 60 条,内容分别为:第一章总则;第二章律师执业许可;第三章律师事务所;第四章律师的业务和权利、义务;第五章律师协会;第六章法律责任;第七章附则。

广义的律师法,是指除了律师法以外,包括中央国家机关制定和发布的有关律师工作的单行法规、实施细则、管理办法,以及地方国家机关制定和发布的规范律师工作的法规、规章等。具体有:

1. 国务院制定的有关律师工作的行政法规。例如,根据《律师法》第 57 条、第 58 条的规定,军队律师的具体管理办法,由国务院和中央军事委员会制定;外国律师事务所在我国境内设立机构从事法律服务活动的管理办法,由国务院制定。

2. 国家律师管理机关制定的有关律师工作的管理办法。自 1996 年《律师法》颁布以来,国务院司法行政部门为加强对律师和律师事务所的管理,保障律师事业的健康发展,先后制定了一系列行政规章。主要有:司法部制定的《律师事务所管理办法》《律师执业管理办法》《律师事务所年度检查考核办法》《律师和律师事务所违法行为处罚办法》,国家发展和改革委员会、司法部联合制定的《律师服务收费管理办法》等。

3. 省、自治区、直辖市国家权力机关制定的规范本地区律师工作的地方性法规。到目前为止,已有北京、上海、安徽、新疆、海南等 20 多个省、自治区、直辖市的人大或人大常委会制定了《律师管理条例》、《律师管理办法》或《律师执业条例》等地方性法规。

二、律师法的调整对象

任何一部法律都有其独立的调整对象,《律师法》也不例外。我国《律师法》的调整对象,包括以下几个方面:

1. 确定律师、律师执业机构、律师行业组织和律师管理机关的法律地位、性质和权利义务等。如规定律师的概念和性质、律师执业条件、律师的权利和义务;确定律师执业机构的组织形式及其设立程序、律师协会的性质与职责,以及律师管理机关的职权等。

2. 调整律师、律师执业机构、律师行业组织和律师管理机关之间的关系。如规定律师与律师事务所之间的关系,律师、律师事务所与律师协会之间的关系,律师、律师事务所、律师协会与律师管理机关之间的关系。

3. 调整律师与当事人之间的关系。如规定律师接受公民、法人和其他组织的委托,从事各项业务活动时与当事人之间形成的权利义务关系等。

4. 调整律师在业务活动中与有关国家机关或社会组织的关系。如规定律师在侦查、审查起诉、审判阶段为犯罪嫌疑人或被告人进行辩护时分别与公安机关、人民检察院、人民法院之间的关系;律师在代理民事诉讼、行政诉讼、刑事诉讼时与人民法院之间的关系;律师在代理行政复议、办理企业登记等法律事务时与有关行政机关之间的关系;律师在代理参加仲裁、代办公证等法律事务时与仲裁委员会、公证处等机构之间的关系等。

三、律师法的地位和作用

(一)律师法的地位

我国社会主义法律体系主要由宪法和部门法构成。依法律效力的不同,部门法又分为基本法律、一般法律和行政法规等。其中,由全国人民代表大会通过的法律称为基本法律,由全国人民代表大会常务委员会通过的法律称为一般法律,由国务院制定和发布的规范性文件称为行政法规。《律师法》是由全国人民代表大会常务委员会制定的法律,因此属于一般法律,其地位低于基本法律而高于行政法规。

我国《律师法》是律师的组织法,由其调整对象的独特性决定了律师法是一个独立的法律部门。律师的各项业务活动必须在律师法规定的业务范围内进行,并依据律师法关于某一业务的具体规定办理。因此,在一定意义上讲,律师法是律师开展各项业务活动,为公民、法人和其他组织提供法律服务的“基本法”。没有律师法,律师开展业务活动就缺乏前提,失去保障,就必然出现混乱而使律师等同于一般的辩护人或代理人,进而使律师的作用完全消失。此外,由于律师以为当事人提供法律服务为天职,因此律师法与其他部门法之间又有着广泛而密切的关系。如律师接受民事诉讼或行政诉讼当事人的委托担任诉讼代理人,就必须按照民法、民事诉讼法或行政法、行政诉讼法的规定进行代理活动;律师接受犯罪嫌疑人、被告人的委托或法律援助机构的指派担任辩护人,就必须依据刑法、刑事诉讼法的有关规定为犯罪嫌疑人、被告人进行辩护;律师接受非诉讼当事人的委托,办理有关法律事务,就必须根据与非诉讼法律事务相关的部门法开展活动。因此,其他部门法是律师进行各项业务活动的主要依据,是律师为当事人提供法律服务的重要保障。离开了其他部门法,律师在各项业务中就必然显得“装备不良”,失去提供法律服务的依据和保障。可以说,其他部门法越完备,律师的业务活动就越规范;其他部门法调整的范围越广泛、越深入,律师的业务活动就越全面、越充分。反之,律师法越完善,律师的行为越规范,其他部门法的实施就越有效,法律的作用就越能得到充分的发挥。

综上所述,律师法是一个独立的法律部门,是律师的组织法和保障法,它与其他部门法相辅相成,互相促进,从而成为我国社会主义法律体系的一个有机的重要组成部分。

(二)律师法的作用

我国《律师法》第1条规定了律师法的立法宗旨,第2条第2款规定了律师的职能。实际上,立法宗旨或主体职能的实现,也就是某一法律的作用得到充分发挥的结果。因此,律师法的立法宗旨和律师的职能与律师法的作用应当是一致的。归纳起来,我国的律师法具有以下几个方面的作用:

1. 有利于律师制度的完善。律师制度是一个国家文明程度的重要标志,其完善与否,是衡量一个国家民主法治建设水平的重要因素。因此世界上很多国家都采取有力的措施促进律师制度的完善。我国1980年制定和颁布的《律师暂行条例》,对律师制度的恢复与发展起到了积极的作用。到1996年,我国社会发生了巨大的变化,政治、经济、文化、科技、教育等方面的体制改革稳步推进,社会主义法律体系逐步完善。与此同时,我国的律师工作也进行了多方面的改革,获得了长足的发展,《律师暂行条例》中的许多规定已被突破,如律师的工作机构已由原来的法律顾问处改称律师事务所,而且除原有的国有律师事务所外,出现了合作律师事务所和合伙律师事务所;律师资格的取得已由原来的考核制改为全国律师资格统一考试,并且实行了律师资格与律师职务相分离的制度;对律师工作的管理已由原来的司法行政机关单一管理发展到司法行政机关行政管理与律师协会行业管理相结合的管理体制，等等。因此，在总结经验的基础上制定和颁布《律师法》，有利于确认和巩固改革成果，从而使律师工作走向法制化和规范化，促进律师制度的完善，保障律师业的健康发展。之后，我国的社会主义法治建设不断取得新的成就，在律师事业方面，国家先后建立起统一司法考试制度和统一法律职业资格考试制度，许多地方设立了个人律师事务所，律师业务也有了很大的拓展。因此，全国人大常委会多次对《律师法》进行了修改，对律师制度的改革和发展成果加以确认，从而促进了我国律师制度的不断发展和完善。

2. 有利于规范律师执业行为，保障律师依法执业。由于历史的局限性，1980年制定的《律师暂行条例》条文少、内容粗，过于简单，如对律师权利和义务的规定不够全面具体，对律师的执业条件未作严格要求，甚至连法律责任这样重要的问题也只字未提，严重影响了它的权威性。在实际工作中，一方面，律师的人身权利和正常执业得不到有效保护，律师合法权益被侵犯的现象经常发生，严重影响了律师业的健康发展；另一方面，律师中有的一切向钱看，对委托人漫天要价，甚至私下向委托人索取不正当报酬；有的为捞取"好处费"，无视国家法律，不择手段为犯罪嫌疑人、被告人出具伪证，或者诱使当事人作伪证、假证；有的违反执业纪律，私自收案、收费；有的采取诋毁同行、竞相压价、给回扣等手段进行不正当竞争，等等。为改变《律师暂行条例》对律师保障不力的状况，并抑制律师违法违纪现象的滋生蔓延，1996 年制定和颁布的《律师法》对律师的执业条件、业务范围、权利义务、执业保障措施以及法律责任等作了具体明确的规定。但随着《律师法》和 1996 年修改的《刑事诉讼法》的颁布实施，又发生了律师"会见难""阅卷难""取证难"以及律师权益保障不到位等问题，而且由于管理不严格、不规范，律师在执业活动中的违法违纪现象明显增加。为此，2007 年、2012 年先后修改的《律师法》充实了律师执业权利保障的内容，增加了规范律师执业行为的规定，完善了对律师的行政管理和行业管理措施。这对于规范律师执业行为，保障律师依法执业，促进律师廉洁从业，维护律师的良好形象，具有重要的作用。

3. 有利于维护当事人合法权益，维护法律正确实施，维护社会公平和正义。《律师法》规定了律师执业的条件、律师执业的基本原则、律师执业的权利和义务、律师执业的纪律以及法律责任。实践证明，律师、律师事务所、律师行业组织和律师管理机关严格遵守和执行这些规定，就能够造就一支素质优良的律师队伍，形成廉洁高效的工作作风，树立"仗义执言，为民请命"的良好形象，从而既能够切实维护当事人合法权益和保障法律正确实施，又能够有力地维护社会公平和正义，进而促进社会和谐与稳定。

4. 有利于发挥律师在社会主义法治建设中的积极作用。改革开放以来,广大律师通过认真履行《律师暂行条例》赋予的职责,在维护国家法律的正确实施,维护公民、法人和其他组织的合法权益,推动改革开放,促进经济发展和法制建设等方面,发挥了十分重要的作用。1996 年我国在总结《律师暂行条例》实施经验的基础上制定和颁布《律师法》,2007 年、2012 年和 2017 年又先后对《律师法》进行较大修改,使我国的律师制度不断完善。这就为规范律师执业行为,保障律师依法执业,进而维护当事人的合法权益,维护法律的正确实施提供了有力的法律保障。毫无疑问,我国《律师法》的制定、修改与完善,有利于充分发挥律师在社会主义法治建设中的积极作用。

第三节 律师法学

一、律师法学的概念和任务

律师法学是一门以律师法及其相关问题为研究对象的法律学科。

"律师法学"是在我国《律师法》制定和颁布后才正式提出的概念,并在本教材 1997 年的第一版中首先使用。在此之前,法学界一直使用"律师学"这一概念。"律师学"最早由我国著名法学家徐静村教授创立,他于 20 世纪 80 年代末编写了我国第一本《律师学》教材,我国法学家肖胜喜教授于 20 世纪 90 年代中期也主编了《律师学》一书。应当承认,"律师法学"是在"律师学"的基础上发展起来的,两者都研究律师问题,但又有一定的区别。顾名思义,"律师学"以律师和律师业为研究的对象,而"律师法学"则以律师法为研究的对象。具体来说,"律师学"以律师和律师职业为研究对象,这是一个非常大的概念。而要研究律师职业,除了研究律师的概念、特征、职能、业务、权利义务和法律责任等问题以外,还必须研究律师进行业务活动的依据、手段、技能等问题,即还应当研究刑法、民法、行政法、经济法等实体法和刑事诉讼法、民事诉讼法、行政诉讼法、仲裁法等程序法,而这显然是"律师学"所无法解决的。正是基于律师职业的这一特点,目前有的政法院校开设了"律师学"专业方向。这说明,"律师学"与"会计学"一样,更适合于作为一个专业或专业方向,而不适合作为一门课程。而且,《律师法》颁布后编写的《律师学》教材,大多也以律师法为主要研究对象。因此,比较而言,使用"律师法学"这一概念比"律师学"更为妥帖和准确。

我们认为,律师法学的任务应当包括以下四项:

1. 研究律师法的立法宗旨和具体规定。律师法学，顾名思义，就是研究律师法的一门学科。以律师法为研究对象，这是律师法学区别于其他法学学科的主要标志。具体包括：律师法的立法宗旨以及律师法关于律师执业的原则，律师执业的条件，律师执业机构的条件、组织形式及设立程序，律师的业务范围，律师的权利和义务，律师的管理以及律师的法律责任等一系列规定。在实际研究中，不仅应当研究这些规定的含义和内容，还应当研究这些规定的立法背景和立法精神。只有这样，才能对律师法的规定有全面和透彻的理解，并在实际工作中予以准确的把握。

2. 研究律师制度的历史沿革。律师制度是一项古老的法律制度，在大多数国家都有着悠久的历史。我国的律师制度虽然产生较晚，但早在2000多年前，就有了类似于律师的辩护士、讼师和代理人的职业。因此，律师法学需要研究古今中外的律师制度是如何产生和发展的？其条件是什么？曾经起过哪些作用？有哪些规律性？"古为今用、洋为中用"，研究、学习和借鉴前人和他人的有益经验，必将有利于我国律师制度的进一步发展与完善。

3. 研究律师进行业务活动的程序和方法。律师法学归根到底是一门应用学科。律师依法可以开展哪些业务活动？开展各项业务活动各应采用何种方式，遵循哪些程序，掌握哪些方法，以及注意哪些事项，等等。要贯彻实施律师法，做好律师工作，就必须认真研究、了解和熟悉这些问题。

4. 研究律师法实施的环境和条件。律师法的有效实施离不开国家的政治、经济、文化环境以及律师法律地位的提高、国家对律师工作的重视和采取相应的措施。但上述问题主要应当是法理学和宪法学所要研究的问题，作为律师法学的研究任务显然失之过宽。实际上，影响律师法有效实施的主要因素在于律师自身。这是因为，律师素质的优劣、律师职业道德乃至律师形象的好坏都将对律师法的实施产生至关重要的和直接的影响。因此，如何规范律师执业行为，提高律师整体素质，培养律师职业道德，树立良好的律师形象，应当成为律师法学研究的重要任务。

二、律师法学的体系

围绕上述任务，律师法学的体系应由以下两个部分组成：第一部分研究和论述律师的基本问题以及基本制度，包括律师的概念和特征、律师的性质和职能、律师制度的沿革和比较、律师执业的基本原则、律师执业许可、律师素质、律师管理体制、执业律师的权利和义务、律师职业道德和执业纪律、律师法律责任等；第二部分研究和论述律师实务问题，包括律师业务与律师收费、担任法律顾问、刑事辩护、刑事诉讼代理、民事诉讼代理、行政诉讼代理、申诉代理、仲裁代理、非诉讼法律事务、法律咨询与代书等。

三、律师法学的研究方法

辩证唯物主义与历史唯物主义是我们从事任何一门学科研究所应当采用的科学方法。律师法学作为专门研究律师法和律师实务的学科,必须坚持辩证唯物主义与历史唯物主义的世界观和方法论,坚持理论与实践相结合,坚持学以致用,加强创新精神和实践能力的培养。根据律师法学的特点,其研究和学习应采用以下几种方法:

(一)理论联系实际的方法

律师法学是一门应用学科,虽然它也要研究律师的概念、特征、性质与功能等一些理论问题,但它的侧重点是要研究律师的实务活动。首先,律师法学研究的材料来源于律师业务各项实践活动,没有律师的实践活动,律师法学的研究就会成为无源之水、无本之木。其次,律师法的许多规定,如律师执业的基本原则、律师执业条件、律师事务所的组织形式、律师管理体制、律师的权利和义务等,无不是律师实践经验的总结和律师工作的概括。离开了它们产生的客观条件,这些规定就不可能科学、全面和准确,即使作了全面和系统的规定,也往往难以执行。最后,律师法的规定是否正确、完善,需要通过律师工作的实践来进行检验,只有通过实践,才能发现问题,并加以纠正。由此可见,律师法学主要研究律师的实务活动,整个学科构筑在律师实务的基础之上,是对律师实践经验的科学总结和理论概括。因此,对律师法学的研究和学习,必须坚持理论联系实际的方法,面向实际,注重实践。具体来说,第一,要进行调查研究,努力获取翔实的第一手材料,对有关律师制度的历史与现状,律师业务的开展情况及其经验教训、存在的问题等进行全面地了解与认识。第二,要在此基础上进行分析、综合和归纳,使感性认识上升为理性认识,逐步达到对律师制度和律师实务规律性的认识,并进而提出符合实际、行之有效的律师工作原则和方法,使律师实务活动得到正确理论和方法的指导。第三,要将研究和学习所获得的律师制度和律师实务知识,通过分析案例、观摩审判、举办模拟法庭、到律师事务所实习和工作等实践活动,予以实际运用,与实际相结合,从而提高研究和学习的兴趣与积极性,使研究和学习更富有成效。

(二)综合运用的方法

律师业务的广泛性和实践性决定了律师法学是一门综合性学科,它既与法学各学科有密切的联系,又涉及政治学、经济学、逻辑学、心理学的某些原理。例如,律师在业务活动中不仅受到律师法的约束和保障,而且必须遵守有关实体法(包括刑法、民法、商法、经济法、行政法等)和程序法(包括刑事诉讼法、民事诉讼法、行政诉讼法等)的规定;律师在办理有关投资、贸易、金融、证券、期货交易、房地产等法律事务时,必须借助相关的经济理论与知识;律师在调查研究、收集证据和分析案情过程中,要运用归纳、判断、推理等逻辑方法;律师与当事人打交道,需要了解和掌握其心理状态,并运用心理学原理去设计、安排工作顺序、方式和内容,以保证工作的有效性。因此,研究和学习律师法学,应当具有法学、经济学、逻辑学、心理学等多方面的知识,并做到融会贯通,精益求精;同时,在研究和处理法律实务时,应当善于综合运用,从不同角度提出问题,并对解决问题的途径、方法和步骤进行全面的考虑和设计,切忌顾此失彼和主观片面。

(三)比较研究的方法

俗话说,有比较才有鉴别。要认识、把握某一事物的规律性,找出它的本质特征,就必须将它与其他事物加以比较。因此,比较的方法是我们认识各类事物,进行科学研究的基本方法。在律师法学的研究与学习中采用比较研究的方法,就是根据一定的标准,将律师法学中的有关概念、制度等加以对比,从而确定其异同关系,把握其内在联系或本质区别,找出其产生和发展的规律,为律师法学的发展和完善提供依据或参考。其中,根据比较范围的不同,有本学科比较与其他学科比较之分,亦可称为内部比较和外部比较。所谓内部比较,就是在律师法学本学科间进行比较,如律师的行政管理与行业管理、合伙律师事务所和个人律师事务所、刑事辩护与诉讼代理、诉讼代理与仲裁代理、诉讼事务与非诉讼法律事务、民事诉讼代理与行政诉讼代理和刑事诉讼代理的比较。所谓外部比较,是在律师法学与邻近的学科间进行比较,如律师法学与诉讼法学、仲裁法学的比较。根据本学科内同一内容的发展变化和不同做法,有纵向比较和横向比较之别。所谓纵向比较,就是指对历史上各种社会形态的律师制度进行比较,如奴隶社会的律师制度和封建社会的律师制度或资本主义社会的律师制度、古代律师代理制度和现代律师代理制度的比较;所谓横向比较,是指将不同国家、不同地区的律师制度进行比较,如中国的律师制度与美国的律师制度、中国内地/大陆的律师制度与港澳台地区的律师制度的比较。通过比较,其目的是要学习和借鉴古今中外律师制度建设的有益经验,以促进我国律师制度的不断完善。

(四)加强口头表达和写作能力训练的方法

律师的本领是通过口才和笔头表现出来的,故律师有能言善辩、"刀笔先生"的美誉。因此,立志从事律师工作的人,除了学好法律知识以外,还必须具有很强的语言表达能力和写作能力。只有这样,才能在法庭上或谈判桌上侃侃而谈、表达自如、陈述清晰、辩驳有力;写出的诉状、代理词、辩护词等文笔流畅、表述准确、独具风格、令人惊叹,从而树立起精通法律、博学多才、能写会道的现代律师形象。为此,研究和学习律师法学,应当加强口头表达能力和写作能力的培养与训练,多听多看,勤于练习。当然,在现代社会和全球化背景下,以上两种能力实际上还包括运用外语和计算机的能力,这也是需要切实加强的。

第二章　律师制度的沿革和比较

第一节　外国律师制度的沿革

一、外国律师制度的起源

律师制度的起源,可以追溯到古希腊和古罗马时期,那时在诉讼中就曾出现过“辩护士”“保证人”,并逐步发展为律师。

公元前6世纪,雅典的法律规定,只有雅典男性公民才享有起诉权(奴隶除外),异邦人必须通过他的“保护人”才能起诉。雅典的诉讼分为私人诉讼和公共诉讼两种,诉讼程序分为审查与裁判两个阶段。在裁判庭上,首先由法官宣读原告的起诉书和被告的反驳书,然后原告、被告双方发言并进行辩论。裁判庭允许当事人委托他人撰写发言稿,并让受托人在法庭上宣读。受托人能言善辩的发言,常常对法官的判决产生影响。这样,当事人为了打赢“官司”,便不惜花钱雇佣通晓法律而又能言善辩的人来为自己辩护,于是雅典的“辩护士”应运而生。

公元前5世纪,罗马共和国的手工业和商业已比较发达,市场贸易日益繁荣,签订产品交易契约的行为极为频繁。在这种情况下,迫切需要制定调整新的社会关系、确认民事关系当事人之间权利和义务的法律,同时也需要一批专门研究法律并能够在法律上协助司法官员的人。于是,职业法律家便产生了。恩格斯在评论这一现象时指出:“产生职业法律家的新分工一旦成为必要立即就又开辟了一个新的独立部门。”[1]这个新的独立部门即独立的法律学科。当时,法律家的主要任务是:(1)充当国家立法和司法的顾问,提供意见,校订文件;(2)指导私法(民事)案件双方当事人的诉讼行为;(3)从事法律方面的教学和著述活动。法律家和他们开辟的这个“新的独立部门”,虽然“完全依赖于生产和贸易”,但它仍以自己的“特殊功能”积极地推动着生产和贸易的发展,[2]维护着奴隶社会的经济制度。不

---

〔1〕《马克思恩格斯书信选集》,人民出版社1962年版,第472页。

〔2〕《马克思恩格斯书信选集》,人民出版社1962年版,第472页。

过,这些法律家基本上是国家雇员,还不是职业律师。

公元前3世纪,随着私有制的高度发达,古罗马的法学也进入了鼎盛时期。这时法律家产生了一次大分化,其中的少数人成为罗马独裁者的顾问,或者得到授权担任法院的特别顾问。他们是国家官员,而且地位显赫。他们的理论观点、解释法律和指导司法活动的意见、撰写的法律教科书和编撰的学说汇编,都具有法律效力,可供法院审理案件直接引用。但多数法律家走的是另一条道路。当时罗马的法律允许当事人以外的另一个公民担任民事诉讼中债务被告人的"保证人",代理被告人在法庭上同原告人对诉;到了罗马帝国时期又允许刑事案件的原、被告双方当事人自行聘请法律家担任辩护人,在法庭上进行辩论。于是,大多数法律家离开国家官员的位置,进入了诉讼代理人和刑事辩护人的行列,到了罗马帝政时期,终于出现了"律师"这一称谓。当时的法律规定,从事律师业务的人,必须品行端正,有行为能力,并受过5年的法律教育;律师分为从业律师与候补律师两类,按管辖地区配备,在从业律师不足时,候补律师才能到任;开始时不允许收费,后来又明文规定可以按标准收费,其活动受执政官的监督。这些精通法律、善于辞令、有资格解释法律并有希望成为法官的人逐步形成了一个特殊阶层,即辩护人团体,其中的刑事辩护人叫作"阿多克梯斯"。阿多克梯斯的产生标志着罗马时代的律师已有了专业化分工,被人们认为是西方律师制度的起源。

二、欧洲封建社会律师制度的存续

公元476年罗马帝国灭亡至公元1640年英国发生资产阶级革命,为欧洲封建社会时代,史称"中世纪"。这一时期,封建制度等级森严,罪刑擅断主义盛行;以刑讯逼供为主要特征的纠问式诉讼代替了弹劾式诉讼;国王与教会的权力斗争导致世俗法院与宗教法院长期并存,诉讼活动带有浓厚的宗教色彩。这一切使律师的作用变得极为有限。

在中世纪的法国,罗马时期原始的商品经济衰落了,转而实行自给自足的农奴庄园经济,民事法律关系丧失了先前的重要意义。相应地,在民事诉讼中当事人的诉讼权利受到种种限制,失去了包括聘请诉讼代理人在内的许多保护正当权益的手段;在刑事诉讼中则采用专横、野蛮的审讯方法,对于被告人甚至证人使用刑讯以逼取供证,只要是法官宣布的"严重罪行的案件",就不允许被告人聘请辩护人。其他案件虽然允许被告人聘请辩护人,但接受聘请、出庭辩护的只能是僧侣,故"僧侣律师"在中世纪的法国存在了很长一段时间。直到12世纪,随着国王势力的上升和宗教势力的下降,僧侣参加诉讼活动才逐步受到限制;13世纪法国实行全国性司法改革,受过系统法律教育和经过宣誓、注册登记的世俗律师在法国开始出现,并逐步取代了僧侣律师。

在中世纪的英国,初期曾允许代理人参加诉讼,即当代理人取得国王许可状后,就有资格接受委托,代理当事人到庭参加民事诉讼活动。公元1066年诺曼底公爵威廉征服英格兰,建立起诺曼王朝,同时设立教会法院,并规定诉讼代理的职能由僧侣律师承担。直到爱德华一世时期,国王法院才在英国的法院体系中占据中心地位,世俗律师从此崭露头角,在诉讼中发挥越来越大的作用。世俗律师分为辩护律师与初级律师。其中,辩护律师是受一方当事人的委托在法庭上为其进行辩护的人;初级律师又称代办人或替身,主要是帮助当事人了解诉讼程序,进行诉讼活动,在法庭上并不倚重辩论。到13世纪末,英国产生了辩护律师职业团体,职业化的辩护律师又称为高级律师,在国王法院拥有垄断辩护业务的特权。到15世纪中期,英国为了培养律师人才,先后在伦敦设立了四所传授法律知识和律师业务的学院,即林肯律师学院、格雷律师学院、内殿律师学院和中殿律师学院,号称"四大律师学院"。律师学院由学生、专门律师和学院监督组成。英国的司法体系实行由学生到专门律师(已通过考试取得律师资格)再到学院监督(律师学院的经营管理者),由学院监督到高级律师再到法官的一元化制度。因此,可以说,到中世纪末,律师学院已成为英国司法制度的中枢和法官的摇篮。

三、资本主义律师制度的建立

资本主义律师制度是资产阶级革命的产物。17、18世纪,资产阶级启蒙思想家李尔本、洛克、孟德斯鸠、卢梭等在政治方面提出"民主""自由""平等""博爱""天赋人权"等反对封建专制的口号,同时针对封建司法专横制度,提出了"罪刑相等""无罪推定""法律面前人人平等"的原则,主张用辩论式诉讼代替纠问式诉讼,被告人有权为自己辩护,也有权聘请律师或其他人为自己辩护。这一切为形成辩论式诉讼制度奠定了思想基础。

随着资产阶级革命取得胜利,资本主义国家先后将律师制度写入宪法性文件,并在诉讼法中详加规定,有的还制定了《律师法》,对律师制度作出专门规定。1679年,英国颁布《人身保护法》,明文规定在诉讼中实行辩论原则,承认被告人有权获得辩护。1695年,英王威廉三世颁布法律规定:严重叛国案的被告人可以聘请律师为其辩护。1836年,英王威廉四世再次颁布法律规定:不论任何案件的预审或审判,被告人都享有辩护权。

1787年,美国在其《宪法修正案》第6条中规定,刑事被告人有权要求司法机关"以强制手段取得对本人有益的证据,并受法庭律师辩护之协助"。1789年,美国《司法条例》明确规定了律师在民事诉讼中的代理人地位。

1789 年,法国制宪会议通过的法律规定,从追诉被告人犯罪时起,就应允许辩护人参加诉讼。1791 年,法国宪法规定,从预审开始就“不得禁止被告人接受辩护人的援助”。1793 年,法国《雅各宾宪法》规定,国家要有“公设辩护人”。1808 年,拿破仑领导制定的《法国刑事诉讼法典》进一步将辩论原则、辩护权和律师辩护制度系统地确认下来,规定被告人应自己选择辩护人,当事人未选择的由法官代为选择辩护人,如果没有辩护人各种诉讼文件应为无效;公开审判时,在法庭上应采用言词辩论方式等。

1876 年,日本司法省颁布施行《代言人规则》,规定诉讼代言人为“专门职业”。1880 年,日本司法部全面修改了代言人规则,实行代言人资格全国统一考试,同时废除了按审级和法院级别设置代言人的做法,规定任何人如果考试合格取得许可证书,便可在全国任一法院执行职务。同年,日本颁布的《治罪法》第 256 条规定:被告人为进行辩论,得选用辩护人;辩护人应从法院所属的代言人中选用,但经法院认可,虽非代言人也得担任辩护人。1893 年,日本正式制定了《律师法》,将代言人改称律师,规定律师接受当事人的委托或遵照法院的命令,在普通法院依照法律执行职务;关于律师除诉讼以外的法律事务能否处理,未作任何规定,但并不禁止。1936 年,日本对其《律师法》进行了全面修改,规定律师可以执行有关诉讼行为及其他一般的法律事务,并为培养律师起见,采用见习律师制度等。

四、社会主义律师制度的创立

社会主义的律师制度开创于社会主义国家的雏形——巴黎公社。1871 年巴黎公社革命政权建立之初,即将“保障被告人的辩护权”作为司法的重要原则之一。为了保证这一原则的实现,巴黎公社允许所有具有法律知识的社员接受当事人的委托在诉讼中担任辩护人或代理人,同时还允许原来律师团体中一些拥护和同情公社运动的成员在诉讼中担任公民的辩护人或代理人,费用由公社负担。1871 年,巴黎公社在《关于公社军事法庭确定审判程序和惩罚措施的决议》中规定:“被告有辩护权。被告自己选择的或法庭指定的辩护人有权和被告交谈,辩护人可以就地调阅诉讼文件。”法庭要“听取被告及其辩护人的意见;他们可以在最后发言”。巴黎公社设置的民事仲裁法庭,也允许由律师或其他公民代理原告或被告进行诉讼。巴黎公社允许律师为被告进行辩护和代理民事诉讼的尝试,为社会主义律师制度的正式创立提供了有益的经验。

随着“十月革命”的胜利,苏联成为世界上第一个社会主义国家。1917 年,苏俄颁布《关于法院的第一号法令》,宣布在废除旧法院的同时废除旧的律师机构,建立名为“法律保护人处”的新型律师机构。1918 年年初,苏俄颁布《关于法院的第二号法令》,规定在诉讼中实行辩论自由的原则,并确定法律保护人处的任务是"担任社会告诉及辩护任务"。同年5月,苏俄颁布专门法令把告诉职能从法律保护人处划归法院新设立的"告诉人处",从而使告诉与辩护分开;同年11月苏俄颁布的《人民法院条例》明确规定律师是国家的公职人员;凡有公诉人参加的刑事案件,必须有辩护人参与诉讼。1922年,苏联制定《律师机构条例》,规定在省级法院之下设立律师的自治性组织——辩护人协会,协会在城乡和企业设立法律顾问处,但这个机构是管理性的,律师活动的基本方式仍是个人独立执业。1936年,苏联颁布《司法部组织法》,规定在司法部之下设辩护人处(后改为律师机构管理处),统一领导和管理全国律师机构的活动。1939年,苏联颁布《律师条例》,由此建立起新型的社会主义律师制度。苏联律师制度的特点主要是:加强律师管理机构对律师的统一管理、指导和监督;强调发挥律师组织的集体作用,以克服资本主义国家律师个人开业的各种弊端;强调保障律师良好的政治条件、道德品质和相应的业务素质;实行集体收费、低收费和免费提供法律帮助等。苏联创建的社会主义律师制度在世界上产生了广泛的影响,第二次世界大战后建立的社会主义国家纷纷仿效苏联的模式,建立起本国的律师制度。

第二节　我国律师制度的沿革

一、我国古代的辩护士、讼师和代理人

我国古代没有关于律师的记载,[3]没有律师的称谓,因而也没有现代意义上的律师制度。但在我国古代曾先后出现过辩护士、讼师和代理人,他们类似于今天的律师。

根据《左传纪事本末(三)》记载,公元前632年冬,卫侯与卫国大夫元桓发生诉讼,大夫士荣担任被告卫侯的辩护士出庭。他精通法律,在法庭上与原告元桓进行了十分激烈的辩论,竭力维护被告卫侯的利益。后晋文公断元桓在理,遂命左右:"凡是辅从卫侯的,都处以死刑。"这样,卫侯的辩护士士荣被判处死刑,不幸以身殉职。[4]

春秋末期,郑国人邓析曾当过大夫。他好刑名之学,因而广招弟子,聚众讲学,传授法律知识和诉讼方法,当时跟他"学讼者,不可胜数"。此外,邓析还帮助别人

---

〔3〕　佛教称善能解说戒律者,为律师;道教称道士修行者,为律师。这同我们今天所说的律师完全是两回事。

〔4〕　参见茅彭年、李必达主编:《中国律师制度研究》,法律出版社1992年版,第29–31页。

进行诉讼,他的“以非为是,以是为非,是非无度,可与不可日变,所欲胜因胜,所欲罪因罪”“操两可之说,设无穷之词”“持之有故,言之成理”的论述,在当时和后来都颇有影响。因此,求助邓析进行诉讼者,人数甚多。《吕氏春秋·离谓》记载:“与民之有讼者约,大狱一衣,小狱襦袴。”我国著名法学家张国华、饶鑫贤教授评曰:“颇有古代律师味道,这也是中国法制史的创举。”[5]但当时的统治者却说邓析“巧辩而乱法”,因而将邓析处死。

在我国封建社会,一直存在帮助他人书写诉状的人,老百姓称为“刀笔先生”或“讼师”。这是因为,封建各朝代的法律一般都规定,打官司非要诉状不可,而一般老百姓不会写诉状,所以需要讼师的帮助。但讼师的作用仅限于为参加诉讼者代写诉状和出谋划策,不能出庭辩护或代理诉讼。为了防止讼师挑词架讼,封建统治者对讼师的活动作了严格的限制。《唐律疏议·斗讼》记载:“诸为人作词牒,加增其状,不如所告者,笞五十;若加增罪重,减诬告一等。”《大明律》规定:“凡教唆词讼及为人作词状增减情罪,诬告人者与人同罪。若受人雇诬告人者与自告同,受财者计赃以枉法从重论。”清代的《福惠全书·刑名立状式》记载:“凡原告状准发房,被告必由房抄状,被告抄状人手,乃请刀笔讼师,又照原词破调,聘应敌之虚情,压先攻之劲势。”其意思是允许被告人聘请讼师根据起诉状副本,写出答辩状。

元、明、清三个朝代,其法律都规定了诉讼代理制度,但是适用范围仅限于官吏和老废笃疾两部分人。如《大元通制》规定:“诸致仕代官不得已与齐民讼,准其亲属家人代诉,所司毋侵挠之。”“诸老废笃疾,事须争论,止令同居亲属深知本末者代之。”《明律·刑律·诉讼》规定:“凡官吏有争论婚姻、钱债田土等事,听令家人告官理对。”关于官吏的诉讼代理,清律规定与明律相同;关于老废笃疾的诉讼代理,明律、清律沿袭《大元通制》的规定。由此可见,元、明、清三个朝代虽然规定了诉讼代理制度,但其适用范围狭小,且代理人均为亲属、家人,因此还不是现代意义上的律师制度。

综上所述,在我国古代,虽然先后出现过辩护士、讼师和代理人,但还不是现代意义上的律师。特别是在两千多年的封建社会里,封建统治者实行专制统治,采用纠问式的审判方式和刑讯逼供的野蛮程序,当事人的诉讼权利被剥夺殆尽,因此不可能产生真正的辩护、代理制度,从而也谈不上有律师制度。

二、我国近代律师制度的产生和存续

1840 年鸦片战争后,中国逐步沦为半封建半殖民地国家,同时变法图强的呼

---

〔5〕 张国华、饶鑫贤主编:《中国法律思想史纲》(上册),甘肃人民出版社 1984 年版,第 75 页。

声也日益高涨。清朝统治者为了缓和国内矛盾,适应帝国主义和地主、买办阶级的需要,于1902年设立修订法律馆。在修订法律大臣沈家本的主持下,经过几年的努力,于1906年完成《大清刑事民事诉讼法草案》的修订。该法共五章260条,另附颁行例3条。其中,“律师”专列一节,编入第四章“刑事民事通用规则”中,共9条,分别规定了律师的资格、注册登记、职责、违纪处分、外国律师在通商口岸公堂办案等。由此,我国立法史上首次出现了律师的内容。但这部法典因遭到各省督抚的反对而未能颁布实施。1907年,修订法律馆开始重新编纂诉讼法典,于1911年编成《刑事诉讼律草案》和《民事诉讼律草案》,再次对律师在刑事、民事诉讼中的职责等内容予以规定,当时在某些租界的城市中实际上也已有了少数律师。不久,辛亥革命爆发,清王朝被推翻,两部法典均未及审核与颁行。

1911年,辛亥革命胜利后南京临时政府成立,临时大总统孙中山曾命令法制局起草《律师法》(草案),后因临时政府很快解散而未能颁布实施。1912年4月,袁世凯窃取政权后,中国进入北洋政府统治时期。同年9月,北洋政府先后制定《律师暂行章程》《律师登录暂行章程》《律师惩戒会暂行规则》《律师甄别章程》等,并颁布实施。这些法规对律师资格、律师义务、律师惩戒、律师登录与甄别等内容作了具体明确的规定,从而成为我国正式进行律师立法的起点和我国近代律师制度建立的标志。在这个时期,律师队伍有了较大的发展,全国律师人数达到2000余人,出现了施洋、沈钧儒等著名的大律师。

1927年国民党政府在南京成立后,即于同年7月制定了《律师章程》。这个章程仿照英、法等国的律师制度,将律师分为“大律师”(出庭律师)和“小律师”(撰状律师)。其中规定,大律师可以承办全部律师业务,到法院出庭辩护或代理诉讼;小律师只承办代写诉状等业务。1930年,国民党政府成立了律师协会,律师业有所发展,但多数律师集中于城市,而广大农村仍为土刀笔和讼棍所充斥。1941年至1945年,国民党政府先后颁布《律师法》《律师法施行细则》《律师登录规则》《律师惩戒规则》《律师检核办法》等。这些法律法规逐步代替了北洋政府颁布的律师法规,并增加了许多新的内容,如律师实行私人开业、允许女性担任律师、增加律师消极资格条款、律师登录限于两级地方法院和高等法院、增加律师惩戒特别程序和惩戒复审委员会、增加外国律师执行职务的条款等,从而使律师工作逐步走上规范化轨道,促进了律师业和律师队伍的发展,尤其是一些大城市如上海、南京等,律师队伍发展较快。据统计,仅上海市1930年就有律师659人,1931年有828人,1934年有1120人,四年共增加约500人;南京市在1934年律师达到1200余人。[6]

---

〔6〕 刘希贵:《律师法原理》,复旦大学出版社2000年版,第31页。

三、中华人民共和国律师制度的建立和发展

中华人民共和国成立前,在各个时期的革命根据地,工农政府均颁布法规、法令,允许被告人委托辩护人为自己辩护。但由于当时的环境和条件,尚没有设置律师和律师制度。

1949 年中华人民共和国成立后,废除了国民党的《六法全书》,取消了国民党的律师制度,并着手建立人民律师制度。1950 年,政务院公布施行的《人民法庭组织通则》规定:“县(市)人民法庭及其分庭审判时,应保障被告有辩护及请人辩护的权利。”1953 年,上海市人民法院设立“公设辩护人室”,帮助刑事被告人进行辩护。不久,公设辩护人改为律师。1954 年,上海市人民法院成立“公设律师室”,既帮助刑事被告人进行辩护,也为离婚妇女提供法律帮助。1954 年,中央人民政府司法部发出《关于试验法院组织制度中几个问题的通知》,指定北京、上海、天津、重庆、武汉、沈阳等大城市试办法律顾问处,开展律师工作。1954 年通过的《中华人民共和国宪法》第 76 条规定:“被告人有权获得辩护。”同时通过的《人民法院组织法》第 7 条规定:“被告人除自己行使辩护权外,可以委托律师为他辩护,可以由人民团体介绍的或者经人民法院许可的公民为他辩护,可以由被告人的近亲属、监护人为他辩护。人民法院认为必要的时候,也可以指定辩护人为他辩护。”这就在法律上确立了我国的辩护制度,并为律师进行辩护活动提供了法律依据。到 1955 年,北京、上海、南京、武汉、沈阳、哈尔滨等 26 个城市开始试行律师制度,共有律师 81 人。1956 年,国务院批准司法部《关于建立律师工作的请求报告》,对律师的性质、任务、工作机构、任职条件等作了原则规定,同年又颁布了《律师收费暂行办法》,从而使我国律师制度正式建立起来,律师队伍迅速扩大。到 1957 年,全国有 19 个省、自治区、直辖市成立了律师协会,共建立法律顾问处 817 个,有专职律师 2572 人,兼职律师 350 人。[7] 各地律师除了担任刑事被告人的辩护人以外,还担任企业、事业单位和群众团体的法律顾问,担任民事诉讼代理人,承担法律咨询、代书,解答各种法律问题,进行社会主义法制宣传。这对于加强社会主义法制,保护公民合法权益发挥了重要作用,深受人民群众的欢迎。但是,1957 年下半年我国出现反右斗争扩大化时,大多数律师被错划成右派分子,法律顾问处也就名存实亡,推行不到两年的律师制度遂告夭折。从此,我国出现了一个二十多年没有律师和律师制度的空白时期。

1976 年后,特别是党的十一届三中全会以来,随着社会主义民主与法制的不断加强,我国的律师制度进入了恢复重建时期。1978 年颁布的我国第三部《宪法》

---

〔7〕 阎志明:《中外律师制度》,中国人民公安大学出版社 1998 年版,第 38 页。

重新确立了刑事辩护制度。1979年，五届全国人大第2次会议通过的《刑事诉讼法》对辩护予以专章规定，重新建立了律师制度。

1980年，邓小平同志指出："现在我们能担任司法工作的干部，包括法官、律师、审判官、检察官、专业警察，起码缺一百万。可以当律师的，当法官的，学过法律，懂得法律，而且执法公正、品德合格的专业干部很少。"[8]1980年，五届全国人大常委会第15次会议通过的《律师暂行条例》对我国律师的性质、任务、权利、资格条件以及工作机构等都作了明确的规定。其中第13条规定："律师执行职务的工作机构是法律顾问处。法律顾问处是事业单位，受国家司法行政机关的组织领导和业务监督。"这是计划经济时期我国立法对律师执业机构的定性。但随着律师事业的发展，法律顾问处这一名称已不能准确反映律师执业机构的特征。从1984年起，各地陆续成立了一些律师事务所，1987年司法部正式下文要求将各地的"法律顾问处"更名为"律师事务所"。至此，律师事务所成为律师执业机构的规范名称。

1986年，在北京召开的全国律师代表大会决定成立中华全国律师协会，并通过了协会章程。该协会于1987年1月加入亚太地区律师协会，同年5月加入国际律师协会。

1988年，司法部下发《合作制律师事务所试点方案》，开始探索建立合作制律师事务所。这是我国对律师执业机构的第一次探索性改革，它鼓励具有律师资格的人员，在辞去公职或停薪留职后，自愿组合成立不占国家编制，不要国家经费，自主经营、自负盈亏的合作制律师事务所。1992年，党的十四大提出建立社会主义市场经济体制后，我国的律师制度改革进入了一个新的时期。党的十四大通过的《中共中央关于建立社会主义市场经济体制若干问题的决定》（以下简称《决定》），将律师事务所的性质界定为中介组织。在该《决定》的推动下，国务院于1993年批准了司法部《关于深化律师工作改革的方案》，允许进行"合伙制"律师事务所的试点。自此，我国律师事务所走上了多元化发展的道路，逐步形成了国资律师事务所、合伙律师事务所、合作律师事务所、个体律师事务所并存的局面。

1996年，八届全国人大常委会第19次会议审议通过了《律师法》，这是我国制定的第一部律师法，它对我国律师的性质、律师执业原则、执业条件、执业机构、律师的业务范围、执业律师的权利义务、律师协会、法律援助、律师法律责任等作了具体明确的规定，从而极大地完善了我国的律师制度。

---

[8] 《邓小平文选》（第二卷），人民出版社1994年版，第263页。

2001 年,九届全国人大常委会第 25 次会议通过了《关于修改〈中华人民共和国律师法〉的决定》,并于 2002 年 1 月 1 日起施行。修改后的《律师法》规定:取得律师资格应当经过国家统一的司法考试;具有高等院校法律专业本科以上学历,或者高等院校其他专业本科以上学历具有法律专业知识的人员,经国家司法考试合格的,取得资格;适用前述学历条件确有困难的地方,经国务院司法行政部门审核确定,在一定期限内,可以将学历条件放宽为高等院校法律专业专科学历。这实际上提高了从事律师职业的门槛,与国外律师条件保持了一致,适应了经济全球化对律师的要求。

我国《律师法》自 1997 年施行以来,对规范律师执业行为,保障律师依法执业,维护当事人的合法权益,维护司法公正和社会稳定,发挥了重要的作用。截至 2006 年年底,全国共有执业律师 13 多万人,律师事务所 1.3 多万个,2006 年办理诉讼案件 180 多万件,办理非诉讼法律事务 115 万件,开展义务法律咨询 520 多万件。毋庸讳言,广大律师已成为我国社会主义法治建设的一支重要力量。但随着我国经济社会的不断发展,律师工作也面临着一些新的情况和问题,特别是在刑事诉讼中发生了辩护律师"阅卷难、会见难、调查取证难"等问题,律师在执业活动中的合法权益得不到有效保障。当然,由于管理不到位,律师违反职业道德和执业纪律的情况也经常发生,严重损害了律师队伍的声誉和形象。为了进一步加强律师队伍建设,规范律师执业行为,切实保障律师依法执业,2007 年十届全国人大常委会第 30 次会议对《律师法》作了比较全面的修订。这次修订新增、修改条文 40 多条,从律师执业许可、律师事务所组织形式、执业律师的权利和义务、律师业务和律师执业监督、法律责任等诸多方面进行了修改,从而使我国的律师制度更加健全和完善。

2012 年,十一届全国人大第 5 次会议通过《关于修改〈中华人民共和国刑事诉讼法〉的决定》,对我国《刑事诉讼法》进行了重大修改。为与修改后的《刑事诉讼法》相衔接,2012 年十一届全国人大常委会第 29 次会议通过《关于修改〈中华人民共和国律师法〉的决定》,对《律师法》中有关律师担任辩护人的依据、辩护人的责任、辩护人的权利、律师参与诉讼涉嫌犯罪侦查机关的通知义务以及律师作证义务的豁免等方面的内容进行了修改和补充。

为与国家实行统一法律职业资格考试制度相衔接,2017 年,十二届全国人大常委会第 29 次会议通过《关于修改〈中华人民共和国法官法〉等八部法律的决定》,对《律师法》中有关"统一司法考试"的概念和相关内容作了修改,并增加了"被吊销律师执业证书的,不得担任辩护人、诉讼代理人"及其例外情形的规定。

根据司法部官网发布的统计分析报告，[9]截至2019年年底，全国共有律师事务所3.2万多家。其中，合伙所1.94万多家，占59.55%；国资所970多家，占2.98%；个人所9200多家，占28.47%。共有执业律师47.3多万人，律师人数超过1万人的省（自治区、直辖市）有18个，其中超过3万人的省（直辖市）有4个（分别是北京、广东、江苏、山东）；共有1.5万家党政机关、人民团体和3000多家企业开展了公职律师、公司律师工作。从律师类别看，专职律师39.73多万人，占84%；兼职律师1.25多万人，占2.66%；公职律师4.33多万人，占9.17%；公司律师1.09多万人，占2.31%；军队律师1500人，占0.32%。

2019年，全国律师办理各类法律事务1119多万件。其中，办理诉讼案件610.8多万件，办理非诉讼法律事务133.6多万件，为73多万家党政机关、人民团体和企事业单位担任法律顾问。在律师办理的610.8多万件诉讼案件中，刑事诉讼辩护及代理109.4多万件，占诉讼案件的17.91%；民事诉讼代理479.2多万件，占诉讼案件的78.45%；行政诉讼代理18.9多万件，占诉讼案件的3.1%；代理申诉3.3多万件，占诉讼案件的0.54%。2019年，律师共提供各类公益法律服务134.8多万件，其中办理法律援助案件90.4多万件，参与接待和处理信访案件25多万件，律师调解17.5多万件，参与处置城管执法事件1.7多万件。律师为弱势群体提供免费法律服务109.6多万件，为60多万个村（居）担任法律顾问，建立村（居）法律顾问微信群26多万个。

截至2019年年底，已有来自23个国家和地区的律师事务所在华设立303家代表机构，其中外国律师事务所驻华代表机构225家，香港律师事务所驻内地代表机构64家，我国台湾地区律师事务所驻大陆代表机构14家，有12家港澳律师事务所与内地律师事务所建立了合伙型联营律师事务所，有7家在上海自贸区设立代表处的外国律师事务所与中国律师事务所实行联营。中国律师事务所在境外设立分支机构共154家，共办理各类法律事务6万多件。

截至2019年年底，律师担任“两代表一委员”共8758人，其中担任各级人大代表2779人，担任各级政协委员5477人，担任各级党代会代表502人。

2019年，全国共有83家律师事务所受到行政处罚，167家律师事务所受到行业惩戒；370名律师受到行政处罚，746名律师受到行业惩戒。

由上可见，自改革开放以来，我国律师业经过40多年的风雨历程，已经步入了健康持续发展的快车道，并在社会主义法治建设中发挥着越来越重要的作用。

---

〔9〕 http://www.moj.gov.cn/pub/sfbgw/jgsz/jgszjgtj/jgtjlsgzj/lsgzjtjxw/202006/t20200624_132359.html，最后访问时间：2022年5月6日。

第三节 现代各国律师制度的比较

一、律师分类比较

在现代各国,律师的分类主要有以下三种情况:

1. 英国及英联邦国家,其律师一般都有大小之分。大律师(barrister)也叫辩护律师或出庭律师,小律师(solicitor)也叫事务律师或诉状律师。在英国,要想成为一名小律师,必须是法学院毕业,获法学学士学位,在律师事务所担任书记员 2 至 5 年;要想成为一名大律师,则不仅要在法学院毕业,而且要在伦敦四所律师学院之一学习并经过严格考试合格。小律师主要负责接待当事人,解答法律咨询,起草法律文书,为企业担任法律顾问,处理婚姻、家庭、财产、遗嘱等方面的法律事务,他们只能在治安法院、郡法院等初级法院办案,出庭进行刑事辩护或诉讼代理。大律师虽然也负责起草难度较大的法律文书,但其主要任务是出庭辩护。当事人要聘请律师到高等法院或最高法院进行诉讼时,先由小律师接待,研究案情,准备文件,并将所研究的结果加以提炼和概括,然后交给大律师,由大律师全权处理诉讼事务。大律师不得同当事人见面,不得向当事人提出酬金的要求,不得合伙或联营开业,因此他们与当事人的联系要通过小律师作中介,当事人的意见和要求也只能通过小律师转达给大律师。此外,在英国,大律师执业 10 年以上,年龄在 40 岁以上,工作比较出色的,本人可以提出申请并经大法官批准,由英国女皇授予“皇家律师”(Queen's Counsel)称号。这是英国律师的最高荣誉。皇家律师通常只接受或处理那些最重要的案件,不再起草法律文书;在办案时,其收费标准可以高出一般的大律师,出庭辩护时可以带一至两名徒弟作助手;有资格被选任为最高法院的法官等。在澳大利亚、新西兰、斯里兰卡等英联邦国家,虽然也有“皇家律师”的分类,但他们已成为官方律师,其主要任务是担任政府的法律顾问,为政府各部门提供法律咨询和法律帮助等。

2. 美国的律师分为私人律师和公职律师。私人律师是自由开业的律师。在美国,一个人从法学院毕业之后,通过州的律师资格考试,取得州的律师资格,就可以开展律师业务。如果他单独或者合伙成立律师事务所,则是私人律师,可以办理任何律师业务。如果他接受政府机关、检察机关或法院的聘请,为这些机关服务,则是公职律师。其中,在政府机关工作的律师,主要是向机关首长提供法律咨询意见,代理本机关参加诉讼等;在检察机关工作的律师,主要是对决定起诉的案件进行审查,对证据不足或者有争议的案件退回警察机关补充证据;在法院工作的律师,主要是接受法院的指定为那些无钱请律师的被告人担任辩护人,以维护这些被告人的利益。虽然公职律师主要是为所在机关服务,但在接到与自己所在机关没有联系或影响的法律事务时,也是允许办理的,其收入归律师个人。在美国,一名律师是做私人律师还是公职律师,并没有硬性规定,完全由律师自己决定。一般来说,刚从法学院毕业并取得律师资格的人,由于尚不具备私人开业的条件,大多是接受政府机关、检察机关或法院的聘请,先做公职律师。

3. 大多数国家未对律师进行分类。法国以前也曾经将律师分为诉状律师和辩护律师两类(分别相当于英国的小律师和大律师),但到了 1971 年,法国考虑到这两种律师的职责很难作截然的划分,而且任何诉讼案件都要聘请两种律师,既延长了诉讼时间,也增加了当事人的费用,遂通过立法将两种律师合二为一;一些英联邦国家如印度、新加坡等,虽然其法律制度受英国的影响比较大,但其律师并无大小之分,它们认为律师一体更能适合当事人的普遍要求,有较大的灵活性,也能减少当事人的费用。

与其他国家相比,我国律师既有专职律师、兼职律师之分,又有初级律师、中级律师和高级律师之分。其中,律师可以由其他行业的人兼任,这既不符合律师的专业化要求,也不符合律师平等原则;人为地对律师评定初级、中级和高级职称,亦不利于律师之间的公平竞争。因此,我国宜取消对律师的分类,以利于律师业的健康发展。

二、律师执业条件比较

在世界上,无论发达国家还是发展中国家都对律师执业条件作了严格的规定,以保证律师的质量和律师职业的神圣性。概括起来,各个国家和地区规定的律师执业条件主要有:

1. 学历条件。各国一般均要求报考律师资格必须具有大学本科毕业以上水平。具体有三种情况:一是一般大学本科毕业。如英国,获得法学以外毕业文凭的人也可以报考律师资格,只是考试合格后见习期较长而已(法科毕业生见习 2 年、非法科毕业生则为 5 年)。二是大学法律系或法学院本科毕业,如奥地利、阿尔及利亚、马来西亚、韩国等,均要求申报律师资格者必须具有大学法律系或法学院本科学历。三是大学毕业以后再考入法学院学习一定时间。如美国、法国、加拿大、澳大利亚、日本、印度、泰国、菲律宾、斯里兰卡等,均要求申报律师资格者必须在大学毕业后再到法学院或法律研修所学习 2 ~3 年。

2. 实习经历。美国、英国、法国、奥地利、阿尔及利亚、日本、新加坡、韩国、匈牙利等国家,我国香港地区,不仅要求报考律师资格必须具有大学法律系或法学院本科毕业以上的水平,而且要求在大学法律系或法学院毕业以后,实习 2 ~5 年才能报考律师资格。

3. 参加统一考试。美国、法国、德国、加拿大、奥地利、阿尔及利亚、匈牙利等国家,我国香港特区、台湾地区要求申报律师资格者,必须参加该国或该地区的律师资格统一考试,合格者才能取得律师资格;日本则要求申报律师资格者参加由国家统一组织的司法官考试。未进行律师资格考试的国家和地区则一般要求大学法律系或法学院毕业以后经过较长时间的实习才能申请律师资格。而少数国家和地区如马来西亚、韩国等,规定部分人可以免试取得律师资格。我国台湾地区规定,法学博士、大学教授和曾任上校军官两年以上的人员可以免试取得律师资格。

4. 品行端正。美国、德国、日本、马来西亚、菲律宾等国均要求报考律师资格的人未受过刑罚处罚,品行端正,没有污点或不良记录。

5. 达到一定年龄。多数国家和地区对报考律师资格者的年龄作了规定,如美国各州为年满 18 岁或 21 岁,马来西亚为年满 18 岁,英国、新加坡和菲律宾为年满 21 岁。

三、律师业务比较

1. 律师的传统业务仍占重要地位。律师的传统业务主要有刑事辩护、诉讼代理、法律顾问、法律咨询、代书等。在现代各国,如美国、日本、罗马尼亚、古巴、斯里兰卡等,律师在侦查阶段就可以接受犯罪嫌疑人的委托介入诉讼。而且,美国、日本、澳大利亚、阿尔及利亚、奥地利、挪威、泰国等国家和我国香港特区、台湾地区规定,刑事或民事审判必须有律师出庭辩护或代理,否则判决无效。由此可见,律师的传统业务在一些国家和地区受到了高度重视,并通过法律或法规给予充分的保障。

2. 律师的经济法律事务迅速扩大。如在英国,律师可以参加的经济法律事务就有财产交易、税务和知识产权咨询、公司收购、就业与退休金事务、股票交易、限制性商业活动以及信托投资、保险、反倾销、关税、易货贸易、出口合同等法律事务。英国还规定,房产所有人在转让房产时必须获得小律师的帮助,否则转让无效。许多国家甚至规定,没有律师签字的经济合同是无效的。

3. 律师业务分工越来越细。在英国,一些大型的律师行都分设了各种专门业务部,如诉讼部、公司部、财产部、私人信托部等;在德国,不仅有普通律师事务所,而且还有数量众多的专门律师事务所,如税法律师事务所、行政法律师事务所;在美国,其律师的专业化倾向更为明显,出现了一大批海商法、税法、专利法、商标法、房地产法、劳工赔偿法、移民法、破产法、债权法、公司法、刑法、诉讼法以及医疗、人身伤害、交通、婚姻、继承等方面的专业律师。一般来说，每一个律师只从事一、二项专门业务。这样，律师便可以为当事人提供专业化、高质量的法律服务。

4. 律师业务的国际化趋势日益明显。随着国际间法律事务的增多，律师业务的国际化趋势日益明显。美国纽约州的法律规定，外国人在本国获得律师资格并从事执业律师 5 年以上者，如果在纽约正式定居，年满 26 岁，可以从事法律顾问工作，提供有关本国法律的咨询服务。英国的法律规定，外国律师可以到英国设立办事处，就本国、欧盟的有关法律知识以及国际法律知识提供咨询，但不能从事英国的法律事务，不能上英国法庭进行辩护，不允许与英国律师合伙开业。意大利的法律规定，在欧盟国家取得律师资格的人，无须通过意大利的国家考试即可获准在意执业；如果是从事律师职业 8 年以上的外国律师以及在籍国准其在最高法院或高等法院出庭的外国律师，在出示上述资历证明后，可以在意大利最高法院或高等法院参加诉讼活动，但外国律师必须遵守意大利法律、律师协会章程和职业道德。加拿大、日本、泰国、韩国等国同样允许外国律师进入本国法律服务市场，但也规定了相应的条件和程序。

四、律师管理比较

在现代各国，对律师一般实行行业管理。例如，美国及其各州均成立律师协会，各律师协会之间没有隶属关系。其律师协会的职责主要是：(1)制定《律师守则》，对律师的职责、道德和纪律等作出规定，并以此对律师进行管理；(2)对社会进行法制宣传教育，给中小学法律课编写教材；(3)组织律师进修以及业务交流与研究。

现代各国对律师的管理一般是通过立法来实现的。按各国的有关规定，律师一般应遵守以下职业道德和执业纪律：(1)为当事人保守秘密；(2)不得以广告来招揽客户；(3)不能兼职从事营利性的工作，如会计事务、估价、人寿保险代理、房地产代理以及作私人公司的董事或股东等；(4)不得为了有利于自己承办的案件，而与法官、检察官等进行私人方面的接触和交涉活动；(5)只能在一个律师事务所执行职务；(6)应努力维护律师界的正直廉洁和信用；(7)对于同一案件，不得代理当事人双方；(8)不得要求或同意接受对方当事人的财物；(9)不得教唆当事人提供伪证；(10)不得诽谤同行；(11)不得以任何手段介入其他律师受理的案件，等等。律师违反上述纪律的，将受到惩戒。

五、律师作用比较

1. 在经济活动中的作用日益显著。重大的经济活动，没有律师参与就意味着风险增加。在日本,聘请律师作法律顾问的企业占所有企业的71%。律师为企业提供法律意见,参加经济项目谈判,参加劳资协议和经济合同的签订,审查法律文书,代办广告、申请商标、专利和工商登记手续,担任诉讼代理人等,几乎涉及企业经营管理活动的各个方面,企业的成功与否同律师的工作有密切的关系。可以说,市场经济越发达,律师介入经济活动的程度就越深、范围就越广。

2. 在政治领域的影响越来越大。大多数国家的政府都聘请律师担任法律顾问,从而律师对国家重大事务、重大问题的决策产生着越来越大的影响。反过来,由于律师在政治上的巨大影响,因而律师进入政界的人数就越来越多。如美国在47任总统中,有26位是律师出身,占历任总统人数的55%;律师占参议院人数的2/3,占众议院人数的1/3至1/2。

3. 对立法、司法工作及其他社会工作也产生较大影响。律师的职业特点使他们成为立法的最佳人选之一。在美国,律师是法律起草委员会的重要成员,占美国立法机构职位的1/4。在澳大利亚,由司法部长领导着一个法律改革委员会,其中4名专职委员中有3名是律师,10名兼职委员和32名职员中大部分是律师。阿尔及利亚也有专门的立法班子,律师占工作人员的2/3。在英国,绝大多数法官是从大律师和皇家律师中选任的;作为英国最高上诉机构的上议院有12名地位显赫的"法律议员"(law lords)负责审议全国最有影响的上诉案件,这12名法律议员都是皇家律师。不仅立法和司法,其他各项社会工作似乎也对律师格外青睐。在美国,各大学的校长也越来越多地挑选学识渊博的律师来担任,这是因为管理大学需要政治、法律、财务、管理、学术等方面的知识和才能,而律师的综合能力和适应性都很强,正堪当此任。由此可见,律师工作逐步渗透到社会生活的各个方面,这是社会发展的一个趋势。

六、律师惩戒比较

为了维护律师职业的神圣性,各国对律师的惩戒一般都比较严厉。例如,在英国,对大律师的违纪处分有以下几种:(1)警告;(2)责令退还已获报酬;(3)放弃应当获得的报酬;(4)除名并吊销执照。对小律师的违纪处分则略有不同:(1)警告;(2)处以750磅以下的罚款;(3)由初级律师协会对其将来的开业范围作必要的限制;(4)除名并吊销执照;(5)支付因处理其违章事件而付出的全部费用。

在日本,对律师的惩戒有4种,即警告、在二年内停止业务、命令退会和除名。其中,被命令退会的律师从所属的律师会退出后,可以加入其他的律师会,可实际情况是:往往会遭到其他律师会的拒绝,而失去续职的机会;被除名的律师在3年内将丧失再做律师的资格。[10]

在新加坡，对律师的违纪处分有训斥、暂时吊销执照、除名，严重的直至起诉等。

在美国，根据《美国律师协会惩戒规则》的规定，惩戒的种类主要有：取消律师资格、暂停执业、临时即停执业、公开训诫、不公开训诫、留用察看等。此外，法院或惩戒机构为了适应惩戒的需要还设有以下一些惩戒和补充措施，如赔偿、限定从业、监管财产、要求律师进行律师资格考试或职业责任考试等。[11]

在德国，对违纪律师给予的惩戒有警告、训诫、处以一万马克以下的罚款和除名4种。

在法国，对违纪律师给予的惩戒则有警告、谴责、停止执行职务三年以下和除名4种。

各国对律师的惩戒一般由法院或律师协会作出。如美国，对律师的惩戒一般都由州高等法院来裁决并实施。

---

〔10〕 石毅主编：《中外律师制度综观》，群众出版社2000年版，第207－208页。

〔11〕 石毅主编：《中外律师制度综观》，群众出版社2000年版，第353、355页。

第三章　律师执业与律师素质

第一节　律师执业的基本原则

一、遵守宪法和法律

（一）遵守宪法和法律原则的法律依据

我国《宪法》第5条第5款规定："任何组织或者个人都不得有超越宪法和法律的特权。"第33条第4款规定："任何公民享有宪法和法律规定的权利，同时必须履行宪法和法律规定的义务。"我国《律师法》第3条第1款规定，律师执业必须遵守宪法和法律。

（二）遵守宪法和法律原则的内容和意义

律师在执业活动中具有"公民"和"律师"的双重身份。作为公民，律师必须遵守宪法和法律，依法行使宪法和法律规定的权利，履行宪法和法律规定的义务。如按照我国《宪法》的规定，公民在行使自由和权利的时候，不得损害国家的、社会的、集体的利益和其他公民的合法的自由和权利；我国公民有维护国家统一和全国各民族团结的义务；有保守国家秘密、爱护公共财产、遵守劳动纪律、遵守公共秩序、尊重社会公德的义务；有维护祖国的安全、荣誉和利益的义务，不得有危害祖国的安全、荣誉和利益的行为；有保卫祖国、抵抗侵略的神圣职责；有依照法律纳税的义务。按照有关法律的规定，律师作为公民负有不得贩毒吸毒、卖淫嫖娼、传播淫秽物品、走私贩私、盗窃诈骗、行贿赌博等义务。因此，律师在执业活动中与其他公民一样，必须遵守宪法和法律。按照《律师法》第5条第1款的规定，我国公民申请律师执业，首先应当具备"拥护中华人民共和国宪法"的条件。实际上，拥护宪法与遵守宪法是密不可分的，即遵守宪法是拥护宪法的具体表现，拥护宪法则是遵守宪法的本质要求。律师在领取执业证书之前要拥护宪法；在领取执业证书之后的执业活动中，更要遵守宪法和法律。只有这样，才能真正反映律师的职业特点，实现法律所赋予的维护当事人的合法权益、维护法律的正确实施的职责和使命。

二、恪守职业道德和执业纪律

（一）恪守职业道德和执业纪律原则的法律依据

与其他行业一样，律师行业在长期的发展过程中，也形成了本行业独有的职业道德，并制定了自己的执业纪律，这也是律师在执业中必须严格遵守的。因此，我国《律师法》第3条第1款规定："律师执业必须……恪守律师职业道德和执业纪律。"

（二）恪守职业道德和执业纪律原则的内容和意义

所谓律师职业道德，是指律师在执业过程中所应遵守的道德规范的总称。它通常被归纳为简明的宣言或戒律文字，具有原则性、抽象性和概括性，如忠于法律、不畏权势、维护正义、从业清廉、热心服务、注重信誉等。它由律师自觉地加以遵守；如有违反，首先要受到自己良心的谴责和社会舆论的批评。所谓律师执业纪律，则是指律师在执业过程中所应当遵守的行为规则。这种行为规则以律师职业道德为依据，是律师职业道德得以具体体现的载体；它通常明订于《律师事务所章程》《律师协会章程》和国家有关法律、法规和规章，以具体明确的义务性或禁止性条款加以规定。律师违反执业纪律的，要受到相应的纪律处分或法律制裁。2004年第五届中华全国律师协会第9次常务理事会通过的《律师执业行为规范》（2009年、2017年修改），对律师职业道德的基本准则和执业纪律作了全面、具体的规定。律师在执业活动中，只有恪守职业道德和执业纪律，才能严格遵守宪法和法律，从而为当事人提供优质、高效的法律服务，遵循正当的途径维护当事人的合法权益，维护法律的正确实施，进而树立起律师的良好形象，赢得当事人和社会公众的信任。

三、以事实为根据、以法律为准绳

（一）以事实为根据、以法律为准绳原则的法律依据

以事实为根据、以法律为准绳，这是公安司法机关和所有法律工作者处理一切法律问题都必须遵循的根本原则。我国《刑事诉讼法》《民事诉讼法》《行政诉讼法》都把它作为基本原则加以规定；《律师法》第3条第2款也规定，律师执业必须以事实为根据，以法律为准绳。

（二）以事实为根据、以法律为准绳原则的含义和要求

所谓以事实为根据，是指律师办理任何一项法律事务，都要实事求是，忠实于事实真相。这就要求律师在执业活动中，必须深入调查研究，认真查阅案卷，掌握确实、充分的证据，查明事实和情节，并以此作为根据来处理各种法律问题、诉讼问题或提出解决有关问题的意见。对于律师来说，必须在尊重案件事实的基础上，为

当事人提供法律帮助,维护当事人的合法权益,而绝不允许违背事实、不顾事实甚至歪曲事实去为当事人谋取非法利益。当然,律师职业的特点决定了,对于有的律师业务如法律咨询和代书等,律师根据当事人提供的事实和证据即可办理;并不要求律师通过调查研究,完全查明事实真相后才能提供咨询意见或代书。另外,在现场被破坏、证据灭失、技术未及等特定情况下,律师还可以"没有一定事实"为事实,并以这样的事实为根据,指出有关证据不充分、不确实之处,进而论证某事实或某案件尚无法认定。这是以事实为根据的特例,也是律师进行反驳的一种有效手段。

所谓以法律为准绳,是指律师在各项业务活动中,都要严格依法办事,忠实于国家的法律和制度,正确地运用法律规定来处理问题或者提出解决问题的意见。对于律师来讲,既要遵守实体法,又要遵守程序法;既要严格适用法律条文,又要尊重立法原意,把"维护法律的正确实施"作为自己的根本任务和崇高目标。绝不允许任意规避或曲解法律,甚至公然违反法律,破坏法制的统一和尊严。当然,如果在执业活动中遇有法律规定尚不完备的情况,律师应当根据宪法和法律规定的原则精神,从有利于社会主义事业、有利于人民利益出发,妥善地处理有关问题;而不应钻法律不完备的空子,做有损于国家和人民的事情。

(三)以事实为根据、以法律为准绳原则的意义

律师在执业活动中,只有严格遵循"以事实为根据、以法律为准绳"的原则,才能保证业务活动的质量,从而切实维护当事人的合法权益,有效地维护法律的正确实施,并在全社会树立起律师的良好形象,在社会主义法治建设中发挥积极作用。

四、接受国家、社会和当事人的监督

(一)接受国家、社会和当事人监督原则的法律依据

我国《律师法》第3条第3款规定:"律师执业应当接受国家、社会和当事人的监督。"律师是依法取得律师执业证书,接受委托或者指派,为当事人提供法律服务的执业人员;他们能否依法执业,恪守职业道德和执业纪律,直接关系到能否维护当事人的合法权益和维护法律的正确实施,关系到律师业的健康发展。因此,必须加强对律师执业的监督。另外,律师为了进一步提高执业水平,实现公平竞争,树立良好形象,也应当接受国家、社会和当事人的监督。

(二)接受国家、社会和当事人监督原则的内容和要求

国家对律师的监督,主要是通过有关的国家机关进行的。具体包括:(1)司法行政机关的监督。按照《律师法》的规定,司法行政部门依照该法对律师、律师事

务所和律师协会进行监督、指导；律师有违反《律师法》规定的行为的，由设区的市级或者直辖市的区人民政府司法行政部门给予警告、罚款、没收违法所得或停止执业的处罚；律师事务所有违反《律师法》规定的行为的，由设区的市级或者直辖市的区人民政府司法行政部门给予警告、停业整顿、罚款、没收违法所得或吊销律师事务所执业证书的处罚。(2)税务机关的监督。按照《律师法》的规定，律师和律师事务所应当依法纳税。对于律师和律师事务所有偷税、抗税、欠税或者漏税行为的，由税务机关按照有关规定进行处罚。(3)监察机关、公安机关的监督。对于律师在执业活动中有泄露国家重要机密、行贿、介绍贿赂、偷税或者毁灭证据、伪造证据、妨害作证等行为，情节严重构成犯罪的，由监察机关或公安机关立案调查或侦查，依法追究刑事责任。(4)人民法院的监督。律师作为辩护人或代理人在刑事诉讼、民事诉讼或行政诉讼中有违法行为的，人民法院可以根据情节轻重予以罚款、拘留；情节严重构成犯罪的，依法追究刑事责任。

社会对律师的监督，包括民主党派的监督、社会团体的监督、群众组织的监督和广大人民群众的监督等。对于律师违反职业道德的行为，任何单位和个人都可以直接向律师提出批评，予以谴责，也可以向律师所在的律师事务所、律师协会或司法行政机关进行反映，或者在媒体上予以曝光。对于律师违反执业纪律、不履行法定义务的行为，任何单位和个人都有权向司法行政机关进行检举揭发，使其受到相应的行政处罚。对于律师泄露国家重要机密、行贿、介绍贿赂或偷税等违法犯罪行为，任何单位和个人都有权向监察机关或公安机关进行举报，使其受到刑事法律的制裁。

律师接受当事人的委托或聘请，为其提供法律服务；因此，律师在执业中有无违法违纪行为，当事人最为清楚。对于律师在提供法律服务中违反法律法规，不遵守职业道德和执业纪律的，当事人有权向律师所在的律师事务所、律师协会或司法行政机关提出控告，要求依法处理；对于律师违法执业或者因过错给自己造成损失的，当事人有权向人民法院提起诉讼，要求律师所在的律师事务所承担赔偿责任。

五、依法执业受法律保护

(一)依法执业受法律保护原则的法律依据

我国《律师法》第 3 条第 4 款规定："律师依法执业受法律保护，任何组织和个人不得侵害律师的合法权益。"这是律师依法执业的法律保障，也是一项具有中国特色的律师执业原则。

(二)依法执业受法律保护原则的意义

在我国律师制度恢复以来，律师在维护当事人合法权益和维护法律正确实施方面发挥了重要作用。但在实际工作中,以维护当事人合法权益为己任的律师,其人身权利和正常执业却得不到有效保护,有的公安机关、检察院或法院不准或限制律师查阅案卷材料,拒绝接受律师调查所得的证据,不允许或限制律师和在押的犯罪嫌疑人、被告人进行会见、通讯,不按法定期限向律师送达出庭通知书,随意驳回律师依法提出的申请事项,不允许律师依法向证人、鉴定人、被告人发问,限制律师的辩论发言,不听取律师正确的辩护或代理意见,采取"你辩你的,我判我的""先判后审"等做法;有的法院竟用"传票"传唤律师出庭,法庭上不设律师席位,让律师同被告人坐在一起,乱用"裁定"将律师"驱逐出庭",甚至少数公安司法人员罗列罪名,逮捕、拘禁、捆绑、殴打律师;亦有一些当事人故意伤害或拘禁律师,非法剥夺律师的人身自由,从而严重侵犯了律师的执业权利和人身权利。针对这些问题,《律师法》明确规定律师依法执业受法律保护,任何组织和个人不得侵害律师的合法权益;这有利于为律师创造一个良好的执业环境,切实保障律师依法执业,从而更好地维护当事人的合法权益。

(三)对律师依法执业予以保护的具体规定

我国《律师法》和其他有关法律对律师依法执业的保护作了一系列规定。主要有:(1)《律师法》第36条。该条规定:"律师担任诉讼代理人或者辩护人的,其辩论或者辩护的权利依法受到保障。"(2)《律师法》第37条规定:"律师在执业活动中的人身权利不受侵犯。律师在法庭上发表的代理、辩护意见不受法律追究。……"据此,少数公安司法人员对依法执业的律师进行逮捕、拘禁和少数当事人对律师进行捆绑、殴打的行为明显违法,必须停止。(3)按照《律师法》第46条的规定,律师协会有责任采取措施保障律师依法执业,维护律师的合法权益。为此,《刑事诉讼法》第44条第2款规定,违反前款规定的[1],应当依法追究法律责任。辩护人涉嫌犯罪的,应当由办理辩护人所承办案件的侦查机关以外的侦查机关办理;辩护人是律师的,应当及时通知其所在的律师事务所或者所属的律师协会。(4)按照《行政复议法》和《行政诉讼法》的规定,律师对司法行政部门作出的行政处罚决定不服的,可以依法申请复议或者提起行政诉讼,以维护自己的合法权益。

为切实保障律师的执业权利,充分发挥律师维护当事人合法权益、维护法律正确实施、维护社会公平和正义的作用,促进司法公正,2015年最高人民法院、最高人民检察院、公安部、国家安全部、司法部联合发布《关于依法保障律师执业权利的规定》(以下简称《规定》),分别就保障律师知情权、申请权、申诉权,以及会见、

[1] 《刑事诉讼法》第44条第1款规定,辩护人或者其他任何人,不得帮助犯罪嫌疑人、被告人隐匿、毁灭、伪造证据或者串供,不得威胁、引诱证人作伪证以及进行其他干扰司法机关诉讼活动的行为。

阅卷、收集证据和发问、质证、辩论辩护等方面的权利作出具体规定。权利救济是权利保障的重要内容。因此，在保障律师执业权利不受侵犯的同时，还应当建立完善救济机制，以确保侵犯律师执业权利的行为能够得到及时纠正。为此，《规定》对律师执业权利保障分四个层次设置了救济机制：一是投诉机制，《规定》明确了律师可以就办案机关及其工作人员侵犯其执业权利的行为向办案机关及其上一级机关投诉，主要由办案机关进行处理和救济；二是申诉控告机制，《规定》明确了律师向检察机关申诉控告时的处理和救济机制；三是维护律师执业权利工作机制，《规定》明确了律师向司法行政机关和律师协会申请维护执业权益时的处理和救济机制；四是各部门联席会议制度，《规定》明确了各机关、部门要定期沟通保障律师执业权利工作情况，及时调查处理侵犯律师执业权利的突发事件。

律师依法执业受法律保障的程度，反映了一个国家民主化、法治化的水平。因此，我们应当进一步完善立法，采取有力措施保障律师依法执业。例如，应当规定，对于律师正确的辩护或代理意见，司法机关应当采纳；对于律师的辩护或代理意见，司法机关不予采纳的，应当说明理由；对于妨害律师依法执业、侵犯律师合法权益的行为，应当规定相应的法律责任。

第二节　申请律师执业的条件

律师执业证书，是律师执业的有效证件，是有关部门核定律师身份的依据。取得法律职业资格证书，只是从事律师职业的前提条件。要成为执业律师，无论是专职律师还是兼职律师，都必须按照《律师法》规定的程序，向司法行政机关申请领取律师执业证书。没有取得律师执业证书的人员，不得以律师名义从事法律服务。

根据《律师法》第5条的规定，申请律师执业，应当具备下列四项条件：

1. 拥护《中华人民共和国宪法》。宪法是一国之根本大法，乃一国法律之母，通常规定一个国家的社会制度和国家制度的基本原则、国家机关的组织和活动的基本原则，公民的基本权利和义务等重要内容，涉及国家生活的各个方面。宪法具有最高法律效力，是制定其他法律的依据，一切法律、法规都不得同宪法相抵触。全国各族人民、一切国家机关和武装力量、各政党和各社会团体、各企事业单位，都必须以宪法为根本的活动准则，并且负有维护宪法尊严、保证宪法实施的职责。

宪法是治国安邦的总章程，是全国人民的根本活动准则，任何公民（包括律师在内）都有拥护宪法的义务和责任。对一个欲成为中华人民共和国律师的人而言,宪法无疑具有极其重要的意义。拥护宪法表明了一个人的政治态度和爱国情怀;因此,只有拥护并把宪法作为最高的行为准则,才能确保律师执业的正确方向。此外,港、澳、台同胞也可以参加国家统一法律职业资格考试。同样,他们如果准备在内地(大陆)申请执业,也必须拥护《中华人民共和国宪法》;这是一个最起码也是最根本的要求。总之,任何一个人,如果他反对《中华人民共和国宪法》,背叛祖国和人民,则丧失了申请律师执业的最基本条件。

2. 通过国家统一法律职业资格考试。如果说申请律师执业必须拥护《中华人民共和国宪法》是政治性要求的话,那么,通过国家统一法律职业资格考试则是专业性的要求。这是一个硬指标,是衡量一个申请律师执业的人的法律知识和专业水平的一把最重要的标尺。实行国家统一法律职业资格考试制度是我国司法体制改革的一项重大举措,是法官、检察官、律师、公证员等法律职业人员的准入制度;对于全面提高法官、检察官、律师、公证员的专业素质和水平,促进司法公正,提高司法效率,维护司法权威,进而推动依法治国的进程具有十分重要的意义。

2001 年,九届全国人大常委会修改《法官法》、《检察官法》和《律师法》,规定对初任法官、初任检察官和取得律师资格实行统一的司法考试制度。同年 11 月,司法部会同最高人民检察院、最高人民法院,颁布了《国家司法考试实施办法(试行)》。该办法规定,自 2002 年起国家对初任法官、初任检察官和取得律师资格实行统一的司法考试制度。至此,司法考试完全取代了过去所实行的初任法官资格考试、初任检察官资格考试和律师资格考试,成为统一的法律职业资格考试。

2015 年,中共中央办公厅、国务院办公厅发布《关于完善国家统一法律职业资格制度的意见》,确定将现有的司法考试制度调整为国家统一法律职业资格考试制度。

法律职业资格考试制度是国家统一组织的选拔合格法律人才的国家考试制度,初任法官、初任检察官、律师、公证员等法律职业人员都必须从获得法律职业资格证书的人员当中择优选用。国家统一法律职业资格考试的目标是通过科学、合理、公平、公正的考试方式和方法,检验应试人员是否具备担任初任法官、初任检察官和执业律师、公证员,从事法律职业所应具备的知识、能力。

根据《国家统一法律职业资格考试实施办法》第 9 条的规定,只有符合以下条件的人员,方可以报名参加国家法律职业资格考试:(1)具有中华人民共和国国籍;(2)拥护《中华人民共和国宪法》,享有选举权和被选举权;(3)具有良好的政治、业务素质和道德品行;(4)具有完全民事行为能力;(5)具备全日制普通高等学校法学类本科学历并获得学士及以上学位,或者全日制普通高等学校非法学类本科及以上学历并获得法律硕士、法学硕士及以上学位或获得其他相应学位从事法律工作3年以上。第10条规定有下列情形之一的人员,不能报名参加法律职业资格考试,已经办理报名手续的,报名无效;已经参加考试的,考试成绩无效:(1)因故意犯罪受过刑事处罚的;(2)曾被国家机关开除公职或者曾被吊销律师、公证员等法律职业人员执业证的;(3)被吊销法律职业资格证书的;(4)被处以2年内不得报名参加国家法律职业资格考试期限未满或者被处以终身不得报名参加国家法律职业资格考试的;(5)因严重失信行为被国家有关单位确定为失信联合惩戒对象并纳入国家信用信息共享平台的;(6)因其他情形被给予终身禁止从事法律职业处理的。

国家统一法律职业资格考试实行全国统一组织、统一命题、统一标准、统一录取的考试方式,一年一考。命题范围以司法部制定并公布的《国家法律职业资格考试大纲》为准。考试内容主要包括:中国特色社会主义法治理论、理论法学、应用法学、现行法律规定、法律实务和法律职业道德。着重考查宪法法律知识、法治思维和法治能力,以案例分析、法律方法检验考生在法律适用和事实认定等方面的法治实践水平。考试以案例题为主,每年更新相当比例的案例,并提高案例题的分值。国家法律职业资格考试每年度的通过数额及合格分数线由司法部商最高人民法院、最高人民检察院后公布。通过国家法律职业资格考试的人员,由司法部颁发"法律职业资格证书"。

3. 在律师事务所实习满1年。在律师事务所实习满1年是申请律师执业的重要条件之一。律师工作不仅是简单的法律叙述和记忆,而且涉及复杂的法律运用问题。此外,律师执业不仅关系委托人、当事人的利益;同时也关系国家法律尊严的维护问题,稍有不慎,就会酿成重大后果。因此,在律师事务所进行一段时间的实习和培训是必不可少的;这有利于实习人员全面运用和系统掌握法律专业知识,进一步加深对法律法规的理解和认识,做到融会贯通、运用自如。

从世界范围进行考察,在苏格兰,初级律师的实习期限根据具体情况分别确定为2年、3年或5年;在英格兰和威尔士,初级律师实习期限为2年;在法国、比利时和卢森堡,初级律师的实习期限亦为2年。我国《律师法》规定申请律师执业须实习满1年;与其他国家相比,时间相对较短。

4. 品行良好。良好的品行是申请律师执业的重要条件之一,也是律师为当事人提供优质法律服务、维护当事人合法权益的内在要求,同时还是律师在执业过程中正确理解法律、维护法律权威和尊严的重要保证。因此,申请律师执业的人,应当具有爱国守法、明理诚信、团结友善、勤奋自强、敬业奉献、忠诚服务、礼貌待人、严以律己、谨言慎行的良好品行。

律师执业证书与法律职业资格证书不同。律师执业证书的取得,意味着申请人不但具有取得法律职业资格证书所应有的知识水平,而且拥有实际执行律师职务的能力。如果取得法律职业资格证书的人,在实习期间表现出能力低下、不宜从事律师职业,司法行政机关便不能发给其律师执业证书。因此,可以说,律师执业证书是对申请人法律专业水平和业务能力的双重认可的结果和凭证。

第三节　律师执业证的颁发与管理

一、律师执业证的申请与颁发

根据《律师法》和司法部颁布的《律师执业管理办法》的规定,律师执业证的申请与颁发应当遵守以下程序:

(一)申请

根据《律师执业管理办法》第 11 条的规定,申请人申请律师执业,应当向设区的市级或者直辖市的区(县)司法行政机关提出申请,并提交下列材料:(1)执业申请书;(2)法律职业资格证书;(3)律师协会出具的申请人实习考核合格的材料;(4)申请人的身份证明;(5)律师事务所出具的同意接收申请人的证明。

《律师执业管理办法》第 12 条规定,申请人申请兼职律师执业的,除提交上述材料外,还应当提交下列材料:(1)在高等学校、科研机构从事法学教育、研究工作的经历及证明材料;(2)所在单位同意申请人兼职律师职业的证明。

申请人取得法律职业资格证书后,必须首先在律师事务所连续实习 1 年。实习期满,由律师协会对其在实习期间的思想道德、业务能力和工作态度等进行考核并出具申请人实习考核合格的材料,然后才能向设区的市级或者直辖市的区(县)司法行政机关提出申请。

(二)受理

根据《律师执业管理办法》第 13 条的规定,设区的市级或者直辖市的区(县)司法行政机关对申请人提出的律师执业申请,应当根据下列情况分别作出处理:(1)申请材料齐全、符合法定形式的,应当受理。(2)申请材料不齐全或者不符合法定形式的,应当当场或者自收到申请材料之日起 5 日内一次告知申请人需要补正的全部内容。申请人按要求补正的,予以受理;逾期不告知的,自收到申请材料之日起即为受理。(3)申请事项明显不符合法定条件或者申请人拒绝补正、无法补正有关材料的,不予受理,并向申请人书面说明理由。

（三）审查

《律师执业管理办法》第14条规定，受理申请的司法行政机关应当自决定受理之日起20日内完成对申请材料的审查。在审查过程中，可以征求申请执业地的县级司法行政机关的意见；对于需要调查核实有关情况的，可以要求申请人提供有关的证明材料，也可以委托县级司法行政机关进行核实。经审查，应当对申请人是否符合法定条件、提交的材料是否真实齐全出具审查意见，并将审查意见和全部申请材料报送省、自治区、直辖市司法行政机关。

（四）审核颁证

《律师执业管理办法》第15条规定，省、自治区、直辖市司法行政机关应当自收到受理申请机关报送的审查意见和全部申请材料之日起10日内予以审核，作出是否准予执业的决定。准予执业的，应当自决定之日起10日内向申请人颁发律师执业证书；不准予执业的，应当向申请人书面说明理由。根据《律师法》第7条的规定，申请人有下列情形之一的，应不予颁发律师执业证书：（1）无民事行为能力或者限制民事行为能力的；（2）受过刑事处罚的，但过失犯罪的除外；（3）被开除公职或者被吊销律师、公证员执业证书的。

二、律师执业证的管理

律师执业证书是律师依法获准执业的有效证件。为此，司法部《律师执业管理办法》对律师执业证书的管理作出了一系列规定。具体包括以下几个方面：

（一）律师执业证的收回与注销

《律师执业管理办法》第19条规定，有下列情形之一的，由作出准予该申请人执业决定的省、自治区、直辖市司法行政机关撤销原准予执业的决定：（1）申请人以欺诈、贿赂等不正当手段取得准予执业决定的；（2）对不符合法定条件的申请人准予执业或者违反法定程序作出准予执业决定的。

《律师执业管理办法》第23条规定，律师有下列情形之一的，由其执业地的原审核颁证机关收回、注销其律师执业证书：（1）受到吊销律师执业证书处罚的；（2）原准予执业的决定被依法撤销的；（3）因本人不再从事律师职业申请注销的；（4）因与所在律师事务所解除聘用合同或者所在的律师事务所被注销，在6个月内未被其他律师事务所聘用的；（5）因其他原因终止律师执业的。因前述第3项、第4项、第5项规定情形被注销律师执业证书的人员，重新申请律师执业的，按照该办法规定的程序申请律师执业。律师正在接受司法机关、司法行政机关、律师协会立案调查期间，不得申请注销执业证书。

(二)律师执业证的变更(换发)

《律师执业管理办法》第20条规定,律师变更执业机构,应当向拟变更的执业机构所在地设区的市级或者直辖市的区(县)司法行政机关提出申请,并提交下列材料:(1)原执业机构所在地县级司法行政机关出具的申请人不具有该办法第21条规定情形的证明;[2](2)与原执业机构解除聘用关系或者合伙关系以及办结业务、档案、财务等交接手续的证明;(3)拟变更的执业机构同意接收申请人的证明;(4)申请人的执业经历证明材料。受理机关应当对变更申请及提交的材料出具审查意见,并连同全部申请材料报送省、自治区、直辖市司法行政机关审核。对准予变更的,由审核机关为申请人换发律师执业证书;对不准予变更的,应当向申请人书面说明理由。有关审查、核准、换证的程序和期限,参照该办法第14条、第15条的规定办理。准予变更的,申请人在领取新的执业证书前,应当将原执业证书上交原审核颁证机关。律师跨设区的市或者省、自治区、直辖市变更执业机构的,原执业机构所在地和变更的执业机构所在地的司法行政机关之间应当交接该律师执业档案。

(三)律师执业证的使用与保管

根据《律师执业管理办法》第48条的规定,律师应当妥善使用和保管律师执业证书,不得变造、抵押、出借、出租。如有遗失或者损毁,应当及时报告所在地县级司法行政机关,经所在地设区的市级或者直辖市区(县)司法行政机关向原审核颁证机关申请补发或者换发。律师执业证书遗失的,应当在当地报刊上刊登遗失声明。律师被撤销执业许可,受到吊销执业证书处罚的,由其执业机构所在地县级司法行政机关收缴其执业证书。律师受到停止执业处罚的,应当自处罚决定生效后至处罚期限届满前,将律师执业证书缴存其执业机构所在地县级司法行政机关。

第四节 执业律师的类型

根据《律师法》和相关规范性文件的规定,我国的律师可分为专职律师和兼职律师以及社会律师、公职律师、公司律师和军队律师:

---

[2] 《律师执业管理办法》第21条规定,律师受到停止执业处罚期间,不得申请变更执业机构;律师事务所受到停业整顿处罚期限未满的,该所负责人、合伙人和对律师事务所受到停业整顿处罚负有直接责任的律师不得申请变更执业机构;律师事务所应当终止的,在完成清算、办理注销前,该所负责人、合伙人和对律师事务所被吊销执业许可证负有直接责任的律师不得申请变更执业机构。

一、专职律师和兼职律师

（一）专职律师

专职律师，是指取得法律职业资格并持有律师执业证书，在律师事务所专门从事律师职业的人员。专职律师是我国律师队伍的主体，他们在我国法律服务工作中承担着大部分职能。专职律师是我国律师队伍的发展方向。

在西方，律师一般都是专职的，不存在兼职律师的情况。律师专职，有利于集中精力，全力以赴开展法律服务，提高法律服务的质量。就律师职业而言，所涉及的社会科学、自然科学、人文科学等方面的知识博大精深，要成为一名优秀的律师，也应当以律师职业为专业，刻苦钻研，不断提高自己的业务水平。但由于我国当前乃至今后一段时间里，专职律师的数量不足，因此《律师法》还允许兼职律师存在。从长远来看，律师都应当是专职的。目前，我国已采取诸多措施大力发展专职律师队伍，如兼职律师如果要成立新的律师事务所，必须与原单位脱钩，成为专职律师等。

（二）兼职律师

兼职律师，是指取得法律职业资格并持有律师执业证书，不脱离本职工作而兼任律师职务的人员。兼职律师是对我国专职律师数量不足的一种补充。从立法上确立专职律师与兼职律师并存的制度，是与我国目前的实际情况相适应的。根据司法部《律师执业管理办法》第 7 条的规定，申请兼职律师执业，应当在高等学校、科研机构中从事法学教育、研究工作。这是因为，在高等学校、科研机构中从事法学教育、研究工作的人员拥有较高的理论水平和专业素养，具有丰富的法律知识和较强的法律服务技能，但是，他们不能脱离本职工作；因此只有允许他们担任兼职律师，才能缓解律师数量与法律服务需求之间的矛盾。兼职律师是在完成本职工作的基础上从事律师业务的，因此，不可避免地存在本职工作与律师工作之间的冲突。兼职律师应量力而行，正确处理好两方面的关系，不断提高律师工作的质量。

此外，我国还设立了特许律师制度。根据《律师法》第 8 条的规定，特许律师应当是具有高等院校本科以上学历，在法律服务人员紧缺领域从事专业工作满 15 年，具有高级职称或者同等专业水平并具有相应的专业法律知识的人员。这表明，特许律师是仅限于法律服务人员紧缺领域的专门人才。而且，根据该条的规定，这类人员申请专职律师执业的，必须经国务院司法行政部门考核合格，方准予执业。

2002 年以前我国还存在过特邀律师的形式。所谓特邀律师，是指那些具有丰富的法律专业知识和司法实践经验或长期从事经济、科技工作，熟悉本专业有关法律并有中级以上专业职务，离退休后经司法行政机关特批后应聘到律师事务所从事律师职业的人员。这项制度自 1984 年开始实行，是为解决当时律师数量严重不足而采取的一项阶段性措施,在我国律师制度恢复初期发挥了重要的作用。但随着律师制度改革不断深化,参加律师资格考试人数的逐年增加和律师队伍的不断扩大,律师执业向规范化、专业化、制度化发展已成为必然趋势。1996 年《律师法》颁布后,特邀律师已无存在的法律依据。于是,司法部于 1999 年发布《关于特邀律师注册问题的通知》,明确规定到 2001 年度年检时,终止注册特邀律师并正式公布取消特邀律师。

需要指出的是,无论是特许律师还是特邀律师,都不是执业律师的一个专门类别。一般地说,特许律师和特邀律师都属于专职律师,而非兼职从事律师业务。

二、社会律师、公职律师、公司律师和军队律师

(一)社会律师

社会律师,是指取得法律职业资格并持有律师执业证书,面向社会开展律师业务的执业人员。社会律师是我国律师的主体,是我国律师队伍的主要组成部分。由于社会律师是面向社会开展律师业务,因而他们的服务对象是不特定的;任何公民、法人或其他组织在遇有法律问题时,都可以委托他们进行《律师法》规定范围内的律师业务。而且,社会律师既可以接受当事人的委托在《律师法》规定范围内进行律师业务活动,也可以接受法律援助机构的指派为各类案件的当事人进行刑事辩护或诉讼代理活动。而当他们接受当事人的委托进行律师业务活动时,其所在的律师事务所可以按照有关规定向委托的当事人收取费用,因而他们的活动是有偿的;当他们接受法律援助机构的指派进行刑事辩护或诉讼代理活动时,则由指派的法律援助机构支付一定的成本费用,而不得向当事人收取费用(与接受当事人的委托相比,律师接受法律援助机构的委派的情况明显偏少)。由此可见,总体来说,社会律师具有服务对象的不特定性、服务范围的广泛性和业务活动的有偿性等显著特征。

(二)公职律师

公职律师,是指取得法律职业资格并持有律师执业证书,在党政机关专门从事法律事务工作或者担任法律顾问的公职人员。按照《公职律师管理办法》有关规定,在党政机关专门从事法律事务工作或者担任法律顾问,并具有法律职业资格或者律师资格的人员,经所在党政机关同意,可以向司法行政部门申请颁发公职律师证书。经审查,申请人具有法律职业资格或者律师资格的,司法行政部门应当向其颁发公职律师证书。但是,根据《公职律师管理办法》第 12 条的规定,在国家统一法律职业资格制度实施前已担任法律顾问、未取得法律职业资格或者律师资格的人员具备下列条件,需经国务院司法行政部门考核合格并颁发公职律师证书:

(1)在党政机关担任法律顾问满15年;(2)具有高等学校法学类本科学历并获得学士及以上学位,或者高等学校非法学类本科及以上学历并获得法律硕士、法学硕士及以上学位或者获得其他相应学位;(3)具有高级职称或者同等专业水平。公职律师脱离原党政机关的,可以申请转为社会律师,其担任公职律师的经历计入社会律师执业年限。依照前款规定取得公职律师证书的人员,脱离原单位后申请社会律师执业的,应当符合国家统一法律职业资格制度的相关规定。

《公职律师管理办法》第13条规定,公职律师履行党政机关法律顾问承担的职责,具体包括:(1)为重大决策、重大行政行为提供法律意见;(2)参与法律法规规章草案、党内法规草案和规范性文件送审稿的起草、论证;(3)参与合作项目的洽谈、对外招标、政府采购等事务,起草、修改重要的法律文书或者合同、协议;(4)参与信访接待、矛盾调处、涉法涉诉案件化解、突发事件处置、政府信息公开、国家赔偿等工作;(5)参与处理行政处罚审核、行政裁决、行政复议、行政诉讼等工作;(6)落实"谁执法,谁普法"的普法责任制,开展普法宣传教育;(7)办理民事案件的诉讼和调解、仲裁等法律事务;(8)所在单位委托或者指派的其他法律事务。公职律师可以受所在党政机关委托,代表所在党政机关从事律师法律服务。根据《公职律师管理办法》第14条的规定,在执业活动中,公职律师享有《律师法》等规定的会见、阅卷、调查取证和发问、质证、辩论等方面的律师执业权利,以及《律师法》规定的其他权利,同时应当承担不得从事有偿法律服务、不得在律师事务所等法律服务机构兼职、不得以律师身份办理所在党政机关以外的诉讼或者非诉讼法律事务等义务。

(三)公司律师

公司律师,是指取得法律职业资格并持有律师执业证书,在国有企业(包括工商、金融、文化等行业的国有独资或者控股企业,下同)内部专门从事法律事务工作或者担任法律顾问,并与企业依法签订劳动合同的员工。按照有关规定,在国有企业担任法律顾问,并具有法律职业资格或者律师资格的人员,经所在公司同意可以向司法行政部门申请颁发公司律师证书。经审查,申请人具有法律职业资格或者律师资格的,司法行政部门应当向其颁发公司律师证书。但是,根据《公司律师管理办法》第12条的规定,在国家统一法律职业资格制度实施前已担任法律顾问、未取得法律职业资格或者律师资格的人员具备下列条件,需经国务院司法行政部门考核合格并颁发公司律师证书:(1)在国有企业担任法律顾问满15年;(2)具有高等学校法学类本科学历并获得学士及以上学位,或者高等学校非法学类本科及以上学历并获得法律硕士、法学硕士及以上学位或者获得其他相应学位;(3)具有高级职称或者同等专业水平。公司律师脱离原国有企业的,可以申请转为社会律师,其担任公司律师的经历计入社会律师执业年限。依照前款规定取得公司律师证书的人员,脱离原单位后申请社会律师执业的,应当符合国家统一法律职业资格制度的相关规定。

依据《公司律师管理办法》第 13 条的规定,公职律师履行国有企业法律顾问承担的职责,具体包括:(1)为企业改制重组、并购上市、产权转让、破产重整等重大经营决策提供法律意见;(2)参与企业章程、董事会运行规则等企业重要规章制度的制定、修改;(3)参与企业对外谈判、磋商,起草、审核企业对外签署的合同、协议、法律文书;(4)组织开展合规管理、风险管理、知识产权管理、法治宣传教育培训、法律咨询等工作;(5)办理各类诉讼和调解、仲裁等法律事务;(6)所在单位委托或者指派的其他法律事务。《公司律师管理办法》第 14 条规定,公司律师可以受所在企业委托,代表所在企业从事律师法律服务。在执业活动中,公司律师享有《律师法》等规定的会见、阅卷、调查取证和发问、质证、辩论等方面的律师执业权利,以及律师法规定的其他权利,同时应当承担不得从事有偿法律服务、不得在律师事务所等法律服务机构兼职、不得以律师身份办理所在企业以外的诉讼或者非诉讼法律事务等义务。

(四)军队律师

《律师法》第 57 条对军队律师作了专门规定,即"为军队提供法律服务的军队律师,其律师资格的取得和权利、义务及行为准则,适用本法规定。军队律师的具体管理办法,由国务院和中央军事委员会制定"。

军队律师,是指取得法律职业资格并持有律师执业证书,为军队提供法律服务的现役军职人员。军队律师设在集团军的军、师、旅三级政治机关,受所在部队首长和政治机关领导,并在本单位法律顾问处的组织领导下履行职责。按照有关规定,在军队专门从事法律事务工作或者担任法律顾问,并具有法律职业资格或者律师资格的人员,经所在部队政治机关同意可以向军队司法行政部门申请颁发军队律师证书。经审查,申请人具有法律职业资格或者律师资格的,军队司法行政部门应当向其颁发军队律师证书。军队律师转业的,可以申请转为社会律师,其担任军队律师的经历计入社会律师执业年限。

根据《律师法》第 28 条、第 29 条以及《军队法律服务工作暂行规定》第 6 条之规定,同时结合部队的实际情况,军队律师的主要职责应当包括以下几个方面:(1)担任首长和机关的法律顾问,为领导决策提供法律服务;(2)接受军内单位和人员委托担任代理人,参加民事、经济、行政案件的诉讼、调解、仲裁等活动;(3)接受委托担任辩护人或代理人,依法参加刑事诉讼活动;(4)接受领导委派及军内单位和人员委托,办理非诉讼法律事务;(5)接受聘请担任军队企业、事业单位以及个人的常年法律顾问或者专项顾问;(6)为军内单位和人员提供法律帮助,解答法律咨询,代写法律文书;(7)接受军内单位或个人委托,代理、代办公证申请、工商登记、合同谈判、财产租赁、商标注册等事务;(8)通过开展法律服务活动,对部队进行经常性的法制教育。

第五节　律师素质

一、律师素质的含义

素质是事物本身的性质。从事任何职业的人,都由于该职业不同于其他职业的特点而应该具备某些特定的知识、技能和修养,即为职业素质。从事律师工作当然也不例外,它同样要求从业人员具备其应有的职业素质。所谓律师素质,是指从事律师职业的人所应具有的理论水平、道德修养、业务能力和专门技巧,即作为一个合格的律师应当具备的多方面的综合条件。

律师素质与取得律师资格所应具备的条件是有区别的。后者是一种明确、硬性的条件,也是对准备从事律师职业的人的基本要求和最低标准。符合这些条件,只能说明某人具备了从事律师职业的基础,并不能全面反映其素质。律师素质则是一种内在的条件,具有更为广泛丰富的内容,标准也更加严格,并带有鲜明的实践检验特性。律师只有不断学习,勇于实践,才能使自己的律师素质臻于完善。

律师的任何业务活动,无论是诉讼性质的还是非诉讼性质的,都与法律有关。律师工作所接触到的不仅有光明的一面,也有阴暗的一面;律师的职能一方面要求律师维护国家和社会的整体利益,另一方面又要求律师必须维护委托人的个人或者局部的利益。特别在当前,我国社会主义市场经济正在迅速发展,政治体制改革和经济体制改革正在稳步推进,民主法治的意识和观念越来越深入人心。这些社会变革,必然要反映在立法上,反映在新出现的法律关系中。法人和自然人都越来越强烈地要求用法律的手段来确立自己的社会地位,解决相互之间的矛盾和纷争,维护自己的合法权益。特别是随着对外开放的不断深化,在加入世界贸易组织以后,我国与世界各国、各地区和各经济区域组织之间的经济交往越来越频繁,由此产生的许多问题不仅涉及我国的法律和外国的法律,而且还涉及国际法、国际私法和国际贸易法等。所有这些对从事律师职业的人都提出了更高的要求。可见,律师职业具有专业性、复杂性、严肃性和高难度性。律师要想为当事人提供优质的法律服务,无论是对个人还是对队伍整体来说,律师素质都是关键性因素。律师素质反映了国家和社会对律师职业的基本要求,制约着律师在社会生活中发挥作用的程度,同时也是赢得人民群众信赖与尊重的关键所在。有志于从事律师职业的人,必须充分了解律师素质的内容,注意培养良好的律师素质,努力使自己成为一名合格的律师。

二、律师素质的内容

律师素质包括以下几个方面的内容:

(一)政治素质

律师的政治素质是指律师的政治立场和观点等。我国是社会主义国家,律师肩负着维护当事人合法权益、维护法律正确实施、维护社会公平和正义的重任。因此,律师的政治素质应该符合社会主义制度和社会主义法治的要求。只有这样,才能确保社会主义律师的性质,才能完成法律赋予律师的重任。律师的政治素质具体包括:

1. 具有强烈的爱国主义精神。人们总是诞生在一定的国度里,在其中工作、学习与生活,受到文化礼俗的熏陶,形成了强烈的民族意识,对养育自己的祖国具有一种稳定、持久、朴实、真挚而又深厚的热爱之情。这种感情,不仅表现在对祖国河山、历史、语言、文字和民族传统的热爱上,更表现在对祖国对民族的前途和命运的关心上。爱国主义精神,集中表现为民族自尊心和民族自信心,表现为为争取民族独立和祖国富强而英勇献身的奋斗精神;它是在一定的经济、政治、文化的基础上产生的,是人们在长期劳动、斗争中凝聚起来的一种巨大精神力量。是否具有爱国主义精神,是衡量一个人政治觉悟和思想素质的重要标准。我国的律师是在祖国培养哺育下成长起来的新型律师;这就要求律师首先必须具有强烈的爱国主义精神,并且将这种爱国的情愫体现在具体的业务活动当中。

具有强烈的爱国主义精神,要求律师关心祖国的前途和命运,以自己的全部智慧和力量报效祖国,坚定地维护国家利益、民族利益,为祖国的繁荣富强而努力工作。目前,我国正在进行改革开放和建设中国特色社会主义,这是关系祖国繁荣富强和中华民族伟大复兴的大事;律师应将个人的得失成败同祖国的前途命运紧密联系在一起,积极投身到全面建设社会主义现代化国家的伟大事业中去,为建设民主、文明、繁荣、富强与和谐的社会主义国家贡献自己的力量。

具有强烈的爱国主义精神,还要求律师在涉外业务活动中,坚定不移地维护国家主权和利益。律师在涉外活动中,不得损害国家的主权与尊严,不准违反我国的法律,不能有悖于国家利益、社会公共利益和我国的道德准则。对外国人提出的有损我国主权与尊严、违反我国法律的要求,要从法律的角度讲明道理,严加拒绝。

在与外商签订有关争端解决条款时,要坚持我国法律中规定的司法专属管辖权,不容许以任何形式加以侵犯。在与外商的经济往来中,还应坚持一个中国、一国两制的原则。

2. 坚持马列主义、毛泽东思想、邓小平理论、"三个代表"重要思想、科学发展观和习近平新时代中国特色社会主义思想。没有革命的理论,就没有革命的行动。马列主义、毛泽东思想、邓小平理论、"三个代表"重要思想、科学发展观和习近平新时代中国特色社会主义思想是律师工作的根本指导思想,必须毫不动摇地予以坚持。

坚持马列主义、毛泽东思想、邓小平理论、"三个代表"重要思想、科学发展观和习近平新时代中国特色社会主义思想,首先要求律师必须努力学习马列主义、毛泽东思想、邓小平理论、"三个代表"重要思想、科学发展观和习近平新时代中国特色社会主义思想。只有这样,才能增强为建设中国特色社会主义服务的自觉性和主动性,才能坚定不移地把握律师工作的方向,才能准确而全面地理解我国的法律制度和法律精神,才能恰当地处理和解决各种涉及法律的事务和矛盾。学习马列主义、毛泽东思想、邓小平理论、"三个代表"重要思想、科学发展观和习近平新时代中国特色社会主义思想,主要是学习其立场、观点和方法。马列主义的世界观和方法论是人们如何从整体上认识世界、认识社会和改造世界、改造社会的科学,有了马克思主义的世界观和方法论,律师就可以在处理法律事务过程中高瞻远瞩,深刻理解立法精神和立法旨意,提高分析问题、解决问题的能力。"三个代表"重要思想是新的历史条件下的立党之本、执政之基、力量之源,对律师的工作开展具有极为重大的现实意义和长远的指导意义。科学发展观,第一要义是发展,核心是以人为本,基本要求是全面协调可持续,根本方法是统筹兼顾。其中,坚持以人为本,就是要坚持全心全意为人民服务的根本宗旨,要始终实现好、维护好、发展好最广大人民的根本利益,尊重人民主体地位,发挥人民首创精神,保障人民各项权益,走共同富裕道路,促进人的全面发展,做到发展为了人民、发展依靠人民、发展成果由人民共享。习近平新时代中国特色社会主义思想内涵十分丰富,其中最重要、最核心的内容就是中共十九大报告概括的"八个明确":一是明确坚持和发展中国特色社会主义,总任务是实现社会主义现代化和中华民族伟大复兴,在全面建成小康社会的基础上,分两步走在21世纪中叶建成富强民主文明和谐美丽的社会主义现代化强国;二是明确新时代中国社会主要矛盾是人民日益增长的美好生活需要和不平衡不充分的发展之间的矛盾,必须坚持以人民为中心的发展思想,不断促进人的全面发展、全体人民共同富裕;三是明确中国特色社会主义事业总体布局是"五位一体"、战略布局是"四个全面",强调坚定道路自信、理论自信、制度自信、文化自信;四是明确全面深化改革总目标是完善和发展中国特色社会主义制度、推进国家治理体系和治理能力现代化;五是明确全面推进依法治国总目标是建设中国特色社会主义法治体系、建设社会主义法治国家;六是明确中国共产党在新时代的强军目标是建设一支听党指挥、能打胜仗、作风优良的人民军队,把人民军队建设成为世界一流军队;七是明确中国特色大国外交要推动构建新型国际关系,推动构建人类命运共同体;八是明确中国特色社会主义最本质的特征是中国共产党领导,中国特色社会主义制度的最大优势是中国共产党领导,党是最高政治领导力量,提出新时代党的建设总要求,突出政治建设在党的建设中的重要地位。这“八个明确”,高度凝练、提纲挈领地点明了习近平新时代中国特色社会主义思想的主要内容,构成了系统完备、逻辑严密、内在统一的科学体系。为此,律师应当坚持以习近平新时代中国特色社会主义思想特别是习近平法治思想为指导,努力为当事人提供优质法律服务,切实维护其各项合法权利和利益。

坚持马列主义、毛泽东思想、邓小平理论、“三个代表”重要思想、科学发展观和习近平新时代中国特色社会主义思想,就要求律师必须坚持实事求是、调查研究的工作方法。实事求是是毛泽东思想的精髓;它既是我们党在长期斗争中形成的优良传统作风,又是我们党必须坚持的一条根本思想路线。邓小平同志指出:“实事求是,是无产阶级世界观的基础,是马克思主义的思想基础,过去我们搞革命取得的一切胜利,是靠实事求是,现在我们要实现四个现代化,同样要靠实事求是。”我们要搞好律师工作,尤其要坚持实事求是的思想路线。律师执业的过程,就是将国家法律运用于具体事务的过程,其本身又体现着事物的客观性。只有深入调查,实事求是地了解事物的本来面目,律师才能正确地运用法律解决纷争,为当事人提供优质的法律服务。做好律师工作,绝不能离开实事求是。一旦离开,将一事无成,走入歧途。所以,作为律师,应当具有一切从实际出发、坚持调查研究、走群众路线的良好作风。同时,还应当牢固树立以事实为根据、忠于事实真相的信念。律师在执业过程中,如果发现自己所认定的事实有片面性,或有错误,就应当毫不犹豫地予以纠正。对于律师来说,应当培养自己实事求是、不夸大不缩小、忠厚诚实的美德;切忌为谋求不正当的胜诉目的,弄虚作假,捏造事实,歪曲法律,强词夺理地进行执业活动。

3. 树立全心全意为当事人服务的思想。全心全意为当事人服务,是律师工作全心全意为人民服务的根本要求和重要体现。我国《律师法》第 2 条第 2 款规定,律师应当维护当事人合法权益,维护法律正确实施,维护社会公平和正义。这表明,在律师的执业活动中,维护当事人的合法权益与维护法律的正确实施、维护社会公平和正义是完全一致的。因此,树立全心全意为当事人服务的思想,可以使律师把握正确的方向,为当事人提供优质的法律服务,塑造良好的社会形象。

树立全心全意为当事人服务的思想,就要求律师在为当事人提供法律帮助时,要热情、真诚,积极主动,不敷衍塞责、马虎从事。忠诚地履行职责,为当事人提供优质服务,依法维护当事人的合法权益,是律师的天职。因而,律师应全面开展业务活动,主动提供法律服务,不轻易拒绝当事人的要求;不能为金钱和物质利益所驱使;不能唯利是图,以酬金多寡来决定服务的质量;也不能只受理民商案件,而不愿或拒绝办理经济效益不高的刑事辩护和行政诉讼代理业务。

树立全心全意为当事人服务的思想,还要求律师满腔热忱、平等待人。对当事人应当尊重,不能歧视;对当事人的隐私应当保密,不得泄露。只有这样,律师才能取得当事人的信任,维护律师的良好声誉。

4. 坚持真理,主持正义。坚持真理,主持正义,是律师职业的突出特点。律师应当是公平与正义的象征。作为律师,应当富有正义感,即应当站在国家和人民的立场上,坚定不移地维护当事人合法权益,维护法律正确实施,维护社会公平和正义。富有正义感,就能促使律师在履行职务过程中,坚持真理,主持公道,仗义执言,具有为实现公平与正义而献身的精神。富有正义感,还是律师抵制各种错误思想的精神支柱之一。当前,我国社会主义法制仍不够完善,一些国家机关及其工作人员不依法办事的现象还时有发生,有的当事人的合法权益受到侵害却得不到保护,被害人有冤无处伸,当事人的诉讼权利被非法剥夺而无人过问。在这种情况下,为了维护国家和人民的利益,为了维护社会主义法制的尊严,律师应有敢于坚持真理、勇于主持正义的精神,不畏强暴,不惧权贵,扶助弱小,保护无辜,用法律武器同违法现象进行不懈的斗争。

(二)业务素质

律师的业务素质,是指律师所必须具备的在实践中解决问题的知识和能力。律师开展业务活动,无论是担任法律顾问、诉讼代理人、刑事辩护人、非诉讼代理人,还是提供法律咨询和代书,都要求具有一定的文化知识和业务技能,即业务素质,它的高低决定着律师为当事人提供法律服务的质量。一个文化水平低、知识面狭窄的律师,其理解能力、分析问题和解决问题的能力以及语言表达能力必然受到限制,因而也就不可能顺利地开展业务活动,更不可能成为一名优秀的律师。律师在任何时候都不应忘记,自己的职业是一个专业性很强的职业。法律问题的复杂性,绝不亚于工程和医疗等专业技术问题。一名优秀的律师,应既有扎实的理论基础知识,又有解决实际问题的能力。律师的业务素质具体包括:

1. 具备相应的知识体系。律师开展业务活动,几乎涉及社会的各个领域;因此,律师不仅要精通法律,而且还应具备相应的社会科学和自然科学知识。律师应具有自己独立的知识体系,而且,这个知识体系应当是一个立体的多层次的系统。在上层是哲学、法哲学、法学基础理论、宪法学知识,以此作为世界观、方法论的一般指导和对国家结构的宏观认识与把握;在基层是心理学、行为科学、社会学、经济学、文学、史学以及自然科学知识,以此作为知识系统的基础,使律师在实践中有广泛坚实的知识面,具备处理各种纷繁复杂的社会事务的能力;在中层即骨干层,是以民事、经济、行政、刑事等实体法和程序法及理论为骨干知识,以其坚实的法律专业知识去处理复杂的法律事务。这种多层次知识的结合,就形成了比较完整全面的律师知识体系,从而能够胜任律师工作。具有这样立体的多层次的知识体系,就要求律师做到:

第一,应当全面而准确地理解和掌握法律。律师作为法律工作者,必须具备丰富的法学知识。对法律全面而准确的理解是律师业务素质的主体部分,是每一个律师的立身之本。律师从事业务活动,就是运用自己所拥有的法律专业知识为当事人提供法律方面的指导和帮助。这些指导和帮助,只有在符合法律规定的情况下才是有效的,才能维护当事人的合法权益。否则,这些"帮助"和"指导"就是无效的,并会使当事人的合法权益受到损害。因此,律师学习和了解法律,仅从法律条文的字义上下功夫是不够的,还必须从法学理论的角度理解立法原意及法律精神,做到"知其然并知其所以然"。从这个意义上讲,每一个律师首先应当是一个精通法律、具有深厚法学理论知识的法律专家。

第二,律师还应懂得社会科学和自然科学知识。律师工作面向社会,涉及政治、经济、文化和社会生活的各个方面。因此,律师不仅要精通法律,而且要懂得政治学、经济学、社会学、心理学等社会科学,同时对自然科学知识也要略知一二。现代科学技术对法律的影响越来越大;随着科学技术的发展,形成了许多新的法律关系,也提出了许多新的法律问题。律师要想履行好自己的职责,更好地提供法律服务,除了具备深厚的法学理论知识外,还应当了解有关的科学知识。例如,海事律师事务所的律师应当学习掌握海上运输、海洋气象和水流、船舶等有关知识;担任企业法律顾问的律师则应当了解该企业的生产、经营、管理、供销和工艺流程等。如果律师不具备基本的自然科学知识,眼界狭窄,观念陈旧,就不可能为当事人提供优质服务。律师要善于学习,拓宽自己的知识面,以适应科学技术迅猛发展的需要,把律师工作建立在科学而坚实的基础之上。

2. 要有科学的思维方式。科学的思维方式,就是逻辑的思维方式,即对每项法律事务都作具体分析,而后进行综合,获得整体的认识,由此得出判断,并推知其他情况,作出合理的结论。亦即律师应具备分析判断、综合推理的能力。

从思维过程来说,律师提供法律服务就是从法律这个大前提出发,对具体事务进行分析推理，然后得出符合法律要求的结论。律师的推理和分析只有符合思维的规律，采取正确的思维方式和方法，结论才会正确。严密的逻辑思维，可以使律师的头脑清醒，目光敏锐，善于抓住事物的本质和核心；可以使律师面对纷繁复杂、曲折离奇的情况，理清思路，摈弃非本质的表面现象，寻找到解决问题的正确途径。律师只有具备严密的逻辑思维能力，才能自如地运用国家法律，切实维护当事人的合法权益。

严密的逻辑思维能力来自对思维规律的把握和对这些规律的自觉、反复运用。律师在工作过程中，要遵守同一律、不矛盾律、排他律、充足理由律等规律，运用定义、划分、论证等逻辑规则和概括、限制、分析、综合、探求因果关系等方法认识具体事物。律师应有这样的本领和技能：通过周密的观察和深入的思考，使复杂现象、混乱问题简洁化、明朗化、条理化。为此，要求律师必须收集与其承办的法律事务有关的一切证据材料。正确的结论来自对真实可靠的材料的占有程度和对材料的科学分析论证。要取得对事物的本质和规律性的认识，就必须深入实际，调查研究，占有大量的证据材料，并对之加以去粗取精、去伪存真、由表及里、由此及彼的改造、加工，从而为形成科学的、正确的意见打下良好的"物质"基础。然后在此基础上，运用概念、判断、推理和证明来分析所掌握的材料，即通过逻辑推理认定事实，使之得出的结论符合逻辑的基本规律，从而形成切合实际的意见。

3. 具备较强的文字表达能力。这是指律师在制作法律文书时，应做到字迹工整、用词贴切、表述准确、条理清楚、层次分明。较强的文字表达能力，同样是合格律师必须具备的业务素质。律师在执业过程中，经常要制作各种各样的法律文书，如制作阅卷笔录、询问笔录、调查提纲，代写起诉状、答辩状、申诉状、申请书，撰写辩护词、代理词、法律意见书，起草合同以及其他各类法律文书，等等。这就要求律师必须刻苦掌握文字基本功，如记录的技巧，叙事说明文字的规律以及遣词造句、语法、修辞，并正确使用标点符号。要知道，律师在处理法律事务过程中使用的遣词造句、语法修辞，甚至标点符号，都会产生不同的社会效果，直接关系律师的形象。另外还要注意，用于法律和法律事务上的文字与其他方面特别是日常用语有很大的不同，法律事务上的文字必须严格、准确、有分寸感，常常是一个字、一个词、一个句子甚至一个标点符号的不同，就会产生完全不同的法律意义。用"举足左右，便有轻重"来形容法律用语的严谨，应该说是恰如其分的。由此，具有较强的文字表达能力应成为律师的基本技能之一。

4. 具备精确的语言表达能力。这是指律师在执业活动中，应具有正确、流利地表达自己的看法和观点的才能。语言是人们交流思想、互相往来的工具；对于律师来说，掌握语言表达能力，尤为重要。律师是脑力劳动者，为当事人提供的法律服务是一种精神产品。这种精神产品只有用语言才能表达出来,也只有用文字才能将其工作成果固定下来。律师与委托人接触,解答法律咨询,也向证人核实证据,会见被告人,进行必要的调查访问以及参加谈判,都要通过语言来表达自己对案件事实的看法,亮明自己的观点。如果律师的语言表达能力欠佳,就有可能出现词不达意,甚至形成答非所问或哑口无言的尴尬局面。一个好的律师,不仅要有较好的文字表达能力,而且还要有准确、精练、简洁、生动的语言表达能力。实践中,有的律师的法学理论水平较高,社会知识也较丰富,文字基本功尚好,就只因为语言表达能力欠佳,致使工作打不开局面,达不到预期的效果,从而影响了律师的形象。因此,律师应当努力提高自己的语言表达能力。

5. 具有雄辩的才能。这一点与语言表达能力有一定的联系,但我们在此强调的重点是律师参与谈判以及在法庭辩论中应具备的雄辩能力。辩论也是一种演讲,但具有更强的论战性和对抗性,且常常是在大庭广众之下甚至是在社会公众和司法人员的注视之下进行。善于演讲和辩论是一个律师获得成功的重要条件,无论中国还是外国都是如此,律师应是雄辩家。雄辩如在"应变"的背景下体现,则自然更具有高难度。从这个意义上讲,它比文字表达能力、一般语言表达能力显得更难能可贵。辩论发言应做到生动而不失于轻浮,形象而不失于浅薄,锐利而不失于偏激,感人而不失于过度。在辩论中,律师只有清晰而准确地引用和阐述法律,充分而深刻地论证自己当事人主张的合理性,有力地反驳对方的观点,做到有理有节,动之以情,晓之以理,据之以法,方能取得良好的效果。此外,在辩论中,律师还要注意声音的力度,语言的简练,做到处于有利地位时不沾沾自喜,处于不利地位时不垂头丧气。

雄辩绝不是有些人所说的"嘴皮子功夫":夸夸其谈,不着边际,胡搅蛮缠,信口开河,脱离实际,不知所云。这些与雄辩都毫不相干。辩而有力终至于雄,关键在于辩得正确。达到"辩"而能"雄"的境界,是长期实践的结果,同时又受一个人的思想品质、政治水准、思维能力、知识背景乃至风度气质等的影响。练就雄辩的才能,非一朝一夕之功夫,只有勤学苦练,方能成功。

6. 具有较强的应变能力。这是指律师在开展业务过程中,对于发生的新情况、新问题,能以马列主义基本原理为指导,以法律为准绳,果断地作出妥善的处理。律师的工作对象,不是错综而多变的事,就是复杂而多变的人,律师工作不可避免地涉及各种千变万化、错综复杂的社会关系和法律关系。这就要求律师具备较强的应变能力。例如,在法庭审理过程中,被告人可能翻供,证人可能改变证言,还可能出现一些庭审前没有掌握的人证、物证。对于出现的新情况和新问题,律师应立即进行分析判断,注意及时修正自己的观点。如果新情况不能当庭得到证实,而又与案件实质有关，就可以提出延期审理的请求，切不能不顾案情变化，照本宣读开庭前准备好的辩护词、代理词。具有应变能力，反映在临场的发挥，但更重要的在于预测可能发生的变化及事物的发展趋向，对重要情况的实质具有洞察力，对在发展中变化着的情况作出适宜的敏锐的反应。如果一个律师缺乏应变能力，在遇到新情况、新问题时，必然束手无策，从而很难圆满地履行律师的职责。因此，具有应变能力，是一个合格律师必不可少的素质。

7. 具有良好的人际交往能力。人际关系是一种社会关系，它是在人们物质生产和交往过程中产生和发展的。人际交往是一种信息和对象互相作用的过程，并受文化背景、地理状况、人格、能力等因素制约，在这种相互作用的过程中体现、表现和形成人们的关系，满足人们物质和精神的需求。律师的人际关系也不例外。任何一种文明、健康、融洽的人际关系绝不是若干人凑在一起就能产生的，交往活动要满足各种参与者的不同要求。律师的人际交往有其特殊性。它不仅起着联结公众、社区组织与国家法律的作用，而且维系着社会稳定和发展以及国家法制的统一和尊严。在现实生活中，我们经常见到，有的律师由于人际关系处理得好，与当事人之间以及与司法机关、其他单位之间关系融洽，当事人愿意找他们排忧解难，请他们帮助维护自己的合法权益，司法机关和其他单位也乐意听取他们的意见和建议。相反，有的律师由于交往能力欠缺，人际关系处理得不好，同当事人、司法机关或其他单位之间关系紧张，经常与之发生摩擦，从而极大地影响了业务活动的正常开展。因此，一名合格的律师，必须具备良好的人际交往能力。应当指出，具有这一能力与会“拉关系、走后门”完全是两码事。律师在人际交往中，一要坚持平等原则，社会只有分工不同，没有职业贵贱之别，律师不能因为其职业有别于他人就自认为高人或低人一等。二要坚持互利原则，以既对自己有利也对他人有利的心态去发展人际关系。“唯我利是图”的极端利己主义是人际交往的大敌，“清净无为，与世无争”也并不值得赞赏。三要坚持诚实信用原则，在交往中要做到诚实待人，敢于直言，表里如一，前后一致。四要坚持相互宽容原则，做到宽宏大量、心胸宽广、善于自制，以宽宏、谅解的风格去处理人际关系，履行自己的职责。

（三）心理素质

律师工作既是一项重要的社会活动，又是一项神圣的职业。这就要求律师无论何时何地，办理何种业务都应该有一种凛然的正气、坚强的意志、高度的责任感和强烈的正义感，要始终以理智统率感情，以法律规范行为，努力克服懈怠、浮躁、疏忽、偏执等不良心理现象。良好的心理素质是律师得以正确履行职责的保证之一。我们特别强调律师应注意培养自己外向型的和稳定的心理素质。

律师工作需要与形形色色的人打交道。这就要求律师具备开拓创新、善于推销自己的外向型心理素质。一些律师之所以难以打开工作局面,与他们心理上惰性强、办事怕丢面子的弱点是分不开的。律师不仅应是法律家,而且还应是社会活动家。同时,法律事务是复杂的,律师可能遇到各种各样意想不到的情况;只有保持稳定的心理状态和沉着冷静的头脑,才能不受当事人情绪和偏见的影响,对法律事务作出正确的判断,为社会提供优质的法律服务。律师既要在戒备森严的羁押场所会见犯罪嫌疑人或被告人,又要在庄重的法庭上慷慨陈词,还要在谈判桌上与各种各样的对手针锋相对,没有稳定的心理素质将难以胜任所肩负的重任。

律师参与诉讼活动,从根本上说,确有是非之分,但少胜负之别。一个合格的律师,应该注意克服狭隘的胜败观和错误的荣辱感,要尽可能地避免心理失误,培养良好的心理素质,以适应律师职业的需要。律师心理失误,是指律师在履行职责时,由于自己的世界观、价值观、知识结构、业务水平的缺陷,主观印象在认识客观现实时产生偏离,以致心理活动与正常的客观现实脱节。例如,有的律师由于接受某种错误思潮的影响而形成不纯的信念,如"一切向钱看",持这种错误信念的律师,言行受金钱支配,很容易违背律师职责;有的律师缺乏主见,人云亦云,行为亦容易受他人意志支配;有的律师把个人利益看得很重,以自我为中心,常将私欲凌驾于一切之上,因而客观现实不易在其主观世界中得到正确的反映,他们往往不能正确对待社会、他人和自己,因而在工作中,常常固执己见,不乐于接受正确的意见,导致行为的离轨;有的律师,由于意志缺陷,要么好胜逞能,固执任性,虚荣心强,要么缺乏毅力和自我控制力,易受他人暗示,盲目服从;有的律师由于情绪障碍,因而在受到对方的言行刺激时,要么情感淡漠,麻木不仁,要么粗暴冲动,反应激烈,造成言辞不当,引起对方反感,要么感情脆弱,依赖性强,易屈服于权威或外部不良压力……凡此种种,均是因为律师自身心理素质欠佳造成的。为此,律师应提高认识,加强修养,寻找消除和克服心理弱点的办法,培养良好的心理素质。

(四)作风素质

律师的作风素质是指律师在执业活动中的工作态度和精神风貌。律师职业的一个显著特点是,律师与委托人的关系是建立在委托人对律师信任的基础上的。而要赢得委托人的信任,并保障业务活动的顺利开展,律师的作风素质是一个重要的因素,具体包括:

1. 文明礼貌,不亢不卑。律师是专门的法律工作者,他们精通法律,熟悉司法程序并享有法律规定的权利,这就使律师在办理法律事务时具有他人不能与之相比的优势。许多当事人由于不懂法律,往往将他的法律事务全权交给律师处理。在这种情况下,律师不能把法律赋予的权利当作向当事人讨价还价的资本,盛气凌人地对待当事人;而应当尊重当事人,热情接待所有寻求法律帮助的人,耐心听取他们的意见和要求,在和谐亲切的气氛中提出自己的看法和意见。同时,也应当明确,律师与当事人的关系不是一种金钱关系。有的当事人认为,律师是他花钱请来的,应当听命于他。在这种当事人面前,律师应当恪守“以事实为根据、以法律为准绳”的原则,自觉维护法律的尊严。律师与法官、检察官、侦查员之间只有分工的不同,而没有职业高贵和低贱之别。因此,律师在与法官、检察官、侦查员的工作交往中,一方面要采取合作的态度,共同维护法律的正确实施,另一方面要同歧视律师工作、粗暴对待律师的行为作斗争。

2. 遵守时间,讲究效率。我国三大诉讼法对进行各种诉讼行为的期限作了明确的规定,违反者要承担相应的法律后果,因此,律师必须遵守法定的期限。律师与当事人打交道,往往事先约定时间,作为律师,应当守时。这既是对当事人的尊重,也在细微之处表现出律师的信誉。参加诉讼活动的律师,更应严格按照公安司法机关通知的时间和地点,准时到场。同时,律师进行业务工作,还应讲究效率,做到事先充分准备,工作中积极主动,全力以赴。

3. 仪容整洁,举止高雅。仪容和举止是一个人的精神风貌的外在表现。当事人对律师的信任首先产生于外表的观察。如果律师不修边幅、言行粗鲁,非但不能使委托人消除不安和焦急心情并获得信心,反而会产生许多新的疑虑。律师应当从衣着、风貌、言谈、举止等细微方面去树立自己的良好形象。例如,着装应当稳重大方、整洁合体,言谈举止应当文雅,讲究分寸。

第四章 律师事务所

第一节 律师事务所概述

一、律师事务所的概念

《律师法》第 14 条第 1 句规定："律师事务所是律师的执业机构。"律师事务所，是律师从事业务活动的机构，是律师组织形式之一。任何律师，必须是律师事务所的成员，才能接受当事人的委托，开展律师业务活动。

1980 年颁布的《律师暂行条例》规定，律师执行职务的工作机构是法律顾问处。法律顾问处这一名称与国际上律师事务所的通称不一致，不利于律师开展对外活动和对外交往，也容易与社会上的其他法律服务机构相混淆，亦不能反映律师工作机构的特点。为了适应改革开放的需要，1983 年深圳等地律师工作机构开始更名为律师事务所。1984 年，全国司法行政工作会议确定将法律顾问处改称律师事务所。由此，律师事务所的名称便一直沿用下来。

二、律师事务所的设立

在我国，律师事务所可以由律师合伙设立、律师个人设立或者由国家出资设立。其中，合伙律师事务所可以采用普通合伙或者特殊的普通合伙形式设立。但无论设立何种律师事务所，都应当具备一定的条件并经省、自治区、直辖市以上司法行政机关审核登记。根据《律师法》第 14 条和司法部 2018 年修正的《律师事务所管理办法》第 8 条的规定，设立律师事务所应当具备下列基本条件：(1)有自己的名称、住所和章程；(2)有符合《律师法》和《律师事务所管理办法》规定的律师；(3)设立人应当是具有一定的执业经历并能够专职执业的律师，且在申请设立前 3 年内未受过停止执业处罚；(4)有符合《律师事务所管理办法》规定数额的资产。

同时，《律师法》还对设立合伙律师事务所和个人律师事务所作了特殊规定。其中，《律师法》第 15 条规定，设立合伙律师事务所，除应当符合本法第 14 条规定的条件外，还应当有 3 名以上合伙人，设立人应当是具有 3 年以上执业经历的律师。《律师事务所管理办法》对设立“普通合伙律师事务所”和“特殊的普通合伙律师事务所”的条件作了进一步的规定。其第9条规定，设立普通合伙律师事务所，还应当有书面合伙协议；有3名以上的合伙人作为设立人；设立人应当是具有3年以上执业经历并能够专职执业的律师；有人民币30万元以上的资产。第10条规定，设立特殊的普通合伙律师事务所，还应当有书面合伙协议；有20名以上的合伙人作为设立人；设立人应当是具有3年以上执业经历并能够专职执业的律师；有人民币1000万元以上的资产。

设立个人律师事务所，除应当符合《律师法》第14条规定的条件外，设立人还应当是具有5年以上执业经历的律师。设立人对律师事务所的债务承担无限责任。[1]《律师事务所管理办法》第11条规定，设立个人律师事务所，设立人还应当是具有5年以上执业经历并能够专职执业的律师；有人民币10万元以上的财产。

申请设立律师事务所，应当向所在地设区的市级或者直辖市的区（县）司法行政机关提出申请，并提交下列材料：（1）设立申请书；（2）律师事务所的名称、章程；（3）设立人的名单、简历、身份证明、律师执业证书、律师事务所负责人人选；（4）住所证明；（5）资产证明。设立合伙律师事务所，还应当提交合伙协议。[2] 根据《律师事务所管理办法》第19条的规定，设立国家出资设立的律师事务所，应当提交所在地县级人民政府有关部门出具的核拨编制、提供经费保障的批件。申请设立许可时，申请人应当如实填报《律师事务所设立申请登记表》。其中，《律师事务所管理办法》第16条规定，律师事务所章程应当包括以下内容：律师事务所的名称和住所；律师事务所的宗旨；律师事务所的组织形式；设立资产的数额和来源；律师事务所负责人的职责以及产生、变更程序；律师事务所决策、管理机构的设置、职责；本所律师的权利与义务；律师事务所有关执业、收费、财务、分配等主要管理制度；律师事务所解散的事由、程序以及清算办法；律师事务所章程的解释、修改程序；律师事务所党组织的设置形式、地位作用、职责权限、参与本所决策及管理的工作机制和党建工作保障措施等；其他需要载明的事项。设立合伙律师事务所的，其章程还应当载明合伙人的姓名、出资额及出资方式。律师事务所章程的内容不得与有关法律、法规、规章相抵触。律师事务所章程自省、自治区、直辖市司法行政机关作出准予设立律师事务所决定之日起生效。

设区的市级或者直辖市的区（县）司法行政机关对申请人提出的设立律师事务所申请，应当按照下列情况分别作出处理：（1）申请材料齐全、符合法定形式的，

〔1〕 参见《律师法》第16条。

〔2〕 参见《律师法》第17条。

应当受理。(2)申请材料不齐全或者不符合法定形式的,应当当场或者自收到申请材料之日起5日内一次告知申请人需要补正的全部内容。申请人按要求补正的,予以受理;逾期不告知的,自收到申请材料之日起即为受理。(3)申请事项明显不符合法定条件或者申请人拒绝补正、无法补正有关材料的,不予受理,并向申请人书面说明理由。[3]

受理申请的司法行政部门应当在决定受理之日起20日内完成对申请材料的审查。在审查过程中,可以征求拟设立律师事务所所在地县级司法行政机关的意见;对于需要调查核实有关情况的,可以要求申请人提供有关证明材料,也可以委托县级司法行政机关进行核实。经审查,应当对设立律师事务所的申请是否符合法定条件、材料是否真实齐全出具审查意见,并将审查意见和全部申请材料报送省、自治区、直辖市司法行政机关。省、自治区、直辖市司法行政机关应当自收到受理申请机关报送的审查意见和全部申请材料之日起10日内予以审核,作出是否准予设立律师事务所的决定。准予设立的,应当自决定之日起10日内向申请人颁发律师事务所执业许可证。不准予设立的,应当向申请人书面说明理由。[4]

律师事务所设立申请人应当在领取执业许可证后的60日内,按照有关规定刻制印章、开立银行账户、办理税务登记,完成律师事务所开业的各项准备工作,并将刻制的律师事务所公章、财务章印模和开立的银行账户报所在地设区的市级或者直辖市的区(县)司法行政机关备案。[5]

成立3年以上并具有20名以上执业律师的合伙律师事务所,可以设立分所。设立分所,须经拟设立分所所在地的省、自治区、直辖市人民政府司法行政部门审核。[6]

律师事务所变更名称、负责人、章程、合伙协议的,应当经所在地设区的市级或者直辖市的区(县)司法行政机关审查后报原审核部门批准。律师事务所变更住所、合伙人的,应当自变更之日起15日内经所在地设区的市级或者直辖市的区(县)司法行政机关报原审核部门备案。[7]

律师事务所有下列情形之一的,应当终止:(1)不能保持法定设立条件,经限期整改仍不符合条件的;(2)执业许可证被依法吊销的;(3)自行决定解散的;(4)法律、行政法规规定应当终止的其他情形。律师事务所在取得设立许可后,6

---

〔3〕 参见《律师事务所管理办法》第20条。
〔4〕 参见《律师法》第18条及《律师事务所管理办法》第21条。
〔5〕 参见《律师事务所管理办法》第24条。
〔6〕 参见《律师事务所管理办法》第33条。
〔7〕 参见《律师事务所管理办法》第26条。

个月内未开业或者无正当理由停止业务活动满1年的,视为自行停办,应当终止。律师事务所在受到停业整顿处罚期限未满前,不得自行决定解散。[8]

律师事务所在终止事由发生后,不得受理新的业务。应当向社会公告,依照有关规定进行清算,依法处置资产分割、债务清偿等事务。因被吊销执业许可证终止的,由作出该处罚决定的司法行政机关向社会公告。因其他情形终止、律师事务所拒不公告的,由设区的市级或者直辖市的区(县)司法行政机关向社会公告。律师事务所应当在清算结束后15日内向所在地设区的市级或者直辖市的区(县)司法行政机关提交注销申请书、清算报告、本所执业许可证以及其他有关材料,由其出具审查意见后连同全部注销申请材料报原审核机关审核,办理注销手续。律师事务所被注销后的债权、债务由律师事务所的设立人、合伙人承担。律师事务所被注销的,其业务档案、财务账簿、本所印章的移管、处置,按照有关规定办理。[9]

三、律师事务所的年度检查考核

根据司法部2010年颁布的《律师事务所年度检查考核办法》的规定,律师事务所年度检查考核,是指司法行政机关定期对律师事务所上一年度的执业和管理情况进行检查考核,对其执业和管理状况作出评价。省、自治区、直辖市司法行政机关负责指导、监督本行政区域律师事务所的年度检查考核工作,设区的市级或者直辖市区(县)司法行政机关负责组织实施,县级司法行政机关负责初审工作。律师事务所年度检查考核工作,在每年的三月至五月集中办理。

对律师事务所进行年度检查考核,主要检查考核律师事务所遵守宪法和法律、履行法定职责、实行自律管理的情况,具体包括下列内容:(1)律师队伍建设情况;(2)业务活动开展情况;(3)律师执业表现情况;(4)内部管理情况;(5)受行政奖惩、行业奖惩的情况;(6)履行律师协会会员义务的情况;(7)省、自治区、直辖市司法行政机关根据需要认为应当检查考核的其他事项。[10]

律师事务所接受年度检查考核,应当在完成对本所律师执业年度考核和本所执业、管理情况总结后,依据该办法规定的检查考核内容,按照规定时间,向所在地的县级司法行政机关报送该所上一年度执业情况报告和对该所律师执业年度考核的情况,并提交下列材料:(1)年度财务审计报告;(2)开展业务活动的统计报表;(3)纳税凭证;(4)年度内被获准的重大变更事项的批件;(5)获得行政或者行业表

〔8〕 参见《律师事务所管理办法》第31条。
〔9〕 参见《律师事务所管理办法》第32条。
〔10〕 参见《律师事务所年度检查考核办法》第6条。

彰奖励、受到行政处罚或者行业惩戒的证明材料;(6)建立执业风险、事业发展等基金的证明材料;(7)为聘用律师和辅助人员办理养老、失业、医疗等社会保险的证明材料;(8)履行法律援助义务、参加社会服务及其他社会公益活动的证明材料;(9)履行律师协会会员义务的证明材料;(10)省、自治区、直辖市司法行政机关要求提供的其他材料。[11]

县级司法行政机关收到律师事务所报送的材料后,进行初审;发现报送的执业情况报告及有关材料不齐全或者有疑义的,应当要求律师事务所予以补充或者作出说明,必要时可以进行调查核实。县级司法行政机关应当在规定的时间内完成审查,出具初审意见和考核等次评定建议,连同律师事务所报送的材料,一并报设区的市级司法行政机关。律师事务所在向县级司法行政机关报送年度检查考核材料的同时,应当将对本所律师执业年度考核的意见报所在地市级律师协会进行审查,由其确定考核结果。律师协会应当将律师执业年度考核结果按规定时间报设区的市级或者直辖市区(县)司法行政机关备案。[12]

设区的市级司法行政机关收到县级司法行政机关报送的律师事务所的材料和初审意见后,应当依照规定的考核内容和考核标准,对律师事务所上一年度的执业和管理情况进行审查,同时对市级律师协会报备的律师执业年度考核结果予以备案审查。在审查中,发现律师事务所报送的材料以及县级司法行政机关的初审意见、律师协会对律师的考核结果与实际情况不符,或者收到相关投诉、举报的,可以进行调查核实或者责成县级司法行政机关、律师协会重新进行审查。考核机关对律师事务所评定考核等次,应当征求市级律师协会的意见。[13]

律师事务所年度检查考核结果分为"合格"和"不合格"两个等次。《律师事务所年度检查考核办法》第13条规定了律师事务所的执业和管理活动符合下列标准的,考核等次为"合格":(1)能够遵守宪法和法律,较好地履行法定职责;(2)在律师队伍建设、开展业务活动、实行内部管理等方面符合法律、法规、规章和行业规范的要求;(3)该所未因执业违法行为受到行政处罚,或者受到行政处罚已按要求完成整改。对被评定为"合格"的律师事务所,经检查考核发现该所在律师队伍建设、开展业务活动、实行内部管理等方面存在问题的,由设区的市级或者直辖市区(县)司法行政机关责令其限期整改,并对其整改情况进行监督。

《律师事务所年度检查考核办法》第14条规定了律师事务所有下列情形之一的,考核等次为"不合格":(1)放任、纵容、袒护律师执业违法行为,造成严重后果

---

〔11〕 参见《律师事务所年度检查考核办法》第16条。

〔12〕 参见《律师事务所年度检查考核办法》第17、18条。

〔13〕 参见《律师事务所年度检查考核办法》第19条。

的;(2)不按规定建立健全内部管理制度,日常管理松懈、混乱,造成本所不能正常运转的;(3)该所受到行政处罚未按要求进行整改或者整改未达标的;(4)该所不能保持法定设立条件的;(5)提交的年度执业情况报告和律师执业年度考核情况存在严重弄虚作假行为的;(6)有其他严重违法行为,造成恶劣社会影响的。对被评定为"不合格"的律师事务所,由设区的市级或者直辖市区(县)司法行政机关根据其存在违法行为的性质、情节及危害程度,依法给予停业整顿1个月以上6个月以下的处罚,并责令其整改;同时对该所负责人和负有直接责任的律师依法给予相应的处罚;情节特别严重的,依法吊销其执业许可证。律师事务所因有"不能保持法定设立条件"的情形被评定为"不合格"的,考核机关应当责令其限期整改。经整改仍不符合法定设立条件的,应当终止。

律师事务所不按规定接受年度检查考核的,由设区的市级或者直辖市区(县)司法行政机关公告责令其限期接受年度检查考核;逾期仍未接受年度检查考核的,视为自行停办,由司法行政机关收回并注销其执业许可证。省、自治区、直辖市司法行政机关收到备案材料后应当及时进行审核,完成汇总,将本行政区域律师事务所年度检查考核的结果在指定的报刊和政府网站上予以公告,并于每年的五月底将本行政区域开展律师事务所年度检查考核的情况总结及考核结果报告司法部,同时抄送省、自治区、直辖市律师协会。司法部根据报送的律师事务所年度检查考核结果及相关资料,按年度编制全国律师事务所及律师名录,并向社会公布。

四、律师事务所的变更和终止

根据《律师法》第21条和《律师事务所管理办法》第26、27、28条的规定,律师事务所变更名称、负责人、章程、合伙协议的,应当经所在地设区的市级或者直辖市的区(县)司法行政机关审查后报原审核机关批准。律师事务所变更住所、合伙人的,应当自变更之日起15日内经所在地设区的市级或者直辖市的区(县)司法行政机关报原审核机关备案。其中,律师事务所跨县、不设区的市、市辖区变更住所,需要相应变更负责对其实施日常监督管理的司法行政机关的,应当在办理备案手续后,由其所在地设区的市级司法行政机关或者直辖市司法行政机关将有关变更情况通知律师事务所迁入地的县级司法行政机关。律师事务所拟将住所迁移其他省、自治区、直辖市的,应当按注销原律师事务所、设立新的律师事务所的程序办理。律师事务所变更合伙人,包括吸收新合伙人、合伙人退伙、合伙人因法定事由或者经合伙人会议决议被除名。新合伙人应当从专职执业的律师中产生,并具有3年以上执业经历,但司法部另有规定的除外。受到6个月以上停止执业处罚的律师,处罚期满未逾3年的,不得担任合伙人。

根据《律师法》第22条和《律师事务所管理办法》第31、32条的规定,律师事务所有下列情形之一的,应当终止:(1)不能保持法定设立条件,经限期整改仍不符合条件的;(2)律师事务所执业许可证被依法吊销的;(3)自行决定解散的;(4)法律、行政法规规定应当终止的其他情形。律师事务所在取得设立许可后,6个月内未开业或者无正当理由停止业务活动满1年的,视为自行停办,应当终止。律师事务所在终止事由发生后,应当向社会公告,依照有关规定进行清算,依法处置资产分割、债务清偿等事务。因被吊销执业许可证终止的,由作出该处罚决定的司法行政机关向社会公告。因其他情形终止,律师事务所拒不公告的,由设区的市级或者直辖市的区(县)司法行政机关向社会公告。律师事务所应当在清算结束后15日内向所在地设区的市级或者直辖市的区(县)司法行政机关提交注销申请书、清算报告、本所执业许可证以及其他有关材料,由其出具审查意见后连同全部注销申请材料报原审核机关审核,办理注销手续。

五、律师事务所的责任

根据《律师法》《律师事务所管理办法》的规定,无论是国资律师事务所、合伙律师事务所,还是个人律师事务所,都应承担下列责任:(1)应当接受司法行政机关和律师协会的监督、指导。(2)应当依照《律师法》和有关法律、法规、规章及行业规范,建立健全执业管理和其他各项内部管理制度,加强对本所律师执业行为的监督。(3)受理业务,应当进行利益冲突审查,不得违反规定受理与本所承办业务及其委托人有利益冲突的业务;不得以诋毁其他律师事务所或者支付介绍费等不正当手段承揽业务。(4)应当指导本所律师依法执业,履行法律援助义务,建立承办重大疑难案件的集体研究和请示报告制度,对律师在执业活动中遵守法律、法规、规章,遵守职业道德和执业纪律的情况进行监督,发现问题及时予以纠正。(5)应当按照有关规定统一收费,建立健全收费管理制度,及时查处有关违规收费的举报和投诉。(6)应当按照规定建立健全财务管理制度,建立和实行合理的分配制度及激励机制。(7)应当依法纳税。(8)不得从事法律服务以外的经营活动。(9)应当按照规定为聘用的律师和辅助人员办理失业、养老、医疗等社会保险。(10)应当按照规定,建立执业风险、事业发展、社会保障等基金。(11)对本所律师违法执业或者因过错给当事人造成损失的,应当承担赔偿责任。(12)应当加强对本所律师的职业道德和执业纪律教育,组织开展业务学习和经验交流活动,为律师参加业务培训和继续教育提供条件。(13)应当建立投诉查处制度,及时查处、纠正本所律师在执业活动中的违法违规行为,调处在执业中与委托人之间的纠纷;认为需要对被投诉律师给予行政处罚或者行业惩戒的,应当及时向所在地县级司法行政机关或者律师协会报告。(14)应当依法保障律师及其他工作人员的合法权益,为律师执业提供必要的工作条件。(15)应当建立律师执业年度考核制度,按照规定对本所律师的执业表现和遵守职业道德、执业纪律的情况进行考核,评定等次,实施奖惩。(16)应当接受司法行政机关的年度检查考核。(17)应当认真指导申请律师执业实习人员实习,如实出具实习鉴定材料和考核意见。(18)应当按照规定建立健全档案管理制度,对所承办业务的案卷和有关资料及时立卷归档,妥善保管。(19)应当妥善保管、依法使用本所执业许可证,不得变造、出借、出租。

第二节 律师事务所的种类

一、合伙律师事务所

合伙律师事务所,是指由律师自愿组合,财产归合伙人所有的律师事务所,是法定的律师执业机构之一。《律师法》第 15 条规定:合伙律师事务所可以采用普通合伙或者特殊的普通合伙形式设立;合伙律师事务所的合伙人按照合伙形式对该律师事务所的债务依法承担责任。

《律师法》第 15 条依照我国《合伙企业法》的规定,明确了普通合伙和特殊合伙(有限合伙)两种合伙组织形式。普通合伙作为一种传统的组织形式,其基本特点是合伙人共同出资、共同经营、共享收益、共担风险,合伙人对合伙债务负无限连带责任。随着社会对各项专业服务需求的迅速增长,专业服务机构的规模扩大,合伙人数目大增,以致合伙人之间并不熟悉甚至不认识,各自的业务也不重合,与传统普通合伙中合伙人人数较少、共同经营的模式也有不同,因而让合伙人对其并不熟悉的合伙人的债务承担无限连带责任,有失公平。自 20 世纪 60 年代以来,针对专业服务机构的诉讼显著增加,其合伙人要求合理规范合伙人责任的呼声也越来越高。由此,许多国家进行专门立法,规定采用普通合伙形式的专业服务机构的普通合伙人可以对特定的合伙企业债务承担有限责任,以使专业服务机构的合伙人避免承担过度风险。

但是,我国 1997 年制定的《合伙企业法》只规范注册为企业的专业服务机构,而律师事务所并未注册为企业,不适用《合伙企业法》的规定,但在责任形式上也可以采用《合伙企业法》规定的特殊的普通合伙的责任形式。2006 年修订的《合伙企业法》在附则中专门规定,非企业专业服务机构依据有关法律采取合伙制的,其合伙人承担责任的形式可以适用该法关于特殊的普通合伙企业合伙人承担责任的规定。

所谓特殊的普通合伙,是指由两个或两个以上普通合伙人组成,依法核准注册的实体。当一个合伙人或者数个合伙人在执业活动中因故意或者重大过失造成合伙企业债务时,应当承担无限责任或者无限连带责任,其他合伙人则以其在合伙企业中的财产份额为限承担责任。而合伙人在执业活动中非因故意或者重大过失造成的合伙企业债务以及合伙企业的其他债务,则由全体合伙人承担无限连带责任。特殊的普通合伙属于普通合伙的一种特殊类型,主要是部分地改变了传统普通合伙中合伙人之间对合伙债务负有无限连带责任的机制。

《律师事务所管理办法》第 9 条、第 10 条分别规定了设立普通合伙律师事务所、特殊的普通合伙律师事务所应当具备的条件。两者设立的共同条件,一是有自己的名称、住所和章程;二是有书面的合伙协议。但两者在合伙人数量和资产数额的要求上存在差异:普通合伙律师事务所要求有 3 名以上合伙人作为设立人,有人民币 30 万元以上的资产;特殊的普通合伙律师事务所要求有 20 名以上合伙人作为设立人,有人民币 1000 万元以上的资产。《律师事务所管理办法》第 17 条规定,合伙协议应当载明下列内容:(1)合伙人,包括姓名、居住地、身份证号、律师执业经历等;(2)合伙人的出资额及出资方式;(3)合伙人的权利、义务;(4)合伙律师事务所负责人的职责以及产生、变更程序;(5)合伙人会议的职责、议事规则等;(6)合伙人收益分配及债务承担方式;(7)合伙人入伙、退伙及除名的条件和程序;(8)合伙人之间争议的解决方法和程序,违反合伙协议承担的责任;(9)合伙协议的解释、修改程序;(10)其他需要载明的事项。合伙协议的内容不得与有关法律、法规、规章相抵触。合伙协议由全体合伙人协商一致并签名,自省、自治区、直辖市司法行政机关作出准予设立律师事务所决定之日起生效。

根据司法部《律师事务所管理办法》第 53 条的规定,普通合伙律师事务所的合伙人对律师事务所的债务承担无限连带责任。特殊的普通合伙律师事务所一个合伙人或者数个合伙人在执业活动中因故意或者重大过失造成律师事务所债务的,应当承担无限责任或者无限连带责任,其他合伙人以其在律师事务所中的财产份额为限承担责任;合伙人在执业活动中非因故意或者重大过失造成的律师事务所债务,由全体合伙人承担无限连带责任。

二、个人律师事务所

设立个人律师事务所,是国外比较通行的一种做法;国允许设立个人律师事务所,则经历了一定的发展过程。

1993 年司法部颁布的《关于深化律师工作改革的方案》发布后,以个人名字命名的个人律师事务所开始在我国出现。当时，每个省均有一至二家个人律师事务所，有的大城市或沿海城市稍多一些，全国个人律师事务所已有几十家。

虽然 1997 年 5 月颁布的《律师法》对个人律师事务所暂不规定，但设立个人律师事务所的试点仍在继续进行，以不断摸索，积累经验。实际上，有的地方性法规已对个人律师事务所作出规定。例如，1995 年广东省人大常委会通过的《广东省律师执业条例》规定，设立律师事务所，可以以个人开业的形式提出申请，报地级市以上司法行政机关批准设立。1996 年海南省人大常委会通过的《海南经济特区律师执业条例》规定，律师依照法律规定：可以个人设立律师事务所；申请设立个人律师事务所的律师，应当具有 3 年以上的执业经历；设立个人律师事务所的律师，对其债务承担无限责任。2002 年北京和上海两个直辖市也根据有关政策相继放开了个人律师事务所的设立。

2007 年修订的《律师法》第 16 条规定，设立个人律师事务所，除应当符合该法第 14 条规定的条件（有自己的名称、住所和章程；有符合该法规定的律师；设立人应当是具有一定的执业经历，且 3 年内未受过停止执业处罚的律师；有符合国务院司法行政部门规定数额的资产）外，设立人还应当是具有 5 年以上执业经历的律师。个人律师事务所的设立人对律师事务所的债务承担无限责任。立法允许个人设立律师事务所，从而结束了个人律师事务所没有正式法律地位的尴尬局面。

《律师事务所管理办法》第 11 条规定，设立个人律师事务所，除应当符合该办法第 8 条规定的条件外，还应当具备下列条件：（1）设立人应当是具有 5 年以上执业经历并能够专职执业的律师；（2）有人民币 10 万元以上的资产。

律师主要运用自己的知识和能力为当事人提供法律服务。个人律师事务所可以说是合伙律师事务所的进一步发展，而且在国外（如美国、德国、日本、法国、英国）一般都允许设立个人律师事务所。可以预见，随着个人律师事务所在我国立法上得到正式确认，同时伴随律师业的发展和对外开放的进一步扩大，我国的个人律师事务所必将逐步增多，力量也会更加壮大。

三、国资律师事务所

国家出资设立的律师事务所，简称国资律师事务所，是指由国家下达编制、拨给经费设立的律师事务所，是律师执业机构之一。《律师法》第 20 条规定，国家出资设立的律师事务所，依法自主开展律师业务，以该律师事务所的全部资产对其债务承担责任。

1980 年我国恢复律师制度时，所设立的律师工作机构均为国家出资设立的法律顾问处（后改称律师事务所）。其特征是：人员编制属于国家事业编制，经费列入国家事业预算,实行全额管理、差额补助的办法,依靠国家财政拨款。律师承办业务,由律师事务所按国家规定的收费标准统一收费,统一入账。对于请求给付赡养、扶养、抚育费的,请求给付劳动保险金、抚恤金、救济款的,以及因工受损伤请求赔偿等案件,当事人确有经济困难时,可以减免收费。律师业务收费全部上交国库。这些都表明国资律师事务所属于国家的事业单位。后来,一些国资律师事务所在管理上进行了改革,实行律师收益与经济利益挂钩、多劳多得等办法,但这些改革仍不能改变它的基本性质。司法部1996年颁布的《国家出资设立的律师事务所管理办法》(现已失效,被《律师事务所管理办法》代替)规定,国资律师事务所由司法行政机关根据国家需要设立,并以其全部资产对债务承担有限责任;国资律师事务所包括一次性投入开办资产、不核定编制、核定编制并核拨经费等形式;国资律师事务所独立核算,根据情况分别实行全额管理、差额管理、自收自支三种经费管理方式。国资律师事务所依法自主开展业务活动,任何机关、团体和个人不得随意调用律师事务所的资金和财产,不得干涉律师依法执业。

根据司法部《律师事务所管理办法》第12条的规定,国家出资设立的律师事务所,除符合《律师法》规定的一般条件外,应当至少有2名符合《律师法》规定并能够专职执业的律师。设立国家出资设立的律师事务所,其程序与申请设立其他律师事务所的程序基本相同,但须另外提交所在地县级人民政府有关部门出具的核拨编制、提供经费保障的批件。

第三节 律师事务所的管理制度

根据《律师法》第23条的规定,律师事务所应当建立健全执业管理、利益冲突审查、收费与财务管理、投诉查处、年度考核、档案管理等制度,对律师在执业活动中遵守职业道德、执业纪律的情况进行监督。据此,我国律师事务所的管理制度主要有以下几项。

一、执业管理制度

执业管理制度,是指律师事务所在日常管理中应当遵循的工作制度。它包括收案制度和案件讨论制度等。

收案,是指律师事务所接受当事人的委托,同意办理某一项法律事务的行为。它是律师事务所开展业务的第一步。收案的基本要求是:

1. 统一接受。任何案件，都必须由律师事务所统一接受，不允许律师以个人的名义收案。凡由律师事务所接受的案件，即以主任的名义指派律师承办。

2. 专人负责。对民事、行政、刑事诉讼案件和非诉讼法律事务的收案，应由专人负责。即由专人负责接待当事人，问明案件的基本情况和有关证据，将符合收案条件的案件，向律师事务所主任汇报，由主任审查批准。

3. 尽量满足指名要求。如果当事人认为某个律师比较适合于办理自己的法律事务，要求委托的，律师事务所应尽量予以满足。当事人指名的律师因特殊情况确实不能接受委托的，应向当事人说明原因，并指派合适律师。

案件讨论制度，是指律师事务所制定的，对律师个人提交的重大、复杂、疑难案件进行共同研究，集思广益，形成处理意见供承办律师参考的一项制度。通过讨论，可以防止发生偏差，保证律师为当事人提供优质的法律服务。

律师承办案件，往往是由律师个人进行的；但其中一些难度较大的案件，个别律师的知识水平难以保证办案质量。此外，律师还可能遇到一些来自机关或个人的干扰或阻碍，使业务工作难以进行。对于这些问题，最好的解决途径是依靠集体力量，即将案件提交律师事务所集体讨论，研究解决方案。

律师事务所可以定期或不定期地召开骨干律师会议或进行业务学习，对律师提交的案件予以讨论。讨论时，首先由承办律师客观、全面地介绍案情，提出需要研究解决的问题。然后由参加会议的律师充分发表意见，甚至可以展开辩论，进行深入分析。讨论结束后，按照少数服从多数的原则确定办理本案的方案或步骤，对于不同意见允许保留。承办律师原则上应服从集体讨论提出的方案。为了保证案件讨论制度的实施效果，律师事务所还可以聘请专家、学者参加，听取他们对案件的看法，以利于形成正确的意见。

二、利益冲突审查制度

律师事务所应当建立利益冲突审查制度，在接受委托前，进行利益冲突审查。审查律师事务所及其律师与委托人之间、委托人与委托人之间是否存在直接或间接的利益冲突：发现存在利益冲突情形的，应及时告知委托人另行委托或取得委托人的书面豁免；只有在没有利益冲突的情况下律师事务所才可以与当事人建立委托代理关系。

三、收费与财务管理制度

财务问题关系律师和律师事务所的生存，也直接关系其声誉，因此，应当建立严格、规范的收费及财务审查制度。律师事务所应当依法设立科目、会计账簿，会计凭证、会计账簿、会计报表和其他会计资料应当真实、准确、完整,符合会计制度规定。原始凭证、账簿、会计报表等会计资料以及会计印章应由专人负责保管。具体而言,应当做到:(1)财务管理制度健全,做到统一入账,账目清楚;(2)财务资料真实、准确、完整,符合财务管理制度规定,律师事务所财务状况向全体律师或合伙人公开,并依法纳税;(3)统一收取律师服务费,统一结算,没有律师个人向委托人收取律师服务费或与委托人自行结算的情况;(4)按照律师服务收费标准和委托合同的约定收费,没有低于律师服务收费标准收费的不正当竞争情况;(5)统一出具合法的收费凭证,没有使用收据或白条的情况。

四、投诉查处制度

律师事务所应当建立投诉查处制度,公布投诉电话,指定专人负责投诉处理,及时查处本所律师的违法违纪行为,并向投诉人反馈结果。经调查,如被投诉律师没有违法违纪行为,应当向投诉人说明情况;投诉人对说明的情况不满意的,告知他可以向当地律师协会投诉。如被投诉律师有违法违纪行为,或本所对该投诉不能解决,应当移送相关部门处理或告知投诉人依法通过其他正当途径解决。

五、年度考核制度

年度考核是指律师事务所对本所律师在一年中的德、能、勤、绩进行的综合考察和评价。考核的内容主要包括律师遵守法律法规、职业道德和执业纪律的情况,律师办理法律事务的数量和质量,律师执业态度和执业作风,律师参加学习培训的情况,当事人对律师的投诉情况等。考核可以采用自评、互评和考评相结合的方法进行。考核结果可以分为优秀、称职和不称职三种。根据《律师法》第24条的规定,律师事务所应当于每年的年度考核后,向设区的市级或者直辖市的区人民政府司法行政部门提交本所的年度执业情况报告和律师执业考核结果。

六、档案管理制度

律师业务档案是律师进行业务活动的真实记录,反映了律师维护委托人合法权益、维护国家法律实施的情况,体现了律师的基本职能和社会作用。因此,必须严格按照有关规定,认真做好立卷、归档工作。

(一)基本要求

律师业务档案分为诉讼、非诉讼和涉外三类。诉讼类包括刑事辩护、刑事诉讼代理、民事诉讼代理、行政诉讼代理四种；非诉讼类包括法律顾问、仲裁代理、申诉代理、法律咨询、代书、非诉讼法律事务六种；涉外类是与外国有关的法律业务。

律师业务档案按年度和一案一卷、一卷一号的原则立卷。除不同律师事务所律师合办的律师业务外，两个以上律师共同承办同一案件或同一律师业务一般应合并立卷。律师承办跨年度的业务，应在办结的那一年立卷。律师担任常年法律顾问，应做到一单位一卷。律师承办业务中使用的各种证明材料、往来公文、谈话笔录、调查记录等，都必须用钢笔书写、签发，要做到字体整齐、清晰。建立业务档案，应做到全面、及时、认真。

律师在接受委托并开始承办业务时，就应同时注意收集保存有关材料，着手立卷的准备工作。在业务办理完毕后，应全面整理、检查办理该项业务的全部文书材料，补齐遗漏的材料，去掉不必立卷归档的材料。对已提交给人民法院、仲裁机构或有关部门的证明材料，承办律师应将其副本或复印件入卷归档。对不能附卷归档的实物证据，承办律师应将其照片及证物的名称、数量、规格、特征、保管处所、质量检查证明等记载入卷归档。律师业务档案应按照案卷封面、卷内目录、案卷材料、备考表、卷底的顺序排列，卷内档案材料应按照诉讼程序的客观进程和时间顺序排列。

（二）归档手续

根据司法部的有关规定和实际做法，归档一般按下列程序进行：(1)律师业务文书材料应在结案或业务办结后3个月内整理立卷。装订成册后，由承办人根据司法部、国家档案局制订的《律师业务档案管理办法》的有关规定提出保管期限，经律师事务所主任审阅盖章后，移交档案管理人员，并办理移交手续。(2)档案管理人员接收档案时应严格审查：凡不符合立卷规定要求的，一律退回立卷人重新整理；待合格后，办理移交手续。(3)涉及国家机密、商业秘密和个人隐私的律师业务案卷均列为密卷，确定密级，在归档时应在档案封面上加盖密卷章。(4)随卷归档的录音带、录像带等声像档案，应在每盘磁带上注明当事人的姓名、内容、档案编号、录制人、录制时间等，逐盘登记造册归档。

（三）档案管理

律师档案是律师从事业务活动的真实记录，是国家重要的专业档案，具有重要的参考利用价值；保管好律师业务档案，是律师事务所的重要任务。

律师事务所应当配备专职或兼职档案管理人员；有条件的应逐步设立档案机构，负责律师业务档案的集中统一管理。

律师事务所档案管理机构或人员的职责是：(1)收集、整理、保管和统计本所的档案和有关资料,确保档案的完整和安全;(2)积极开展档案的利用工作,为律师开展业务提供服务;(3)指导、督促、检查律师对律师业务文书材料的立卷归档;(4)进行档案鉴定,并按国家有关规定向同级档案馆移交档案;(5)接受司法行政机关和地方档案管理部门的业务指导、监督和检查,定期汇报档案工作情况;(6)完成领导交办的有关档案工作的其他任务。

第五章　律师管理体制

第一节　律师行政管理

一、律师行政管理的机构

我国《律师法》第 4 条规定:“司法行政部门依照本法对律师、律师事务所和律师协会进行监督、指导。”

司法部和司法厅(局)、处、局是我国的司法行政机关,它是各级人民政府的职能部门之一,主管律师、公证、人民调解、监狱等方面的工作。对律师工作实行行政管理是其重要职能之一。

我国司法行政机关共分四级:中央设司法部;省、自治区、直辖市设司法厅(局);地区、省辖市、盟设司法局(处);县、县级市、市辖区、旗设司法局。其中,司法部是中央司法行政机关,负责对全国的司法行政工作进行宏观管理,通过制定方针、政策和规章等对司法行政工作实行间接管理。省、地、县三级司法行政机关负责实施、执行司法部和上级司法行政机关的政策和决定,对司法行政工作实行直接管理。各级司法行政机关都设有专门机构对律师工作进行监督管理和指导:司法部设律师管理司;省、自治区、直辖市司法厅(局)设律师管理处;地、市司法局(处)和县、区司法局设律师管理科。

二、律师行政管理的改革

1980 年制定的《律师暂行条例》规定,律师事务所是事业单位,受国家司法行政机关的组织领导和业务监督。根据这一规定,在相当长的时间里,对律师人员的调配、考核、奖惩、思想教育、专业培训,以及律师经费的管理、律师机构的设置和各项物质设施的筹措等一系列组织建设和行政管理工作,都由各级司法行政机关负责。在律师制度恢复之初,由司法行政机关对律师工作实行直接领导是十分必要的,它有利于集中人力、物力和财力,尽快建立律师工作机构,扩大律师队伍,开展律师业务,同时在法律法规不健全的情况下运用行政力量来保证律师业的社会主义方向。但随着时间的推移,这种管理体制的弊端逐步暴露出来。由于律师事务所主任由司法行政机关任命,律师事务所的财务收支由司法行政机关掌握,律师事务所人员调动也由司法行政机关决定,甚至一些地方律师的业务收费及购置的财产亦被司法行政机关无偿占用,简言之,司法行政机关对律师工作统得过死,管得过严,因而极大地抑制了律师事务所的积极性,律师业务的发展受到严重制约。

为了改变这种状况,司法部对律师管理体制逐步进行了改革。1984 年司法部发布《关于加强和改革律师工作的意见》,将司法行政机关对律师事务所的具体管理事项确定为:(1)及时向律师事务所的人员传达党和国家的有关方针、政策、指示,加强律师人员的政治思想工作和业务培训,督促、检查律师事务所执行政策、法律;(2)审查律师事务所的长远规划、年度计划和财务预决算;(3)审查律师事务所的重要业务活动方案,特别是重大刑事案件,与检察院、法院有严重分歧的刑事案件的辩护意见;(4)帮助律师事务所与有关部门疏通渠道,解决工作中遇到的困难和问题;(5)考核、管理律师事务所的干部。

1989 年司法部又发出《关于加强司法行政机关对律师工作的领导和管理的通知》,强调各级司法行政机关在加强对律师工作的领导和管理时,要充分考虑律师工作的特点,尊重律师事务所的自主权,在人事方面除律师事务所主任外,其他工作人员的进出,由律师事务所按有关政策和规定办理。经费方面,律师事务所除按规定上缴管理费,重大开支报司法行政机关审批外,一般性的开支由律师事务所按照有关财务制度自理。

1992 年司法部发布《关于律师工作进一步改革的意见》,明确指出:要改善司法行政机关对律师的管理,司法部与省、自治区、直辖市司法厅(局)要加强对律师的宏观指导,微观上要放开搞活。所谓宏观指导,主要是制定律师工作的方针、政策、规章制度,把握律师工作的政治方向,加强律师队伍中党、团组织建设;加强律师队伍的思想政治工作;加强律师业务指导,抓好律师培训工作,加强律师职业道德、执业纪律及奖惩的管理。所谓微观放开搞活,主要是人事上、财务上和业务活动上由律师事务所按照法律和政策的规定自主办理,司法行政机关不干预具体事务。

1993 年国务院批复同意司法部《关于深化律师工作改革的方案》。该方案明确提出要建立司法行政机关的行政管理与律师协会行业管理相结合的管理体制,并逐步向司法行政机关宏观管理下的律师协会行业管理体制过渡。

1996 年制定、2007 年修订的《律师法》对律师管理体制改革的成果作了充分肯定,并对律师行政管理的内容作了具体明确的规定。

司法部于 2008 年颁布《律师事务所管理办法》和《律师执业管理办法》,并于

2009 年颁布司法部《关于废止十二件部颁规章的决定》,废止了原有关于律师行政管理的《律师事务所登记管理办法》《国家出资设立的律师事务所管理办法》《合伙律师事务所管理办法》《律师执业证管理办法》《兼职从事律师职业人员管理办法》等规章。该两部管理办法对律师以及律师事务所行政管理的内容作出了更加完整而统一的规定。

之后,司法部于 2012 年、2016 年和 2018 年先后三次对《律师事务所管理办法》进行修改,以及于 2016 年对《律师执业管理办法》进行了修改,使其对律师以及律师事务所行政管理的规定更加完善。

三、律师行政管理的具体内容

根据司法部《律师执业管理办法》和《律师事务所管理办法》的规定,司法行政机关对律师、律师事务所实行分级监督管理的原则。具体内容如下:

《律师事务所管理办法》第 64 条规定,县级司法行政机关对其执业机构在本行政区域的律师、律师事务所的执业活动进行日常监督管理,履行下列职责:(1)检查、监督律师在执业活动中遵守法律、法规、规章和职业道德、执业纪律的情况,监督律师事务所在开展业务活动过程中遵守法律、法规、规章的情况;(2)监督律师事务所执业和内部管理制度的建立和实施情况;(3)监督律师事务所保持法定设立条件以及变更报批或者备案的执行情况;(4)监督律师事务所进行清算、申请注销的情况;(5)掌握律师事务所对律师执业年度考核的情况,监督律师事务所开展律师执业年度考核和上报年度执业总结的情况;(6)受理对律师、律师事务所的举报和投诉;(7)监督律师、律师事务所履行行政处罚和实行整改的情况;(8)司法部和省、自治区、直辖市司法行政机关规定的其他职责。县级司法行政机关在开展日常监督管理过程中,对发现、查实的律师在执业活动中和律师事务所在执业和内部管理中存在的问题,应当对有关律师或律师事务所负责人进行警示谈话,责令改正,并对其整改情况进行监督;对律师、律师事务所的违法行为认为依法应当给予行政处罚的,应当向上一级司法行政机关提出处罚建议;认为需要给予行业惩戒的,移送律师协会处理。

《律师事务所管理办法》第 65 条规定,设区的市级司法行政机关履行下列监督管理职责:(1)掌握本行政区域律师队伍建设和发展情况,掌握本行政区域律师事务所的执业活动和组织建设、队伍建设、制度建设的情况,制定加强律师队伍建设和律师工作的措施和办法;(2)指导、监督下一级司法行政机关对律师、律师事务所的日常监督管理工作,组织开展对律师、律师事务所的专项监督、检查或者考核工作,指导对律师、律师事务所重大投诉案件的查处工作;(3)对律师、律师事务所进行表彰;(4)依法定职权对律师、律师事务所的违法行为实施行政处罚;对依法应当给予吊销律师执业证书或律师事务所执业许可证处罚的,向上一级司法行政机关提出处罚建议;(5)对律师事务所的律师执业年度考核结果实行备案监督,并组织开展对律师事务所的年度检查考核工作;(6)受理、审查律师执业、变更执业机构、执业证书注销和律师事务所设立、变更、设立分所、注销申请事项;(7)建立律师、律师事务所执业档案,负责有关律师执业许可、变更、注销和有关律师事务所的许可、变更、终止及执业档案等信息的公开工作;(8)法律、法规、规章规定的其他职责。直辖市的区(县)司法行政机关负有上述职责中的有关职责。

《律师事务所管理办法》第66条规定,省、自治区、直辖市司法行政机关履行下列监督管理职责:(1)掌握、评估本行政区域律师队伍建设情况和总体执业水平,制定律师队伍和本行政区域律师事务所的发展规划和有关政策,制定加强律师、律师事务所管理的规范性文件;(2)掌握本行政区域律师事务所组织建设、队伍建设、制度建设和业务开展情况;(3)监督、指导下级司法行政机关对律师、律师事务所的监督管理工作,组织、指导对律师、律师事务所的专项监督、检查或者年度考核工作;(4)组织对律师、律师事务所的表彰活动;(5)依法对律师、律师事务所的严重违法行为实施吊销律师执业证书或律师事务所执业许可证的处罚,监督、指导下一级司法行政机关的行政处罚工作,办理有关行政复议和申诉案件;(6)办理律师执业核准、变更执业机构核准、执业证书注销和律师事务所设立核准、变更核准或者备案、设立分所核准、执业许可证注销事项;(7)负责有关本行政区域律师事务所、律师队伍、执业情况、管理事务等重大信息的公开工作;(8)法律、法规、规章规定的其他职责。

第二节 律师行业管理

一、律师协会的性质和任务

在西方发达国家,律师的管理原则上实行行业管理,律师协会在律师管理中起着非常重要的作用。许多国家的律师协会是非自愿性组织,律师是律师协会的当然成员,受到律师协会章程的严格约束。

我国《律师法》第43条规定:“律师协会是社会团体法人,是律师的自律性组织。全国设立中华全国律师协会,省、自治区、直辖市设立地方律师协会,设区的市根据需要可以设立地方律师协会。”

律师协会是律师的行业组织，是由律师组成的群众性社会团体。律师协会由司法行政机关管理，接受司法行政机关的监督、指导。改革开放的深入和律师事业的发展，要求律师通过自己的组织加强自我教育、自我约束和自我管理，以弥补司法行政管理的不足。

1986年召开的第一次全国律师代表大会，决定成立中华全国律师协会，并通过了《中华全国律师协会章程》。各省、自治区、直辖市和许多设区的市也先后成立了地方律师协会。根据1995年修正的《中华全国律师协会章程》的规定，律师协会的宗旨是：团结和教育会员维护宪法和法律的尊严，忠实于律师事业；恪守律师职业道德和执业纪律；维护会员的合法权益；提高会员的执业素质；加强行业自律，促进律师事业的健康发展，为依法治国，建设社会主义法治国家，促进社会的文明和进步而奋斗。

根据《律师法》第46条的规定，律师协会应当履行下列职责：(1)保障律师依法执业，维护律师的合法权益；(2)总结、交流律师工作经验；(3)制定行业规范和惩戒规则；(4)组织律师业务培训和职业道德、执业纪律教育，对律师的执业活动进行考核；(5)组织管理申请律师执业人员的实习活动，对实习人员进行考核；(6)对律师、律师事务所实施奖励和惩戒；(7)受理对律师的投诉或者举报，调解律师执业活动中发生的纠纷，受理律师的申诉；(8)法律、行政法规、规章以及律师协会章程规定的其他职责。律师协会制定的行业规范和惩戒规则，不得与有关法律、行政法规、规章相抵触。

同时，《律师法》第45条还规定，律师、律师事务所应当加入所在地的地方律师协会，加入地方律师协会的律师、律师事务所，同时是全国律师协会的会员。律师协会会员享有律师协会章程规定的权利，履行律师协会章程规定的义务。

《中华全国律师协会章程》第8条、第9条分别规定了律师协会会员的权利和义务。律师协会会员的权利有：(1)享有表决权、选举权和被选举权；(2)享有依法执业保障权；(3)参加本会组织的学习和培训；(4)参加本会组织的专业研究和经验交流活动；(5)享受本会举办的福利；(6)使用律师协会的图书、资料、网络和信息资源；(7)提出立法、司法和行政执法的意见和建议；(8)对本会的工作进行监督，提出批评和建议；(9)通过本会向有关部门反映意见。

律师协会会员的义务是：(1)遵守本会章程，执行本会决议；(2)遵守律师执业行为规范，遵守本会行业规则和准则；(3)接受本会的指导、监督和管理；(4)承担本会委托的工作；(5)承担律师协会委托的工作，履行律师协会规定的法律援助义务；(6)自觉维护律师职业声誉，维护会员间的团结；(7)按规定交纳会费。

二、律师协会的设置

我国律师协会有中华全国律师协会和地方律师协会。

(一)中华全国律师协会

中华全国律师协会(以下简称全国律协)于1986年在北京成立,是我国律师组成的全国性、群众性社会团体,在司法部的指导下开展活动。凡中华人民共和国的律师,均为会员;各地方律师协会为团体会员。

全国律协设会长1人、副会长若干人和秘书长1人、副秘书长若干人。其组织机构为全国会员代表大会、理事会和常务理事会。全国律协执行机构由秘书长领导,下设办公室、会员部、信息调研部、专业委员会工作部、培训部、国际部(中国国际律师交流中心),主办会刊《中国律师》杂志。中华全国律师协会有自己的章程,2018年第9次全国律师代表大会通过的新章程,共九章44条。第一章总则,规定中华全国律师协会的性质、组织体制、宗旨及其与司法行政部门和地方律协的关系;第二章律师协会职责;第三章会员,规定会员资格和会员的权利和义务;第四章律师代表大会,规定其性质、产生与职权;第五章理事会与常务理事会,规定其产生、构成与职权职责;第六章秘书处与专门委员会、专业委员会,规定其产生与职责;第七章奖励、惩戒与纠纷调解,规定在何种情况下对会员进行奖励与处罚,以及如何调解会员间、会员与当事人间的纠纷;第八章经费,规定律师协会经费来源、会员收费标准及经费用途;第九章附则,规定章程的适用范围、修改条件、解释主体等。

全国会员代表大会,是中华全国律师协会的最高权力机构。全国会员代表大会每4年举行一次(必要时,由律师协会常务理事会决定提前或延期举行),其代表由省、自治区、直辖市律师协会会员代表大会选举产生,或由省、自治区、直辖市律师协会理事会从个人会员中推选产生。其职权是:(1)制定、修改本会章程,监督本会章程的实施;(2)讨论决定本会的工作方针和任务;(3)听取和审议本会理事会的工作报告和工作规划;(4)选举、罢免本会理事;(5)审议会费收取标准;(6)审议中华全国律师协会经审计的会费收支情况报告;(7)审议大会主席团提出的其他事项。

中华全国律师协会理事会,是律师代表大会的常设机构,它由全国会员代表大会选举的理事组成,对全国会员代表大会负责。理事会会议每年至少举行一次。理事会全体会议选举会长、副会长和秘书长。

常务理事会为理事会的常设机构,其组成人员包括全国律师协会会长、副会长和秘书长等,由理事会全体会议选举产生。常务理事会在全国会员代表大会和理事会闭会期间,行使理事会的职权,执行全国会员代表大会的决议,主持日常会务。

常务理事会对理事会负责,并代表理事会向全国会员代表大会报告工作。

全国律师协会国际部,是全国律协的对外交流部门,其主要职能是:组织会员开展包括参加国际律师组织会议、涉及律师业务的国际研讨会等对外交流活动;组织律师涉外培训,负责中国律师与外国律师业务交流项目的具体实施以及律师的涉外宣传工作。

中华全国律师协会设有六个专门委员会,即维权委员会、律师执业纠纷调处委员会、律师行业规则委员会、律师发展战略研究委员会、纪律委员会、财务委员会。同时还设有八个业务委员会,即刑事、民事(包括传统民法、房地产、公司法三个专业组)、海商海事、金融证券(包括金融、证券两个专业组)、知识产权、经济、涉外(包括反倾销、业务指导、对外交流三个专业组)和行政法律业务委员会。业务委员会由优秀执业律师组成,负责制定行业规则,规范律师的执业行为,总结交流业务工作经验,提高业务素养和执业技能,参与相关业务领域法律、政策的制定,进行对外交流。

1995 年以前,律师协会与司法行政机关的律师管理部门实行的是“一套人马,两块牌子”的组织形式,律师协会的领导由司法行政机关的负责人担任。这种组织形式使得律师协会变相成为行政机关,也造成律师协会往往采用行政机关的方式进行工作,从而削弱了律师协会作为律师自律性社会团体的性质和作用。因此,律师协会的组织机构需要进行改革,以使律师协会成为司法行政机关宏观管理下,由执业律师组成的律师行业自律性组织。1995 年,全国律协通过换届,改革了上述管理模式,律师协会的领导成员全部由执业律师担任。这使律师协会更加符合行业组织的特点,有利于发挥律师行业的自律作用。

(二)地方律师协会

我国律师制度恢复后,省、自治区、直辖市陆续成立了律师协会。关于地市一级成立律师协会的问题,1986 年司法部发布的《关于同意本溪市成立律师协会的批复》把本溪市律师协会作为地、市律师协会的试点单位。但地、市设置律师协会的做法并未得到推广。1989 年司法部发布的《关于地、市是否可以设置律师协会的批复》认为:省以下一般不宜成立律师协会,沿海地区和经济发达地区的大、中城市如确需成立律师协会的,报司法部批准。

随着律师管理体制改革的进一步深化,为实现司法行政管理与律师协会行业管理相结合,并逐步过渡到司法行政机关宏观管理下的律师协会的行业管理的需要,我国《律师法》第 43 条明确规定,设区的市根据需要可以设立地方律师协会。这一规定,有利于进一步加强律师协会的组织建设,为实行律师协会行业管理创造条件。

第六章 律师的权利和义务

第一节 律师的权利

一、律师权利的概念

律师的权利,是指律师在执行职务过程中依法享有的权利。对于律师的权利,可以从以下几个方面来理解。

首先,从律师权利的本质来看,它应该是一种职务性权利,是律师以其社会法律工作者的职务身份,为当事人提供法律服务时所享有的特定权利。律师如果不从事法律规定的业务活动,则不享有法律赋予的权利。

其次,从律师权利的范围来看,它可以分为法定权利和继受权利两类。法定权利是律师从事业务活动所固有的权利,由法律直接赋予;继受权利是律师在业务活动中由当事人授予的权利。由于继受权利由当事人根据自己的实际情况授予,具有不确定性,因此,本章所讲的律师权利是指律师的法定权利,而不涉及其继受权利。

最后,从律师权利的内涵来看,它包括三个方面:一是律师依法可以为一定行为;二是律师依法可以请求他人为一定行为或者不为一定行为;三是律师依法执业受法律保护。法律、法规赋予律师的权利,都是上述内涵的具体化。

二、律师权利的内容

根据《律师法》和三大诉讼法的有关规定,我国律师在执业中具有以下权利:

(一)阅卷权

《律师法》第 34 条规定:“律师担任辩护人的,自人民检察院对案件审查起诉之日起,有权查阅、摘抄、复制本案的案卷材料。”《刑事诉讼法》第 40 条也作了相同的规定。据此,律师执行职务活动享有阅卷权,即有权在人民检察院、人民法院查阅、摘抄和复制与本案有关的全部诉讼文书和全部证据材料(人民检察院检察委员会的讨论记录、人民法院合议庭、审判委员会的讨论记录以及其他依法不能公开的材料除外)。律师享有阅卷权,是律师顺利开展刑事诉讼辩护、代理,以及民事、行政诉讼代理活动的必要手段。通过查阅案卷,可以达到掌握事实和证据、熟悉和了解案情的目的。

为保障律师阅卷权的顺利行使,人民检察院、人民法院应当为辩护律师查阅、摘抄、复制案卷材料提供便利,有条件的地方可以推行电子化阅卷,允许刻录、下载材料。侦查机关应当在案件移送审查起诉后 3 日以内,人民检察院应当在提起公诉后 3 日以内,将案件移送情况告知辩护律师。案件提起公诉后,人民检察院对案卷所附证据材料有调整或者补充的,应当及时告知辩护律师。辩护律师对调整或者补充的证据材料,有权查阅、摘抄、复制。

辩护律师提出阅卷要求的,人民检察院、人民法院应当当时安排辩护律师阅卷,无法当时安排的,应当向辩护律师说明并安排其在 3 个工作日以内阅卷,不得限制辩护律师阅卷的次数和时间。有条件的地方可以设立阅卷预约平台。人民检察院、人民法院应当为辩护律师阅卷提供场所和便利,配备必要的设备。因复制材料发生费用的,只收取工本费用。律师办理法律援助案件复制材料发生的费用,应当予以免收或者减收。辩护律师可以采用复印、拍照、扫描、电子数据拷贝等方式复制案卷材料,可以根据需要带律师助理协助阅卷。

律师在查阅案卷时,应对本案的所有案卷材料(包括全部诉讼文书和物证、书证、证人证言、当事人陈述、犯罪嫌疑人、被告人的供述和辩解、鉴定意见、勘验检查笔录、视听资料、电子数据等各种证据材料)进行认真仔细地查看和阅读,注意研究各种证据之间有无矛盾,所控事实是否存在,案件性质和危害结果是否严重。律师在查阅案卷时,一般首先查阅对方当事人提供的材料和证据,如辩护律师首先要查阅起诉书,了解起诉书的内容;民事原告的代理律师则可以通过阅卷了解被告答辩状的要点及主要依据。对于发现的疑点、矛盾和重点问题,律师可以进行摘录。摘录时要注意做到客观、全面,对被告人或当事人有利和不利的两方面情况都应摘录,防止主观片面;要注意摘录原话,防止断章取义;摘录要注明出处、页码、时间等。

此外,辩护律师办理申诉、抗诉案件,在人民检察院、人民法院经审查决定立案后,可以持律师执业证书、律师事务所证明和委托书或者法律援助公函到案卷档案管理部门、持有案卷档案的办案部门查阅、摘抄、复制已经审理终结案件的案卷材料。

(二)同犯罪嫌疑人、被告人会见和通信权

《律师法》第 33 条规定,律师担任辩护人的,有权持律师执业证书、律师事务

所证明和委托书或者法律援助公函,依照《刑事诉讼法》的规定会见在押或者被监视居住的犯罪嫌疑人、被告人;辩护律师会见犯罪嫌疑人、被告人时不被监听。《刑事诉讼法》第39条规定,辩护律师可以同在押的犯罪嫌疑人、被告人会见和通信;辩护律师会见犯罪嫌疑人、被告人时不被监听。上述法律规定从实体和程序两个方面对律师同犯罪嫌疑人、被告人会见和通信的权利作了具体和明确的规定。

现行《律师法》《刑事诉讼法》关于"律师会见权"的规定有两大突破:一是律师会见犯罪嫌疑人、被告人不需要经过公安司法机关批准,只需持有"三证"(律师执业证书、律师事务所证明、委托书或者法律援助公函)即可,而且没有会见次数的限制;二是律师会见犯罪嫌疑人、被告人,不被监听。由此,律师就可以直接地、充分地、不受任何限制地行使自己依法享有的"会见权",从而既有利于律师方便快捷地了解案情,顺利地开展辩护工作,又体现了对犯罪嫌疑人、被告人人权的尊重和保障,以及对无罪推定原则的贯彻执行,同时也是我国法律与国际刑事司法准则接轨的重要表现。

为保障律师会见权的顺利行使,辩护律师到看守所会见在押的犯罪嫌疑人、被告人,看守所在查验律师执业证书、律师事务所证明和委托书或者法律援助公函后,应当及时安排会见;能当时安排的,应当当时安排,不能当时安排的,看守所应当向辩护律师说明情况,并保证辩护律师在48小时以内会见到在押的犯罪嫌疑人、被告人。看守所安排会见不得附加其他条件或者变相要求辩护律师提交法律规定以外的其他文件、材料,不得以未收到办案机关通知为由拒绝安排辩护律师会见。看守所应当设立会见预约平台,采取网上预约、电话预约等方式为辩护律师会见提供便利,但不得以未预约会见为由拒绝安排辩护律师会见。律师会见在押的犯罪嫌疑人、被告人的,看守所应当保障律师履行辩护职责需要的时间和次数,并与看守所工作安排和办案机关侦查工作相协调。辩护律师会见犯罪嫌疑人、被告人时不被监听,办案机关不得派员在场。在律师会见室不足的情况下,看守所经辩护律师书面同意,可以安排在讯问室会见,但应当关闭录音、监听设备。犯罪嫌疑人、被告人委托两名律师担任辩护人的,两名辩护律师可以共同会见,也可以单独会见。辩护律师可以带一名律师助理协助会见。助理人员随同辩护律师参加会见的,应当出示律师事务所证明和律师执业证书或申请律师执业人员实习证。

辩护律师在侦查期间要求会见危害国家安全犯罪、恐怖活动犯罪、特别重大贿赂犯罪案件在押的犯罪嫌疑人的,应当向侦查机关提出申请。侦查机关应当依法及时审查辩护律师提出的会见申请,在3日以内将是否许可的决定书面答复辩护律师,并明确告知负责与辩护律师联系的部门及工作人员的联系方式。对许可会见的,应当向辩护律师出具许可决定文书;因有碍侦查或者可能泄露国家秘密而不许可会见的,应当向辩护律师说明理由。有碍侦查或者可能泄露国家秘密的情形消失后,应当许可会见,并及时通知看守所和辩护律师。对特别重大贿赂案件在侦查终结前,侦查机关应当许可辩护律师至少会见一次犯罪嫌疑人。

自案件移送审查起诉之日起,辩护律师会见犯罪嫌疑人、被告人,可以向其核实有关证据。辩护律师会见在押的犯罪嫌疑人、被告人,可以根据需要制作会见笔录,并要求犯罪嫌疑人、被告人确认无误后在笔录上签名。

律师会见在押犯罪嫌疑人、被告人时,应遵守看管场所的有关规定,严防犯罪嫌疑人、被告人逃跑、行凶、自杀等事件的发生。会见时,律师不能向犯罪嫌疑人、被告人作任何违反法律和政策的约定或承诺,不能对犯罪嫌疑人、被告人指供或诱供。会见时若犯罪嫌疑人、被告人揭发他人犯罪或提供重大案件的侦破线索,或者犯罪嫌疑人、被告人表现出极度反常的情绪的,应及时告知有关司法机关,但在会见时知悉的国家机密或个人隐私,则应当予以保密。会见结束后,要按看管场所规定的手续,将犯罪嫌疑人、被告人交看管人员收监。

对于辩护律师同犯罪嫌疑人、被告人的往来信件,看守所应当及时传递。看守所可以对信件进行必要的检查,但不得截留、复制、删改信件,不得向办案机关提供信件内容,但信件内容涉及危害国家安全、公共安全、严重危害他人人身安全以及涉嫌串供、毁灭证据等情形的除外。

(三)调查取证权

《律师法》第 35 条规定,受委托的律师根据案情的需要,可以申请人民检察院、人民法院收集、调取证据或者申请人民法院通知证人出庭作证;律师自行调查取证的,凭律师执业证书和律师事务所证明,可以向有关单位或者个人调查与承办法律事务有关的情况。《刑事诉讼法》第 43 条规定,辩护律师经证人或者其他有关单位和个人同意,可以向他们收集与本案有关的材料;也可以申请人民检察院、人民法院收集调取证据,或者申请人民法院通知证人出庭作证;辩护律师经人民检察院或者人民法院许可,并且经被害人或者其近亲属、被害人提供的证人同意,可以向他们收集与本案有关的材料。由此可见,《律师法》第 35 条和《刑事诉讼法》第 43 条都规定了律师享有调查取证权,但是二者也具有不同的地方:《刑事诉讼法》规定律师行使调查取证权须经证人或者其他有关单位和个人同意,或者须经人民法院或者人民检察院许可,并且经被害人或者其近亲属、被害人提供的证人同意。由于实践中基本无人同意,因而律师的调查取证权形同虚设。而《律师法》则规定律师凭“两证”(律师执业证书和律师事务所证明)就可以直接行使调查取证的权利,这无疑既有利于律师全面收集与案件有关的证据,为实现实体公正奠定基础,也有利于保障控辩平衡,体现程序公正,实现有效辩护,切实维护犯罪嫌疑人、被告人的合法权益。

为保障律师调查取证权的顺利行使,在刑事诉讼审查起诉、审理期间,辩护律师书面申请调取公安机关、人民检察院在侦查、审查起诉期间收集但未提交的证明犯罪嫌疑人、被告人无罪或者罪轻的证据材料的,人民检察院、人民法院应当依法及时审查。经审查,认为辩护律师申请调取的证据材料已收集并且与案件事实有联系的,应当及时调取。经审查决定不予调取的,应当书面说明理由。辩护律师申请向被害人或者其近亲属、被害人提供的证人收集与本案有关的材料的,人民检察院、人民法院应当在7日以内作出是否许可的决定,并通知辩护律师。辩护律师申请人民检察院、人民法院收集、调取证据的,人民检察院、人民法院应当在3日以内作出是否同意的决定,并通知辩护律师。辩护律师申请向正在服刑的罪犯收集与案件有关的材料的,监狱和其他监管机关在查验律师执业证书、律师事务所证明和犯罪嫌疑人、被告人委托书或法律援助公函后,应当及时安排并提供合适的场所和便利。正在服刑的罪犯属于辩护律师所承办案件的被害人或者其近亲属、被害人提供的证人的,应当经人民检察院或者人民法院许可。

在民事诉讼、行政诉讼过程中,律师因客观原因无法自行收集证据的,可以依法向人民法院申请调取。经审查符合规定的,人民法院应当予以调取。

为保证律师自行调查取证的合法性和所获证据的可靠性,律师进行调查应有两名以上律师人员进行;律师对当事人、证人进行询问的,应当制作询问笔录,并由询问人和被询问人签字或盖章;律师提取物证、书证的,可以要求被持有人在律师开列的清单上签名或盖章。律师在调查过程中所作的记录不具有诉讼笔录的性质,所获得的证据材料只有经过法庭质证和调查核实后,才能作为合法的证据加以运用。

(四)拒绝辩护或代理权

《律师法》第32条第2款规定,律师接受委托后,无正当理由的,不得拒绝辩护或者代理;但是,委托事项违法、委托人利用律师提供的服务从事违法活动或者委托人故意隐瞒与案件有关的重要事实的,律师有权拒绝辩护或者代理。这一规定赋予了律师拒绝辩护或代理的权利。

有权拒绝辩护或代理不等于必须拒绝辩护或代理。律师行使拒绝辩护或代理权时要分清情况,区别对待,不应轻率从事。一般说来,以下情况律师应拒绝辩护或代理:(1)委托人既不如实陈述案情,又坚持要律师违背事实为其开脱罪责,或者要律师代其向法庭回答问题的;(2)委托人严重侮辱律师人格的;(3)委托事项违法的;(4)委托人利用律师提供的服务从事违法活动的;(5)委托人故意隐瞒与案件有关的重要的事实的。

律师拒绝辩护或者代理的，须经律师事务所主任批准，因为委托人与律师事务所有委托合同关系。属于人民法院指定的辩护人拒绝辩护的，须经人民法院同意。

司法实践中，以下两种情况律师不能拒绝辩护：

第一，起诉的事实清楚，证据确实、充分，认定的性质、罪名正确，犯罪嫌疑人、被告人罪行严重而又不如实陈述案情，从法律上看不存在可以从轻、减轻、免除刑罚的情节和理由。在这种情况下，如果犯罪嫌疑人、被告人坚持要委托律师担任辩护人，又没有附加无理要求的，律师不应拒绝辩护。律师作为辩护人参加诉讼活动，虽然不能从实体上提出有利于犯罪嫌疑人、被告人的辩护理由，但仍可以从程序的角度为其提供法律上的帮助，保障其在诉讼过程中受到公正、人道的对待，从而促使犯罪嫌疑人、被告人认罪服法，积极改造，早日回归社会。

第二，起诉的事实不真实或有误，被告人却承认起诉不真实或有误的事实，愿意承担刑事责任，而不如实陈述案情的。如有的被告人把别人的罪行说成是自己的罪行，替别人承担刑事责任，或者其所犯的是轻罪，但顺着错误的指控承认自己"罪行严重"。在这种情况下，律师不能因为被告人没有如实陈述案情而拒绝辩护。律师作为辩护人参加诉讼活动，具有独立的诉讼地位，应当以事实为根据，以法律为准绳，独立、客观、公正地提出辩护意见，而不受被告人意见左右，以维护被告人的合法权益，维护法律的正确实施。

（五）获得开庭通知权

律师出庭参加诉讼，应有较充裕的时间做好出庭前的准备工作，否则在未认真了解案情并研究法律适用问题的情况下仓促出庭，必然导致在庭上的活动流于形式，从而难以保证办案质量和有效地维护当事人的合法权益。为此，人民法院确定案件开庭日期时，应当为律师出庭预留必要的准备时间并书面通知律师。律师因开庭日期冲突等正当理由申请变更开庭日期的，人民法院应当在不影响案件审理期限的情况下，予以考虑并调整日期，决定调整日期的，应当及时通知律师。

（六）在法庭审理阶段的权利

法庭审理阶段是律师维护当事人合法权益，发挥律师职能作用的重要阶段，因此，律师在法庭审理阶段依法享有的权利也应当予以保障。《律师法》第 36 条规定："律师担任诉讼代理人或者辩护人的，其辩论或者辩护的权利依法受到保障。"根据我国《刑事诉讼法》、《民事诉讼法》和《行政诉讼法》以及其他规定，在法庭审理中，律师为了履行职务，享有广泛的权利。概括起来，主要有：

(1)对法庭的不当询问的拒绝回答权。人民法院审理案件，对于代理律师或辩护律师，均不得询问其姓名、年龄、籍贯、住址和职业等。否则，律师有权拒绝回答。

(2)发问权。在法庭审理过程中,经审判长准许,律师可以向当事人、证人、鉴定人和有专门知识的人发问。根据法律规定,只要发问的内容正当、必要,法庭就应当准许,不应予以限制或制止;律师发问的内容须与案件有关,否则将被法庭制止或被发问人拒绝回答;对于律师依法提出的询问,被问人有义务据实回答,法庭对于律师发问情况和被问人回答的内容应记录在卷。

(3)提出新证据的权利。在法庭审理过程中,律师可以提出新的证据,申请通知新的证人、有专门知识的人出庭,申请调取新的证据,申请重新鉴定或者勘验、检查。在民事诉讼中,申请有专门知识的人出庭,应当在举证期限届满前向人民法院申请,经法庭许可后才可以出庭。

(4)质证与辩论权。在法庭审理过程中,律师可以就证据的真实性、合法性、关联性,从证明目的、证明效果、证明标准、证明过程等方面,进行法庭质证和相关辩论;可以就案件事实、证据和适用法律等问题,进行法庭辩论。审判人员应当尊重和保障律师依法进行质证与辩论的权利,不得随意限制律师质证与辩论发言的时间,更不得违法责令律师退出法庭。

(5)申请排除非法证据的权利。辩护律师在侦查、审查起诉、审判期间发现案件有关证据存在《刑事诉讼法》第56条规定的情形的,可以向办案机关申请排除非法证据。对此,办案机关应当听取辩护律师的意见,按照法定程序审查核实相关证据,并依法决定是否予以排除。辩护律师在开庭以前申请排除非法证据,人民法院对证据收集合法性有疑问的,应当依照《刑事诉讼法》第187条第2款的规定召开庭前会议,就非法证据排除问题了解情况,听取意见。

(6)与被告人进行交流权。在法庭审理过程中,遇有被告人供述发生重大变化、拒绝辩护等重大情形,经审判长许可,辩护律师可以与被告人进行交流。

(7)申请休庭权。在法庭审理过程中,有下列情形之一的,律师可以向法庭申请休庭:一是辩护律师因法定情形拒绝为被告人辩护的;二是被告人拒绝辩护律师为其辩护的;三是需要对新的证据做辩护准备的;四是其他严重影响庭审正常进行的情形。

(七)在法庭上发表的代理、辩护意见不受法律追究的权利

我国是联合国《关于律师作用的基本原则》国际公约的签署国。《关于律师作用的基本原则》第20条规定:“律师对于其书面或口头辩护时所发表的有关言论或作为职责任务出现于某一法院、法庭或其他法律或行政当局之前所发表的有关言论,应享有民事和刑事豁免权。”为了遵守国际公约,我国《律师法》第37条第2款明确规定:“律师在法庭上发表的代理、辩护意见不受法律追究。”这实际上是对律师在法庭上的代理或辩护的免责规定(亦称辩论或辩护豁免权),对于解除律师

的后顾之忧，使其能充分发挥职能作用具有十分重要的意义。为了防止律师滥用这一权利，《律师法》该条第2款同时规定：“但是，发表危害国家安全、恶意诽谤他人、严重扰乱法庭秩序的言论除外。”

（八）代行上诉的权利

《刑事诉讼法》第227条规定，被告人的辩护人“经被告人同意，可以提出上诉”。《民事诉讼法》第62条规定，诉讼代理人提起上诉，“必须有委托人的特别授权”。因此，律师参加诉讼活动，在认为地方各级人民法院的一审判决、裁定有错误时，经当事人同意或授权，可以代其向上一级人民法院提起上诉，要求对案件进行重新审理。

在刑事诉讼中，凡有律师参加辩护的案件，人民法院应当在该案的一审判决书或裁定书中列上律师姓名和单位。宣判后，律师认为有必要时，可以直接到看守所会见被告人，征询被告人对判决、裁定的意见。在判决、裁定发生法律效力之前，律师征得被告人同意，可以直接提起上诉。

上诉权是当事人的权利，律师不应越俎代庖，必须经过当事人的同意或授权才能行使。司法实践中，有些当事人明知裁判有误也不上诉，或担心上诉加刑而不敢上诉。在这种情况下，律师应当向当事人讲明道理，提出建议，如果当事人仍然坚持不上诉的，律师应尊重当事人的意愿，不能强迫当事人上诉。

（九）代理申诉或控告权

《律师法》第28条第4项规定，律师可以“接受委托，代理各类诉讼案件的申诉”。《刑事诉讼法》第14条规定，诉讼参与人对于审判人员、检察人员和侦查人员侵犯公民诉讼权利和人身侮辱的行为，有权提出控告；《刑事诉讼法》第38条规定，律师在侦查期间可以代理申诉、控告。据此，律师可以接受当事人的委托，代理其对业已生效但确有错误的刑事、民事和行政诉讼裁判，向人民法院或者人民检察院提出申诉，要求按照审判监督程序进行重新审理；也可以在刑事诉讼过程中，接受犯罪嫌疑人、被告人的委托，对审判人员、检察人员和侦查人员侵犯公民诉讼权利和人身侮辱的行为，向有关主管机关提出控告，以维护犯罪嫌疑人、被告人的合法权益。

（十）获取本案诉讼文书副本的权利

律师承办诉讼案件，有权获得人民法院的判决书、裁定书、调解书和人民检察院的起诉书、抗诉书的副本；律师参加仲裁活动，有权获得仲裁机构的裁决书的副本。

（十一）为犯罪嫌疑人、被告人申请变更或解除强制措施的权利

《刑事诉讼法》第97条规定，辩护人“有权申请变更强制措施”；第99条规定，

辩护人对于人民法院、人民检察院或者公安机关采取强制措施法定期限届满的,有权要求解除强制措施。

司法实践中,由于办案机关滥用强制措施或超期羁押,侵犯犯罪嫌疑人、被告人人身权利的情况时有发生。律师接受委托参加刑事诉讼,在这方面可以发挥制约作用,维护犯罪嫌疑人、被告人的合法权益。因此,犯罪嫌疑人、被告人及其法定代理人、近亲属或者辩护人有权申请变更强制措施;对办案机关采取强制措施超过法定期限的,受委托的律师有权要求解除强制措施。

对于辩护律师书面申请变更或者解除强制措施的,办案机关应当在 3 日以内作出处理决定。辩护律师的申请符合法律规定的,办案机关应当及时变更或者解除强制措施;经审查认为不应当变更或者解除强制措施的,应当告知辩护律师,并书面说明理由。

(十二)依法执行职务受法律保护的权利

《律师法》第 3 条第 4 款规定:"律师依法执业受法律保护,任何组织和个人不得侵害律师的合法权益。"第 37 条规定:"律师在执业活动中的人身权利不受侵犯。"因此,律师依法执行职务受法律保护,这既是律师的一项权利,也是律师行使其他权利的保障性规定。司法实践中,律师执业缺乏切实必要的法律保护的问题确实存在,侵犯律师人事权利,干扰、刁难律师工作,不尊重律师,侮辱、报复、陷害律师,甚至公开将律师驱逐出庭、非法拘捕律师的事件还时有发生。因此,强调该项权利,对于保障律师依法执业,十分重要。

为了更加有效地保护律师在执业活动中的人身权利不受侵犯,《律师法》和有关司法解释规定:律师在参与诉讼活动中涉嫌犯罪的,侦查机关应当及时通知其所在的律师事务所或者所属的律师协会;侦查机关依法对在诉讼活动中涉嫌犯罪的律师采取强制措施后,应当在 48 小时以内通知其所在的律师事务所或者所属的律师协会。这无疑有助于律师事务所和律师协会对涉嫌犯罪的律师采取维权措施。

(十三)对阻碍其行使诉讼权利的行为进行投诉、申诉和控告的权利

律师认为办案机关及其工作人员明显违反法律规定,阻碍律师依法履行辩护、代理职责,侵犯律师执业权利的,可以向该办案机关或者其上一级机关投诉。对此,办案机关应当畅通律师反映问题和投诉的渠道,明确专门部门负责处理律师投诉,并公开联系方式;应当对律师的投诉及时调查,律师要求当面反映情况的,应当当面听取律师的意见。经调查情况属实的,应当依法立即纠正,及时答复律师,做好说明解释工作,并将处理情况通报其所在地司法行政机关或者所属的律师协会。

律师认为办案机关及其工作人员的下列行为阻碍律师依法行使诉讼权利的,可以依据《刑事诉讼法》第 49 条的规定向同级或者上一级人民检察院申诉、控告:

一是未依法向律师履行告知、转达、通知和送达义务的；二是办案机关认定律师不得担任辩护人、代理人的情形有误的；三是对律师依法提出的申请，不接收、不答复的；四是依法应当许可律师提出的申请未许可的；五是依法应当听取律师的意见未听取的；六是其他阻碍律师依法行使诉讼权利的行为。人民检察院对申诉或者控告应当及时进行审查，情况属实的，通知有关机关予以纠正。

第二节　律师的义务

一、律师义务的概念

权利和义务是相对应的，没有无权利的义务，也没有无义务的权利。律师在执行职务过程中享有权利的同时，也要承担相应的义务。律师的义务，是指律师依法应为一定行为或不为一定行为的范围和限度。严格确定律师的义务，是律师正确行使权利的必要保障。

律师义务与律师职业道德，既有联系，又有区别。律师义务是律师职业道德的具体要求。律师职业道德，是调节律师职业行为的总纲，具有概括性和稳定性的特点。律师义务，是在律师职业道德下律师执行职务履行职责时的操作性规范，比较具体和实在，具有可行性或操作性。律师职业道德不能代替律师义务，它通过律师义务的全面遵守才能得以体现和贯彻。

二、律师义务的内容

根据《律师法》的有关规定，我国律师在执业活动中应当履行下列义务：

1. 只能在一个律师事务所执业，不得同时在两个以上律师事务所执业。律师的职责是为当事人提供法律服务，如果一名律师在两个以上律师事务所执业，当各律师事务所同时指派该律师到异地进行业务活动时，则该律师无法履行职责；同时，当该律师因执业违法或者因过错给当事人造成损失时，当事人无法确定应向哪个律师事务所要求赔偿，因而将损害当事人的合法权益。此外，这种情况也不利于律师事务所对该律师进行教育、培训与管理。因此，《律师法》第 10 条第 1 款规定："律师只能在一个律师事务所执业。律师变更执业机构的，应当申请换发律师执业证书。"但由律师职业的委托性和服务性所决定，"律师执业不受地域限制"，即律师既可以在律师事务所的住所地执业，也可以到律师事务所住所地以外的其他地方执业。

2. 不得私自接受委托,收取费用,接受委托人的财物或者其他利益。律师私自接受委托、收取费用,接受委托人的财物或者其他利益,不仅妨碍律师事务所对律师的管理,影响律师事务所的声誉,减少律师事务所的收入,而且因委托关系不合法、不稳定或容易产生乱收费而给委托人带来损害,同时还会造成税款损失,减少国家财政收入。为克服上述弊端,《律师法》第 25 条第 1 款规定:"律师承办业务,由律师事务所统一接受委托,与委托人签订书面委托合同,按照国家规定统一收取费用并如实入账。"第 40 条第 1 款规定,律师不得"私自接受委托、收取费用,接受委托人的财物或者其他利益"。

3. 依法纳税。我国《宪法》第 56 条规定:"中华人民共和国公民有依照法律纳税的义务。"《律师法》第 25 条第 2 款规定:"律师事务所和律师应当依法纳税。"根据我国《个人所得税法》的规定,律师应当就其工资、薪金所得、劳务报酬和合伙分红所得缴纳个人所得税。

4. 不得以诋毁其他律师事务所、律师或者支付介绍费等不正当手段承揽业务。实践中,有的律师不是靠自己的业务能力和优质服务,而是靠给委托人或有关人员以回扣、劳务费,靠贬损其他律师的业务能力和诋毁其他律师的执业声誉,去获取案源,靠与案件承办人拉关系、支付介绍费甚至行贿等手段承揽业务和打赢官司,这既损害了其他律师和律师事务所的利益,违背律师职业道德,也不利于律师间的平等竞争,从而有害于律师业的健康发展。为此,《律师法》第 26 条明确规定:"律师事务所和律师不得以诋毁其他律师事务所、律师或者支付介绍费等不正当手段承揽业务。"

5. 加入所在地的地方律师协会,并履行律师协会章程规定的义务。我国对律师实行司法行政管理和律师协会行业管理相结合的体制,并逐步向司法行政机关宏观管理下的律师协会行业管理过渡。为实现律师协会对律师的有效管理,确保律师培训、教育和监督工作的正常开展,《律师法》第 45 条规定:"律师、律师事务所应当加入所在地的地方律师协会。加入地方律师协会的律师、律师事务所,同时是全国律师协会的会员。律师协会会员享有律师协会章程规定的权利,履行律师协会章程规定的义务。"

6. 曾经担任法官、检察官的律师,从人民法院、人民检察院离任后 2 年内,不得担任诉讼代理人或者辩护人。曾经担任法官、检察官的律师,由于以往的工作岗位,使其与原所在法院、检察院有着特定的联系。为了实现司法公正,避免关系案、人情案的发生,也为了维护律师队伍的声誉,《律师法》第 41 条明确规定:"曾经担任法官、检察官的律师,从人民法院、人民检察院离任后二年内,不得担任诉讼代理人或者辩护人。"应当指出,根据这一规定,这类律师从司法机关离任后 2 年内只是不得从事诉讼业务,但可以从事非诉讼法律事务,而且没有时间上的限制。

7. 按照国家规定履行法律援助义务,为受援人提供符合标准的法律服务。国家建立法律援助制度,旨在为经济困难的公民或特殊案件的当事人予以减免费用提供法律服务,以使其合法权益得以维护,进而促进社会稳定和经济发展,实现法律对于公民的平等保护。在我国,法律援助义务主要由律师承担,因此,《律师法》第 42 条的规定:“律师、律师事务所应当按照国家规定履行法律援助义务,为受援人提供符合标准的法律服务,维护受援人的合法权益。”根据这一规定,律师不仅应当按照国家规定履行法律援助义务,而且还应当做到为受援人提供符合标准的法律服务。所谓符合标准,应当包括提供法律服务的数量、时间和质量等。

8. 保守在执业活动中知悉的国家秘密、商业秘密,不得泄露当事人的隐私。律师在承办法律事务的过程中,由其身份和工作特点所决定,必然接触到某些国家秘密,知悉当事人的一些商业秘密或个人隐私。其中,国家秘密是指关系国家的安全和利益,依照法定程序确定,在一定时间内只限一定范围的人员知悉的事项;商业秘密是指不为公众所知悉,能为权利人带来经济利益,具有实用性并经权利人采取保密措施的技术信息和经营信息;个人隐私是指与公民个人的声誉有关、本人不愿公开的个人生活事件。国家秘密一旦被律师泄露,将会使国家的安全和利益受到严重损害;当事人的商业秘密和个人隐私一旦被律师有意无意地泄露出来,不仅会使当事人的经济利益或个人名誉受到严重损害,而且会使律师失去当事人的信赖,有损于律师的执业声誉,不利于律师业的健康发展。因此,《律师法》第 38 条规定:“律师应当保守在执业活动中知悉的国家秘密、商业秘密,不得泄露当事人的隐私。”

同时,为促使律师与当事人建立更加密切的信赖关系,维护律师制度赖以建立和发展的社会基础,《律师法》第 38 条第 2 款规定:“律师对在执业活动中知悉的委托人和其他人不愿泄露的有关情况和信息,应当予以保密。但是,委托人或者其他人准备或者正在实施危害国家安全、公共安全以及严重危害他人人身安全的犯罪事实和信息除外。”这一规定,较好地解决了律师为委托人保密与维护国家利益、公共利益和他人生命安全的重大利益的矛盾,也与现行法律关于公民作证义务的规定相衔接。

长期以来,对于犯罪嫌疑人、被告人对公安司法机关隐瞒罪行但向自己聘请的辩护律师作了陈述,辩护律师知道后应否向公安司法机关检举揭发这样一个问题,学界一直争论不休。《律师法》第 38 条第 2 款对此作了明确回答,即对于自己所知道的委托人或者其他人已经实施的一般罪行,辩护律师应当予以保密,而没有向公安司法机关进行检举揭发的义务;只有对于委托人或者其他人准备或者正在实施的危害国家安全、公共安全以及严重危害他人人身安全的犯罪事实和信息,辩护律师才有义务向公安司法机关进行检举揭发。这样规定,既可以使辩护律师能够得到犯罪嫌疑人、被告人的充分信任和通力合作,从而更好地维护犯罪嫌疑人、被告人的合法权益,符合犯罪嫌疑人、被告人委托辩护人的目的和国家设立辩护制度的宗旨,又能够最大限度地保护国家利益、公共利益和人民群众生命安全的重大利益不受侵犯,符合最广大人民群众的根本利益。

9. 不得在同一案件中为双方当事人担任代理人,不得代理与本人或者其近亲属有利益冲突的法律事务。当事人委托律师代理诉讼的目的,是通过律师依据法律取得有利于自己的证据,帮助人民法院查明案件事实,从而排除不法侵害,维护其合法权益。如果律师接受同一案件的原告、被告双方当事人的委托参加诉讼,那么将无法同时维护双方当事人的合法权益,必然维护一方而损害另一方,而且也无法正常收集证据、参加辩论,从而影响人民法院对案件作出公正的裁判。同时,律师负有维护社会公平与正义的使命,因此对于与本人或者其近亲属有利害冲突的法律事务,律师应当回避,以避免对律师的形象造成损害。因此,《律师法》第 39 条规定:“律师不得在同一案件中为双方当事人担任代理人,不得代理与本人或者其近亲属有利益冲突的法律事务。”

10. 接受委托后,无正当理由的,不得拒绝辩护或者代理。律师与委托人的关系是一种合同关系,律师作为合同当事人的一方,不得任意解除委托合同。只有委托事项本身违法,委托人利用律师提供的法律服务从事违法活动或者委托人隐瞒与案件有关的重要事实的,为了避免与律师的职责发生冲突,律师才可以拒绝辩护或者代理。《律师法》第 32 条第 2 款对此作了明确规定。

11. 不得利用提供法律服务的便利牟取当事人争议的权益,或者接受对方当事人的财物或者其他利益,也不得与对方当事人或者第三人恶意串通,侵害委托人的权益。律师是为解决当事人之间的权利义务争议而执行职务的,当然不应当介入当事人争议的权益之中,更不能将牟取当事人争议的权益作为从事代理活动的目的。否则,将难以防止代理律师利用了解案情、掌握证据之便利,欺骗委托人,巧取豪夺其权益,或者被对方当事人向律师出让权益的引诱所诱惑,损害委托人的利益,而且也难于避免代理律师不择手段地去左右争议的处理结果,导致干扰审判的情况发生。同时,律师提供法律服务,应当忠实地为委托人服务,如果接受与委托人有利益冲突的对方当事人的财物或者其他利益,或者与对方当事人或第三人恶意串通,必然导致律师背弃委托人的利益,与其职责发生根本冲突,从而也就谈不上为委托人尽职尽责地办理法律事务。因此,《律师法》第 40 条明确规定,律师不得“利用提供法律服务的便利牟取当事人争议的权益”,不得“接受对方当事人的财物或者其他利益，与对方当事人或者第三人恶意串通，侵害委托人的权益”。

12. 不得违反规定会见法官、检察官、仲裁员以及其他有关工作人员；不得向法官、检察官、仲裁员以及其他有关工作人员行贿，介绍贿赂或者指使、诱导当事人行贿，或者以其他不正当方式影响法官、检察官、仲裁员以及其他有关工作人员依法办理案件。律师作为法律工作者，应当努力钻研和掌握执业所应具备的法律知识和专业技能，依靠自己的良好素质向当事人提供优质的法律服务，而不能通过采用法律所禁止的手段去影响法官、检察官、仲裁员以及其他有关人员，从而影响案件的公正处理，进而达到委托人所期望的目的。本项义务要求律师不得为使案件的处理结果有利于委托人及律师本人，而私下与法官、检察官和仲裁员见面，或者进行不正当的应酬；不得向法官、检察官、仲裁员以及书记员等工作人员行贿，介绍贿赂或者指使、诱导当事人行贿，或者以其他不正当方式影响法官、检察官、仲裁员以及其他有关工作人员依法办理案件。

13. 不得故意提供虚假证据或者威胁、利诱他人提供虚假证据，妨碍对方当事人合法取得证据。律师在为当事人进行诉讼代理、辩护以及参与仲裁活动时，既要维护当事人的合法权益，又要忠实于法律，严格依法执业；既要尊重事实，提供真实的证据，又要尊重审判机关和仲裁机构。因此，律师不得故意向法院、仲裁机构提供虚假证据；也不得采用威胁、利诱手段使他人向法院、仲裁机构提供虚假证据。同时，证据对对方当事人也至关重要。对方当事人有取得证据支持自己诉讼请求的权利。律师可以在法庭上与对方当事人就证据的真伪进行质证，但不得妨碍对方当事人合法取得证据，包括以威胁、利诱的方式使知情人不向对方当事人提供证据或者不出庭作证。因此，《律师法》第 40 条第 6 项规定，律师不得“故意提供虚假证据或者威胁、利诱他人提供虚假证据，妨碍对方当事人合法取得证据”。只有这样，才能保证法院或者仲裁机构准确查明事实，正确适用法律，作出公正的判决或裁决。

14. 不得煽动、教唆当事人采取扰乱公共秩序、危害公共安全等非法手段解决争议。律师作为法律工作者，肩负着维护当事人合法权益、维护法律正确实施、维护社会公平正义的使命，应当积极引导委托人通过合法的途径、手段主张权利、解决争议，而绝不允许知法犯法，践踏法制，煽动滋事，扰乱社会秩序，危害公共安全。因此，《律师法》第 40 条第 7 项明确规定，律师不得“煽动、教唆当事人采取扰乱公共秩序、危害公共安全等非法手段解决争议”。

15. 不得扰乱法庭、仲裁庭秩序，干扰诉讼、仲裁活动的正常进行。律师应当尊重法院、仲裁机构，遵守法庭、仲裁庭秩序，在法官、仲裁员的指引下进行诉讼、仲裁活动，这是各国对律师的普遍的要求。按照《律师法》第 36 条、第 40 条的规定，律师的辩论和辩护的权利依法受到保障,但同时律师也应当遵守法庭、仲裁庭秩序,按照诉讼法、仲裁法的规定进行诉讼、仲裁活动(包括按时出庭参加诉讼或仲裁),不得实施扰乱法庭、仲裁庭秩序,干扰诉讼、仲裁活动正常进行的行为。

此外,司法部于2016年修订的《律师执业管理办法》,在重复规定律师的上述法定义务的同时,也对律师应当履行的义务进行了补充规定。具体包括:(1)律师承办业务,应当告知委托人该委托事项办理可能出现的法律风险,不得用明示或者暗示方式对办理结果向委托人作出不当承诺。(2)律师承办业务,应当及时向委托人通报委托事项办理进展情况;需要变更委托事项、权限的,应当征得委托人的同意和授权。(3)律师承办业务,应当妥善保管与承办事项有关的法律文书、证据材料、业务文件和工作记录。在法律事务办结后,按照有关规定立卷建档,上交律师事务所保管。(4)律师执业,应当遵守所在律师事务所的执业管理制度,接受律师事务所的指导和监督,参加律师执业年度考核。(5)律师应当妥善使用和保管律师执业证书,不得变造、抵押、出借、出租。如有遗失或者损毁的,应当及时报告所在地县级司法行政机关,经所在地设区的市级或者直辖市区(县)司法行政机关向原审核颁证机关申请补发或者换发。律师执业证书遗失的,应当在当地报刊上刊登遗失声明。(6)律师应当按照规定参加司法行政机关和律师协会组织的职业培训。

第七章　律师职业道德与执业纪律

第一节　律师职业道德

一、律师职业道德概述

(一)律师职业道德的概念

律师职业道德,是指从事律师职业的人所应信奉的道德准则,以及在执行律师职务过程中所应遵守的道德规范。这一概念包括以下几个方面的含义:

第一,律师职业道德的约束主体是律师。律师作为在其职业道德关系中承担义务的一方,总是要受到道德规范的约束,而律师以外的其他任何人,均不受律师道德规范的约束,相反,在他们同律师发生职业道德关系时,总是享受由于律师的道德约束而给自己带来的某些利益。例如,当律师恪尽职守,尽心尽责地为当事人提供法律帮助时,当事人便可得到律师的优质法律服务。因此,律师职业道德只适用于律师职业内部,只对从事律师职业的人才有约束和指导作用。在我国,无论是专职律师还是兼职律师,都应遵守律师职业道德。

第二,律师职业道德的作用范围,并不仅限于律师的执业行为,而是对律师的其他行为也有约束力。律师与委托人的关系是以信任为基础的,律师开展业务活动的重要条件是声誉和信誉,而声誉和信誉与律师的业务活动和非业务活动密切相关。在很大程度上,律师的一般社会行为对律师的声誉、信誉有重大影响。吸毒、赌博、酗酒、虐待家人、乱搞两性关系等,虽与律师职务活动无关,但对律师的形象有极大破坏作用。因此,律师在进行非职业行为时,也应当考虑自己应有的社会形象,符合律师职业道德的要求。

第三,律师职业道德产生于律师职业活动的实践。马克思主义认为,任何道德都源于社会经济基础,职业道德是在特定的职业实践的基础上形成的,而律师职业道德,正是律师在长期的职业实践活动中逐步建立和发展起来的,它充分反映了律师这种社会职业的特点,是对律师在长期的职业活动中逐渐形成的各种工作纪律、职业守则及习惯的概括和总结。因此,可以说,律师职业道德,不是社会外部强加的,而是产生于绝大多数律师的意愿。它反映了律师群体的精神,表明了从事律师职业的成员实行自我约束的要求和对个别律师危害律师职业声誉的不良行为的谴责态度。虽然不同社会形态的律师职业道德本质相异,但它们都是通过对律师职业活动的规制来保障律师业务活动正常进行的。因此,律师职业道德与律师职业活动的实践密不可分。

第四,律师职业道德是一种有约束力的行为规范。对于违反律师职业道德的律师,律师协会将依照会员处分办法给予处分,情节严重的,由司法行政机关予以处罚。

(二)律师职业道德的特征

律师职业道德与其他职业道德一样,都要受制于社会经济基础并为其服务,都要受整个社会道德意识的影响和支配,两者有许多共同点。但是,律师职业及律师工作具有与其他职业及工作不同的特点,必然使律师职业道德具有自身特征。概括起来,律师职业道德的特征有:

1. 与某些职业道德相比,律师职业道德具有更强烈的阶级性。经济生活领域中的职业道德,如工业道德、商业道德等,以及一些非经济生活领域中的职业道德,如教师道德、体育道德等,受统治阶级意志和约束要相对小一些。律师职业道德作为司法道德的一种,其阶级性是由法律本身所具有的阶级性所决定的。作为法律工作者,律师在执行职务的过程中,要遵守法律,尊重事实,维护国家法律的尊严,以使体现统治阶级意志的法律得以实现。因此,律师职业道德具有强烈的阶级性。

2. 律师职业道德与一国的法律制度、法律文化有密切联系。律师制度是国家法律制度的组成部分,要受一国社会政治经济制度的制约。律师的法律地位、法律性质及功能,对于确定律师职业道德的性质和内容有着极其重要的作用。此外,一国的法律文化、传统习俗对律师职业道德的形成和确定也要产生一定影响,尤其是对律师的职业素质、职业习惯、职业心理等的影响比较大。

3. 律师职业道德的遵守具有较大的强制性。道德,不是靠专门机关的强制来实现的,而是靠人们的内心信念、社会舆论等起作用。但律师职业道德有所不同。律师是法律工作者,律师违反职业道德,会给国家、集体或公民个人带来损失,同时也会损害律师的信誉。因此,许多国家在律师法中都专门规定了律师职业道德方面的内容,甚至制订出全国统一适用的律师职业守则或律师职业道德标准,要求所有律师共同遵守,同时还明确规定违反这些规定的惩戒条款。这样,不仅使律师职业道德具有普遍的约束力,而且由于其中一部分最主要的道德规范上升为法律性质的规范,因此,律师职业道德已不同于一般的行业规范,它具有更大的强制性。

4. 律师职业道德的遵守与否,与当事人的利益能否得到实现密切相关。律师是向当事人提供法律服务的执业人员,当事人(包括国家机关、社会团体、企事业单位及公民等)是其服务的对象,律师一旦与当事人建立起服务关系,当事人便把实现自身利益的权力移交给律师。如果律师不尽职守,违反职业道德,那么将会给当事人造成意想不到的损失,影响其合法权益的实现。因此,律师的职业道德与当事人的合法权益有着密切联系。

(三)律师职业道德的意义

第一,提倡和遵守律师职业道德,有利于提高律师素质。律师要履行自己的职责,必须具备多种素质,如政治理想、道德品质、专业知识、工作经验等,这些素质可以归纳为思想素质和业务素质,对于律师来说两者是缺一不可的。思想素质作为一个人的精神境界,不但在一定条件下制约着业务素质,决定着业务素质的方向,而且它向律师提出了更高的标准和要求,倡导律师发扬为人民服务和敬业奉献的精神,强调律师的社会责任。这无疑有助于律师自我约束,尽心尽责地为当事人提供法律服务。

第二,律师职业道德是纯洁律师队伍、维护律师职业声誉的必要手段。律师职业道德是具有强制性的道德规范。一方面,它要求律师恪尽职守,认真负责地为当事人服务,促进国家法治建设;另一方面,它对于严重违反律师职业道德的律师,要给予严肃处分,甚至除名,从而在组织上纯洁律师队伍,维护律师的职业声誉和良好社会形象。

二、律师职业道德的内容

律师职业道德是伴随着职业律师的出现逐渐形成的。当人类社会发展到资本主义社会时,随着资产阶级民主思想的深入人心,以及律师赖以生存的经济基础和法律环境的日趋成熟,律师职业得以产生。律师制度先后写入资本主义各国的宪法性文件,并在诉讼法中加以具体规定。律师职业活动的开展,逐渐形成了反映律师职业特殊利益和要求的律师职业道德。它体现了律师职业的特点,确定了律师对社会承担的特殊责任和义务。与此同时,也逐渐形成了特殊的职业道德观念。

随着人们对律师职业道德认识的深化,资本主义国家不仅在律师法律法规中规定了律师职业道德的有关内容,而且还专门制定了律师职业道德的规范性文件,如美国律师协会制定了《美国律师行为标准规则》,日本律师联合会制定了《日本律师道德规范》及《关于刑事法庭辩护活动的道德规程》。资本主义国家之所以重视律师职业道德,主要是因为:第一,在资本主义社会,律师介入他人之间的纠纷和交涉,不但掌握他人的秘密,而且要保管他人的财产。由于经常进行左右他人财产的判断,所以,律师既有受贿的可能,又有堕落的危险。为了避免律师出卖灵魂导致堕落,需要制定较为严格的职业道德规范。第二,律师在诉讼中负有维护委托人的权益以及协助正确运用司法程序的双重义务。而这两项义务是矛盾的,彼此经常发生冲突。为此,需要具有一定标准的律师职业道德来进行调整。上述两点理由,归纳起来,就是要维护律师业务的顺利进行。

苏联、东欧国家,也曾经在其律师法律法规中规定了一些律师职业道德的内容。

无论资本主义国家,还是社会主义国家,它们制定的律师职业道德规范主要包括对律师职业道德的基本要求和律师的基本行为规范这两方面的内容。

我国的律师职业道德,是以共产主义理想为指导,建立在社会主义公有制经济基础之上的新型职业道德。中国律师制度的社会主义性质和特点,决定了我国律师职业道德的各项具体内容。律师在业务活动中应该公正廉洁,刚直不阿,全心全意为人民服务,为社会的整体利益服务。律师既不能为委托人的利益而损害国家和集体的利益,也不能屈服于压力,畏惧权势,损害公民的合法权益。我国律师有义务维护社会主义法制的尊严,有义务以自己的行为推进社会主义民主和法治建设。我国的律师职业道德,同时包含有民族文化遗产和传统精神;中华民族历来主张伸张正义、主持公道、刚正不阿、威武不屈、执法如山、廉洁奉公等精神和美德,这些都体现在我国律师职业道德的内容中。

根据2004年第五届全国律师协会第9次常务理事会通过试行,2009年第七届中华全国律师协会第2次理事会修订,2017年召开的第九届全国律协常务理事会第2次会议审议通过并正式印发的《律师执业行为规范》的规定,我国律师职业道德的基本内容及含义如下:

1. 忠于宪法、法律,恪守职业道德和执业纪律。这是因为,宪法和法律是律师从事执业活动的准则和依据,也是律师维护当事人合法权益的根据。离开了宪法和法律的依托,律师执业可能就会偏离正确轨道和方向,使国家利益、公共利益或当事人的合法权益受到损害。

2. 诚实守信、勤勉尽责,依据事实和法律,维护当事人合法权益,维护法律正确实施,维护社会公平和正义。这是因为,诚实守信是律师的立身之本,是律师执业取得成功的基本要求。勤勉尽责决定律师能否取得成就,取得多大成就。没有责任心的人注定一事无成。律师在执业中只有诚实守信、勤勉尽责地依照事实和法律,才能更好地维护委托人利益,维护法律尊严,才能实现维护社会公平、正义的根本目的。

3. 注重职业修养,自觉维护律师行业声誉。这是因为,律师的工作不仅代表了律师个人或者某个律师事务所,而且代表了整个法律制度的形象和威信问题。律师在与委托人接触时的表现,与法官、司法人员关系的表现,庭审表现,社交场合等表现如何,直接影响了公众对法律的印象与态度,也影响着法律权威是否能够得到信服与遵守。

4. 保守在执业活动中知悉的国家秘密、商业秘密,不得泄露当事人的隐私。这是因为,国家秘密往往涉及国家的生死存亡问题,是国家的根本利益之所在,因此需要保密。委托人的商业秘密及个人隐私则涉及当事人的根本利益问题。律师与当事人的信赖关系是律师执业的基础,在执业过程中律师能否为委托人保守商业秘密及个人隐私,不仅关系律师执业的诚信和修养问题,而且也关系律师业的健康发展。

5. 尊重同行,公平竞争,同业互助。律师执业不可能没有竞争,但是,竞争必须在良性、有序的条件下进行,做到互相尊重、互相促进、互相帮助、互相提高。只有这样,律师业才能健康有序地发展。如果律师之间搞恶性竞争、互相拆台,将严重败坏和玷污律师职业的形象,最终也将损害律师个人的利益。

6. 关注、支持、积极参加社会公益事业。律师并不是居住在象牙塔里的群体,他们也是社会的一部分,应当为社会贡献自己的力量,应当关注和积极参加社会公益事业。只有这样,律师执业才能获得社会公众的支持,同时也有利于提升律师自身的社会形象。

三、律师职业道德的培养

(一)律师职业道德教育

律师职业道德教育,是律师职业道德培养的重要形式,是塑造律师理想人格、形成律师内在道德品质的重要手段。道德人格是由道德认识、道德情感、道德意志、道德信念及道德习惯等因素组成的,因此,律师职业道德教育也应围绕这五项内容进行:第一,提高律师的职业道德认识。组织律师学习、讨论律师职业道德的原则、规范,了解什么是应该做的,什么是不应该做的,明确律师职业道德的内容及律师执业的方向。第二,陶冶职业道德情感。这种情感是律师在实践过程中逐渐形成的,它比道德认识更具有稳定性。有了道德认识不一定会产生相应的道德情感,但道德情感一旦形成就难以改变。因此,陶冶道德情感将是一个长期而艰巨的任务,需要毅力和耐力才能完成。第三,锻炼律师的道德意志。道德意志是形成理想人格的关键,是由认识、情感转化为行为的关键点,律师如果没有坚强的道德意志,就不可能在其职业活动中克服困难,战胜诱惑、邪恶和私欲,主持正义,也就无法形成理想的道德人格和品质。第四,确立道德信念。这是职业道德教育的核心内容,但它又是以前三项内容为基础的。只有识深、情笃、意果,才能形成坚定的道德信念。功到自然成,有了道德信念,律师也就有了精神支柱,其道德人格也就初步树立起来了。第五,养成道德习惯。这可以使律师对于职业道德规范乐于遵守,须臾不离,从不逾矩,它标志着律师道德人格的最后完成。从以上内容来看,提高道德认识,陶冶道德情感是基础,锻炼道德意志是关键,确立道德信念是核心,形成道德习惯是目的和结果。只有这样,才能塑造理想的律师职业道德人格。

职业道德教育是一项改造人的工作,要考虑律师的职业特点和每个律师的具体情况,讲求实效,不搞形式主义。具体可采用以下方法:(1)环境熏陶法。即创造良好的内部环境,从道德认识、道德情感、道德意志、道德信念和道德习惯五个方面着手,对律师进行教育和训练。通过开展各种形式的活动,如服务思想、服务态度、服务效果、社会贡献,使律师在集体中相互激励、相互感染、相互监督,形成良好的职业风气,培养理想的道德人格。(2)言传身教法。通过组织报告会、座谈会等形式,请优秀律师介绍自己的经验和体会。只要典型选择得真实、感人、适宜,必然能给其他律师造成深刻印象,产生示范效应。另外,优秀律师与其他律师一起工作,通过言传身教,无形中对其他律师也能产生职业道德教育作用。(3)因材施教法。由于每个律师所处的环境不同,经历不同,道德品质也不相同,即使是同一个律师,在其道德品质发展的不同时期也会遇到不同的问题,从而呈现不同的道德品质状况,这就要求在进行职业道德教育时,要因人施教、因时施教、因事施教。实际生活中,不可能存在对每个律师都同等有效的教育方法,这就要求我们在实践中不断去发现、去总结、去创新。

律师职业道德教育只是促使律师形成理想人格的外在力量,它必须与内在的道德修养相结合。职业道德修养,是指律师在职业意识、道德品质等方面进行的自我教育和自我改造。道德教育与道德修养是相互联结的。道德教育的结果,引发律师进行道德修养的自觉性,而道德修养的高度自觉性,对塑造理想人格具有决定性意义。律师在进行道德修养过程中可能遇到两方面的问题,需要他们予以重视并加以克服:一方面,律师职业道德要求与律师个人道德履行能力之间的差距。在这种情况下,律师进行职业道德修养,就是不断克服自己的意志、行为习惯、心理素质等方面的弱点,提高自己的道德素质,使自己达到职业道德的要求。另一方面,一些律师受消极因素影响而形成的低劣道德品质与律师职业道德所要求的道德品质之间的差距。如受资产阶级腐朽思想侵蚀而形成的拜金主义、个人主义与律师职业道德所要求的忠于职守、克己奉公、为民服务是格格不入的。在这种情况下,恶劣卑下的道德责任感和职业良心便会产生激烈的冲突。这就要求律师严格剖析自己,严格要求自己。只有这样,才能彻底克服不良的道德观念和品质,同时也才能不断提高自己的道德履行能力。为此，律师要加强学习，做到文明、理智、礼貌；要反思内省，进行自我批评、自我检查、自我剖析，挖出内心深处的不良思想并加以克服；要勇于接受别人的批评，虚心听取他人的正确意见，用高标准、严要求约束自己。

（二）律师职业道德评价

律师职业道德评价，是指委托人、司法机关、新闻媒体、社会其他成员以及律师自身，根据律师职业道德的要求，通过舆论或个人心理活动等方式，对律师在职业活动中的行为进行评判，并表明褒贬态度。它是律师道德活动现象的组成部分，对于律师个人道德品质的形成和律师职业道德风尚的改善，对于维护律师职业道德的应有功能，乃至对于律师职业道德从实然到应然的转化，都具有重要作用。律师职业道德评价包括自我评价、同行评价和社会评价。

自我评价，是律师对自己职业行为所作的一种评判。在自我评价中，评价的主体同时又是被评价的客体，因此，它的成效如何与每个律师的道德素质相关。自我评价的目的，主要是使每个律师正确了解和认识自己的道德品质及行为，从而不断提高自己的道德品质。但是，人们在进行自我评价时，往往很难避免感情、个人利益等因素的影响，做到客观公正。为此，律师应有自知之明，站在他人或社会利益的立场上，对自己的职业行为进行客观分析；律师应对照职业道德原则和规范，进行自我反省，对自己的职业行为作出合理公正的评价。

同行评价，是律师一方面要接受同行的评价，另一方面也可以去评价同行。由于评价的双方经历过共同的职业训练和职业道德教育，遵循共同的职业道德原则和规范，对职业活动存在广泛的共识，他们最清楚哪些行为是符合职业道德的，哪些是不符合职业道德的，因此，他们彼此作出的评价，一般是比较符合实际情况的和比较有说服力的，容易被对方接受。在律师之间开展职业道德评价，往往能促使广大律师共同提高职业道德素质。

社会评价，是当事人、司法机关、新闻媒体及社会其他成员对律师的评价。其中，有的与律师有直接的接触，亲身感受到律师的服务态度、道德作风和办案质量，有的则是通过间接的了解，对律师的行为作出评价。当事人监督及新闻媒体监督是律师职业道德真正落到实处的重要保证。同时，增强律师工作的透明度，将律师工作置于人民群众的监督之下，也有利于提高律师遵守职业道德的自觉性。

第二节 律师执业纪律

一、律师执业纪律的概念

律师执业纪律,是指从事律师职业的人在执业活动中必须遵守的行为准则。律师执业纪律是律师职业道德的具体化,即律师职业道德被系统总结成若干条"戒律"后所形成的具体行为准则,律师在执业活动中违背了它,就会受到相应的制裁。2004年颁布的《律师执业行为规范》对此曾有规定,但2018年修改的《律师执业行为规范(试行)》已经删除该条。

律师职业道德和执业纪律是一个问题的两个方面,两者相辅相成,缺一不可。规定律师执业纪律,有利于加强律师的职业道德建设,全面形成律师的内部自律机制,促使律师诚实、严格地履行职责,维护律师业的社会声誉和信用,保障律师业的健康发展。

二、律师执业纪律的内容

根据2018年新修改的《律师执业行为规范(试行)》与最高人民法院、司法部于2004年联合发布的《关于规范法官和律师相互关系维护司法公正的若干规定》,律师执业纪律的内容可以分为以下五个方面。

(一)律师在执业机构中应当遵守的执业纪律

1. 律师在执业期间不得以非律师身份从事法律服务。律师只能在一个律师事务所执业。律师不得在受到停止执业处罚期间继续执业,或者在律师事务所被停业整顿期间、注销后继续以原所名义执业。

2. 律师变更执业机构的,应当按规定办理转所手续。转所后的律师,不得损害原所属律师事务所的利益,应当信守对其作出的保守商业秘密的承诺;不得为原所属律师事务所正在提供法律服务的委托人提供法律服务。

3. 律师不得私自接受委托承办法律事务,不得私自向委托人收取费用、额外报酬、财物或可能产生的其他利益。

4. 律师在承办受托事务时,对出现的不可克服的困难和风险应当及时向律师事务所报告。

5. 律师与委托人发生纠纷的,律师应当接受律师事务所的解决方案。

6. 律师不得违反律师事务所收费制度和财务纪律,挪用、私分、侵占业务收费。

7. 律师因执业过错给律师事务所造成损失的，应当承担相应责任。

8. 律师的执业活动必须接受律师事务所的管理、监督。

（二）律师在与委托人、对方当事人的关系方面应当遵守的执业纪律

1. 律师应当与委托人就委托事项范围、内容、权限、费用、期限等进行协商，经协商达成一致后，由律师事务所与委托人签署委托协议。

2. 律师应当充分运用专业知识，依照法律和委托协议完成委托事项，维护委托人或者当事人的合法权益。

3. 律师与所任职律师事务所有权根据法律规定、公平正义及律师执业道德标准，选择实现委托人或者当事人目的的方案。

4. 律师应当严格按照法律规定的期间、时效以及与委托人约定的时间办理委托事项。对委托人了解委托事项办理情况的要求，应当及时给予答复。

5. 律师应当建立律师业务档案，保存完整的工作记录。

6. 律师应谨慎保管委托人或当事人提供的证据原件、原物、音像资料底版以及其他材料。

7. 律师接受委托后，应当在委托人委托的权限内开展执业活动，不得超越委托权限。

8. 律师接受委托后，无正当理由不得拒绝辩护或者代理或以其他方式终止委托。委托事项违法、委托人利用律师提供的服务从事违法活动或者委托人故意隐瞒与案件有关的重要事实的，律师有权告知委托人并要求其整改，有权拒绝辩护或者代理、或以其他方式终止委托，并有权就已经履行事务取得律师费。

9. 律师在承办受托业务时，对已经出现的和可能出现的不可克服的困难、风险，应当及时通知委托人，并向律师事务所报告。

10. 律师根据委托人提供的事实和证据，依据法律规定进行分析，向委托人提出分析性意见。

11. 律师的辩护、代理意见未被采纳，不属于虚假承诺。

12. 律师和律师事务所不得利用提供法律服务的便利，牟取当事人争议的权益。

13. 律师和律师事务所不得违法与委托人就争议的权益产生经济上的联系，不得与委托人约定将争议标的物出售给自己；不得委托他人为自己或为自己的近亲属收购、租赁委托人与他人发生争议的标的物。

14. 律师事务所可以依法与当事人或委托人签订以回收款项或标的物为前提按照一定比例收取货币或实物作为律师费用的协议。

15. 律师事务所应当建立利益冲突审查制度。律师事务所在接受委托之前，应

当进行利益冲突审查并作出是否接受委托决定。

16. 办理委托事务的律师与委托人之间存在利害关系或利益冲突的,不得承办该业务并应当主动提出回避。

17. 有下列情形之一的,律师及律师事务所不得与当事人建立或维持委托关系:(1)律师在同一案件中为双方当事人担任代理人,或代理与本人或者其近亲属有利益冲突的法律事务的;(2)律师办理诉讼或者非诉讼业务,其近亲属是对方当事人的法定代表人或者代理人的;(3)曾经亲自处理或者审理过某一事项或者案件的行政机关工作人员、审判人员、检察人员、仲裁员,成为律师后又办理该事项或者案件的;(4)同一律师事务所的不同律师同时担任同一刑事案件的被害人的代理人和犯罪嫌疑人、被告人的辩护人,但在该县区域内只有一家律师事务所且事先征得当事人同意的除外;(5)在民事诉讼、行政诉讼、仲裁案件中,同一律师事务所的不同律师同时担任争议双方当事人的代理人,或者本所或其工作人员为一方当事人,本所其他律师担任对方当事人的代理人的;(6)在非诉讼业务中,除各方当事人共同委托外,同一律师事务所的律师同时担任彼此有利害关系的各方当事人的代理人的;(7)在委托关系终止后,同一律师事务所或同一律师在同一案件后续审理或者处理中又接受对方当事人委托的;(8)其他情形相似,且依据律师执业经验和行业常识能够判断为应当主动回避且不得办理的利益冲突情形。

18. 有下列情形之一的,律师应当告知委托人并主动提出回避,但委托人同意其代理或者继续承办的除外:(1)接受民事诉讼、仲裁案件一方当事人的委托,而同所的其他律师是该案件中对方当事人的近亲属的;(2)担任刑事案件犯罪嫌疑人、被告人的辩护人,而同所的其他律师是该案件被害人的近亲属的;(3)同一律师事务所接受正在代理的诉讼案件或者非诉讼业务当事人的对方当事人所委托的其他法律业务的;(4)律师事务所与委托人存在法律服务关系,在某一诉讼或仲裁案件中该委托人未要求该律师事务所律师担任其代理人,而该律师事务所律师担任该委托人对方当事人的代理人的;(5)在委托关系终止后一年内,律师又就同一法律事务接受与原委托人有利害关系的对方当事人的委托的;(6)其他情况相似,且依据律师执业经验和行业常识能够判断的其他情形。律师和律师事务所发现存在上述情形的,应当告知委托人利益冲突的事实和可能产生的后果,由委托人决定是否建立或维持委托关系。委托人决定建立或维持委托关系的,应当签署知情同意书,表明当事人已经知悉存在利益冲突的基本事实和可能产生的法律后果,以及当事人明确同意与律师事务所及律师建立或维持委托关系。

19. 委托人知情并签署知情同意书以示豁免的,承办律师在办理案件的过程中应对各自委托人的案件信息予以保密,不得将与案件有关的信息披露给相对人的承办律师。

20. 律师事务所可以与委托人签订书面保管协议,妥善保管委托人财产,严格履行保管协议。

21. 律师事务所受委托保管委托人财产时,应当将委托人财产与律师事务所的财产、律师个人财产严格分离。

22. 未经委托人同意,律师事务所不得将委托人委托的法律事务转委托其他律师事务所办理。但在紧急情况下,为维护委托人的利益可以转委托,但应当及时告知委托人。

23. 受委托律师遇有突患疾病、工作调动等紧急情况不能履行委托协议时,应当及时报告律师事务所,由律师事务所另行指定其他律师继续承办,并及时告知委托人。

24. 非经委托人的同意,不能因转委托而增加委托人的费用支出。

25. 有下列情形之一的,律师事务所应当终止委托关系:(1)委托人提出终止委托协议的;(2)律师受到吊销执业证书或者停止执业处罚的,经过协商,委托人不同意更换律师的;(3)当发现有《律师执业行为规范(试行)》第 51 条规定的利益冲突情形的;(4)受委托律师因健康状况不适合继续履行委托协议的,经过协商,委托人不同意更换律师的;(5)继续履行委托协议违反法律、法规、规章或者《律师执业行为规范(试行)》的。

26. 有下列情形之一,经提示委托人不纠正的,律师事务所可以解除委托协议:(1)委托人利用律师提供的法律服务从事违法犯罪活动的;(2)委托人要求律师完成无法实现或者不合理的目标的;(3)委托人没有履行委托合同义务的;(4)在事先无法预见的前提下,律师向委托人提供法律服务将会给律师带来不合理的费用负担,或给律师造成难以承受的、不合理的困难的;(5)其他合法的理由的。

27. 律师事务所依照《律师执业行为规范(试行)》第 59 条、第 60 条的规定终止代理或者解除委托的,委托人与律师事务所协商解除协议的,委托人单方终止委托代理协议的,律师事务所有权收取已提供服务部分的费用。

28. 律师事务所与委托人解除委托关系后,应当退还当事人提供的资料原件、物证原物、视听资料底版等证据,并可以保留复印件存档。

(三)律师在同行之间的关系方面应当遵守的执业纪律

1. 律师与其他律师之间应当相互帮助、相互尊重。

2. 在庭审或者谈判过程中各方律师应当互相尊重,不得使用挖苦、讽刺或者侮辱性的语言。

3. 律师或律师事务所不得在公众场合及媒体上发表恶意贬低、诋毁、损害同行声誉的言论。

4. 律师变更执业机构时应当维护委托人及原律师事务所的利益;律师事务所在接受转入律师时,不得损害原律师事务所的利益。

5. 律师与委托人发生纠纷的,律师事务所的解决方案应当充分尊重律师本人的意见,律师应当服从律师事务所解决纠纷的决议。

6. 律师和律师事务所不得采用不正当手段进行业务竞争,损害其他律师及律师事务所的声誉或者其他合法权益。

7. 有下列情形之一的,属于律师执业不正当竞争行为:(1)诋毁、诽谤其他律师或者律师事务所信誉、声誉;(2)无正当理由,以低于同地区同行业收费标准为条件争揽业务,或者采用承诺给予客户、中介人、推荐人回扣、馈赠金钱、财物或者其他利益等方式争揽业务;(3)故意在委托人与其代理律师之间制造纠纷;(4)向委托人明示或者暗示自己或者其属的律师事务所与司法机关、政府机关、社会团体及其工作人员具有特殊关系;(5)就法律服务结果或者诉讼结果作出虚假承诺;(6)明示或者暗示可以帮助委托人达到不正当目的,或者以不正当的方式、手段达到委托人的目的。

8. 律师和律师事务所在与行政机关、行业管理部门以及企业的接触中,不得采用下列不正当手段与同行进行业务竞争:(1)通过与某机关、某部门、某行业对某一类的法律服务事务进行垄断的方式争揽业务;(2)限定委托人接受其指定的律师或者律师事务所提供法律服务,限制其他律师或律师事务所正当的业务竞争。

9. 律师和律师事务所在与司法机关及司法人员接触中,不得采用利用律师兼有的其他身份影响所承办业务正常处理和审理的手段进行业务竞争。

10. 依照有关规定取得从事特定范围法律服务的律师或律师事务所不得采取下列不正当竞争的行为:(1)限制委托人接受经过法定机构认可的其他律师或律师事务所提供法律服务;(2)强制委托人接受其提供的或者由其指定的律师提供的法律服务;(3)对抵制上述行为的委托人拒绝、中断、拖延、削减必要的法律服务或者滥收费用。

11. 律师或律师事务所相互之间不得采用下列手段排挤竞争对手的公平竞争:(1)串通抬高或者压低收费;(2)为争揽业务,不正当获取其他律师和律师事务所收费报价或者其他提供法律服务的条件;(3)泄露收费报价或者其他提供法律服务的条件等暂未公开的信息,损害相关律师事务所的合法权益。

12. 律师和律师事务所不得擅自或者非法使用社会专有名称或者知名度较高的名称以及代表其名称的标志、图形文字、代号以混淆误导委托人。社会特有名称和知名度较高的名称是指:(1)有关政党、司法机关、行政机关、行业协会名称;

(2)具有较高社会知名度的高等法学院校或者科研机构的名称;(3)为社会公众共知、具有较高知名度的非律师公众人物名称;(4)知名律师以及律师事务所名称。

13. 律师和律师事务所不得伪造或者冒用法律服务荣誉称号。使用已获得的律师或者律师事务所法律服务荣誉称号的,应当注明获得时间和期限。律师和律师事务所不得变造已获得的荣誉称号用于广告宣传。律师事务所已撤销的,其原取得的荣誉称号不得继续使用。

(四)律师在执业活动(特别是参加诉讼与仲裁)中应当遵守的执业纪律

1. 律师应当依法调查取证。

2. 律师不得向司法机关或者仲裁机构提交明知是虚假的证据。

3. 律师作为证人出庭作证的,不得再接受委托担任该案的辩护人或者代理人出庭。

4. 律师应当遵守法庭、仲裁庭纪律,遵守出庭时间、举证时限、提交法律文书期限及其他程序性规定。

5. 在开庭审理过程中,律师应当尊重法庭、仲裁庭。

6. 律师在执业过程中,因对事实真假、证据真伪及法律适用是否正确而与诉讼相对方意见不一致的,或者为了向案件承办人提交新证据的,与案件承办人接触和交换意见应当在司法机关内指定场所进行。

7. 律师在办案过程中,不得与所承办案件有关的司法、仲裁人员私下接触。

8. 律师不得贿赂司法机关和仲裁机构人员,不得以许诺回报或者提供其他利益(包括物质利益和非物质形态的利益)等方式,与承办案件的司法、仲裁人员进行交易。律师不得介绍贿赂或者指使、诱导当事人行贿。

9. 律师不得以各种非法手段打听案情,不得违法误导当事人的诉讼行为。

10. 律师在代理案件之前及其代理过程中,不得向当事人宣称自己与受理案件法院的法官具有亲朋、同学、师生、曾经同事等关系,并不得利用这种关系或者以法律禁止的其他形式干涉或者影响案件的审判。

11. 律师担任辩护人、代理人参加法庭、仲裁庭审理,应当按照规定穿着律师出庭服装,佩戴律师出庭徽章,注重律师职业形象。

12. 律师在法庭或仲裁庭发言时应当举止庄重、大方,用词文明、得体。

(五)律师在与律师行政管理或行业管理机构的关系方面应当遵守的执业纪律

1. 律师执业必须持有司法行政机关颁发的有效的律师执业证。律师执业证是律师执业的唯一凭证。

2. 律师和律师事务所应当遵守律师协会制定的律师行业规范和规则。律师和律师事务所享有律师协会章程规定的权利,承担律师协会章程规定的义务。

3. 律师应当参加、完成律师协会组织的律师业务学习及考核。

4. 律师参加国际性律师组织并成为其会员的,以及以中国律师身份参加境外会议等活动的,应当报律师协会备案。

5. 律师和律师事务所因执业行为成为刑、民事被告,或者受到行政机关调查、处罚的,应当向律师协会书面报告。

6. 律师应当积极参加律师协会组织的律师业务研究活动,完成律师协会布置的业务研究任务,参加律师协会组织的公益活动。

7. 律师应当妥善处理律师执业中发生的纠纷,履行经律师协会调解达成的调解协议。

8. 律师应当执行律师协会就律师执业纠纷作出的处理决定。律师应当履行律师协会依照法律、法规、规章及律师协会章程、规则作出的处分决定。

9. 律师应当按时缴纳会费。

第八章　律师法律责任

第一节　律师法律责任概述

一、律师法律责任的概念和分类

律师法律责任，是指律师和律师事务所在执业过程中因违反法定义务所应承担的法律责任。《律师法》第六章以专章的形式对律师法律责任作出规定。

律师法律责任，按责任主体的不同，可以分为律师的法律责任和律师事务所的法律责任；按责任性质的不同，可以分为律师的行政法律责任、律师的民事法律责任和律师的刑事法律责任。

二、规定律师法律责任的意义

我国自1979年恢复律师制度以来，律师事业迅猛发展，律师队伍日益扩大，律师业务不断拓展，律师从更深层次、更广领域为社会提供法律服务。实践证明，律师在加强社会主义民主与法治，维护公民、法人和其他组织的合法权益，促进改革开放和社会主义市场经济的发展等方面，发挥着越来越重要的作用。律师在公众心目中树立了良好的社会形象，建立了良好的社会声誉，被人民群众誉为“法律的忠诚卫士”，但我们也应看到，律师队伍中有的人员素质还不高，职业道德和执业纪律观念不强，受社会上拜金主义及各种不良风气的影响，律师中也存在某些违反职业道德、败坏律师声誉的违法乱纪问题，有的甚至非常严重。例如，有的律师违反规定私自收案收费；有的律师见利忘义，唆使、怂恿当事人钻国家法律的空子，从事不法活动；有的律师在进行刑事辩护工作中，替在押犯罪嫌疑人、被告人通风报信，妨碍诉讼的顺利进行，等等。尽管这些现象只发生在少数人身上，但损害律师的整体形象，妨碍律师事业的健康发展。针对此种情况，一方面要加强对律师的职业道德和执业纪律教育，培养律师公正廉洁、勤奋敬业的良好职业操守；另一方面要规定律师法律责任，对律师违法行为进行惩罚。为此，我国《律师法》第六章专门规定了律师的法律责任；司法部于2004年、2010年分别颁布的《律师和律师事务所违法行为处罚办法》对律师的行政法律责任作了系统规定;第八届全国人民代表大会第5次会议于1997年修订的《刑法》还对律师的刑事法律责任作了专门规定。

对有违法行为的律师和律师事务所进行处罚,是加强律师职业道德和执业纪律的重要保障,有利于纯洁律师队伍,提高律师素质,增强律师的自律性,维护律师的形象,提高律师的声誉,从而保证律师依法执行职务,认真履行职责,实现职业使命。

第二节 律师行政法律责任

一、律师行政法律责任的概念和种类

律师行政法律责任,是指律师或律师事务所对其违反有关律师管理的法律、法规和规章的行为所应承担的法律后果。

根据《律师法》第47、48、49条的规定,律师有违法执业行为的,视情形分别或同时给予下列处罚:(1)警告;(2)罚款;(3)没收违法所得;(4)停止执业;(5)吊销律师执业证书。

根据《律师法》第50条的规定,律师事务所有违法执业行为的,给予下列处罚:(1)警告;(2)罚款;(3)没收违法所得;(4)停业整顿;(5)吊销律师事务所执业证书。

二、律师承担行政法律责任的条件

《律师法》对律师、律师事务所违反律师法律、法规、规章的行为及其处罚作了明确的规定。具体如下:

1.《律师法》第47条规定,律师有下列行为之一的,由设区的市级或者直辖市的区人民政府司法行政部门给予警告,可以处5000元以下的罚款;有违法所得的,没收违法所得;情节严重的,给予停止执业3个月以下的处罚:(1)同时在两个以上律师事务所执业的;(2)以不正当手段承揽业务的;(3)在同一案件中为双方当事人担任代理人,或者代理与本人及其近亲属有利益冲突的法律事务的;(4)从人民法院、人民检察院离任后2年内担任诉讼代理人或者辩护人的;(5)拒绝履行法律援助义务的。

2.《律师法》第48条规定,律师有下列行为之一的,由设区的市级或者直辖市

的区人民政府司法行政部门给予警告，可以处1万元以下的罚款；有违法所得的，没收违法所得；情节严重的，给予停止执业3个月以上6个月以下的处罚：(1)私自接受委托、收取费用，接受委托人财物或者其他利益的；(2)接受委托后，无正当理由，拒绝辩护或者代理，不按时出庭参加诉讼或者仲裁的；(3)利用提供法律服务的便利牟取当事人争议的权益的；(4)泄露商业秘密或者个人隐私的。

3.《律师法》第49条第1款规定，律师有下列行为之一的，由设区的市级或者直辖市的区人民政府司法行政部门给予停止执业6个月以上1年以下的处罚，可以处5万元以下的罚款；有违法所得的，没收违法所得；情节严重的，由省、自治区、直辖市人民政府司法行政部门吊销其律师执业证书；构成犯罪的，依法追究刑事责任：(1)违反规定会见法官、检察官、仲裁员以及其他有关工作人员，或者以其他不正当方式影响依法办理案件的；(2)向法官、检察官、仲裁员以及其他有关工作人员行贿，介绍贿赂或者指使、诱导当事人行贿的；(3)向司法行政部门提供虚假材料或者有其他弄虚作假行为的；(4)故意提供虚假证据或者威胁、利诱他人提供虚假证据，妨碍对方当事人合法取得证据的；(5)接受对方当事人财物或者其他利益，与对方当事人或者第三人恶意串通，侵害委托人权益的；(6)扰乱法庭、仲裁庭秩序，干扰诉讼、仲裁活动的正常进行的；(7)煽动、教唆当事人采取扰乱公共秩序、危害公共安全等非法手段解决争议的；(8)发表危害国家安全、恶意诽谤他人、严重扰乱法庭秩序的言论的；(9)泄露国家秘密的。

《律师法》第49条第2款规定，律师因故意犯罪受到刑事处罚的，由省、自治区、直辖市人民政府司法行政部门吊销其律师执业证书。

4.《律师法》第50条第1款规定，律师事务所有下列行为之一的，由设区的市级或者直辖市的区人民政府司法行政部门视其情节给予警告、停业整顿1个月以上6个月以下的处罚，可以处10万元以下的罚款；有违法所得的，没收违法所得；情节特别严重的，由省、自治区、直辖市人民政府司法行政部门吊销律师事务所执业证书：(1)违反规定接受委托、收取费用的；(2)违反法定程序办理变更名称、负责人、章程、合伙协议、住所、合伙人等重大事项的；(3)从事法律服务以外的经营活动的；(4)以诋毁其他律师事务所、律师或者支付介绍费等不正当手段承揽业务的；(5)违反规定接受有利益冲突的案件的；(6)拒绝履行法律援助义务的；(7)向司法行政部门提供虚假材料或者有其他弄虚作假行为的；(8)对该所律师疏于管理，造成严重后果的。

《律师法》第50条第2款规定，律师事务所因前款违法行为受到处罚的，对其负责人视情节轻重，给予警告或者处2万元以下的罚款。

5.《律师法》第51条第1款规定，律师因违反该法规定，在受到警告处罚后1

年内又发生应当给予警告处罚情形的，由设区的市级或者直辖市的区人民政府司法行政部门给予停止执业3个月以上1年以下的处罚；在受到停止执业处罚期满后2年内又发生应当给予停止执业处罚情形的，由省、自治区、直辖市人民政府司法行政部门吊销其律师执业证书。

《律师法》第51条第2款规定，律师事务所因违反该法规定，在受到停业整顿处罚期满后2年内又发生应当给予停业整顿处罚情形的，由省、自治区、直辖市人民政府司法行政部门吊销律师事务所执业证书。

三、对律师进行行政处罚的程序

律师、律师事务所有违法执业行为的，由司法行政机关予以处罚。为此，司法行政机关应设立投诉电话、投诉信箱，受理对律师、律师事务所的投诉；司法行政机关对律师、律师事务所进行处罚时，应当以事实为根据，以法律为准绳，遵循公正、公开的原则。

司法行政机关对律师、律师事务所进行处罚，应当按照《行政处罚法》的有关规定进行。其中，对律师给予警告处罚和对律师事务所给予责令改正处罚的，可以适用简易程序，当场作出处罚决定；除对律师、律师事务所的违法行为当场作出处罚外，司法行政机关发现律师、律师事务所有依法应当给予处罚的行为，必须全面、客观、公正地进行调查，收集证据，查明事实。调查结束，由司法行政机关负责人对调查结果进行审查，决定是否给予处罚；对情节复杂或者重大违法行为给予较重的行政处罚，司法行政机关的负责人应当集体讨论作出决定；对律师给予停止执业、吊销执业证书和对律师事务所给予停业整顿、吊销执业证书处罚，律师或律师事务所要求听证的，司法行政机关应当组织听证，听证结束，再由司法行政机关负责人个人或集体作出是否处罚的决定。

此外，值得注意的是，为了强化对律师、律师事务所执业活动的日常监督管理，《律师法》第52条明确规定，县级人民政府司法行政部门对律师和律师事务所的执业活动实施日常监督管理，对检查发现的问题，责令改正；对当事人的投诉，应当及时进行调查。县级人民政府司法行政部门认为律师和律师事务所的违法行为应当给予行政处罚的，应当向上级司法行政部门提出处罚建议。

律师、律师事务所对司法行政机关给予的行政处罚享有陈述权、申辩权；对处罚决定不服的，可以自收到决定之日起60日内向上一级司法行政机关申请复议，对复议决定不服的，可以自收到复议决定之日起15日内向人民法院提起诉讼，也可以直接向人民法院提起诉讼。受到罚款处罚，不申请行政复议或者提起行政诉讼，又不履行处罚决定的，作出处罚决定的司法行政机关可以申请人民法院强制执行。

第三节　律师民事法律责任

一、律师民事法律责任的概念和条件

律师民事法律责任，是指律师在执业过程中，因违法执业或者因过错给当事人的合法权益造成损害而应承担的民事赔偿责任。

律师为当事人提供法律服务，办理有关法律事务，除了在刑事诉讼中接受人民法院指定担任辩护人外，主要是基于当事人的委托或聘请。这种委托关系属于民法领域的代理关系。当事人授予律师一定范围的代理权限并付给律师约定的报酬，律师则有义务根据法律规定和代理权限为当事人提供优质高效的法律服务，以维护当事人的合法权益。我国《民法典》第 164 条第 1 款规定："代理人不履行或者不完全履行职责，造成被代理人损害的，应当承担民事责任。"《民法典》第 176 条规定："民事主体依照法律规定或者按照当事人约定，履行民事义务，承担民事责任。"《律师法》第 54 条规定："律师违法执业或者因过错给当事人造成损失的，由其所在的律师事务所承担赔偿责任。律师事务所赔偿后，可以向有故意或者重大过失行为的律师追偿。"确定律师民事赔偿责任，对于促进律师自觉遵守职业规范，正确处理与当事人之间的权利和义务关系，增强律师工作责任心，提高律师服务质量，维护律师社会声誉都具有重要意义。此外，建立律师民事赔偿制度，有利于加强对律师的管理和监督，减少律师工作中的失误，拓展律师业务，巩固律师制度改革的成果，进而促进律师业健康发展。

律师损害赔偿，其实质就是民事损害赔偿，因此适用民事损害赔偿的条件，具体包括：

1. 律师必须实施了侵害当事人合法权益的行为。这种侵害行为，可以是作为，例如，与对方当事人恶意串通，泄露当事人的商业秘密或个人隐私，出卖当事人利益等；也可以是不作为，也就是不履行法定义务或约定义务。

2. 律师在主观上存在过错。所谓主观上存在过错，是指律师实施损害行为是由于其主观上的故意或过失。如果律师在主观上没有过错，即使在工作中出现失误给当事人造成经济损失，根据民法原理，也不应承担赔偿责任。

3. 律师的行为给当事人造成经济损失，而且律师的行为与当事人的经济损失之间存在因果联系。这是律师承担民事赔偿责任的重要条件。如果律师违法执业或者工作中存在过错，但未给当事人造成了任何经济上的损失，那么律师只应受到行政处罚或纪律处分,而不应承担赔偿责任。

4. 律师的行为必须具有违法性。如果律师的行为系正当执业,不违反法律规定,不违反律师职业规范,也不违反委托合同,亦不超越代理权限,即使当事人受到经济损失,也不能由律师承担赔偿责任。

5. 律师的损害行为必须是发生在律师执业过程中。如果律师给当事人合法权益造成损害的行为不是发生在律师执业过程中,则不是律师的执业过错行为,而发生在律师执业以外的个人行为,由其个人承担包括赔偿损失在内的民事责任及其他责任,但不属于律师赔偿责任,也不属于《律师法》第 54 条调整的范围。

二、律师承担民事责任的范围和原则

《律师法》第 54 条规定:"律师违法执业或者因过错给当事人造成损失的,由其所在的律师事务所承担赔偿责任。律师事务所赔偿后,可以向有故意或者重大过失行为的律师追偿。"据此,律师承担民事责任的范围有两个方面的含义:一是律师事务所对所属律师在执业中损害了当事人的合法权益,所应承担的民事赔偿的限度;二是因违法执业或过错造成当事人合法权益受损害的律师,在其所在的律师事务所向当事人履行了赔偿义务之后,应该向律师事务所承担的民事赔偿的限度。根据《律师法》第 15、16、19、20 条的规定,律师事务所承担民事责任的范围分为以下三种:(1)合伙律师事务所的合伙人按照合伙形式对该律师事务所的债务依法承担责任,设立分所的,合伙律师事务所对其分所的债务承担责任;(2)个人律师事务所的设立人对律师事务所的债务承担无限责任;(3)国家出资设立的律师事务所以其全部资产对其债务承担责任。根据我国《民法典》的有关规定,确定律师民事法律责任的原则主要有以下三项:(1)律师民事法律责任主要是补偿性的,其方式以财产性经济补偿为主,非财产性的补偿措施为辅(如停止侵害、排除妨碍、赔礼道歉等);(2)由于律师承担的民事赔偿责任是补偿性的,所以一般以损失填补和恢复原状为原则,经济赔偿的数额一般只能等于而不能高于当事人所受的实际损失;(3)律师事务所承担的民事赔偿责任,除法律有明确规定的以外,一般允许当事人自由处分,也可以由双方自行协商,国家一般不作干预。

律师事务所在承担民事赔偿责任之后,认为需要向有故意或重大过失行为的律师追偿,该律师的赔偿责任一般以律师事务所向当事人承担的赔偿数额为限。

第四节　律师刑事法律责任

一、律师刑事法律责任的概念和主体

所谓刑事法律责任，是指行为人实施刑事法律禁止的行为所必须承担的法律后果。刑事责任是刑罚的前提，是法律责任中最严厉的一种。有的国家在关于律师的职业规范和执业纪律中规定了律师的刑事责任，或者在对律师违法行为的惩戒中包含有刑事处罚的内容。例如，在英国，法律规定律师如有蔑视法庭或者违抗法庭命令的行为，将受到监禁的处罚。再如，在欧洲某些国家，律师保守职务秘密是强制性的义务，如果律师故意或过失泄露职务秘密，要受到罚金甚至剥夺自由的刑事制裁。

关于律师的刑事责任，要注意律师的违法行为是否能够直接反映律师职业行为的不适当性，区分律师个人犯罪和律师职务犯罪。从个人角度来看，律师对其自身的与执业活动不相关的犯罪行为承担刑事责任，属于一般主体刑事责任，与律师执业是否适当无关。从职业角度来看，如果律师在执行职务过程中，利用职务之便实施犯罪行为，例如，向法官、检察官、仲裁员以及其他有关工作人员行贿、介绍贿赂或者指使、诱导当事人行贿；故意提供虚假证据或者威胁、利诱他人提供虚假证据等，说明律师执业不适当，构成律师的职务犯罪，则属于律师的刑事责任。根据《律师法》第49条的规定，律师具有该条列举行为之一构成犯罪的，依法追究刑事责任。该条规定的刑事责任属于律师执行职务过程中实施犯罪行为需承担的刑事责任，而非律师作为一般主体的刑事责任。

对于律师刑事责任的主体的范围，我们认为，不应仅限于执业律师，还应包括律师事务所。在我国，在实行改革开放和发展市场经济的条件下，单位犯罪已成为犯罪的一个重要特点。为适应打击严重经济犯罪的需要，随着刑事法律法规的增补和完善，国家已明确规定单位为刑事责任的主体。律师事务所是独立自主、自负盈亏、能够独立承担法律责任的法人组织。在执业活动中，以律师事务所名义或者律师事务所成员共同实施违法行为情节严重构成犯罪的，或者因严重失职给国家、社会和公众造成重大损失的，除追究直接责任者的刑事责任外，还应当追究律师事务所的刑事责任。

二、律师刑事法律责任的种类

《律师法》第49条第1款规定,律师有下列行为之一,构成犯罪的,依法追究刑事责任:(1)违反规定会见法官、检察官、仲裁员以及其他有关工作人员,或者以其他不正当方式影响依法办理案件的;(2)向法官、检察官、仲裁员以及其他有关工作人员行贿,介绍贿赂或者指使、诱导当事人行贿的;(3)向司法行政部门提供虚假材料或者有其他弄虚作假行为的;(4)故意提供虚假证据或者威胁、利诱他人提供虚假证据,妨碍对方当事人合法取得证据的;(5)接受对方当事人财物或者其他利益,与对方当事人或者第三人恶意串通,侵害委托人权益的;(6)扰乱法庭、仲裁庭秩序,干扰诉讼、仲裁活动的正常进行的;(7)煽动、教唆当事人采取扰乱公共秩序、危害公共安全等非法手段解决争议的;(8)发表危害国家安全、恶意诽谤他人、严重扰乱法庭秩序的言论的;(9)泄露国家秘密的。据此,律师在执业中可能构成的犯罪主要有以下几种:

1. 泄露国家秘密罪。我国《刑法》第398条规定:"国家机关工作人员违反保守国家秘密法的规定,故意或者过失泄露国家秘密,情节严重的,处三年以下有期徒刑或者拘役;情节特别严重的,处三年以上七年以下有期徒刑。非国家机关工作人员犯前款罪的,依照前款的规定酌情处罚。"

2. 扰乱法庭秩序罪。我国《刑法》第309条规定:"有下列扰乱法庭秩序情形之一的,处三年以下有期徒刑、拘役、管制或者罚金:(一)聚众哄闹、冲击法庭的;(二)殴打司法工作人员或者诉讼参与人的;(三)侮辱、诽谤、威胁司法工作人员或者诉讼参与人,不听法庭制止,严重扰乱法庭秩序的;(四)有毁坏法庭设施,抢夺、损毁诉讼文书、证据等扰乱法庭秩序行为,情节严重的。"

3. 行贿罪。包括两种情况:一是个人行贿罪。我国《刑法》第389条第1款规定:"为谋取不正当利益,给予国家工作人员以财物的,是行贿罪。"第390条规定:"对犯行贿罪的,处五年以下有期徒刑或者拘役,并处罚金;因行贿谋取不正当利益,情节严重的,或者使国家利益遭受重大损失的,处五年以上十年以下有期徒刑,并处罚金;情节特别严重的,或者使国家利益遭受特别重大损失的,处十年以上有期徒刑或者无期徒刑,并处罚金或者没收财产。行贿人在被追诉前主动交待行贿行为的,可以从轻或者减轻处罚。其中,犯罪较轻的,对侦破重大案件起关键作用的,或者有重大立功表现的,可以减轻或者免除处罚。"二是单位行贿罪。我国《刑法》第393条规定:"单位为谋取不正当利益而行贿,或者违反国家规定,给予国家工作人员以回扣、手续费,情节严重的,对单位判处罚金,并对其直接负责的主管人员和其他直接责任人员,处五年以下有期徒刑或者拘役,并处罚金。因行贿取得的违法所得归个人所有的,依照本法第三百八十九条、第三百九十条的规定定罪处罚。"

4. 介绍贿赂罪。我国《刑法》第 392 条规定："向国家工作人员介绍贿赂，情节严重的，处三年以下有期徒刑或者拘役，并处罚金。介绍贿赂人在被追诉前主动交待介绍贿赂行为的，可以减轻处罚或者免除处罚。"

5. 辩护人、诉讼代理人毁灭证据、伪造证据、妨害作证罪。我国《刑法》第 306 条规定："在刑事诉讼中，辩护人、诉讼代理人毁灭、伪造证据，帮助当事人毁灭、伪造证据，威胁、引诱证人违背事实改变证言或者作伪证的，处三年以下有期徒刑或者拘役；情节严重的，处三年以上七年以下有期徒刑。辩护人、诉讼代理人提供、出示、引用的证人证言或者其他证据失实，不是有意伪造的，不属于伪造证据。"

6. 提供虚假证明文件罪。包括两种情况：一是个人故意或过失提供虚假证明文件罪。我国《刑法》第 229 条第 1 款中规定，"承担资产评估、验资、验证、会计、审计、法律服务、保荐、安全评价、环境影响评价、环境监测等职责的中介组织的人员故意提供虚假证明文件，情节严重的，处五年以下有期徒刑或者拘役，并处罚金"。第 229 条第 2 款规定："有前款行为，同时索取他人财物或者非法收受他人财物构成犯罪的，依照处罚较重的规定定罪处罚。"第 229 条第 3 款规定："第一款规定的人员，严重不负责任，出具的证明文件有重大失实，造成严重后果的，处三年以下有期徒刑或者拘役，并处或者单处罚金。"二是单位故意或过失提供虚假证明文件罪。依照我国《刑法》第 231 条的规定可知，单位犯提供虚假证明文件罪的，对单位判处罚金，并对其直接负责的主管人员和其他直接责任人员，依照第 229 条的规定处罚。

三、辩护人违反《刑事诉讼法》第 44 条规定的法律责任问题

《刑事诉讼法》第 44 条第 1 款规定："辩护人或者其他任何人，不得帮助犯罪嫌疑人、被告人隐匿、毁灭、伪造证据或者串供，不得威胁、引诱证人作伪证以及进行其他干扰司法机关诉讼活动的行为。"第 2 款规定："违反前款规定的，应当依法追究法律责任，辩护人涉嫌犯罪的，应当由办理辩护人所承办案件的侦查机关以外的侦查机关办理。辩护人是律师的，应当及时通知其所在的律师事务所或者所属的律师协会。"对于该条规定，可以从以下几方面理解：

（一）干扰司法机关诉讼活动的行为的界定

根据该条规定，干扰司法机关诉讼活动的行为具体包括以下三类：(1) 帮助犯罪嫌疑人、被告人隐匿、毁灭、伪造证据或者串供；(2) 威胁、引诱证人作伪证；(3) 其他干扰司法机关诉讼活动的行为。

（二）干扰司法机关诉讼活动的行为的法律责任

对于辩护人或者其他任何人违反《刑事诉讼法》第 44 条第 1 款规定的行为，

均应追究法律责任。具体包括两方面的内容:第一,对于构成犯罪的,依法追究刑事责任;第二,对于尚不够刑事处罚的,应依有关法律规定追究行政责任,如依照《律师法》的有关规定取消律师执业资格,依照《治安管理处罚法》的有关规定给予治安管理处罚等。

(三)追究辩护人伪证罪的特别程序

具体如下:(1)关于案件管辖,规定辩护人涉嫌犯罪的,应当由办理辩护人所承办案件的侦查机关以外的侦查机关办理。这样的规定,有利于防止侦查机关滥用追究辩护人伪证罪的权力,随意对辩护人立案侦查和采取强制措施,有利于辩护人解除顾虑,依法履行辩护职责,维护犯罪嫌疑人、被告人的合法权益。(2)关于追诉通知,规定追究辩护律师刑事责任的,应当及时通知其所在的律师事务所或者所属的律师协会。这样的规定,有利于有关律师事务所或者律师协会了解涉案律师的情况,依法维护其合法权益。

第九章　律师业务与律师收费

第一节　律 师 业 务

一、律师业务的概念和特点

律师业务，简言之，就是指律师所能从事的活动范围。从理论上讲，律师既然是为当事人提供法律服务的执业人员，那么其活动范围是不应有限制的，只要公民、法人或其他组织需要法律帮助，律师就可以为其提供。但任何一国的法律不会也不可能对此不作任何限制，这涉及一国的政治、经济、文化和历史传统等问题。

根据《律师法》第28条的规定，律师业务是指执业律师提供法律服务的范围。它具有以下几个显著的特点：

1. 从事律师业务的主体是依法取得律师执业证书的律师。《律师法》第13条规定："没有取得律师执业证书的人员，不得以律师名义从事法律服务业务；除法律另有规定外，不得从事诉讼代理或者辩护业务。"同时，《律师法》第55条规定："没有取得律师执业证书的人员以律师名义从事法律服务业务的，由所在地的县级以上地方人民政府司法行政部门责令停止非法执业，没收违法所得，处违法所得一倍以上五倍以下的罚款。"

2. 律师承办业务，由律师事务所统一接受委托，与委托人签订书面委托合同，按照国家规定统一收取费用并如实入账。这是《律师法》第25条明确规定的，也是监督律师承办业务，制止律师乱收案和乱收费，保证律师依法执业的重要措施。因此，律师承办的所有业务，无论是诉讼业务还是非诉讼业务，都必须由律师事务所统一接受委托。律师个人私自收案、私自受聘担任法律顾问等，都是违反法律规定的。律师事务所是受委托从事法律服务的主体，律师则是受律师事务所的指派承办业务。

3. 律师承办业务的依据是委托人与律师事务所签订的书面委托合同。该委托合同是律师事务所与当事人之间委托与被委托关系成立的依据，也是律师承办业务的基础性文件。委托合同必须在双方自愿协商的基础上订立，并对双方之间的权利义务作出具体约定。

4. 律师所能从事的业务活动必须符合法定的业务范围。《律师法》第 28 条对律师的业务范围作了列举式的规定。律师必须在法定范围内为当事人提供法律服务,而不得从事法律服务以外的经营活动,更不得进行非法的活动。

5. 律师业务的范围广泛,几乎涵盖了目前所有的法律领域,既包括参加刑事诉讼、民事诉讼、行政诉讼活动,也包括从事法律顾问、法律咨询、代书等非诉讼活动,其内容涉及政治、经济、文化、教育、科技、环境保护、医疗卫生等各个方面。

6. 律师业务的服务对象广泛。律师既可以为公民提供法律服务,也可以为法人或其他组织提供法律服务;既可以为企业事业单位提供法律服务,也可以为国家机关提供法律服务;既可以为中国公民、法人提供法律服务,也可以为外国公民、法人提供法律服务。

7. 律师从事业务活动,既要遵守宪法和法律,也要恪守律师职业道德和执业纪律。律师违法执业的,应承担法律责任;律师违反执业纪律的,应受纪律处分。

8. 律师所进行的业务活动受法律保护。《律师法》第 3 条第 4 款规定:"律师依法执业受法律保护,任何组织和个人不得侵害律师的合法权益。"第 37 条第 1、2 款规定:"律师在执业活动中的人身权利不受侵犯。律师在法庭上发表的代理、辩护意见不受法律追究。但是,发表危害国家安全、恶意诽谤他人、严重扰乱法庭秩序的言论除外。"因此,律师在执业过程中合法正当的业务活动受到法律的严格保护,任何组织和个人不得侵害。

二、律师业务的范围

我国《律师法》第 28 条规定,律师可以从事下列业务:(1)接受自然人、法人或者其他组织的委托,担任法律顾问;(2)接受民事案件、行政案件当事人的委托,担任代理人,参加诉讼;(3)接受刑事案件犯罪嫌疑人、被告人的委托或者依法接受法律援助机构的指派,担任辩护人,接受自诉案件自诉人、公诉案件被害人或者其近亲属的委托,担任代理人,参加诉讼;(4)接受委托,代理各类诉讼案件的申诉;(5)接受委托,参加调解、仲裁活动;(6)接受委托,提供非诉讼法律服务;(7)解答有关法律的询问、代写诉讼文书和有关法律事务的其他文书。

律师的上述业务范围,根据实践中的做法,具体可以归纳为:担任法律顾问、民事诉讼代理、行政诉讼代理、刑事辩护、刑事诉讼代理、申诉代理、仲裁代理、非诉讼法律事务、法律咨询、代书共 10 项。

三、律师业务的分类

根据不同的标准,我们可以将律师业务分为以下几类:

1. 根据律师业务是否与诉讼活动有关,可以将其分为诉讼业务和非诉讼业务。所谓诉讼业务,是指律师在诉讼程序中所进行的业务活动,即律师以辩护人或诉讼代理人的身份进行诉讼活动;具体又分为刑事辩护和诉讼代理两个方面;其中诉讼代理包括民事诉讼代理、行政诉讼代理、刑事诉讼代理三种。所谓非诉讼业务,是指律师在诉讼程序以外进行的业务活动,具体包括担任法律顾问、申诉代理、仲裁代理、非诉讼法律事务、法律咨询、代书等律师业务。

2. 根据律师业务是否具有涉外因素,可以将其分为律师的国内业务和律师的涉外业务。所谓律师的国内业务,是指不具有涉外因素的律师业务,如律师担任国内企业事业单位的法律顾问,为我国公民、法人提供法律咨询与代书,为作为犯罪嫌疑人、被告人的我国公民进行刑事辩护,为我国公民、法人进行诉讼代理(对方当事人亦为我国公民、法人),等等;所谓律师的涉外业务,是指具有涉外因素的律师业务,包括律师为外国公民、法人担任法律顾问,为外国公民、法人提供法律咨询和代书,为外国当事人进行刑事辩护、代理诉讼或仲裁,等等。

3. 根据律师业务发生的根据不同,可以将其分为有关机构指派的律师业务和当事人委托的业务。前者是指法律援助机构指派律师为犯罪嫌疑人、被告人提供辩护和指派律师为其他当事人提供法律援助;后者是指律师接受当事人的委托而进行的业务活动。律师的绝大部分业务来自当事人的委托。

4. 根据律师开展业务活动是否必须取得其他资格的不同,可以将其分为有资格限定的律师业务和无资格限定的律师业务。前者是指律师除取得律师执业证书以外,还必须取得相应的资格才能进行的业务活动,如律师从事专利代理事务,必须取得国家知识产权局授予的专利代理资格。后者是指律师取得律师执业证书即可从事的业务活动。律师的大部分业务都属于后一种情况。

5. 根据律师业务是否涉及财产关系,可将其分为财产权益方面的律师业务和非财产权益方面的律师业务。前者如律师代理民事财产纠纷案件的诉讼、审查合同、代办财产继承事务等;后者如代办收养、代理劳动争议仲裁、代理申诉等。

第二节　律师收费

一、律师收费的依据

律师事务所是市场经济的中介组织,律师向委托人提供法律服务,自然应向委托人收取一定的费用。同时,律师收费还应随着经济和社会的发展不断进行调整,以适应律师业自身发展的需要。

由于律师收费问题涉及一系列技术性规范,《律师法》对其并未作出具体调整,而仅是在《律师法》第 59 条规定:"律师收费办法,由国务院价格主管部门会同国务院司法行政部门制定。"

1956 年司法部颁布的我国第一个《律师收费暂行办法》,确立了我国律师收费实行按劳取酬的原则,并根据当时人民的生活水平,视案件简易复杂程度,规定了收费标准;律师费由法律顾问处统一收取,并发给当事人收据;同时还规定了免收律师费的情形。

1979 年我国律师制度恢复之初,律师的收费参照 1956 年颁布的《律师收费暂行办法》执行,并根据各地区的具体情况作了适当的调整。

1981 年,司法部、财政部发布《律师收费试行办法》及律师收费标准,除基本沿用原收费办法外,还增加规定律师办理涉外业务可与委托人协商收费;对诉讼标的较大而案情又较复杂的民事案件,允许在规定的收费标准之外同委托人另行商定收费数额。此外还规定了律师减免收费的情形。

1990 年,司法部、财政部、国家物价局联合发布《律师业务收费管理办法》及《律师业务收费标准》,明确规定:律师业务收费由律师事务所统一收取,律师不得私自收费;律师业务具体收费数额的确定,应考虑律师承办业务的繁简程度、需时长短、标的大小、律师专业职务等级、委托人指定等因素,在收费标准范围内确定。同时,还对律师计件收费、计时收费、固定收费、以标的按成收费、协商收费等收费方式及适用的业务范围作了具体规定。

随着我国社会主义市场经济的建立和发展,1990 年确定的律师收费方式和标准已不适应律师工作发展的需要。为了使律师服务收费符合市场经济规律,提高律师办理各类业务的积极性,促使律师素质的全面提高,1997 年国家计划委员会、司法部发布《律师服务收费管理暂行办法》,对律师收费制度进行了重大改革,对律师收费的适用对象、收费范围及方式、律师收费的构成以及律师服务费的收取与退还、减收与免收等作了明确规定。其中,关于律师收费范围及方式,该办法规定,律师事务所依法提供下列法律服务,应按规定的收费标准向委托人收取律师服务费:(1)代理民事案件;(2)代理行政案件;(3)为刑事案件犯罪嫌疑人提供法律咨询、代理申诉和控告、申请取保候审,担任被告人的辩护人或自诉人、被害人的代理人;(4)代理各类诉讼案件的申诉;(5)代理仲裁;(6)担任法律顾问;(7)提供非诉讼法律服务;(8)解答有关法律的询问、代写诉讼文书和有关法律事务的其他文书。其中,前五项法律服务的收费实行法定方式,即收费标准的制定和调整由司法部提出方案,报国务院价格部门审批;省、自治区、直辖市人民政府价格部门可根据本地区实际情况,在国务院价格部门规定的价格幅度内确定本地区实施的收费标准,并报国务院价格部门备案。后三项法律服务的收费则实行协商方式,即由律师事务所与委托人协商确定收费标准。此外,律师服务收费还可分为计件收费、按标的比例收费和计时收费三种。其中,不涉及财产关系的计件收费;涉及财产关系的按标的比例收费;三项律师服务费,也可根据需要计时收费。

2006年,国家发展和改革委员会、司法部联合颁布《律师服务收费管理办法》,对律师收费制度再次进行改革与调整,从而使律师服务收费更趋合理与完善。为推进律师事业高质量发展,更好地满足新时代人民群众法律服务需求,2021年,司法部、国家发展和改革委员会、国家市场监督管理总局联合颁布《关于进一步规范律师服务收费的意见》,对律师服务收费提出了新的要求。

二、律师收费管理的内容

根据《律师服务收费管理办法》《关于进一步规范律师服务收费的意见》的规定,律师收费管理主要包括以下内容:

(一)律师收费的原则

律师收费应遵循以下原则:第一,公开公平原则。律师为当事人提供法律服务,收取费用,应当向当事人公开收费的依据和标准,并且应当综合考虑相关因素,做到公平合理。第二,自愿有偿原则。律师为当事人提供法律服务和收取费用,均应基于当事人的自愿;同时,律师为当事人提供法律服务,有权按照《律师服务收费管理办法》向当事人收取费用。第三,诚实信用原则。律师为当事人提供法律服务,应当诚实守信,严格按照《律师服务收费管理办法》和双方签订的协议收取费用,不得欺骗当事人,也不得向当事人索取好处费或其他额外的费用。第四,统一收费原则。律师承办业务,由律师事务所统一接受委托,并且统一收费,律师不得私自向委托人收取任何费用。第五,接受监督原则。律师事务所应当公示律师服务收费管理办法和收费标准等信息,接受社会监督。

(二)律师收费的方式及标准

律师服务收费项目、收费方式、收费标准等原则上由律师事务所制定。在制定律师服务费标准时,律师事务所应当统筹考虑:(1)律师提供服务耗费的工作时间;(2)法律事务的难易程度;(3)委托人的承受能力;(4)律师可能承担的风险和责任;(5)律师的社会信誉和工作水平等。各省(区、市)律师协会指导设区的市或者直辖市的区(县)律师协会对律师事务所制定的律师服务费标准实施动态监测分析。律师事务所制定的律师服务费标准,应当每年向所在设区的市或者直辖市的区(县)律师协会备案,备案后一年内原则上不得变更。新设律师事务所在取得执业许可证书10个工作日内,应当制定律师服务费标准并向所在设区的市或者直辖市的区(县)律师协会备案。律师事务所不得超出该所在律师协会备案的律师服务费标准收费。律师事务所应当严格执行明码标价制度,将本所在律师协会备案的律师服务费标准在其执业场所显著位置进行公示,接受社会监督。

律师服务收费可以根据不同的服务内容,采取计件收费、按标的额比例收费和计时收费等方式。其中,计件收费一般适用于不涉及财产关系的法律事务;按标的额比例收费适用于涉及财产关系的法律事务;计时收费可适用于全部法律事务。

此外,办理涉及财产关系的民事案件时,律师事务所和当事人可以约定风险代理,律师事务所可以实行风险代理收费,但下列情形除外:(1)婚姻、继承案件;(2)请求给予社会保险待遇或者最低生活保障待遇的;(3)请求给付赡养费、抚养费、扶养费、抚恤金、救济金、工伤赔偿的;(4)请求支付劳动报酬的等。禁止刑事诉讼案件、行政诉讼案件、国家赔偿案件以及群体性诉讼案件实行风险代理收费。律师事务所与当事人约定风险代理收费的,可以按照固定的金额收费,也可以按照当事人最终实现的债权或者减免的债务金额(以下简称标的额)的一定比例收费。律师事务所在风险代理各个环节收取的服务费合计最高金额应当符合下列规定:(1)标的额不足人民币100万元的部分,不得超过标的额的18%;(2)标的额在人民币100万元以上不足500万元的部分,不得超过标的额的15%;(3)标的额在人民币500万元以上不足1000万元的部分,不得超过标的额的12%;(4)标的额在人民币1000万元以上不足5000万元的部分,不得超过标的额的9%;(5)标的额在人民币5000万元以上的部分,不得超过标的额的6%。

实行风险代理收费,律师事务所应当与当事人签订专门的书面风险代理合同,并在风险代理合同中以醒目方式明确告知当事人风险代理的含义、禁止适用风险代理案件范围、风险代理最高收费金额限制等事项,并就当事人委托的法律服务事项可能发生的风险、双方约定的委托事项应达成的目标、双方各自承担的风险和责任等进行提示。

(三)律师收费的确定与收取

律师事务所接受委托,应当与委托人签订律师服务收费合同或者在委托代理合同中载明收费条款。收费合同或收费条款应当包括:收费项目、收费标准、收费方式、收费数额、付款和结算方式、争议解决方式等内容。律师事务所与委托人签订合同后,不得单方变更收费项目或者提高收费数额。确需变更的,律师事务所必须事先征得委托人的书面同意。律师事务所向委托人收取律师服务费,应当向委托人出具合法票据。

律师事务所在提供法律服务过程中代委托人支付的诉讼费、仲裁费、鉴定费、公证费和查档费、保全费、翻译费等费用,不属于律师服务费,由委托人另行支付。律师事务所需要预收异地办案差旅费的,应当向委托人提供费用概算,经协商一致,由双方签字确认;确需变更费用概算的,律师事务所必须事先征得委托人的书面同意。律师事务所应当向委托人提供律师服务收费清单,包括律师服务费、代委托人支付的费用以及异地办案差旅费,其中代委托人支付的费用及异地办案差旅费应当提供有效凭证。

律师事务所异地设立的分支机构,应当执行分支机构所在地的收费规定;律师事务所异地提供法律服务,可以执行律师事务所所在地或者提供法律服务所在地的收费规定,具体办法由律师事务所与委托人协商确定。

(四)律师收费的减免

律师收费的减免是指在特殊情况下对委托人减收或免收律师服务费。律师事务所接受指派办理法律援助案件不得向受援人收取任何费用;对于经济确有困难,但不符合法律援助范围的公民,律师事务所可以酌情减收或免收律师服务费。律师事务所办理涉及农民工、残疾人等弱势群体或者与公益活动有关的法律服务事项,可以酌情减免律师服务费。各级价格主管部门应加强对律师事务所收费的监督检查。律师事务所、律师有下列价格违法行为之一的,由政府价格主管部门依照《价格法》和《价格违法行为行政处罚规定》实施行政处罚:(1)不按规定公示律师服务收费管理办法和收费标准的;(2)提前或者推迟执行政府指导价的;(3)超出政府指导价范围或幅度收费的;(4)采取分解收费项目、重复收费、扩大范围等方式变相提高收费标准的;(5)以明显低于成本的收费进行不正当竞争的;(6)其他价格违法行为。

(五)律师收费的监督检查

各级司法行政部门应加强对律师事务所、律师法律服务活动的监督检查。律师事务所、律师有下列违法行为之一的,由司法行政部门依照《律师法》以及《律师和律师事务所违法行为处罚办法》实施行政处罚:(1)违反律师事务所统一接受委托、签订书面委托合同或者收费合同规定的;(2)违反律师事务所统一收取律师服务费、代委托人支付的费用和异地办案差旅费规定的;(3)不向委托人提供预收异地办案差旅费用概算,不开具律师服务收费合法票据,不向委托人提交代交费用、异地办案差旅费的有效凭证的;(4)违反律师事务所统一保管、使用律师服务专用文书、财务票据、业务档案规定的;(5)违反律师执业纪律和职业道德的其他行为。

公民、法人和其他组织认为律师事务所或律师存在价格违法行为,可以通过函件、电话、来访等形式,向价格主管部门、司法行政部门或者律师协会举报、投诉。

第十章　律师担任法律顾问

第一节　法律顾问概述

一、法律顾问的概念

接受自然人、法人或者其他组织的委托,担任法律顾问,是《律师法》第 28 条规定的律师可以从事的第一项业务。随着改革的深化、开放的扩大和依法治国的全面推进,法律顾问在我国已为社会各界所普遍关注和重视。

法律顾问,因主体不同,其含义有广义、狭义之分。广义的法律顾问,泛指为应聘单位或个人解答法律问题,处理各项法律事务,提供法律帮助的专业人员,它既包括律师和取得法律职业资格的人员,也包括具有法律专业知识而受聘为法律顾问的人员。狭义的法律顾问,仅指律师。随着依法治国的全面推进和律师制度的不断完善,律师担任法律顾问将逐步成为常态。

法律顾问依照不同的标准,可以有多种分类:

1. 依聘方的性质不同,可以分为党政机关法律顾问、企业法律顾问、事业单位法律顾问、人民团体法律顾问、社会组织法律顾问和公民个人法律顾问。

2. 依聘任的期限不同,可以分为常年法律顾问和专项法律顾问。常年法律顾问是指律师事务所与聘方签订 1 年或 1 年以上的聘请协议,在协议期限内,受律师事务所指派的律师,以法律顾问的身份为聘方提供协议范围内的法律服务。协议期满,法律顾问关系自动终止。继续聘请的,重新签订协议。这是一种较通行的法律顾问形式。专项法律顾问以办理某一特定法律事项为目的。为此,律师事务所可以与聘方签订办理某一法律事项的聘请协议,该法律事项办结,法律顾问关系即告终止。

3. 依工作范围的不同,可以分为有特定范围的法律顾问和无特定范围的法律顾问。有特定范围的法律顾问,是指依据聘请合同或协议的约定,顾问律师只为聘请方就业务上的某项或某几项工作提供法律服务,如只草拟、审查某一种或某几种经济合同等。无特定范围的法律顾问,是指聘请合同或协议对顾问律师的服务范围不作具体规定,而要求顾问律师为聘方提供全方位的法律服务。

4. 依是否代理参加诉讼,可分为包含代理诉讼的法律顾问和不包含代理诉讼的法律顾问。包含代理诉讼的法律顾问,是指双方在聘请合同或协议中约定,顾问律师在聘方起诉、应诉时,应代理参加诉讼,不再另行签订委托代理合同,也不再另行收费。不包含代理诉讼的法律顾问,是指双方在聘请合同或协议中约定,顾问律师的服务不包含代理参加诉讼。如果聘方需要顾问律师代理参加诉讼时,则需另行签订委托代理合同,并另行收取费用。

对法律顾问进行分类,可以使聘、应双方明确法律顾问的不同形式,从而签订不同内容的聘请合同。

二、律师担任法律顾问的特征

1. 独立的法律地位。律师应聘担任法律顾问,是以自己的法律知识和技能依法独立执行职务,受国家法律保护,任何单位和个人不得非法干涉。法律顾问进行业务活动,应坚持以事实为根据、以法律为准绳的原则,依法保护聘方的合法权益,不受聘方的意志所约束。对于聘方的无理要求和违法行为,应予说服、劝阻或纠正,以维护国家利益和社会公共利益。如律师担任法律顾问不称职的,聘方有权解聘或要求更换。

2. 平等的法律关系。律师应聘担任聘方的法律顾问,从法律上讲,双方是一种法律地位平等、权利义务对等的委托服务关系,双方都享有相应的权利和义务。顾问律师不是聘方的成员,与聘方没有行政隶属关系,他受其所属的律师事务所的指派、管理和监督。因此,作为受聘方与聘方发生法律关系的不是顾问律师个人,而是顾问律师所属的律师事务所。而其他不是律师但具有法律职业资格或律师资格的人员,既可以与聘方之间形成隶属关系,也可以与聘方建立权利、义务平等的关系。

3. 广泛的服务范围。律师应聘担任聘方的法律顾问,是一种服务性的工作,其服务范围十分广泛,其职责范围是全方位的。它不仅可以为党政机关的决策、执行或监督等活动提供法律服务,还可以为企业、事业单位、人民团体、社会组织和公民个人的生产、经营、管理或其他业务活动提供法律服务。它既可以作为聘方的代理人,在授权范围内参加诉讼活动,也可以作为聘方的代理人,办理各种非诉讼法律事务。

三、律师担任法律顾问的工作范围

《律师法》第 29 条规定:"律师担任法律顾问的,应当按照约定为委托人就有关法律问题提供意见，草拟、审查法律文书，代理参加诉讼、调解或者仲裁活动，办理委托的其他法律事务，维护委托人的合法权益。”据此，律师担任法律顾问的工作范围，尽管因服务对象的不同而有所不同，但通常包括以下几项内容：(1)为聘方就有关的法律问题提供口头或书面的意见，特别是为聘方的重大决策提供法律咨询，使其依法办事，避免发生法律风险；(2)为聘方草拟、审查法律事务文书，如经济合同、协议书、起诉状、答辩状等，使之符合法律、法规的规定；(3)代理参加诉讼、调解、仲裁活动，帮助聘方运用法律手段解决民事纠纷或行政争议；(4)参与聘方解决在洽商、谈判中涉及的法律问题；(5)接受聘方的委托，代理非诉讼法律事务，如办理工商登记、税务登记、商标注册和申请鉴定、公证、专利等；(6)协助聘方建立、健全各项规章制度，使其工作纳入规范运行的轨道；(7)协助聘方对职工进行法制宣传教育；(8)为聘方培训法律人才等。

第二节　律师担任法律顾问的聘应程序

根据我国法律的有关规定，无论是党政机关、企业、事业单位、人民团体、社会组织聘请律师担任法律顾问，还是公民个人聘请律师担任法律顾问，通常都是在聘、应双方协商一致的基础上，通过签订书面聘应合同的方式进行的。具体而言，其聘应程序要经过以下几个阶段：

一、发聘

发聘是指党政机关或企业、事业单位等聘请方向应聘方——律师事务所发出聘请法律顾问的约请。这是聘请方请求律师事务所指派律师为其担任法律顾问的意思表示。实践中，聘请方可以直接向律师事务所或律师发出聘请法律顾问的约请，也可以通过有关司法行政机关向律师事务所发出约请。必要时，司法行政机关或律师事务所也可以向党政机关、企业、事业单位、人民团体、社会组织或公民个人提出建议，希望其聘请律师担任法律顾问。

二、应聘

应聘是指律师事务所或律师接到聘请方的约请后，或者是党政机关、企业、事业单位、人民团体、社会组织或公民个人接受律师事务所或律师的建议，决定聘请律师担任法律顾问，并向律师事务所发出约请后，律师事务所经过对聘请方资格的合法性调查,作出的同意指派律师为其担任法律顾问的意思表示。应聘表示可以由律师事务所复函承诺,也可以由律师事务所口头允诺。

三、协商

协商是指聘、应双方就聘请法律顾问的有关事宜互相交换意见。律师事务所应向聘请方说明法律顾问的职责范围、与聘请方的法律关系和应办理的有关手续;聘请方也应向律师事务所说明聘请法律顾问的方式和目的,并介绍其基本情况。在此基础上,双方就律师人选问题,顾问律师提供法律服务的范围、方式、期限、责任、收费数额,以及双方的权利、义务等问题,进行充分的讨论和协商,达成一致意见。其中,关于律师人选问题,一般由律师事务所指派本所律师担任,但应尽可能满足聘请方对律师的指名要求。必要时,律师事务所可以指派两名以上律师组成法律顾问团(组),法律顾问团(组)可以设首席法律顾问。此外,律师事务所在指派律师担任法律顾问时,还应当注意,律师助理或实习律师不得独立担任聘请方的法律顾问,但可以协助律师开展法律顾问工作。而且,律师事务所在选派律师担任党政机关的法律顾问时,特别要注意选派具有较高的政治素养和政策业务水平的律师担任,以适应党政机关法律顾问工作的需要。

四、签订聘应合同或协议

聘、应双方经过协商达成一致意见之后,应签订聘应合同或协议。聘、应双方按照商定的时间、地点、方式履行签字、盖章手续后,聘应合同或协议即生效。法律顾问合同是法律顾问关系成立的唯一证明。

五、颁发聘书或登报声明

聘、应双方签订聘应合同或协议的同时或之后,可以向顾问律师颁发法律顾问聘书,也可以就聘请法律顾问事宜予以登报声明。

律师事务所与聘请方签订的聘应合同或协议包括以下主要内容:(1)双方法定名称、指派律师姓名;(2)法律顾问的工作范围、工作方式;(3)双方的权利、义务;(4)双方共同遵守的原则;(5)法律顾问费的数额、支付方式;(6)合同或协议的中止、变更和解除;(7)合同或协议的有效期限;(8)双方需要约定或写明的其他事项。

律师担任法律顾问的聘应合同或协议,必须加盖聘请方和受聘方的公章,并由双方法定代表人签名或盖章。如果聘请方是公民个人,则由聘请人签名或盖章。

法律顾问聘应合同或协议的格式大致如下:

法律顾问聘应合同

××单位(以下简称甲方)因工作需要,根据《中华人民共和国律师法》的有关规定,聘请××律师事务所(以下简称乙方)的律师为法律顾问,经双方协商一致,订立如下协议,以资共同遵照执行。

一、乙方委派律师______担任甲方的法律顾问,为甲方提供法律服务,依法维护甲方的合法权益。甲方指定______为法律顾问事务的联系人。

二、法律顾问的工作范围

1. 为甲方解答法律问题,必要时提供法律意见书。

2. 为甲方草拟、修改、审查合同和相关的法律文书。

3. 接受甲方委托,参与有关项目谈判。

4. 接受甲方委托,担任代理人,参加诉讼、调解、仲裁或者办理其他非诉讼法律事务。

5. 应甲方要求,对职工进行法制宣传教育。

6. 接受甲方委托,办理其他法律事务。

三、顾问律师的工作时间、地点,根据甲方的提议,随时联系约定。

四、甲方向乙方每年(月)支付法律顾问费____元,法律顾问费用按年(季、月)结算支付。乙方参加诉讼、调解、仲裁或者办理其他非诉讼法律事务时,费用按有关规定另议。

五、律师受甲方委托出差,差旅费由甲方支付。

六、甲方应向乙方律师提供与业务有关的情况、资料和必要的工作条件。

七、本合同自双方签字盖章之日起生效,期限为____年。

八、本合同一式两份,双方各执一份,具有同等效力。

甲方(公章)	乙方(公章)
甲方代表(签名)	乙方代表(签名)
甲方电话:	乙方电话:
地址:	地址:

签约时间:　　年　月　日

签约地:

第三节 律师担任法律顾问的工作原则和方法

一、律师担任法律顾问的工作原则

律师担任法律顾问,必须坚持一定的工作原则,这是律师做好法律顾问工作的基本保障。法律顾问的工作原则,是指顾问律师在工作中应当遵循的基本规则和要求,它是顾问律师的行为准则。我国《律师法》对法律顾问的工作原则没有加以规定,但对律师执业活动的原则在总则中作了原则性的规定,如律师执业必须遵守宪法和法律,恪守律师职业道德和执业纪律,必须以事实为依据、以法律为准绳,应当接受国家、社会和当事人的监督,以及依法执业受法律保护等,这些都是律师进行执业活动的共有原则,当然也是法律顾问的工作原则。这些原则在本书第三章已作阐述,在此不再重复。

作为顾问律师,除遵守律师执业的共有原则外,还应当遵守以下几项原则:

1. 开拓创新原则。我国已进入全面建设社会主义现代化国家、全面深化改革和全面推进依法治国的崭新发展阶段,顾问律师应打破固有模式,冲破传统观念和习惯性思维,大胆开拓,勇于创新,全身心地投入到改革开放和现代化建设中去,为党政机关、企事业单位、人民团体、社会组织和公民个人提供优质的、创造性的法律服务,以促进社会主义市场经济的发展,推动社会主义法治国家的建设。

2. 法治原则。这一原则,一方面要求顾问律师的执业活动严格遵循法律的规定,另一方面要求顾问律师对聘方违反国家法律、政策的行为,应说服其停止或纠正。如果聘方拒不接受顾问律师的正确意见,且影响国家利益或产生其他不良后果的,顾问律师应及时将情况反映给律师事务所,由其决定是否解除聘应合同或协议。

3. 预防为主原则。律师担任聘方的法律顾问,应树立“预防为主、诉讼为辅”的服务意识,尽量消除纠纷隐患和避免可能的失误,力求不打官司。这就要求顾问律师把自己服务工作的重点放在聘方的制度建设上,要帮助聘方提高法律意识,特别是帮助聘方决策人员提高法律意识,采取有效措施,做到防患于未然,以减少或避免纠纷的发生。

4. 平等原则。律师担任聘方的法律顾问,为其提供法律服务,聘、应双方的法律地位是平等的。因此,双方应相互尊重,相互信任,平等待人。律师作为法律顾问,决不能动辄发号施令,下达“指示”,把自己的法律意见和建议强加于聘方,甚至干涉聘方的内部事务。即使是聘应合同中规定的职责范围内的法律事务，顾问律师也应当征求聘方的意见，在其同意或授权的情况下，方可参与。同时，聘方也应把顾问律师当作自己的参谋和助手，遇有重大、疑难问题，主动、及时听取顾问律师的法律意见和合理建议，以避免可能出现的失误和纠纷。

二、律师担任法律顾问的工作方式

（一）工作方式

顾问律师不仅要严格遵守工作原则，还必须掌握一套行之有效的工作方式、方法。依其服务时间、服务地点，顾问律师一般采用以下四种工作方式：

1. 全职式。采用这种方式，一般是聘方法律事务繁多，需要顾问律师长驻聘方单位提供法律服务。

2. 定时式。即由顾问律师每周定时到聘方处理日常法律事务，这一方式对于法律事务较多的政府机关、大中型企业、事业单位比较合适。

3. 会晤式。即由顾问律师定期或不定期与聘方领导人会晤，交流情况，沟通信息，及时为聘方提供法律服务。这一方式对于聘方与律师居住地较远，交通不便，法律事务又较少的单位比较合适。

4. 临时约请式。即顾问律师不定时上岗，聘方有法律事务需要处理时临时约请，随请随到，随时提供法律服务。这一方式对于法律事务较少的小型企业及一般的事业单位、社会团体和公民个人比较适合。不仅聘方可随时约请顾问律师提供法律服务，而且顾问律师也不受固定时间的约束。所以，它是一种经常采用的、比较灵活的方式。

在实践中，顾问律师究竟采用何种方式为聘方提供法律服务，应视具体情况而定。

（二）工作方法

顾问律师应聘以后，如何开展工作，如何具体运作，法律未作明确规定，但在实践中已积累了丰富的经验，并已形成一套行之有效的、规范化、科学化的制度。普遍做法如下：

1. 郑重进点。顾问律师进点，是一件很严肃的事情，必须慎重其事。一般应由律师事务所负责人陪同前往。先会见聘方的主要负责人，认真听取其介绍单位的基本情况和当前存在的、涉及法律方面的主要问题。然后与该单位的中层干部见面，由顾问律师介绍法律顾问的性质及服务宗旨，重点讲明法律顾问的职责范围，使该单位各个职能部门的干部对法律顾问有基本的了解，以便遇到法律事务问题，及时要求顾问律师提供帮助。

2. 调查研究,掌握情况。顾问律师进点后,要尽快开展调查研究,这是法律顾问的一项基础工作,也是做好法律顾问工作的重要保障。调查研究的内容,应与工作职责范围紧密结合起来,对不同的聘方,调查的内容应有所侧重。如聘方是企业的,应了解企业的自然状况,企业在本行业、本系统、本地区的地位作用、服务对象与竞争对手的情况,企业的隶属关系,企业的业务范围及往来关系,企业的产品、技术、工艺水平,企业的规章制度,企业的发展规划等,从中了解企业的生产、经营和管理状况,了解和掌握合同管理制度和领导层的法律意识等,以尽快熟悉该单位的基本情况。

3. 寻找突破口,解决疑难问题。急人之难是打开法律顾问工作局面的有效办法。通过调查研究,应找出一、二个有代表性的疑难问题进行突破,以显示法律顾问的作用,扩大影响,开创局面,取得聘方的信任。

4. 有重点地进行日常顾问工作。律师在解决难题之后,要及时转入日常顾问工作,而且要抓住重点,以点带面,重点应放在纠纷的预防和重大问题的决策上。其中对于企业来说,日常顾问工作的重点应放在审查重大经济合同,参与重要项目谈判,协助聘方领导抓好投资、生产、经营决策,建立、健全各项规章制度。

5. 建立工作档案。顾问律师应建立工作档案,以利于总结经验教训,改进工作,并且方便顾问律师所在的事务所考核、检查工作,或在更换顾问律师时便于工作移交。

第四节 律师担任法律顾问的类型

一、律师担任企业法律顾问

担任企业法律顾问是各国律师的主要业务之一。在国外,英国、法国、美国和日本等资本主义国家的各类企业都聘请律师担任法律顾问,许多大型企业甚至设立了法律顾问机构,聘请若干律师担任法律顾问。如美国的大企业和金融机构都设有庞大的法律事务部,聘请那些精通法律的专家来处理企业的各种法律事务。法律顾问在处理企业的法律事务中,发挥出卓有成效的作用,许多律师成为大公司、大企业的“代言人”。企业法律顾问,在美国被称为“公司顾问”、“商号顾问”或“内部顾问”;在欧洲被称为“公司律师”或“法律顾问”。在我国,企业法律顾问已经成为社会主义法治的重要组成部分,在多数大、中型企业中,除在内部设置法律事务部外,还聘请了律师担任法律顾问。长期以来,律师担任企业法律顾问在运用法律手段参与企业的经营管理，维护企业的合法权益，保证企业沿着法制的轨道正确运行方面，发挥了重要的作用，已经成为企业决策、管理机构不可缺少的参谋和助手。

（一）律师担任企业法律顾问的特征和意义

1. 律师担任企业法律顾问的特征

在我国，律师担任企业法律顾问具有以下几个特征：

（1）合法性。律师担任企业法律顾问是依据《律师法》的有关规定而进行的。《律师法》第28条第1项规定：律师可以接受自然人、法人或者其他组织的委托，担任法律顾问。第29条规定：律师担任法律顾问的，应当按照约定为委托人就有关法律问题提供意见，草拟、审查法律文书，代理参加诉讼、调解或者仲裁活动，办理委托的其他法律事务，维护委托人的合法权益。可见，律师担任企业法律顾问有明确的法律依据。

（2）咨询性。律师担任企业法律顾问就是运用自己的法律专业知识，对企业在投资、生产、经营和管理等方面的法律问题提供咨询和帮助。这是顾问律师向企业提供法律服务的重要方式。所以说，律师担任企业法律顾问具有咨询性。

（3）指导性。律师担任法律顾问，与委托方是平等关系，不是隶属关系。他们对企业提供的咨询意见，不具有指令性。但由于他们是根据国家法律和政策，从维护企业合法权益的角度，从企业的全局出发，向企业领导人提供法律帮助，因此，顾问律师的意见，对企业具有指导性。

2. 律师担任企业法律顾问的意义

律师担任企业法律顾问对于促进企业转换经营机制，建立现代企业制度，对于保障企业依法作出决策和进行经营管理，促进企业的不断发展和维护企业的合法权益等，都具有重要意义。

（1）有利于促进企业转换经营机制，建立现代企业制度。市场经济在一定意义上讲就是法治经济。因此，随着社会主义市场经济的建立和发展，各企业亟须法律专业人员协助其决策、管理机构处理法律事务。如按照现代企业制度的要求，实行股份制改造和国有资产评估等，都需要律师参加，并写出法律意见书。另外，企业改革和完善领导体制与组织管理制度，也需要律师的协助。所以说，律师担任企业法律顾问是企业发展的需要，它对于企业转换经营机制，推行现代企业制度和沿着法治轨道运行，具有重要的促进和保障作用。

（2）有利于促进企业重大决策的民主化、科学化。能否实行决策的民主化、科学化，关系到企业的兴衰存亡。律师担任企业法律顾问，能够参与企业的经营决策，可以根据法律的有关规定，就企业的生产经营计划、投资方向、产品质量与信誉、资金、劳务、供销等重大问题,向企业领导人提供法律意见,从而促进企业决策的民主化、科学化,保证企业的投资、生产、经营和管理决策的合法性、正确性。

(3)有利于改善企业的经营管理,提高企业人员素质。新时代社会主义市场经济体制改革的重要目标是,建设高标准市场体系,实现产权有效激励、要素自由流动、竞争公平有序、企业优胜劣汰。律师担任法律顾问,不仅可以帮助企业确定投资、经营方向,使企业在法律法规允许的范围内从事经济活动,而且可以协助企业按照市场经济规律办事,根据国内外市场的需要和我国的国情,来确定产、供、销的合理关系。同时,还可以帮助企业完善内部规章制度,开展法治教育,积极培训法律人才,从而提高企业的经营管理水平、人员素质和经济效益。

(4)有利于企业扩大对外开放,促进对外经济合作与交往。随着我国经济体制改革的深化和对外开放的不断扩大,企业的涉外经济活动日益频繁。按照国际惯例,企业在进行国际的经济、技术合作和贸易活动中,通常都有律师参加谈判活动。律师担任企业法律顾问,可以协助企业正确处理涉外经济关系,保证其对外协议和合同符合法律的规定和要求,从而促进我国企业对外贸易、国际经济合作和技术交流的健康发展。

(5)有利于维护企业的合法权益。现代企业面临着纵横交错、纷繁复杂的经济关系和法律关系,因此,它们在生产经营活动中,难免会遇到各种问题,发生各种矛盾和纠纷。这些矛盾和纠纷如果不及时解决,就会影响企业的正常生产和经营,损害企业的合法权益。而律师担任企业法律顾问,其宗旨就是为企业提供优质法律服务,协助企业解决这些矛盾和纠纷,从而有效地维护企业的合法权益。

(二)律师担任企业法律顾问的职责

根据司法部1992年发布的《关于律师担任企业法律顾问的若干规定》,律师担任企业法律顾问的任务是:"为企业依法治厂,按照《企业法》和其他有关的法律、法规进行生产、经营、管理或其他活动提供法律服务,受企业委托办理有关法律事务,维护企业的合法权益,促进企业深化改革,扩大开放,转换企业经营机制,提高企业经济效益,推进企业生产、经营的发展。"

律师担任企业法律顾问,为完成上述任务应履行下列具体职责:[1]

1. 就企业投资、生产经营、管理方面的重大决策提出法律意见,从法律上进行

---

〔1〕 中共中央办公厅、国务院办公厅印发的《关于推行法律顾问制度和公职律师公司律师制度的意见》明确国有企业法律顾问履行下列职责:(1)参与企业章程、董事会运行规则的制定;(2)对企业重要经营决策、规章制度、合同进行法律审核;(3)为企业改制重组、并购上市、产权转让、破产重整、和解及清算等重大事项提出法律意见;(4)组织开展合规管理、风险管理、知识产权管理、外聘律师管理、法治宣传教育培训、法律咨询;(5)组织处理诉讼、仲裁案件;(6)所在企业规定的其他职责。这对确定律师担任企业法律顾问的职责有一定的参考意义。

论证,提供法律依据。面对我国经济体制改革的新形势、新任务,我国的企业,特别是国有企业要转换经营机制,建立现代企业制度,因此在投资、生产经营、管理方面需要采取一系列的改革举措。律师作为企业的法律顾问,应就上述方面的重大决策的可行性、风险预测和对策,从法律上加以论证,提供法律依据,为企业的改革和发展提出法律意见。

2. 草拟、修改、审查企业在投资、生产经营、管理及涉外经济活动中的合同、协议以及其他有关法律事务文书和规章制度。随着改革的深化和市场经济的发展,企业在投资、生产经营、管理及对外方面的活动越来越广泛。为了保证这些活动规范有序,明确相互间的权利义务关系,应当以合同、协议等形式加以固定,如签订经济合同、劳动合同等。律师作为企业的法律顾问,应积极参与草拟、修改、审查这些合同、协议以及其他有关法律事务文书和规章制度,对于重要的法律文书,则应亲自草拟,严格审查,使之符合有关法律、法规的要求。

3. 办理企业的非诉讼法律事务。律师担任企业法律顾问,办理非诉讼法律事务,是指接受企业的委托或者请求,通过非诉讼方式办理法律事务的一种活动。如办理工商登记、税务登记、商标注册、鉴定、公证、申请专利等,以维护企业的合法权益。当前,我国经济处于转型发展期,需要企业创新运行机制,许多传统企业为了加快发展,纷纷投资开发新兴产业,包括生物、信息、能源、医药等。律师作为企业的法律顾问,应就企业在投资开发新兴产业过程中涉及的工商登记、税务登记以及广告、专利、商标等法律问题提供服务。

4. 代理企业参加民事、行政诉讼或调解、仲裁、行政复议。随着企业改革的深化,企业间横向经济交往日益频繁,各种层次的矛盾交织在一起,各种纠纷将不断发生。律师作为企业的法律顾问,应重视防患于未然,协助企业采取措施防止矛盾的激化,预防纠纷的发生。如果企业发生纠纷,则应代理企业积极运用调解、仲裁、行政复议、诉讼等法律手段,维护其合法权益。

5. 参加经济项目谈判,审查或准备谈判所需的各类法律文件。企业的经济项目,直接关系到企业的生存和发展。因此,律师作为企业的法律顾问,应积极参加经济项目的谈判,对经济项目的设立提供法律帮助,并对谈判中所涉及的法律问题提供解决方案,同时可以就经济、技术方面的问题提出自己的意见,供企业领导人参考。在一般情况下,法律顾问只能在谈判中充当企业领导人的参谋和助手,而不能在谈判中占主导地位(企业法定代表人特别授权的除外)。在谈判过程中,顾问律师应做好各项相关工作:在谈判前,应掌握与谈判项目有关的法律、法规和政策,从法律的角度分析项目的可行性,并对项目内容的真实性、合法性进行审查;在谈判中,应与委托方密切配合,为其提供法律意见,并根据双方洽谈的内容草拟意向书,当双方达成一致协议时,应草拟合同或协议文本,并见证双方签约,特别是在涉外经济活动中,一般要求顾问律师见证。

6. 提供与企业活动有关的法律信息。现代企业制度的建立和完善,需要有一系列的企业法律法规来调整,并且有与之相适应的其他法律制度来规范,这些法律和制度都是企业发展的保障。顾问律师应及时向企业领导人提供这些法律信息,使企业的活动沿着法治轨道进行。

7. 协助企业对干部、职工进行法制宣传教育和法律培训。按照现代企业制度的要求,企业的干部职工应具有较高的思想政治素质、业务素质和文化素质,特别是应具有较强的法律意识和法治观念。因此,律师作为企业的法律顾问,应协助企业进行法制宣传教育和法律培训,提高干部职工的法治观念和法律素质,使企业的投资、生产经营、管理和涉外经济活动都依法进行。

8. 对企业内部的法律事务人员的工作进行指导。企业内部的法律事务人员,主要是指企业法律事务机构的工作人员。随着企业法律意识的提高,许多企业都建立了法律事务机构,配备了处理法律事务的专职人员。他们是企业领导者的法律事务助手,其主要任务是运用法律手段指导企业搞好投资、生产经营和管理,并负责办理企业内部的法律事务。随着企业经济活动的日益增多,企业的法律事务越来越复杂,对企业法律顾问的要求也越来越高。因此,顾问律师应对企业中的法律事务人员的工作进行指导、培训,提高他们的业务水平,使他们能够为企业的重大决策和经营管理活动提供法律服务。

9. 办理其他法律事务。在我国,随着社会主义市场经济的深入发展和依法治国的全面推进,企业经营管理涉及的法律问题层出不穷。律师作为企业的法律顾问,除上述的工作职责以外,还有许多其他法律事务需要办理。如为小型国有企业的出售或改组为股份公司提供法律服务,参加企业的国有资产评估,并出具法律意见书等。

(三)律师担任企业法律顾问的权利和义务

律师担任企业法律顾问享有以下权利:(1)查阅与承办法律事务有关的企业文件和资料;(2)了解企业的生产、经营、管理和对外联系活动中的有关情况;(3)列席企业领导人召集的与投资、生产经营、管理和涉外经济活动有关的会议;(4)获得履行企业法律顾问职责所必需的办公、交通及其他工作条件和便利。

律师担任企业法律顾问,在享有权利的同时,也应当自觉履行以下义务:(1)及时承办顾问单位委托办理的有关法律事务,认真履行职责;(2)对在工作中接触、了解到的有关企业投资、生产经营、管理和对外联系活动的业务秘密,应当予以保密;(3)因过错给聘方造成损害的,应当承担相应的民事责任;(4)坚持以事实为根据、以法律为准绳的原则，发现顾问单位有违法行为的，应当予以劝阻、纠正；[2]（5）应当根据合同、协议规定和企业法定代表人的委托授权进行工作，不得超越委托代理权限；（6）不得从事有损于顾问单位合法权益的活动，不得在民事、行政诉讼或仲裁活动中担任对方当事人的代理人；（7）在其受聘的两个（或两个以上）企业之间发生争议时，应当进行调解，但不得代理任何一方参加诉讼或仲裁；（8）应当建立律师事务所与顾问单位定期联系、律师与顾问单位法定代表人定期会见的制度。

律师担任法律顾问，由企业与律师事务所签订合同、协议，未经律师事务所指派，律师个人不得以任何形式或名义担任企业法律顾问；在担任企业法律顾问时，由律师事务所依据《律师业务收费管理办法》和《律师业务收费标准》向企业收取费用，律师事务所对律师担任企业法律顾问工作，应定期进行检查和考核，以保证工作质量。

司法行政机关应当加强律师担任企业法律顾问工作的指导、管理和监督。对担任企业法律顾问的律师，成绩突出的，应予表彰和奖励；不称职的，应责成律师事务所予以调整；严重不称职，给顾问单位造成损失，或违反有关规定的，应当作出相应处理。

二、律师担任党政机关法律顾问

随着依法治国的全面推进和国家政治、经济体制改革的不断深化，各级党政机关及其领导人在行使决策、执行和监督职能过程中，除了运用必要的行政手段和经济手段以外，还应当广泛地运用法律手段，依法管理政治、经济、文化和社会事务。这就需要精通法律的律师为其提供法律服务。律师运用自身具有的法律知识和技能，为党政机关及其领导人提供法律服务，这是律师参与国家法治建设的重要标志。

（一）律师担任党政机关法律顾问的特征和意义

1. 律师担任党政机关法律顾问的特征

律师担任党政机关法律顾问，是指律师事务所指派律师依法为党政机关及其领导人提供法律服务的一种业务活动。律师担任党政机关法律顾问，较之担任其他对象的法律顾问，既有相同之处，也有不同的地方。它具有以下主要特征：

---

[2] 中共中央办公厅、国务院办公厅印发的《关于推行法律顾问制度和公职律师公司律师制度的意见》第20条明确要求：国有企业法律顾问对企业经营管理行为的合法合规性负有监督职责，对企业违法违规行为提出意见，督促整改。法律顾问明知企业存在违法违规行为，不警示、不制止的，承担相应责任。

(1)法律地位的平等性。顾问律师与党政机关及其领导人之间,从法律关系来说,双方的法律地位是平等的,其权利义务也是对等的。这种平等性是由双方签订的聘应合同确定的,也是由律师职业的特点决定的。因为律师担任党政机关法律顾问,不是依据机关领导的指示,而是依据法律规定或者聘应合同约定进行的,他与聘方的关系是依聘应合同而建立的一种委托服务关系,这种关系只能建立在双方法律地位平等、权利义务对等的基础上。

(2)行政管理的隶属性。如上所述,顾问律师与党政机关及其领导人之间,是一种地位平等的关系,但从行政管理关系上讲,又是一种上下级隶属关系,他必须在各级政府司法行政部门的指导、管理和监督下开展各项业务活动。当然,这种隶属关系只能体现在处理政府相关部门与律师事务所之间的行政事务上,而不能反映在律师承办的具体法律事务上。

(3)服务内容的广泛性。律师担任党政机关法律顾问,其业务活动的范围更加广泛,涉及政治、经济、文化、教育、卫生、科技、体育和人民生活等各个方面,因而律师在担任党政机关法律顾问的工作中会遇到各种各样的法律问题。这就要求律师必须具备各方面的专业知识和丰富的工作经验。只有这样,律师才能为党政机关提供优质、高效的法律服务。

(4)工作规划的全局性。律师担任党政机关法律顾问,要站得高,看得远,从全局的利益出发,去规划、协调全局性的问题。特别是在协助党政机关作出重大决策时,更是如此。同时,在处理具体法律事务时,顾问律师应结合党政机关的特点和工作的需要,将必要的行政手段、经济手段和法律手段有机地结合起来,以提高服务的效率。

2. 律师担任党政机关法律顾问的意义

律师担任党政机关法律顾问,是我国法律赋予律师的任务之一,是律师事业向纵深发展的需要,也是社会主义民主与法治建设以及法治政府建设的需要。因此,律师担任党政机关法律顾问具有重要意义:

(1)有利于促进法治国家建设。全面推进依法治国,总目标是建设中国特色社会主义法治体系,建设社会主义法治国家。这就要求各级党政机关及其领导人在决策、执行和监督过程中严格依法进行,不断提高运用法治思维和法治方式深化改革、推动发展、化解矛盾、维护稳定的能力。律师担任党政机关法律顾问,可以通过为重大决策、重大行政行为提供法律意见,参与法律法规规章草案、党内法规草案和规范性文件送审稿的起草、论证,以及参与合作项目的洽谈,协助起草、修改重要的法律文书或者以党政机关为一方当事人的重大合同,促进党政机关依法决策、依法行政,进而促进法治国家的建设。

(2)有利于促进党政机关转变职能,建立健全决策、执行和监督体系。转变党政职能,实现依法执政、依法行政,是全面深化改革和全面推进依法治国的客观要求。律师担任党政机关法律顾问,可以从法律的角度,协助党政机关及其领导人形成办事依法、遇事找法、解决问题用法、化解矛盾靠法工作作风,从而促进党政机关转变职能,建立健全决策、执行和监督体系。

(3)有利于协调各方面的法律关系,有效维护社会和谐与稳定。律师担任党政机关法律顾问,可以协调党政机关各部门之间的法律关系,有效地避免和及时解决各种矛盾和冲突。通过为处置涉法涉诉案件、信访案件和重大突发事件等提供法律服务,以及参与处理行政复议、诉讼、仲裁等法律事务,可以及时解决社会、经济、行政等方面的矛盾和纠纷,维护社会和谐与稳定,同时还可以使政府领导人能够从纷繁复杂的纠纷中解脱出来,集中精力抓大事。

(4)有利于党政机关领导和工作人员增强法治观念和法律意识,提高依法办事的能力。律师担任党政机关的法律顾问,不仅可以帮助党政机关领导和工作人员"知法、懂法、守法、用法",增强法律意识,而且还可以通过审查党政机关的行政行为是否合法,从客观上起到检查、督促党政机关领导和工作人员依法决策、依法行政的作用,从而促使他们认真学习法律知识,增强法治观念和法律意识,逐步养成依法决策、依法行政的自觉性,提高依法办事的能力,进而保证党政机关在宪法和法律规定的范围内进行活动。

(二)律师担任党政机关法律顾问的条件

我国的党政机关具体包括县级以上各级党委和政府及其工作部门,以及乡镇党委和政府。在我国,中国共产党是执政党,人民政府是国家权力机关的执行机关,因此各级党政机关在我国的政治、经济和社会发展中具有领导和执行的职能,处于极其重要的地位。这就对党政机关聘请律师担任法律顾问提出了严格的条件要求。根据中共中央办公厅、国务院办公厅印发的《关于推行法律顾问制度和公职律师公司律师制度的意见》,律师担任党政机关的法律顾问应当具备下列条件:(1)政治素质高,拥护党的理论和路线方针政策,一般应当是中国共产党党员;(2)具有良好职业道德和社会责任感;(3)具有 5 年以上执业经验、专业能力较强;(4)严格遵纪守法,未受过刑事处罚和司法行政部门的行政处罚或者律师协会的行业处分;(5)聘任机关规定的其他条件。

(三)律师担任党政机关法律顾问的职责

律师担任党政机关法律顾问的职责,具体有下列几项:

1. 为重大决策、重大行政行为提供法律意见,或者应党政机关要求对决策进行法律论证。重大决策是指涉及党的建设和经济社会发展的重要政策、规章制度、规划和重大改革措施的决策;重大行政行为是指对国计民生和公民、法人或其他组织的合法权益具有重要影响的行政行为。律师作为法律顾问为重大决策、重大行政行为提供法律意见,或者应党政机关要求对决策进行法律论证,就是对党政机关的重大决策、重大行政行为提供法律依据,提出法律意见和建议,以避免党政机关的决策、重大行政行为在法律上出现依据不足或缺乏法律依据,从而促进政府决策的合法性、可行性。

2. 参与法律法规规章草案、党内法规草案和规范性文件送审稿的起草、论证。科学立法,是依法治国的前提和基础,离开了高质量的立法,要实现依法治国、建设社会主义法治国家的目标就无从谈起。为了保证形成完善的党内法规体系,保证法律法规规章和宪法或法律的协调一致,保证党委和政府规范性文件的合法有效,律师作为党政机关的法律顾问,一是可以参与法律法规规章草案、党内法规草案和规范性文件送审稿的起草工作,包括负责送审稿文本的拟定工作等;二是参与法律法规规章草案、党内法规草案和规范性文件送审稿的论证工作,从立法的必要性、可行性和完备性等方面提出意见和建议。

3. 参与合作项目的洽谈,协助起草、修改或审核重要的法律文书或者以党政机关为一方当事人的重大合同。其中,合作项目,是指在交通、环保、医疗、养老等领域,由政府和企业进行合作,以竞争择优选择包括民营和国有企业在内的社会资本,扩大公共产品和服务供给,并依据绩效评价给予企业合理回报的项目;重要的法律文书,是指党政机关在行使职权过程中制作的具有法律效力的重要文书,包括重要的行政命令、行政合同、行政处罚决定书、行政强制执行决定书、行政复议决定书等;以党政机关为一方当事人的重大合同,是指党政机关与企业之间以发生、变更、消灭民事法律关系为目的而签订的重大合同。对此,律师作为党政机关的法律顾问,应积极参与合作项目的洽谈,以及协助起草、修改或审核重要的法律文书或者以党政机关为一方当事人的重大合同,以保障上述合作项目、重要法律文书或重大合同的合法性,保证党政机关活动的正常进行,维护党政机关的权威和良好形象。

4. 为处置涉法涉诉案件、信访案件和重大突发事件等提供法律服务。当前,随着改革的不断深化,社会阶层出现分化,社会结构日趋多元化,加之公民的法律意识和维权意识普遍增强,以及社会信息传播的迅速网络化,导致涉法涉诉案件、信访案件和重大突发事件大量发生,严重影响社会和谐与稳定,同时也考验党的执政能力和政府的行政管理能力。为此,律师作为党政机关的法律顾问,应当积极为各级党政机关处置涉法涉诉案件、信访案件和重大突发事件等提供法律服务,包括进行调研,提出处置的法律思路和具体方案,就各案的处置提供法律咨询,与案件或事件当事人进行沟通、释法、说服工作等，以使这类案件或事件的处置有序、合法、规范进行，有效地促进社会的和谐与稳定，不断提高党政机关依法办事的能力和水平。

5. 参与处理行政复议、诉讼、仲裁等法律事务。律师作为党政机关的法律顾问，代理党政机关参与行政复议、诉讼、仲裁等法律事务，既有利于律师以比党政机关工作人员更加客观公正的立场处理相关的法律事务，也有利于以律师身份与对方当事人进行沟通与协商，进而切实维护行政机关依法行政和有效解决各种矛盾和纠纷，维护法律法规的正确实施。

6. 向党政机关提供有关法律信息，对政府行政管理中的法律问题提出建议或意见。国家的长治久安和经济社会的发展，需要有一套系统完备的法律体系来规范和保障。在新形势下，一方面，要适时修改和废止已不适应社会经济社会发展的法律法规；另一方面，要加快立法步伐，进一步完善民商事法律、刑事法律，以及有关国家机构和行政管理的法律，制定一套与我国社会经济发展与时俱进的法律体系。律师作为政府法律顾问，应及时将这些法律信息提供给党政机关及其领导人，使其能够有效运用这些法律法规进行行政管理活动；同时，为了保证党政机关制定的规章制度以及制作批准的法律文书合法、有效，顾问律师应从法律上进行仔细审查。

7. 所在党政机关规定的其他职责。律师作为党政机关的法律顾问应当承担的其他职责，一般由有关党政机关根据本机关的工作实际确定，例如，协助党政机关进行法制宣传教育，增强党政机关工作人员的法治观念；协助处理涉及政府但尚未形成诉讼的民事纠纷、经济纠纷、行政纠纷以及其他重大纠纷，及时将纠纷解决在萌芽阶段，避免矛盾的激化，保证行政管理活动的正常运行；等等。

（四）律师担任党政机关法律顾问的权利和义务

律师担任党政机关法律顾问享有以下权利：(1)依据事实和法律，提出法律意见；(2)参加党政机关召开的有关会议；(3)获得与履行职责相关的信息资料、文件和其他必需的工作条件；(4)获得约定的工作报酬和待遇；(5)与聘任机关约定的其他权利。

律师担任党政机关法律顾问，在享有权利的同时，也应自觉地履行以下义务：(1)遵守保密制度，不得泄露党和国家的秘密、工作秘密、商业秘密以及其他不应公开的信息，不得擅自对外透露所承担的工作内容；(2)不得利用在工作期间获得的非公开信息或者便利条件，为本人及所在单位或者他人牟取利益；(3)不得以法律顾问的身份从事商业活动以及与法律顾问职责无关的活动；(4)不得接受其他当事人委托，办理与聘任机关有利益冲突的法律事务，法律顾问与所承办的业务有利害关系、可能影响公正履行职责的,应当回避;(5)与聘任机关约定的其他义务。

司法行政机关对律师担任党政机关法律顾问工作,应当加强指导、管理和监督,对于不适宜承担这项工作的律师,应当及时予以撤换。

三、律师担任事业单位和人民团体的法律顾问

事业单位是指由国家核拨经费的学校、医院和科研院所等单位,它们除了运用行政手段进行管理外,也需要采用经济和法律手段加以管理。

人民团体是指工会、妇联、侨联、共青团等组织。随着社会的发展和人们法律意识的提高,这些人民团体也将遇到越来越多的法律问题。

律师担任事业单位和人民团体的法律顾问,有利于这些单位和团体依法加强管理和开展对外活动。顾问律师帮助聘方将日常管理工作制度化,并逐步纳入社会主义法治轨道,可以促进其提高管理效率。在聘方的对外活动中,顾问律师则可以依法保护其合法权益。

律师担任事业单位和人民团体法律顾问的工作职责和权利义务与担任党政机关、企业法律顾问的工作职责和权利义务基本相同,不再赘述。

四、律师担任公民的法律顾问

这里指的公民,既包括一般的公民个人,也包括个体工商户、农村承包经营户和文艺工作者。随着社会主义市场经济的发展和全社会法律意识的增强,公民日益重视运用法律手段解决纠纷,保护自己的合法权益。律师应聘担任公民的法律顾问,可以为他们的投资、理财、工作、社会活动或其他民事行为提供法律服务,帮助他们依法维护自己的合法权益和排除各种非法干扰,使他们能够正常地从事各项经济与社会活动。

律师担任公民的法律顾问的工作方法,可以参照律师担任企业法律顾问的做法。

第十一章　民事诉讼代理

第一节　民事诉讼代理概述

一、民事诉讼代理的概念和种类

民事诉讼,是指当事人因民事权益纠纷或经济利益冲突,一方当事人向人民法院提起诉讼,人民法院立案受理并在双方当事人和其他诉讼参与人的参加下,审理和解决民事案件和法律规定由人民法院审理的特殊案件的活动,以及由这些活动所产生的彼此之间的诉讼法律关系的总和。简言之,民事诉讼就是各种民事诉讼活动和民事诉讼法律关系的总和。民事案件等由人民法院审判,但必须要有当事人和其他诉讼参与人的参加,否则人民法院的审判活动就无法进行。

民事诉讼代理,是指根据《民事诉讼法》的规定,代理人接受当事人的委托或者人民法院的指定,代理一方当事人并以被代理人的名义进行民事诉讼行为的活动。按照我国《民事诉讼法》的规定,民事诉讼代理可以分为以下三种:

1. 法定代理。即法律上为无行为能力人设立的一种代理。行使法定代理权的人,称为法定代理人。法定代理人只能是对被代理人享有亲权的人或被代理人的监护人、保证人。法定代理权的产生,不由代理人和被代理人的意思决定,而是以特定的身份关系为基础,由《民法典》直接规定。《民事诉讼法》第 60 条规定:"无诉讼行为能力人由他的监护人作为法定代理人代为诉讼。法定代理人之间互相推诿代理责任的,由人民法院指定其中一人代为诉讼。"法定代理人在诉讼中的地位与当事人相同,享有当事人的诉讼权利,承担当事人的诉讼义务,其意思表示视为当事人的意思表示,其诉讼行为视为当事人的诉讼行为。

2. 指定代理。即无行为能力人没有法定代理人或者他的法定代理人不能行使代理权时,由法院为其指定诉讼代理人的一种代理。被法院指定的代理人,称为指定代理人。指定代理人可以由律师、当事人的近亲属或者其他适当的公民充任,在诉讼中其地位与法定代理人相同。

3. 委托代理。即当事人或其法定代表人、法定代理人委托他人代为诉讼的一种代理。被委托代为诉讼的人称为委托代理人。委托代理权是由委托人的意思表示而产生的,所以又称意定代理或授权代理。根据《民事诉讼法》第 61 条的规定,律师、基层法律服务工作者,当事人的近亲属或者工作人员,当事人所在社区、单位以及有关社会团体推荐的公民,可以被委托为诉讼代理人。但根据最高人民法院有关司法解释的规定,无民事行为能力人、限制民事行为能力人或者可能损害被代理人利益的人,以及人民法院认为不宜作诉讼代理人的人,不能作为诉讼代理人。委托代理的事项及权限,一般由当事人决定,只有在特别情况下法律才加以限制,如离婚案件中,离婚或不离婚的意见必须由当事人向法庭亲自表达。当事人、法定代理人可以委托一至二人作为诉讼代理人。当事人委托他人代为诉讼,必须向人民法院提交由委托人签名或者盖章的授权委托书。

二、民事诉讼代理的特征

根据《民事诉讼法》的有关规定,民事诉讼代理具有以下显著特征:

1. 代理人代理当事人实施诉讼行为。所谓诉讼行为,是指诉讼法律关系的主体所实施的能够引起诉讼法律关系发生、变更和消灭的行为,包括作为和不作为两种。作为的诉讼行为,是指积极的诉讼行为,比如起诉,能够引起诉讼程序的发生;撤诉,可导致诉讼程序的终止。不作为的诉讼行为,是指消极的诉讼行为,比如在法定期限内不上诉,除导致上诉权利丧失外,还引起诉讼程序终结和判决、裁定发生法律效力的后果。作为和不作为的诉讼行为,均可由代理人代为实施。当事人是诉讼案件的利害关系人,为维护自己的实体权益而参加诉讼,其诉讼行为主要表现为行使诉讼权利,如提起诉讼、提供证据、请求调解、进行辩论、申请撤诉或申请执行等。当事人的全部诉讼行为都可以由代理人代为实施。

2. 代理人必须在代理权限内实施诉讼行为。所谓代理权,是指代理人基于法律规定或被代理人的授权而取得的实施诉讼行为的资格。代理人实施诉讼行为必须以代理权为根据,并且只能在代理权限范围内进行,没有代理权、超越代理权或者代理权终止后实施的诉讼行为,被代理人都不承担责任。但是,应当明确,代理人参加诉讼的目的在于维护被代理人的合法权益,而实现这一目的的方法可以是多种多样的。因此,代理人实施诉讼行为时有独立进行意思表示的权利,在代理权限范围内可以根据代理行为的具体情况作出相应的意思表示,以采取最佳的方法完成代理事务,最大限度地维护被代理人的合法权益。

3. 代理人必须以被代理人的名义实施诉讼行为。诉讼案件归根结底是当事人的实体权利义务之争,因而就当事人之间的实体法律关系来讲,代理人并不享有权利和承担义务,他所享有的仅仅是诉讼代理权,即他只能代替当事人实施诉讼行为。所以,代理人只有以当事人(被代理人)的名义实施诉讼行为,才能为当事人取得权利,设定义务。如果代理人不是以被代理人的名义而是以自己的名义实施诉讼行为,就不能叫诉讼代理行为,由此所设定的权利和义务也只能由代理人自己承受。

4. 代理行为所产生的法律后果由被代理人承担。由于代理人是在代理权限内,以被代理人名义实施诉讼行为,因此在法律上,代理人的行为拟制为被代理人自己的行为,由此产生的法律后果(包括有利的和不利的后果)也就应当由被代理人承担。但是,如果是因为代理人不履行职责而给被代理人造成损害的,则应由代理人承担责任。

律师作为民事诉讼代理人不同于其他诉讼代理人。虽然按照《民事诉讼法》第64条的规定,代理诉讼的律师和其他诉讼代理人(包括基层法律服务工作者,当事人的近亲属或者工作人员,当事人所在社区、单位以及有关社会团体推荐的公民)都有权调查收集证据,都可以查阅本案有关材料。但律师作为民事诉讼代理人和其他诉讼代理人是有区别的:(1)律师以外的其他诉讼代理关系直接产生于代理人和被代理人二者之间,而律师的诉讼代理关系则存在于律师事务所、律师和被代理人之间。(2)律师以外的其他人的诉讼代理,直接由被代理人授权产生,而律师的诉讼代理,根据《律师法》第25条的规定,律师承办案件,由律师事务所统一接受委托,与委托人签订书面委托合同,然后再由律师事务所指派某一律师作为该案件的诉讼代理人。(3)律师作为取得律师执业证书,依法为当事人提供法律服务的执业人员,在诉讼中除了以其所掌握的法律知识和专业技能维护被代理人的合法权益外,还肩负着维护法律正确实施与维护社会公平和正义的使命,因此,更应坚持以事实为根据、以法律为准绳等诉讼原则,认真履行自己的职责。

第二节　律师代理民事诉讼的地位和作用

一、律师代理民事诉讼的法律地位

律师接受民事案件当事人的委托或人民法院的指定,担任代理人,参加诉讼,其目的在于维护当事人合法权益,维护法律正确实施,维护社会公平和正义。由此决定了,律师在民事诉讼中的法律地位具有以下两个显著特征:

1. 代理律师不是诉讼主体,不具有独立的诉讼地位。根据《民事诉讼法》第62条的规定,律师在民事诉讼中的代理权直接来自委托人的授权,律师只有在委托人授权的范围内实施的诉讼行为,才能对被代理人产生法律效力。所以,代理律师不是独立的诉讼主体,其所进行的诉讼行为受当事人意志的约束,其代理意见不能违背当事人的意愿,尤其是在没有当事人特别授权的情况下,代理律师不能就承认、放弃、变更诉讼请求,进行和解,提起反诉或者上诉等对实体权利的处分发表意见。而且,在代理过程中,当事人对代理律师不满意的,有权拒绝代理律师为其继续代理,也可以另行委托代理人。因此,律师在民事诉讼中不具有独立的诉讼地位,而只是从属于当事人一方的诉讼参与人。

2. 代理律师在民事诉讼中具有相对独立性。为了有效地维护当事人的合法权益,代理律师在当事人授权的范围内,就实施诉讼行为的方式和步骤享有自主决定的权利,可以作出独立的意思表示,而不受当事人意志的约束。因为只有这样,代理律师才能采取有效措施收集证据,查明事实,也才能根据自己对法律的理解作出判断,最大限度地维护当事人的合法权益。而且,根据《律师法》第 32 条第 2 款的规定,对于委托事项违法、委托人利用律师提供的服务从事违法活动或者委托人故意隐瞒与案件有关的重要事实的,律师有权拒绝代理。因此,代理律师在民事诉讼中具有一定的独立性,并不需要处处听命于委托人。在委托人的要求和法律规定相冲突的情况下,律师为捍卫法律的尊严应拒绝代理。

二、律师代理民事诉讼的权利和义务

(一)律师代理民事诉讼的权利

律师代理民事诉讼的权利可以分为两个部分,一是律师依代理关系而取得的权利,二是律师依法直接享有的权利。前者称为律师的继受权利,后者则称为律师的法定权利。

律师的继受权利,是指律师因被代理人的委托授权而取得的权利。这种权利既可以是当事人所享有的全部或部分诉讼权利,也可以是当事人所享有的全部或部分实体权利。总之,代理律师只能在委托人授权的范围内行使继受权利。

律师的法定权利,是指律师在代理民事诉讼中,按照有关法律规定直接享有的权利。这种权利由律师在担任代理人时享有并自主行使,而不受当事人授权范围的限制。根据《律师法》第 3 条、第 32 条、第 35 条至第 38 条和《民事诉讼法》第 64 条、第 142 条、第 144 条的规定,律师代理民事诉讼主要享有以下几项权利:

1. 依法代理民事诉讼受法律保护,任何组织和个人不得侵害律师的合法权益。

2. 在代理活动中的人身权利不受侵犯,在法庭上发表的代理意见不受法律追究。

3. 查阅案卷材料权。自案件被人民法院受理之日起,律师有权查阅、摘抄和复制与案件有关的所有材料。

4. 调查取证权。代理诉讼的律师有权调查收集证据。律师根据案情的需要，可以申请人民法院收集、调取证据或者申请人民法院通知证人出庭作证；律师自行调查取证的，凭律师执业证书和律师事务所证明，可以向有关单位或者个人调查与承办案件有关的情况。

5. 出庭参加诉讼权。在法庭审理中，经审判长许可，律师有权向证人、鉴定人、勘验人发问，有权要求法院重新进行调查、鉴定或者勘验，有权进行发言、答辩和辩论，且辩论的权利依法受到保障。

6. 拒绝代理权。律师接受委托后，对于委托事项违法，委托人利用律师提供的服务从事违法活动或者委托人故意隐瞒与案件有关的重要事实的，有权拒绝代理，与委托人解除代理关系。

（二）律师代理民事诉讼的义务

根据《律师法》和《民事诉讼法》的有关规定，律师代理民事诉讼应履行以下几项义务：

1. 必须以事实为根据，以法律为准绳。

2. 接受委托后，无正当理由的，不得拒绝代理。

3. 应当保守在代理活动中知悉的国家秘密、商业秘密，不得泄露当事人的隐私；对在代理活动中知悉的委托人和其他人不愿泄露的情况和信息，应当予以保密。

4. 不得在同一案件中为双方当事人担任代理人，不得代理与本人或者其近亲属有利益冲突的民事诉讼案件。

5. 不得违反规定会见法官以及其他有关工作人员。

6. 不得向法官以及其他有关工作人员行贿，介绍贿赂或者指使、诱导当事人行贿，或者以其他不正当方式影响法官以及其他有关工作人员依法办理案件。

7. 不得故意提供虚假证据或者威胁、引诱他人提供虚假证据，不得妨碍对方当事人合法取得证据。

8. 不得扰乱法庭秩序，干扰诉讼活动的正常进行。

三、律师代理民事诉讼的作用

接受民事案件当事人的委托或者人民法院的指定，担任代理人，参加诉讼，这是律师的一项基本业务，在我国的经济、社会生活中具有重要的作用。主要表现在：

1. 有利于当事人进行诉讼，更好地维护他们的合法权益。实际生活中，有的当事人在合法权益受到不法侵犯时不知道或不敢运用法律手段予以维护;有的当事人由于诉讼行为能力的限制,如未成年、有精神病或生理缺陷等,无法亲自进行诉讼;有的当事人虽然有诉讼行为能力,但由于年龄过大、生病、外出或其他原因不能亲自到庭参加诉讼;有的当事人因缺乏法律知识或不善于行使自己的权利,因而难以有效维护自己的合法权益。这就需要有人为他们提供法律帮助。律师是专门为当事人提供法律服务的执业人员,不仅精通法律、能言善辩,而且具有丰富的诉讼经验,因此当事人聘请律师代理诉讼比聘请其他人代理诉讼,可以更好地维护自己的合法权益,实现自己的诉讼目的。同时,通过与律师的接触,亦有助于他们增强法律意识,预防违法行为的发生,提高运用法律手段保护自己合法权益的自觉性。

2. 有利于人民法院正确处理民事案件,提高审判质量。律师不仅精通法律和具有丰富的诉讼经验,而且在诉讼中享有广泛的权利(如有权调查取证、查阅案卷材料等),这为其向法院提供证据,协助法官查明案件事实提供了有力的保证;律师的代理活动亦可从不同的角度提出问题和意见,便于审判人员全面了解案情,分清是非,从而正确适用法律,对案件作出公正裁判。对于错误的判决和裁定,律师可以协助当事人提出上诉或申诉,通过二审程序或再审程序予以纠正。因此,律师代理民事诉讼,有助于增强审判人员的责任感,提高审判质量,同时矫正审判的失误和偏差,防止错案发生,从而有效地维护法律正确实施,维护社会公平和正义。

3. 律师代理民事诉讼有助于当事人双方达成和解或调解协议。当事人将争议诉诸法院,往往矛盾已经很大,双方之间很难心平气和地解决纠纷,但如果双方或一方聘请了律师担任诉讼代理人,则由于律师处于公正立场,经过摆事实,讲道理,分清是非,明确责任,并说服双方互让互谅,容易为当事人所接受,从而缓解矛盾,自行达成和解协议或者在法院主持下达成调解协议,进而有助于双方今后的团结协作,促进社会主义市场经济的发展与和谐社会的构建。同时,律师在民事诉讼中还可以利用自己的特殊身份对当事人及其他有关人员进行法治教育,增强他们的法治观念,提高他们的思想道德水平,从而推动社会主义精神文明建设。

4. 有利于维护国家主权和促进对外开放。律师通过担任涉外民事诉讼当事人的代理人,可以有效地维护国家的主权和利益,保护我国公民、法人或者其他组织的合法权益。同时,通过为外商及外国投资者提供法律帮助,维护其合法权益,也有利于促进我国对外开放政策的进一步贯彻实施。

第三节　律师代理民事诉讼的范围

一、律师代理民事诉讼的案件范围

《民事诉讼法》第3条规定："人民法院受理公民之间、法人之间、其他组织之间以及他们相互之间因财产关系和人身关系提起的民事诉讼,适用本法的规定。"据此,凡是人民法院依据《民事诉讼法》受理和审判的案件,律师均可接受委托,进行代理。根据最高人民法院2020年修订的《民事案件案由规定》,这些案件包括以下十一大类:(1)人格权纠纷案件。(2)婚姻家庭、继承纠纷案件。(3)物权纠纷案件,分为不动产登记纠纷、物权保护纠纷、所有权纠纷、用益物权纠纷、担保物权纠纷、占有保护纠纷6类案件。(4)合同、准合同纠纷案件,分为合同纠纷、不当得利纠纷、无因管理纠纷3类案件。(5)知识产权与竞争纠纷案件,分为知识产权合同纠纷,知识产权权属、侵权纠纷,不正当竞争纠纷,以及垄断纠纷4类案件。(6)劳动争议、人事争议案件。(7)海事海商纠纷案件。(8)与公司、证券、保险、票据等有关的民事纠纷案件。分为与企业有关的纠纷、与公司有关的纠纷、合伙企业纠纷、与破产有关的纠纷、证券纠纷、期货交易纠纷、信托纠纷、保险纠纷、票据纠纷、信用证纠纷、独立保函纠纷11类案件。(9)侵权责任纠纷案件。(10)非讼程序案件,分为选民资格,宣告失踪、宣告死亡,认定自然人无民事行为能力、限制民事行为能力,指定遗产管理人,认定财产无主,确认调解协议,实现担保物权,监护权特别程序,督促程序,公示催告程序,公司清算,破产程序,申请诉前停止侵害知识产权,申请保全,申请人身安全保护令,申请人格权侵害禁令,仲裁程序,海事诉讼特别程序,以及申请承认与执行法院判决、仲裁裁决19类案件。(11)特殊诉讼程序案件,分为与宣告失踪、宣告死亡案件有关的纠纷,公益诉讼,第三人撤销之诉,以及执行程序中的异议之诉4类案件。

以上11类案件,律师都可以接受当事人的委托担任代理人,参加诉讼。但应注意,以下几种情况不属于律师代理民事诉讼的案件范围:(1)争议应由人民法院以外的部门处理,不属于司法程序解决的。例如,向有关部门申请落实政策,或反映国家工作人员违法违纪、官僚主义等问题,单位内部调整、分配房屋中发生的纠纷问题,军队离退休干部腾退军产房纠纷问题,根据最高人民法院的有关司法解释,不得提起民事诉讼。(2)当事人提出的请求,必须先经过其他机构处理,也就是法院不能直接受理的。如劳动争议案件未经过劳动仲裁机构仲裁的,不得向人民法院起诉。(3)依法在一定时间内不得诉请法院解决的。如《民法典》第 1082 条规定:“女方在怀孕期间、分娩后一年内或者终止妊娠后六个月内,男方不得提出离婚;但是,女方提出离婚或者人民法院认为确有必要受理男方离婚请求的除外。”这就属于一定时间内不得诉请法院解决的纠纷。

二、律师代理民事诉讼的对象范围

根据《民事诉讼法》第 61 条的规定,当事人、法定代理人可以委托律师作为诉讼代理人参加诉讼。民事诉讼当事人有广义和狭义之分,广义当事人包括原告、被告、共同诉讼人、诉讼代表人和第三人,狭义当事人就是我们通常所说的原告和被告。《民事诉讼法》第 52 条规定:“当事人有权委托代理人……”据此,当事人是指广义当事人。具体包括:

1. 原告。是指为了保护自己的民事权益,并以自己的名义,向人民法院提起诉讼,因而引起民事诉讼程序发生的人。

2. 被告。是指经原告声称侵犯了他的民事权益或者对他的民事权益发生争执,而由人民法院通知应诉的人。

3. 共同诉讼人。在同一程序中,原告一方或者被告一方或者原告与被告双方为两人以上的诉讼,称为共同诉讼。原告一方为两人以上的称为共同原告;被告一方为两人以上的称为共同被告;共同原告和共同被告统称为共同诉讼人。

4. 诉讼代表人。是指在当事人一方人数众多的共同诉讼中,由当事人推选的、代表全体当事人进行诉讼活动的人。这种当事人一方人数众多的共同诉讼,就称为代表人诉讼或群体诉讼。根据最高人民法院有关司法解释的规定,诉讼代表人为 2 至 5 人,每位代表人可以委托 1 至 2 人作为诉讼代理人。

5. 第三人。是指在原告与被告业已进行的诉讼中,对诉讼标的具有独立的请求权,或者虽无独立的请求权,但案件的处理结果与其有法律上的利害关系时,参与到诉讼中来的人。第三人分为有独立请求权的第三人和无独立请求权的第三人两种。

根据《民事诉讼法》第 61 条的规定,律师均可接受以上当事人或其法定代理人的委托,担任诉讼代理人参加诉讼。

三、律师代理民事诉讼的程序范围

根据《民事诉讼法》的规定,民事诉讼程序分为审判程序和执行程序两类。其中,审判程序包括第一审普通程序、简易程序、第二审程序、特别程序、审判监督程序、督促程序和公示催告程序。在以上各类和各种程序中,律师均可接受当事人(在不同程序中,其称谓不同)的委托,担任诉讼代理人参加诉讼。

第四节　律师代理民事诉讼的权限

一、律师代理民事诉讼权限的种类

代理权限是指代理律师行使代理权的范围，即代理律师对哪些事项有资格进行代理。

《民事诉讼法》第62条中规定：“委托他人代为诉讼，必须向人民法院提交由委托人签名或者盖章的授权委托书。授权委托书必须记明委托事项和权限。”由此可见，代理权限是律师参加诉讼活动的根据，律师的诉讼代理活动是否有效，取决于他是否在委托人授权范围内进行代理活动。而委托人授予律师的代理权限，明订于授权委托书。因此，授权委托书是确定律师诉讼代理权限的依据。

在授权委托书中，如何确定和填写代理权限的内容，各地做法有所不同。有的填写成“一般代理”或“特别代理”，有的则填写成“全权代理”、“部分代理”或“诉讼代理”等，其中有的就不太妥当。如“全权代理”“部分代理”就欠明确，“诉讼代理”则过于笼统。

根据《民事诉讼法》第62条的规定，律师的诉讼代理权限可分为以下两种：

1. 一般代理。即律师代为实施的诉讼行为只与诉讼程序相关而不涉及案件实体问题的代理。这种代理的权限具体包括辩论权、质证权、举证权、陈述权、申请发问权、申请回避权、申请证据保全权、申请补正权、申请延期审理权、管辖异议权、追加当事人申请权等。很明显，律师代理上述诉讼行为，只对诉讼程序的进行产生影响，而不涉及对当事人实体权利的处分。

2. 特别代理。即律师有权对涉及实体权利的重大诉讼行为作出明确表示的代理。《民事诉讼法》第62条第2款中规定：“诉讼代理人代为承认、放弃、变更诉讼请求，进行和解，提起反诉或者上诉，必须有委托人的特别授权。”律师代理上述诉讼行为之所以必须有委托人的特别授权，是因为这些诉讼行为涉及实体权利的处分，而对实体权利的处分权只能由当事人行使。因此，代理律师代为实施上述诉讼行为，必须有委托人的特别授权，其法律后果才能由委托人承担；实际上，涉及实体权利的诉讼行为除法律已规定的上述四项外，还应当包括代为起诉、答辩、撤诉、申请保全和申请执行。这些诉讼行为的实施也必然涉及对当事人实体权利的处分，因此亦应有委托人的特别授权。

当然，上述两种代理权限的名称只是一种理论上的概括，当事人在授权委托书中填写律师的代理权限时,应当写明代理权的具体内容。根据最高人民法院有关司法解释的规定,授权委托书仅写"全权代理"而无具体授权的,诉讼代理人无权代为承认、放弃、变更诉讼请求,进行和解,提起反诉或者上诉。

二、律师转托代理的条件和情形

经委托人授权,律师取得代理权后,一般应亲自参加诉讼活动,完成代理任务,而不得单方面终止委托代理关系。但是,如果遇到某些特殊情况,则可依法转委托代理,即代理人将被代理人委托的代理权限的全部或部分转托第三人代理。接受转托的第三人称为转托代理人。鉴于代理关系具有严格的人身性质,我国《民法典》第169条规定:"代理人需要转委托第三人代理的,应当取得被代理人的同意或者追认。转委托代理经被代理人同意或者追认的,被代理人可以就代理事务直接指示转委托的第三人,代理人仅就第三人的选任以及对第三人的指示承担责任。转委托代理未经被代理人同意或者追认的,代理人应当对转委托的第三人的行为承担责任;但是,在紧急情况下代理人为了维护被代理人的利益需要转委托第三人代理的除外。"

在诉讼代理实践中,出现转托代理的情形主要有以下几种:

1. 代理律师与委托人的相对人距离较远。在这种情形下,有的争议标的数额不大,代理律师亲往办理,费用较高,增加委托人经济负担,往往得不偿失;有的只涉及履行义务问题,代理律师无亲往的必要;也有的代理律师对当地情况不熟悉,转托当地律师代理更为适宜。

2. 代理律师受某些专业知识的限制。某些案件涉及较高深的专业知识,而代理律师缺乏这方面的知识,并且难于在短期内掌握,从而需要转托具有这方面知识的律师代理。

3. 代理律师因故不能亲往代理。有时,代理律师于需要出场代理时(如开庭),突然生急病、重病或发生其他事故无法到场,只得转托其他律师代理。

4. 受法定条件的限制。《民事诉讼法》第270条规定:"外国人、无国籍人、外国企业和组织在人民法院起诉、应诉,需要委托律师代理诉讼的,必须委托中华人民共和国的律师。"据此,涉外案件的外国当事人的代理人在我国进行诉讼,需要委托律师就必须转托中国律师进行代理。同样,我国律师如在有类似规定的外国进行诉讼,也要转托外国律师进行代理。

应当明确,转托代理与介绍另行委托代理不同。前者是代理律师就代理的事项转托他人代理,代理律师与委托人的代理关系并未解除;后者是代理律师将原接受的代理介绍给他人代理,由委托人与他人签订新的委托代理合同,建立新的代理关系,而自己与委托人原订的委托代理合同撤销,代理关系解除。

由于律师在转托代理中,是以自己的名义而不是以委托人的名义转委托,因此,代理律师和转托代理人在签订转委托代理合同时,应写明以下内容:(1)争议的标的以及委托人要求;(2)转托代理人的权限;(3)代理律师与转托代理人的权利和义务;(4)转托代理的费用等。

三、律师民事诉讼代理权的成立、变更和消灭

(一)律师民事诉讼代理权的成立

当事人委托律师担任诉讼代理人的,在向人民法院提交由他亲自签名或者盖章的授权委托书时,律师的诉讼代理权才告成立。《民事诉讼法》第 62 条第 3 款规定:"侨居在国外的中华人民共和国公民从国外寄交或者托交的授权委托书,必须经中华人民共和国驻该国的使领馆证明;没有使领馆的,由与中华人民共和国有外交关系的第三国驻该国的使领馆证明,再转由中华人民共和国驻该第三国使领馆证明,或者由当地的爱国华侨团体证明。"依照司法部 1981 年《关于为港澳同胞回内地申请公证而出具证明办法的通知》的规定,居住在港澳地区的同胞向内地寄交的授权委托书,须经我国指定的港、澳地区的有关律师证明。

在诉讼中,遇有当事人无诉讼行为能力而其法定代理人又不能行使代理权的情况,人民法院应当为他指定代理人。一般地,人民法院应指定律师担任代理人。被指定的律师接到人民法院的指定通知,其诉讼代理权即告成立。

(二)律师民事诉讼代理权的变更

律师担任委托代理人时,因某些情况的出现,委托人与代理诉讼的律师经协商,可以变更原授权委托书中确定的代理权的范围。具体表现为:一是代理权的扩大或缩小;二是代理事项的增加或减少;三是代理期间的延长或缩短。

律师担任指定代理人时,其诉讼地位与法定代理人相同,因而其诉讼代理权不存在变更问题。

(三)律师民事诉讼代理权的消灭

律师诉讼代理权的消灭,是指律师的诉讼代理权因某种特定原因的出现而消失。在委托代理中,如果律师代理的诉讼结束、代理律师丧失行为能力或死亡、被代理人解除委托或律师辞去代理、法人终止或被代理人死亡等主客观原因出现,律师的诉讼代理权即归于消灭。在指定代理中,当被代理人或其法定代理人可以为诉讼行为,设立指定代理的客观原因已不复存在时,律师作为指定代理人应当脱离诉讼,其诉讼代理权即告消灭。

为了保证民事诉讼活动的正常进行,保护当事人的合法权益,《民事诉讼法》

第63条规定:“诉讼代理人的权限如果变更或者解除,当事人应当书面告知人民法院,并由人民法院通知对方当事人。”

第五节 律师代理民事诉讼的步骤和方法

一、审查收案

(一)对案件材料的审查

一般地说,如果某一民事案件已由人民法院受理,那么,无论原告还是被告委托律师代理诉讼,律师都可以立即接受,无须进行审查。因为该案的诉讼程序已经开始,案件中的原告和被告业经法院确定。但是,如果委托人准备向人民法院提起诉讼而要求律师进行代理的,则律师应首先和委托人进行谈话,向其了解案件情况,并审查委托人提供的有关证据材料,然后对之进行法律上的分析,找出该纠纷的法律意义,确定该纠纷是否属于法院受理范围内的民事案件。否则,仓促接受委托,代理委托人向法院起诉而不被登记立案或者在立案后被裁定驳回起诉,将给工作造成被动。具体地说,律师在接受委托前应审查并弄清以下几个问题:

1. 委托人与本案争议有无直接利害关系,是否有起诉权;委托人的请求有无证据证明。

2. 该案是否属于人民法院主管。对于不属于人民法院主管的,不应接受委托。对于依照法律规定,应当由其他机关处理的争议,应告知委托人向有关机关申请解决。

3. 该案件是否超过诉讼时效。我国《民法典》对诉讼时效作了严格的规定,超过诉讼时效,委托人的权益即不再受法律保护,因而律师不应再接受其委托,代理诉讼,但有诉讼时效中断情形的例外。

4. 是否属于依法在一定时间内不得起诉的案件。例如,我国《民法典》第1082条规定:“女方在怀孕期间、分娩后一年内或者终止妊娠后六个月内,男方不得提出离婚;但是,女方提出离婚的或者人民法院认为确有必要受理男方离婚请求的除外。”《民事诉讼法》第127条第7项规定:“判决不准离婚和调解和好的离婚案件,判决、调解维持收养关系的案件,没有新情况、新理由,原告在六个月内又起诉的,不予受理。”对于上述案件,律师当然不应接受委托,代理诉讼。

5. 是否属于应由仲裁机构仲裁的案件。根据《民事诉讼法》第127条第2项的规定,如果是“依照法律规定,双方当事人达成书面仲裁协议申请仲裁、不得向人民法院起诉”的案件，律师也不应接受委托，但应告知委托人向仲裁机构申请仲裁。

6. 是否属于已经判决、裁定、调解结案的案件。对判决、裁定、调解书已经发生法律效力的民事案件，委托人又起诉的，律师亦不应接受委托，而应告知委托人申请再审，但人民法院准许撤诉的裁定除外。

根据最高人民法院于2015年4月发布的《关于人民法院登记立案若干问题的规定》，人民法院对下列民事起诉不予登记立案：(1)违法起诉或者不符合法律规定的；(2)涉及危害国家主权和领土完整的；(3)危害国家安全的；(4)破坏国家统一和民族团结的；(5)破坏国家宗教政策的；(6)所诉事项不属于人民法院主管的。

经过审查分析，律师认为案件符合人民法院受理条件的，应当接受委托。对委托人的请求，部分不合理的，律师应做解释工作，动员其放弃，以便有效地进行代理工作，维护其合法权益。如果发现委托事项违法、委托人准备利用律师提供的服务从事违法活动或者委托人故意隐瞒与案件有关的重要事实的，律师应拒绝接受委托，决不能有求必应。否则，律师维护法律正确实施的职责就无法实现，并将给律师的形象造成不良的影响。

(二)签订委托代理合同

律师决定接受委托后，应依法签订委托代理合同。委托代理合同是委托人与律师事务所之间签订的能够产生诉讼代理法律关系的协议。它既是规定委托人与受托人双方权利义务关系的合同，也是律师代理民事诉讼的依据。

委托代理合同应包括以下内容：

1. 委托人(被代理人)和受托人(代理人)的基本情况。包括名称(法人和非法人组织的名称应写明单位全称与法定代表人姓名、职务)和地址、电话号码等。

2. 代理事项。这一项在写法上要因案而异，不可千篇一律。如宅基地使用权纠纷、买卖合同纠纷、离婚纠纷、遗嘱继承纠纷等。

3. 代理权限。这是委托代理合同的关键部分与核心内容，应做到具体明确。如写明“代为起诉或应诉”“代为参加法院调查、调解或开庭活动”“代为提供证据，申请回避，询问证人、鉴定人，发表代理意见”“代为承认、放弃、变更诉讼请求，进行和解，提出反诉或者上诉”，等等。

4. 双方的权利、义务。包括律师的违约赔偿条款等。

5. 代理的有效期限。通常是从接受委托时开始，至一审法院作出判决为止。如果一审判决后，委托人继续委托律师上诉、参加二审诉讼的，双方应另行协商，签订新的委托代理合同。

6. 律师事务所指派的律师的姓名、地址。如果委托人指明委托某一位律师，律师事务所应尽量满足其要求。代理律师的人数为1至2人。

7. 代理费用及支付方式。律师事务所应按有关法规确定的标准或双方约定收取代理费用,委托人应按委托代理合同规定的时间和方式支付代理费用。

委托代理合同通常一式三份,经三方签字或盖章后生效,委托人、律师事务所和代理律师各执一份。

(三)出具和提交授权委托书

《民事诉讼法》第62条第1款规定:"委托他人代为诉讼,必须向人民法院提交由委托人签名盖章的授权委托书。"授权委托书是被代理人单方面出具的载明律师代理权限的法律文件,根据《民法典》第165条的规定,授权委托书应当载明代理律师的姓名及所在律师事务所的名称、代理事项、权限和期限,并由被代理人签名或者盖章。其中,对于律师的代理权限,应尽可能详尽地予以列举,不能作简单的概括。授权委托书应当一式三份,委托人保留一份,提交人民法院一份,律师保存一份。最高人民法院有关司法解释规定,当事人向人民法院提交的授权委托书,应当在开庭审理前送交人民法院。

二、代理起诉或应诉

(一)律师代理原告起诉

律师在起诉前接受当事人委托的,受托后应进行以下几项工作:

1. 代写起诉状。律师通过认真查阅当事人提供的案件材料,对案情进行分析判断,对证据进行核实,在全面了解案情的基础上应代写起诉状(其内容和格式见"代书"一章)。起诉状应经当事人审阅同意。

2. 向人民法院提交相关材料。按照有关规定,当事人提出民事起诉的,应当向人民法院提交以下材料:(1)起诉人是自然人的,提交身份证明复印件;起诉人是法人或者其他组织的,提交营业执照或者组织机构代码证复印件、法定代表人或者主要负责人身份证明书;法人或者其他组织不能提供组织机构代码的,应当提供组织机构被注销的情况说明;(2)委托起诉的,应当提交授权委托书、代理人身份证明等相关材料;(3)具体明确的足以使被告与他人相区别的姓名或者名称、住所等信息;(4)起诉状原本和与被告及其他当事人人数相符的副本;(5)与诉讼请求相关的证据或者证明材料。如果提交的材料不符合上述要求的,需按照人民法院的要求在指定期限内补正。

如果提交的材料不符合上述要求的,需按照人民法院的要求在指定期限内补正。如果人民法院裁定不予立案的,应协助委托人向上一级人民法院提起上诉。

3. 考虑是否需要申请人民法院采取诉前保全措施。根据《民事诉讼法》第104

条第1款的规定,利害关系人因情况紧急,不立即申请保全将会使其合法权益受到难以弥补的损害的,可以在提起诉讼前向人民法院申请采取保全措施。如果委托人决定提出申请的,律师应代写保全申请书并向委托人说明应提供担保,然后及时提交人民法院。

(二)律师代理被告应诉

律师在应诉阶段接受被告委托的,应注意做好以下两项工作:

一是根据案件事实和法律规定,针对原告的诉讼请求和理由,代写答辩状(其内容和格式见"代书"一章),然后代为提交或者告知委托人自收到起诉状之日起15日内向人民法院提出答辩状。

二是对于符合反诉条件的,应当建议委托人提起反诉。委托人接受该建议的,律师应代写反诉状,并与答辩状一起递交人民法院。

三、进行开庭前的准备工作

接受委托后至出庭前,是律师代理诉讼的重要阶段。俗话说:不打无准备之仗。这一阶段准备工作的好坏将直接关系到代理活动的成效,律师必须认真负责地做好。通常地,律师在出庭前应当做好以下几项准备工作:

1. 查阅案卷材料,了解熟悉案情。阅卷既是代理律师的一项基本权利,又是代理律师了解案件事实真相的重要途径。因此,出庭前,代理律师应主动到法院查阅案卷材料。根据《民事诉讼法》第64条的规定,代理律师可以查阅本案有关材料。一般地,代理律师需要查阅的本案有关材料主要包括:原告的起诉状或被告的答辩状、双方当事人的举证材料、法院通过调查或鉴定获得的有关证据材料。在阅卷中,代理律师既要全面细致,又应抓住重点,在从头到尾阅读有关材料后,应着重注意以下几个问题:(1)该案发生的时间、地点、原因、经过与结果的事实;(2)双方当事人的主要分歧和矛盾焦点;(3)对方当事人所持的基本观点、理由和态度;(4)法院调查的证人证言及有关证据材料。其中,司法实践中经常出现伪证的情况,代理律师应予特别注意。

阅卷应做好摘录。摘录的内容通常是律师在法庭上发表代理词和进行辩论的基础材料。所以律师在摘录时应注意重点,不能、也没有必要把全部案件材料照抄一遍。但抄录一份鉴定、证词或调查报告,其内容必须是完整的,不能断章取义,否则便不能说明问题和在法庭辩论时运用。一般地说,阅卷应注意的四个重点问题也就是摘录的重点。另外,还应注意,不仅要摘录有利于委托人的证据材料,也要摘录不利于委托人的证据材料,以全面掌握案情,在法庭上准确地运用证据进行反驳;应记明所摘录案卷的编号、页数及行序。当然,需摘录的材料较多时,也可以进行复印或拍照。

2. 与委托人谈话,听取委托人的意见。在了解基本案情和双方争执焦点的基础上,代理律师应与委托人进行一次有针对性的谈话,要求他详细地介绍有关案件发生、经过和结果的情况,并向委托人说明双方在主要事实上的争执焦点以及对委托人有利和不利的因素,听取委托人的意见,以便确定是否还需要委托人再提供新的证据和线索。同时,在谈话中,应注意了解委托人的思想动态,做好委托人的思想工作,避免矛盾激化,并告知委托人在举证及参加诉讼时应注意的有关事项。

3. 调查研究,收集和审查证据。1995 年以来,我国各级人民法院先后对民事审判方式进行了改革,其中之一就是强化当事人的举证责任。除当事人客观上无法收集的证据,人民法院要依职权收集外,根据《民事诉讼法》规定的"谁主张、谁举证"的原则,当事人对自己提出的主张,必须承担举证责任。这对代理律师收集证据提出了更高的要求。为全面弄清案件的事实真相,准确地分清是非,明确责任,有效地维护被代理人的合法权益,代理律师应深入实际调查研究,全面收集和认真审查证据。

代理律师收集证据,应因案而异。例如,对于离婚案件,应围绕婚姻基础、婚前感情、婚后关系、分歧由来、责任在谁和目前状况等方面去收集证据;对于继承纠纷,应围绕有无遗嘱、遗嘱真伪、有何遗产、产权证明以及当事人有无继承权等方面去收集证据;对于合同纠纷,则应从标的、数量和质量、价款或酬金、履行期限、履行地点和方式等方面去收集证据,以查明违约的原因和责任,等等。

代理律师收集、审查证据的方法主要有两种:一是要求委托人提供,包括要求委托人具体说明所提供证据的来源,哪些证据材料有待查实,应向谁查实或如何查实;二是根据委托人提供的材料和线索,进行调查,协助当事人履行举证责任。具体可采取以下方式:

(1)协助调查。即代理律师根据委托人提供的证据材料和线索,为其列出需查明的事实和需收集的证据材料并协助其进行调查。

(2)自行调查。《律师法》第 35 条第 2 款规定:"律师自行调查取证的,凭律师执业证书和律师事务所证明,可以向有关单位或者个人调查与承办法律事务有关的情况。"据此,对于那些不需要当事人参加调查的事实或对象,律师可以自行调查。律师自行调查的,应携带律师执业证书和律师事务所证明,并尽可能通过被调查人所在单位或基层组织进行,或有两人同去。对于有证据价值的材料,应当场做好笔录,由调查对象签名或盖章;有单位或组织代表在场的,应由单位或组织盖章或由其代表签名。

(3)申请法院调查。《民事诉讼法》第 67 条第 2 款规定,当事人及其诉讼代理人因客观原因不能自行收集的证据，[1]或者人民法院认为审理案件需要的证据，人民法院应当调查收集。《律师法》第35条第1款明确规定："受委托的律师根据案情的需要，可以申请人民检察院、人民法院收集、调取证据或者申请人民法院通知证人出庭作证。"代理律师提出申请时，应向法院提交申请书。申请书应当载明被调查人的姓名或者单位名称、住所地等基本情况、所要调查收集的证据的内容、需要由人民法院调查收集证据的原因及其要证明的事实，且应当在举证期限届满7日前提出。对于代理律师的申请，是否准许，由人民法院决定。代理律师对于人民法院不予准许的决定有异议的，可以在收到通知书的次日起3日内向受理申请的人民法院书面申请复议一次。

(4)申请法院颁发调查令进行调查。在我国，目前已有一些地方的高级人民法院和中级人民法院颁布了有关在民事诉讼中实行律师调查令的规定。据此，在实行律师调查令的地区，代理律师也可以申请人民法院颁发调查令，在人民法院签发调查令后，持调查令进行调查。接受调查单位或个人应当根据调查令指定的调查内容及时提供有关证据。

对通过上述调查方式收集到的各种证据材料，代理律师应进行认真仔细的审查判断，以查明真伪，确定取舍。在此基础上，代理律师应当根据委托人身份的不同，拟定举证或质证提纲，为在法庭上进行举证或发表质证意见做好准备。

4. 代为申请证据保全、财产保全或先予执行。在调查、收集证据的过程中，如果出现证据可能灭失或者日后难以取得的情况，代理律师应向人民法院申请保全证据。如果认为由于对方当事人的行为或者其他原因，将使日后判决不能执行或者难以执行的，代理律师应建议当事人提出财产保全申请；如果代理的是追索赡养费、扶养费、抚养费、抚恤金、医疗费用以及劳动报酬等案件，则代理律师应考虑建议当事人向人民法院提出先予执行申请。如果当事人决定提出的，代理律师应代写保全申请书或先予执行申请书，并提交人民法院。作为对方当事人的代理律师，如果认为人民法院作出的保全或者先予执行裁定不当的，应建议当事人申请复议，代理律师在当事人授权的情况下也可以直接申请复议。

5. 争取和解息讼。通过以上各项工作，如果事实已经查清，责任已经明确，律师应尽可能地运用自己的有利身份和地位，做双方当事人的和解工作，促使他们互让互谅，达成和解协议。律师代理一方当事人和对方当事人和解，不仅可以排解纠

---

[1] 《最高人民法院关于适用〈中华人民共和国民事诉讼法〉的解释》第94条第1款规定："民事诉讼法第六十七条第二款规定的当事人及其诉讼代理人因客观原因不能自行收集的证据包括：(一)证据由国家有关部门保存，当事人及其诉讼代理人无权查阅调取的；(二)涉及国家秘密、商业秘密或者个人隐私的；(三)当事人及其诉讼代理人因客观原因不能自行收集的其他证据。"

纷,及时息讼,使当事人将更多的精力用于生产或工作,而且有利于社会的和谐稳定。但是,和解必须坚持双方自愿的原则,不得违背委托人的意愿;必须在查明事实、分清是非、明确责任的基础上进行,不得"和稀泥"。如双方当事人达成和解协议的,代理律师应代为撰写和解协议,并告知原告向人民法院申请撤诉。和解协议一般应包括以下内容:(1)双方当事人的基本情况;(2)纠纷产生的原因、经过以及双方各自应承担的责任;(3)纠纷和解的最后结果,双方各自享有的权利和应尽的义务;(4)和解的时间、地点,双方当事人签名或盖章。和解协议签订后,代理律师应及时向当事人申明,双方当事人应自动履行和解协议;和解协议不同于法院制作的调解书,当事人如果反悔,仍可向人民法院起诉。

6. 综合分析案情,撰写代理词。在完成阅卷、谈话、调查工作后,代理律师应对获得的各种材料进行综合分析研究,对该案从事实和法律两个方面作出判断,以确定在法庭上的诉讼立场,采取切实有效的手段维护委托人的合法权益。其中,最主要的就是要集中精力撰写好代理词。

代理词是律师开庭前各项准备工作的基本总结,是律师对案件的事实和法律适用问题所持观点和理由的书面概括,从而也是律师实现诉讼代理职能的重要手段。代理词没有固定的模式,但其结构大体可分为三个部分:

(1)开头部分。由标题和开头语组成。标题写明"一审代理词"即可。接着另起一行写开头语。如有陪审员参加合议庭的,应写明"审判长、陪审员",如没有陪审员参加的,应写明"审判长、审判员"。然后再另起一行,说明自己代理诉讼的法律根据和接受谁的委托或哪个法院的指定,担任谁的诉讼代理人,出庭参加诉讼。

(2)主文部分。这是代理词的核心。律师在主文部分应依据事实和法律,全面阐述代理观点和理由,着重阐明案件的事实,进而证明这些事实,并引证适用于这些事实的法律条文。其中,原告的代理律师应侧重叙述案件的主要事实、诉讼请求及其理由和法律依据;被告的代理律师应侧重于对原告起诉的反驳和辩解,并说明反驳和辩解的事实、理由及法律依据。代理律师的反驳和辩解必须具有针对性和说服力。

(3)结尾部分。代理律师应对被代理人有利的观点和理由作出结论性的概括和归纳,并向法庭提出具体、明确的代理意见。

律师在撰写代理词时,应注意以下几个问题:第一,此时写的代理词仅是一个"初稿",如与法庭调查核对的证据和查明的事实有出入的,应迅速对代理词进行更正或修改,切不可在法庭上"照本宣科"。第二,代理词是在法庭上发表和写给审判员看的,所以应做到观点明确,持之有据;中心突出,层次分明;语言生动,文字简练;逻辑严谨,实事求是;观点明确,要求合法,具有高度的说服力和感染力。第三,对于代理词中的观点,代理律师应征求被代理人的意见。被代理人如有不同意见并固执己见的,代理律师可予以“回避”,并告知被代理人自行向法庭阐述。第四,对某些重大、复杂的民事案件的代理词,可提交律师事务所集体研究或主任审阅,以便集思广益,保证质量。

7. 建立诉讼代理档案。建立诉讼代理档案,可以使律师的代理工作条理化,有关的诉讼材料规范化,从而为出庭代理创造良好的条件,并有利于总结办案经验和教训。律师的诉讼代理档案应包括:(1)诉讼代理成立的材料;(2)委托人交来的各种证据材料的复印件或抄件;(3)法院发送的各种材料;(4)阅卷摘录的材料;(5)自行调查获得的材料;(6)与本案有关的法律、法规、司法解释等;(7)拟在法庭上举证、质证的提纲、对方可能提出的问题及如何反驳等的准备材料;(8)代理词;(9)拟向法庭提出的有关事项(包括调查证据、不公开审理、追加当事人、通知证人鉴定人出庭等)的申请书。

对于上述各项准备工作,代理律师视案件具体情况,可详可略,其顺序也可先可后,不必完全一样。

四、出席一审法庭参加诉讼

自1995年以来,我国各级人民法院对民事审判方式进行了改革,其中很重要的方面就是改进了庭审方式,法庭审理围绕举证、质证、认证三个环节,实现一切在法庭上见,有证举在法庭,有理讲在法庭,事实查清在法庭,是非辨明在法庭,纠纷解决在法庭。

根据《民事诉讼法》的规定,人民法院开庭审理一审案件,通常分为开庭、法庭调查、法庭辩论、调解、判决和裁定五个阶段。律师在这几个阶段的代理工作有不同的内容和特点。分述如下。

(一)律师在开庭阶段的代理工作

开庭是法庭对案件进行审理的准备阶段。律师在这一阶段主要应做好以下几项工作:

1. 协助当事人行使申请回避的权利。如果当事人亲自出庭的,应由当事人自己行使这一权利,因为审判人员等是否与本案有利害关系,只有当事人自己最清楚。代理律师需要做的事情,一是对于什么是与本案有利害关系应给当事人作出正确的解释,二是当事人对人民法院作出的不予回避的决定不服的,应告知其可以申请复议。如果当事人未亲自出庭的,代理律师应根据法律规定来衡量当事人提出的“审判人员等与本案有某种利害关系”能否成立,从而决定是否申请回避。当然,如果律师掌握了审判人员等应予回避的充分证据,则应理直气壮地提出回避申请。申请回避既可以书面形式也可以口头形式提出,但应注意措辞,以免造成不良影响。

2. 及时提出有关申请事项或反驳对方的申请事项。如果在开庭前因准备时间仓促来不及将有关申请事项提交法庭,或者在开庭时发现法庭并未通知自己申请通知的证人、鉴定人出庭或者没有进行某些必要的鉴定、勘验,那么代理律师应当在此时向法庭提出自己的申请事项。需要注意的是,所提出的申请事项应与案件的证明对象有密切的联系,并尽量制作书面申请。同时,对于对方当事人及其诉讼代理人提出的通知新的证人到庭、调取新的证据、进行鉴定或重新鉴定等申请,代理律师应考虑其有无法律依据,对诉讼结果将发生何种影响以及对被代理人的诉讼利益有无损害。如果对方提出的申请没有合法依据的,代理律师应当立即加以反驳,以使法庭拒绝对方的申请。

3. 慎重对待对方当事人及其诉讼代理人或某个重要证人的缺席问题。如果代理律师认为上述人员的缺席将影响法院查明案件的事实真相并作出公正判决的,那么应当向法庭提出延期审理的要求。须知,促使对方当事人及其诉讼代理人到庭在很多情况下是有利而无害的。如将有利于对方当事人在法庭上充分发表意见,避免日后因不服判决而缠讼;将有利于判决的执行,保护被代理人的合法权益。因此,代理律师不应一味地认为法庭在对方当事人缺席时审理案件对被代理人和自己有利。

(二)律师在法庭调查阶段的代理工作

代理律师在法庭调查阶段的主要任务有两项:一是协助法庭查明事实,以利于分清是非,明确责任,为公正裁判打下基础;二是帮助委托人行使诉讼权利,维护其合法权益。为此,代理律师在法庭上应当主动行使自己的诉讼权利,积极进行有关的诉讼行为。

根据《民事诉讼法》的规定,律师作为当事人的诉讼代理人,在法庭调查阶段又提出新证据,经法庭许可向证人、鉴定人、勘验人发问,要求重新进行调查、鉴定或勘验等权利,如有当事人的特别授权,还有权增加诉讼请求,提起反诉,申请保全或先予执行。为充分行使上述权利,保护当事人的合法权益,代理律师必须集中精力参加法庭调查活动。根据实践经验,代理律师在法庭调查阶段应做好以下几项工作:

1. 听。即代理律师要认真听取双方当事人的陈述、证人的证言、鉴定人的陈述及结论性意见、勘验人陈述的勘验过程和结果,以及本案其他诉讼参与人的陈述。律师在听的过程中,注意力要高度集中,以便能从中发现各种证据相互之间的内在矛盾或疑点,了解案件情况的发展变化及其对自己一方是否有利。

2. 说。即代理律师代委托人进行陈述和举证。如委托人不能出庭,代理律师要代为陈述事实;如委托人亲自出庭,应由委托人自己陈述,但委托人陈述有困难的,也可以由律师为主或为辅进行陈述。律师代为陈述事实,切忌感情用事,用语不当,刺激对方当事人。律师举证,应视不同证据采取不同的方法。例如,物证、书证、视听资料和电子数据应在法庭公开出示或播放。出示时,应尽可能出示原件、原物。如确因客观情况的限制,不能出示原件、原物时,应向法庭说明情况,经法庭许可后,出示复印件、复制品。物证、书证在法庭出示后,应当允许对方当事人辨认并对该物品、文件提出质疑。书证若系外文作成,还应提交相应的译本。代理律师对申请通知到庭的证人、鉴定人应亲自进行询问。若证人、鉴定人因客观情况确实无法出庭作证,经法庭允许,可宣读证人的书面证词或鉴定人出具的鉴定意见。无论是证人、鉴定人的口头陈述还是书面证词或鉴定意见,都应允许对方当事人发表质证意见。但勘验笔录一般系法庭依当事人申请或依职权制作,无须当事人或代理律师举证。

3. 问。律师经法庭许可,可以向对方当事人以及证人、鉴定人、勘验人发问,并对证据进行质证。律师进行发问,应当持客观平等的态度,坚持从实际出发,不搞诱问、指问,不使用带有讽刺性的语言;对法庭已确认的事实,不应再发问。律师进行质证,无非是要达到两个目的:一是找出对方提出的证据中的虚假的、有疑问的或不合法的部分;二是证明自己提出的证据的真实性、相关性、合法性。这是一项技巧性很强的工作,一般说来,根据不同种类证据的特点,质证的方法应有所不同:对于物证、书证,一般通过当庭辨认的方法进行质证。辨认时应注意仔细辨明作为证据的物品、文件的每一个细小部分,注意到所有的细枝末节。若当庭用一般观察的方法无法辨认时,应及时申请法庭进行鉴定。对于证人证言、当事人陈述,一般通过交叉询问进行质证。在询问对方当事人或对方提出的证人时,应注意发现其陈述中的矛盾之处或者不合情理之处,并针对这些疑点进行直截了当的发问。一般地,发问应连续进行,不给对方留有思考的余地,以免其作虚假的陈述。此外,还应注意发问语言的规范和文明。对于视听资料和电子数据,质证时应注意审查其真实性,特别是有无剪辑、拼接、伪造、变造等痕迹或情况。若无法以普通方法作出判断时,亦应及时申请法庭进行鉴定。对于鉴定意见、勘验笔录,可以通过对鉴定人、勘验人进行发问的方法,确认鉴定意见的科学性或勘验笔录记载内容的真实性。由于鉴定人、勘验人具有专业知识,因此代理律师应当注意运用有关专业知识进行发问。

4. 看。代理律师在法庭上要纵观全局,注意观察,以便了解案情的发展变化;要认真查看对方当事人及其诉讼代理人或法庭出示的书证、物证、视听资料和电子数据等证据,以便分辨其真伪和可靠程度,对不真实的、伪造的证据,应及时指出;要仔细观察对方当事人在法庭上的态度和表情变化,以便捕捉时机,促成调解。

5. 记。代理律师对于法庭的主要活动以及有关重要情况(如对方当事人新的陈述、需进一步查明或反驳的事项等)要记录下来,以便及时作出处理或供法庭辩论使用。

(三)律师在法庭辩论阶段的代理工作

法庭辩论,既是双方当事人及其诉讼代理人辨明事实、发表意见的主要阶段,又是审判人员听取双方意见、做到兼听则明的重要环节。代理律师在这一阶段,应通过发表代理词和与对方进行辩论,阐明对本案的基本看法和法律见解,反驳对方当事人及其诉讼代理人不正确的主张和意见,促使法庭判明是非,正确适用法律,作出公正裁判,从而维护委托人的合法权益。

根据《民事诉讼法》第144条第1款的规定,法庭辩论按下列顺序进行:

1. 原告及其诉讼代理人发言。其内容是:说明案件事实;提出证明这些事实的证据;指出适用于这些事实的法律依据。原告代理律师的发言一般以发表代理词的方式进行。

2. 被告及其诉讼代理人答辩。其内容应具有针对性,要注意提出新的事实以及反驳对方证明的事实,并提出证据证明这些新的事实;指出适用于这些新的事实的法律依据。被告代理律师的发言一般也以发表代理词的方式进行。

3. 第三人及其诉讼代理人发言或者答辩。有独立请求权的第三人在诉讼中的地位相当于原告,因此他及其诉讼代理人发言的内容和本案的原告及其诉讼代理人发言的内容相同;无独立请求权的第三人只是参加当事人一方进行诉讼,其诉讼地位为参加人,因此他及其诉讼代理人发言(参加原告一方)或者答辩(参加被告一方)的内容主要是:提出事实和证据,并根据法律说明自己与案件的处理结果有无法律上的利害关系。

4. 互相辩论。原告、被告和第三人及其诉讼代理人在第一轮发言后,双方针对案件的主要事实和法律适用问题,进一步阐明各自的见解和观点,揭露对方当事人及其诉讼代理人在事实和理由上暴露出来的种种矛盾,并有针对性地反驳其谬误。通常地,"互相辩论"在双方的代理律师之间进行。

在法庭辩论阶段,代理律师应注意以下几点:第一,依据事实。代理律师无论发言、答辩或反驳,都必须依据法庭已经查明的事实和核对的证据,而不得引用未经法庭认定的事实和证据。如果提出新的事实和证据,则应由法庭恢复调查,直到将该事实和证据查实后,才能再进行法庭辩论。第二,互相尊重。代理律师在发言中,应注意摆事实、讲道理,并尊重对方人格,不得意气用事,恶语伤人。即使对方偶有失误或言辞不当,也不应反唇相讥,用尖酸刻薄的语言挖苦讽刺。第三,讲求效果。代理律师的辩论发言应抓住要害,言简意赅,通俗易懂,切忌冗长空洞、华而不实或纠缠枝节,无理蛮缠。第四,留有余地。代理律师的辩论发言要顾及下一阶段的法庭调解,给双方的和解留出余地,尽量配合法院调解结案。

《民事诉讼法》第 144 条第 2 款规定,法庭辩论终结,由审判长按照原告、被告、第三人的先后顺序征询各方的最后意见。代理律师应注意协助当事人行使发表最后意见的权利。

(四)律师在法庭调解中的代理工作

《民事诉讼法》第 145 条规定:“法庭辩论终结,应当依法作出判决。判决前能够调解的,还可以进行调解……”代理律师在判决前调解阶段的工作主要有以下几项:

1. 配合法院促成调解。根据双方当事人的态度和案件情况,代理律师如认为有调解可能的,应提请和配合法院进行调解,以及时结案。

2. 监督法院依法调解。人民法院进行调解必须符合自愿和合法原则,代理律师如发现调解有强迫和违法情形的,应建议当事人不接受调解协议,并要求法院及时判决。

3. 向委托人说明有关事项。如果双方当事人在法院主持下达成调解协议,代理律师应向委托人说明以下事项:第一,调解达成协议的,由人民法院制作调解书。调解书经双方当事人签收后,即与生效的判决书具有同等的法律效力,委托人应当自觉履行,不能随意反悔;第二,委托人不得以同一事实和理由向人民法院再行起诉,如认为调解书确有错误的,应通过申诉途径解决;第三,调解书送达前一方反悔的,视为调解不成立,人民法院将依法作出判决;第四,对于法律规定的不需要制作调解书的协议,由人民法院记入笔录,经双方当事人、审判人员签名或者盖章后,即具有法律效力。从而使委托人对法院调解采取正确的态度和做法。

(五)律师在判决阶段的代理工作

法庭审理结束后,人民法院可以当庭宣告判决,也可以定期宣告判决。在人民法院宣告判决前,原告的代理律师如果预见到判决可能对委托人不利的,可以建议委托人撤回起诉。当然,是否准许撤诉,由人民法院裁定。

在人民法院宣告判决后,代理律师应视判决情况和委托人的意愿,采取相应的行动:第一,委托人对判决没有异议的,律师的代理工作即告结束,并及时进行归档工作;第二,如果判决错误,委托人要求律师代理上诉的,律师可以接受委托继续担任诉讼代理人,代理上诉并参加第二审诉讼;第三,如果判决正确而委托人不服要求律师代理上诉的,律师不宜接受其委托,而应做说服工作,动员他放弃上诉,服判息讼;第四,如果判决不当而委托人又不愿上诉的,律师应向他说明自己对判决的意见,动员他提出上诉,或者在取得他同意的情况下,另订委托代理合同,代其上诉并参加第二审诉讼。

五、二审程序中的律师代理

律师在二审程序中接受上诉人或被上诉人的委托,担任代理人参加诉讼,主要应做好以下几项工作:

1. 代写上诉状或二审答辩状。律师接受上诉人或被上诉人的委托后,在吃透案情和认真研究一审判决的基础上,应立即着手拟写上诉状或二审答辩状(其内容和格式见“代书”一章)。

2. 进行出庭前的准备工作。代理律师在出席二审法庭之前的准备工作视其是否参加一审诉讼而有很大的不同。如果代理律师参加过一审诉讼,此时的准备工作主要是针对一审判决进行,包括一审判决认定的哪些事实不清、适用的哪些法律有错误等。如果是新接受委托的律师,则必须做好充分的准备工作,包括与被代理人谈话,了解其上诉或答辩的理由和根据;全面查阅案卷材料,审查一审判决认定的事实是否清楚和适用的法律是否正确;进行调查,发掘新线索,发现新事实,收集新证据,等等。

3. 参加二审审理。对于上诉案件,二审人民法院原则上开庭审理,但也可以不开庭审理。由于审理的方式不同,律师的代理工作亦有明显差别。

第二审人民法院对上诉案件开庭审理的,上诉人或被上诉人可以与代理律师同时出庭,也可以由代理律师单独出庭(离婚案件除外)。在二审法庭上,代理律师通常只就上诉或答辩的理由进行陈述和回答法庭的提问。另外,代理律师还应听取上诉人和被上诉人关于案情的陈述和列举的证据,尤其要注意双方提出的新事实、新证据。双方的辩论要紧紧围绕一审判决来进行,或确认其正确或说明其谬误,以达到使二审法院维持原判或改判之目的。

按照《民事诉讼法》第176条第1款的规定,经过阅卷、调查和询问当事人,对没有提出新的事实、证据或者理由,合议庭认为不需要开庭审理的,可以不开庭审理。对此,代理律师应及时向二审法庭提交书面的代理意见,但代理律师如认为原判决在认定事实或适用法律上确有错误的,则应当申请二审法院开庭审理,并具体说明理由,以维护当事人的合法权益。

人民法院审判民事案件,实行两审终审制。因此,第二审人民法院的判决、裁定属于终审的判决、裁定,一经宣告立即生效,当事人不得再提出上诉。宣判后,代理律师应主动做好当事人的思想工作，说服其服判息讼，并自觉地执行判决、裁定；如认为判决、裁定仍有错误的，应建议当事人通过申诉途径解决。

第六节　涉外民事诉讼的律师代理

一、律师代理涉外民事诉讼的概念和作用

（一）律师代理涉外民事诉讼的概念和特征

涉外民事诉讼，是指具有涉外因素的民事诉讼。所谓涉外因素，主要表现在三个方面：一是作为诉讼主体的当事人一方或者双方是外国人、无国籍人、外国企业或组织；二是作为诉讼标的的民事法律关系，其法律事实发生在外国，比如合同是在外国签订的或者是在外国履行的，侵权行为是在外国发生或完成的；三是双方当事人争议的诉讼标的物在外国。具有上述三种情况之一的民事诉讼，即称为涉外民事诉讼或涉外民事案件。

律师代理涉外民事诉讼，是指律师接受涉外民事诉讼当事人的委托，担任代理人参加诉讼，维护当事人合法权益的诉讼行为。由于涉外民事诉讼具有涉外因素，因此在受理、审判、执行等方面不同于一般民事诉讼，相应地律师代理涉外民事诉讼亦不同于代理一般民事诉讼。

从目前世界各国的情况来看，律师代理涉外民事诉讼主要有两类：一类是律师包揽诉讼制度，另一类是当事人本人诉讼制度。前者是指涉外民事诉讼代理人必须由律师担任，当事人委托律师担任诉讼代理人以后，可不必亲自出庭参加诉讼的制度；后者是指当事人无论是否委托律师代理诉讼，都必须亲自出庭进行诉讼活动的制度，英美等国普遍采用这种诉讼制度。[2] 根据《民事诉讼法》第 271 条的规定，我国既不采用律师包揽诉讼制度，也不完全采用当事人诉讼制度，而是采用由当事人决定是否委托律师代理的制度。但根据《民事诉讼法》第 270 条的规定，外国当事人需要委托律师代理诉讼的，必须委托中国律师，而不得委托外国律师。

（二）律师代理涉外民事诉讼的作用

具有涉外因素的特征决定了，当事人委托律师代理涉外民事诉讼具有极其重要的作用。具体表现在：

1. 有利于人民法院正确、合法地处理涉外民事案件。随着改革开放的不断深

---

〔2〕 参见张晓陵、杨春福编：《律师与公证实务》，南京大学出版社 1994 年版，第 113 页。

化,我国与各国的人员往来、民事交流以及经济和技术合作等不断增加,随之而来的各种涉外民事、海事、海商案件日益增多。律师进行涉外民事诉讼代理,可以帮助当事人收集证据,辨明事实,弄清法律规定,从而有利于人民法院尽快查明案件事实,正确适用法律,妥善处理涉外民事案件。

2. 有利于维护涉外民事案件当事人的合法权益。外国人、无国籍人、外国企业或组织在我国起诉、应诉,由于不熟悉我国的法律规定,因而委托我国律师代理诉讼,可以获得充分的法律帮助,从而既有利于维护当事人的诉讼权利,也有利于维护当事人的实体权利和利益。

3. 有利于宣传社会主义法治,进一步改善我国的投资与贸易环境。律师代理涉外民事诉讼,通过对案件的法律分析,可以向外国当事人介绍我国法律,宣传社会主义法治,并通过提供优质的法律服务,树立我国法律的权威,改善我国投资与贸易的软环境,从而促进我国与世界各国的进一步交流与合作,推动我国社会主义现代化建设的蓬勃发展。

二、律师代理涉外民事诉讼的基本原则

律师代理涉外民事诉讼,除必须遵守民事诉讼的基本原则以外,还应当遵守《民事诉讼法》规定的涉外民事诉讼的基本原则,以维护我国的主权和法律的尊严。

(一)优先适用特别规定原则

《民事诉讼法》第266条规定:"在中华人民共和国领域内进行涉外民事诉讼,适用本编规定。本编没有规定的,适用本法其他有关规定。"《民事诉讼法》第四编"涉外民事诉讼程序的特别规定"是针对涉外民事诉讼的特殊性质而专门设置的,为及时、有效解决涉外民事纠纷所必需。因此,律师在代理涉外民事诉讼时,应当优先适用涉外民事诉讼程序的特别规定;只有当特别规定中无明确规定的,才能适用《民事诉讼法》的其他有关规定。

(二)诉讼权利义务同等原则

《民事诉讼法》第5条第1款规定:"外国人、无国籍人、外国企业和组织在人民法院起诉、应诉,同中华人民共和国公民、法人和其他组织有同等的诉讼权利义务。"据此,外国当事人在诉讼中享有与我国国内当事人同等的诉讼权利和义务,代理律师应一视同仁地为其提供法律服务,努力维护他们的合法权益。

(三)主权原则

主权是一个国家独立自主地处理国内国际事务的权力。为维护国家主权,我国《民事诉讼法》作了一系列的规定,例如,凡在中华人民共和国领域内进行的民

事诉讼,必须遵守本法;外国人、无国籍人、外国企业和组织在人民法院起诉、应诉,需要委托律师代理诉讼的,必须委托中华人民共和国的律师;人民法院审理涉外民事案件,应当使用中华人民共和国通用的语言、文字;等等。律师在代理涉外民事诉讼时,必须严格遵守这些规定,以切实维护我国的司法主权,协助人民法院正确、及时地处理涉外民事案件。

(四)适用我国缔结或参加的国际条约原则

《民事诉讼法》第 267 条规定:"中华人民共和国缔结或者参加的国际条约同本法有不同规定的,适用该国际条约的规定,但中华人民共和国声明保留的条款除外。"随着国际交往的日益扩大,我国缔结和参加的国际条约逐渐增多,律师在代理涉外民事诉讼时,应注意适用这些规定,以维护我国的国际声誉,但我国声明保留的条款则不应予以适用,以维护国家主权。

三、律师代理涉外民事诉讼应注意的问题

律师代理涉外民事诉讼,除要遵守代理民事诉讼的一般规定和要求外,还应特别注意以下几个问题:

(一)委托手续问题

我国律师接受外国当事人的委托,应与其签订委托代理合同,就委托的事项和权限、委托的期限和费用的负担等加以明确的约定。同时,外国当事人还应向我国律师出具授权委托书并提交人民法院。根据《民事诉讼法》第 271 条的规定,在我国领域内没有住所的外国人、无国籍人、外国企业和组织委托我国的律师代理诉讼的,其从我国领域外寄交或者托交的授权委托书,应当经所在国公证机关证明,并经我国驻该国使领馆认证,或者履行我国与该所在国订立的有关条约中规定的证明手续后,才具有效力。另外,如果外国当事人委托我国律师代为承认、放弃或变更诉讼请求,进行和解,提起反诉或者上诉的,还必须予以特别授权并按《民事诉讼法》的上述规定办理有关手续,否则无效。

(二)期间问题

按照《民事诉讼法》的有关规定,涉外民事诉讼的被告、被上诉人在一审、二审的答辩期限和上诉人的上诉期限均为 30 日,而一般民事诉讼相应当事人的答辩期限和上诉期限都只有 15 日。我国《民事诉讼法》为涉外民事诉讼当事人规定如此充裕的诉讼期限,主要是基于路途遥远、往返时间较长的实际需要。律师接受在我国没有住所的外国当事人的委托,担任代理人参加诉讼时,应注意《民事诉讼法》的上述特殊规定,告知或协助其在规定的期限内提出上诉或进行答辩。当然,如果外国当事人不能在规定的期限内提出上诉状或答辩状的,可以告知或者协助其申

请延期,是否准许,由人民法院决定。

(三)送达问题

根据《民事诉讼法》第274条的规定,人民法院对在我国领域内没有住所的当事人送达诉讼文书,可以采用下列方式:(1)依照受送达人所在国与我国缔结或者共同参加的国际条约规定的方式送达;(2)通过外交途径送达;(3)对具有我国国籍的受送达人,可以委托我国驻受送达人所在国的使领馆代为送达;(4)向受送达人委托的有权代其接受送达的诉讼代理人送达;(5)向受送达人在我国领域内设立的代表机构或者有权接受送达的分支机构、业务代办人送达;(6)受送达人所在国的法律允许邮寄送达的,可以邮寄送达,自邮寄之日起满3个月,送达回证没有退回,但根据各种情况足以认定已经送达的,期间届满之日视为送达;(7)采用传真、电子邮件等能够确认受送达人收悉的方式送达;(8)不能用上述方式送达的,公告送达,自公告之日起满3个月,即视为送达。在上述八种送达方式中,第四种即向诉讼代理人(含代理律师)送达,是最为普遍、最为可靠的一种送达方式。因为按照法律规定,接受送达的律师在接受后,有义务将诉讼文书送交当事人,况且,律师一经接受即视为人民法院送达完成,并对委托人产生法律上的效力。通常地,采用这种送达方式,都是由代理律师将诉讼文书送达自己所代理的一方当事人。

(四)申请财产保全问题

代理律师如果获得涉外民事诉讼当事人的特别授权,则可以依照《民事诉讼法》第103条第1、2款和第104条第1款的规定向人民法院申请采取保全或诉前保全措施,并告知当事人提供担保。其中,根据《民事诉讼法》第104条第3款的规定,人民法院裁定准许诉前保全的,代理律师应当在30日内代为提起诉讼,否则人民法院将解除保全,由此造成的被申请人的损失及有关费用由被代理人(申请人)承担。

第十二章　行政诉讼代理

第一节　行政诉讼代理概述

一、行政诉讼代理的概念和种类

我国《行政诉讼法》第 2 条第 1 款规定："公民、法人或者其他组织认为行政机关和行政机关工作人员的行政行为侵犯其合法权益,有权依照本法向人民法院提起诉讼。"据此,行政诉讼是指公民、法人或者其他组织在认为行政机关和行政机关工作人员的行政行为侵犯自己的合法权益时,依法向人民法院请求司法保护,并由人民法院对该行政行为进行审理和判决的活动。行政诉讼案件由人民法院审判,但必须要有当事人和其他诉讼参与人参加,否则人民法院的审判活动就无法进行。

行政诉讼代理,是指根据《行政诉讼法》的规定,代理人接受人民法院的指定或者当事人的委托,代理一方当事人并以被代理人的名义进行行政诉讼行为的活动。按照《行政诉讼法》的有关规定,行政诉讼代理可以分为以下三种:

1. 法定代理。所谓法定代理,是指法律规定的代理。法定代理权的产生,不是基于当事人的授权,而是基于法律的直接规定。具体来说,法定代理权是基于《民法典》确定的亲权和监护权而产生的代理权,因此,法定代理人和被代理人有一定的身份关系。《行政诉讼法》第 30 条规定:"没有诉讼行为能力的公民,由其法定代理人代为诉讼……"可见,法律设立法定代理的目的是保护无诉讼行为能力的当事人的合法权益。

2. 指定代理。所谓指定代理,是指由人民法院为无诉讼行为能力的当事人指定诉讼上的代理人代为诉讼。指定代理权的产生也不是基于当事人的授权,而是基于人民法院的指定。《行政诉讼法》第 30 条规定:"……法定代理人互相推诿代理责任的,由人民法院指定其中一人代为诉讼。"据此,行政诉讼中的指定代理只能由人民法院在法定代理人中指定代理,这与民事诉讼中的指定代理是有所不同的。在民事诉讼中,若无法定代理人的,人民法院不能直接指定代理,需经过有关机关按照我国《民法典》的有关规定,先确定监护人。根据《民法典》第 23 条的规定,监护人即法定代理人。

3. 委托代理。所谓委托代理,是指代理人接受当事人或法定代理人的委托,代为进行诉讼行为。委托代理权的产生,既不是基于法律规定,也不是基于法院指定,而是基于当事人、法定代理人的意思表示。当事人、法定代理人都有权按照自己的意愿来选定诉讼代理人,所以委托代理又称意定代理。《行政诉讼法》第 31 条规定:"当事人、法定代理人,可以委托一至二人作为诉讼代理人。下列人员可以被委托为诉讼代理人:(一)律师、基层法律服务工作者;(二)当事人的近亲属或者工作人员;(三)当事人所在社区、单位以及有关社会团体推荐的公民。"其中,律师作为专门为当事人提供法律服务的执业人员,只要当事人、法定代理人提出要求,就可以接受委托,担任诉讼代理人。

由上可见,行政诉讼中的法定代理人必须与当事人有一定的身份联系,指定代理人则由人民法院从几个法定代理人中指定,因此,律师的代理工作与法定代理和指定代理无关。在行政诉讼中,律师只能接受当事人、法定代理人的委托,担任诉讼代理人。因此,本章只讨论律师在行政诉讼中的委托代理问题。

二、律师行政诉讼代理的特征

行政诉讼的目的是解决行政相对人和行政机关之间的行政争议。由于行政争议本身的特殊性以及人民法院解决行政争议方式的特殊性,律师代理行政诉讼亦具有明显的特征。主要是:

1. 被代理人身份的恒定性。行政诉讼因公民、法人或者其他组织认为行政机关和行政机关工作人员的行政行为侵犯自己的合法权益向人民法院提起诉讼并由人民法院受理而形成,因此行政诉讼的原告只能是公民、法人或者其他组织,即行政相对人,而被告则恒定为在行政管理中作出行政行为的行政机关。虽然在行政诉讼中,律师既可以代理原告,又可以代理被告,但代理对象的不同,决定了代理的方式方法应有所区别。

2. 被代理人地位的转化性。在行政管理活动中,行政机关代表国家行使行政权力,实施行政行为,处于管理者的优越地位;而行政相对人即公民、法人和其他组织则是行政机关行使行政权的对象,处于被管理者的弱势地位。当双方发生争议而诉诸人民法院时,这种行政管理中的不平等地位即转化为平等的地位。对此,《行政诉讼法》第 8 条规定:"当事人在行政诉讼中的法律地位平等。"应当指出的是,虽然行政相对人在行政诉讼中获得了与行政机关同等的法律地位,但其"弱者"的状况并没有实质性改变(如势单力薄、文化水平不高、不懂法律、经济拮据等),因此相对于行政机关来讲,作为原告的行政相对人更需要得到律师的帮助。

3. 被代理人权限的差异性。由于在行政管理中行政机关和行政相对人地位的不平等，因此，在行政诉讼中，为了保护原告即行政相对人的合法权益，真正实现当事人双方法律地位平等的原则，《行政诉讼法》对被告行政机关的诉讼权利作了某些限制，如规定被告无起诉权，无反诉权，也无自行收集证据权。由此，在行政诉讼中，律师若代理原告进行诉讼，则享有律师代理的全部权利；若代理被告进行诉讼，则其权利与被告的权利一样受到某些限制。

4. 代理内容和方法的特殊性。律师的行政诉讼代理和民事诉讼代理在内容和方法上均有很大的差异。例如，人民法院审理民事案件可以进行调解，但审理行政案件不适用调解（行政赔偿、补偿以及行政机关行使法律、法规规定的自由裁量权的案件除外）。这是因为，行政机关的权力是公共行政权，属于“公权”，与民法中的“私权”不同，它既是职权又是职责，行政机关不能转让，也不得放弃。因此，行政诉讼原则上不适用调解。对此，在行政诉讼中，律师无论是作为原告的代理人还是被告的代理人，都应加以注意。又如，民事诉讼实行“谁主张，谁举证”的原则，而行政诉讼则实行“被告负举证责任”的原则。据此，在行政诉讼中，原告只需要举出行政行为和侵害事实存在的证据即可，而被告则必须就其行政行为的合法性、适当性加以举证，否则将承担败诉的责任。因此，律师若代理被告进行诉讼，就应当协助被告履行举证责任，而律师作为原告的诉讼代理人仅在某些方面协助原告履行举证责任。

5. 代理涉及法律法规的广泛性。行政机关作出行政行为的依据既有法律和行政法规，又有行政规章，涉及政治、经济、文化、科技、教育、卫生健康、环境保护、治安、海关管理等各个领域。因此，人民法院审理、裁判行政案件除了必须适用有关的法律法规以外，有时还要参照国务院各部委以及省、自治区、直辖市以及省、自治区的人民政府所在地的市和设区的市的人民政府制定、发布的规章。而且，随着全面依法治国的推进，行政管理方面的法规和规章将不断增加。因此，律师代理行政诉讼，只有掌握和熟悉大量的行政法规和规章，才能有效地维护当事人的合法权益。

第二节　律师代理行政诉讼的地位和作用

一、律师代理行政诉讼的法律地位

律师代理行政诉讼的法律地位，既不同于刑事诉讼中的辩护人，也不同于刑事诉讼中的代理人,而与民事诉讼中的代理人的法律地位基本相同。

1. 律师在行政诉讼中从属于被代理人。这是因为,首先,律师代理行政诉讼的目的是维护被代理人(当事人)的合法权益,协助被代理人行使诉讼权利和履行诉讼义务,因此,受委托的律师必须以被代理人的名义进行诉讼,并且其诉讼行为只有在当事人授权的范围内实施,才具有与当事人自己进行的诉讼行为同等的法律效力,否则,其代理行为无效,因此而造成的法律后果应由越权的律师承担。其次,在法庭审判时,如果当事人与代理律师一起出庭,但对同一问题所作的陈述不一致的,人民法院应当以当事人的陈述为准。最后,律师在代理诉讼过程中,当事人可以随时撤销对该律师的委托。由此可见,在行政诉讼中,律师所代理的是诉讼行为,律师作为诉讼代理人的某些权利是从被代理人的权利派生出来的,是继受性的,受到当事人意志的限制和约束。

2. 律师在行政诉讼中虽然不是诉讼主体,不具有独立的法律地位,但具有相对的独立性。主要表现在:第一,律师代理行政诉讼虽然必须在当事人授权的范围内进行,但他在诉讼中有独立进行意思表示的权利,即有权自行决定怎样向第三人为意思表示,或者自行决定是否接受第三人作出的意思表示;有为达到代理目的采取相应措施和选择行为方式的权利等。第二,律师作为依法取得执业证书,专门为当事人提供法律服务的执业人员,虽然与被代理人具有从属性关系,但作为诉讼参与人,他还享有法律赋予的某些权利,如查阅案卷权、调查取证权、参加庭审调查和辩论权等。第三,对当事人的主张和要求,律师必须遵循以事实为根据、以法律为准绳的原则加以维护,而不能无原则地予以支持和迁就。

二、律师代理行政诉讼的权利和义务

律师在行政诉讼中除依据当事人的授权享有权利外,还享有法律赋予的某些权利并应承担相应的义务。

(一)律师代理行政诉讼的权利

根据《律师法》《行政诉讼法》的有关规定,律师代理行政诉讼享有下列权利:

1. 依法代理行政诉讼受法律保护,任何组织和个人不得侵害律师的合法权益。

2. 在代理活动中的人身权利不受侵犯,在法庭上发表的代理意见不受法律追究。

3. 查阅案卷材料权。自人民法院受理案件之日起,律师有权查阅、摘抄和复制与案件有关的所有材料。

4. 调查取证权。律师根据案情的需要,可以申请人民法院收集、调取证据或者申请人民法院通知证人出庭作证;律师自行调查取证的,凭律师执业证书和律师事务所证明,可以向有关单位或者个人调查与承办案件有关的情况,收集与本案有关的证据。

5. 出庭参加诉讼权。在法庭审理中,经审判长许可,律师有权向证人、鉴定人、勘验人发问,有权要求法院重新进行调查、鉴定或者勘验,有权进行辩论,且辩论的权利依法受到保障。

6. 拒绝代理权。律师接受委托后,对于委托事项违法,委托人利用律师提供的服务从事违法活动或者委托人故意隐瞒与案件有关的重要事实的,有权拒绝代理,与委托人解除代理关系。

需要指出的是,由于行政诉讼的特殊性,对于被告的诉讼权利以及被告代理律师的权利受限问题应予特别注意。

如前所述,在行政管理活动中,行政机关处于优越的地位,而作为行政相对人的公民、法人或者其他组织则处于弱势地位。进入诉讼后,虽然双方获得了平等的诉讼地位,但行政机关先前的行政行为具有预决效力,在被人民法院判决为违法、不当之前,均推定为合法,行政相对人原则上必须执行。因此,在行政诉讼中,为了维护作为原告的行政相对人的合法权益,并基于行政诉讼的特殊要求,法律对行政机关的诉讼权利作了某些限制,无疑其代理律师的权利亦受到相应的限制。具体是:

(1)没有起诉权。由于行政机关在行政诉讼中恒定为被告,没有起诉权,故其代理律师亦无权代为起诉。

(2)没有反诉权。由于行政行为在原告起诉之前一般已经执行,因此被诉行政机关不可能向人民法院提出与本诉标的及理由有牵连的反诉请求。而且行政机关享有行政管理权,可以自行就有关事项作出处理,也没有诉请法院判决的必要。因此其代理律师亦无权代为反诉。

(3)收集证据权受到限制。行政机关的行政行为必须建立在事实清楚、证据确实充分的基础上,否则即违法。进入诉讼后,人民法院如认为行政行为主要证据不足的,应判决撤销。因此,为防止行政机关"事后取证"来证明行政行为的合法性,《行政诉讼法》第35条规定:"在诉讼过程中,被告及其诉讼代理人不得自行向原告、第三人和证人收集证据。"

(4)无权申请调解。行政机关的职权为国家法律明确规定,既是权力,又是职责,不能自由处分,所以行政诉讼原则上不适用调解。因此,作为被告代理人的律师也无权申请法院进行调解(行政赔偿、补偿以及行政机关行使法律、法规规定的自由裁量权的案件除外)。

(二)律师代理行政诉讼的义务

根据《律师法》《行政诉讼法》的有关规定,律师代理行政诉讼主要应履行以下几项义务:

1. 必须以事实为根据,以法律为准绳。

2. 接受委托后,无正当理由的,不得拒绝代理。

3. 应当保守在代理活动中知悉的国家秘密、商业秘密,不得泄露当事人的隐私;对在代理活动中知悉的委托人和其他人不愿泄露的情况和信息,应当予以保密。

4. 不得在同一案件中为双方当事人担任代理人,不得代理与本人或者其近亲属有利益冲突的行政诉讼案件。

5. 不得违反规定会见法官以及其他有关工作人员。

6. 不得向法官以及其他有关工作人员行贿、介绍贿赂或者指使、诱导当事人行贿,或者以其他不正当方式影响法官以及其他有关工作人员依法办理案件。

7. 不得故意提供虚假证据或者威胁、引诱他人提供虚假证据,不得妨碍对方当事人合法取得证据。

8. 不得扰乱法庭秩序,干扰诉讼活动的正常进行。

9. 被告的代理律师应协助被告履行举证责任。

三、律师代理行政诉讼的作用

由于行政诉讼是"民告官"诉讼,所争议的实质又是行政机关行政行为的合法性问题,更何况有关行政管理方面的法律法规和规章浩繁,故而由律师代理行政诉讼显得尤为重要和必要。

律师代理行政诉讼和处理其他法律事务一样,既要维护当事人合法权益,又要维护法律正确实施,维护社会公平和正义。具体来说,律师代理行政诉讼主要有以下三个方面的作用:

第一,律师作为原告的代理人参加诉讼,有利于维护公民、法人或者其他组织的合法权益。在行政诉讼中,作为行政相对人的公民、法人或者其他组织处于弱者的地位,其合法权益容易受到行政机关的侵犯而需要得到司法保护和救济。律师接受公民、法人或者其他组织的委托担任诉讼代理人,无疑可以给处于"弱者"地位的原告予以有力的支持和帮助,切实维护其合法权益。同时,律师作为原告的代理人参加诉讼也是对"官贵民贱"的旧思想、旧观念的有力冲击,有助于培养公众的民主法治意识。

第二,律师作为被告的代理人参加诉讼,有利于督促和维护行政机关依法行政。为维护国家和社会的公共利益,法律赋予行政机关广泛的管理权力。有权力就应当有监督,同时也应当加以维护,否则就会造成权力滥用或权力失效。行政诉讼是监督行政机关依法行使职权的重要手段。律师接受行政机关的委托担任其代理人参加诉讼,一方面可以发现行政机关的违法行为,督促其纠正,提高其管理水平;另一方面也可以协助行政机关维护其合法的行政行为,树立行政管理的权威性。

第三,律师代理行政诉讼,有利于人民法院公正、及时地审理行政诉讼案件。律师具有丰富的法律知识和实践经验,而且在代理活动中,必须遵守以事实为根据、以法律为准绳的原则,恪守律师职业道德和执业纪律,因此律师参加诉讼,可以帮助当事人提供证据,辨明事实,也可以协助人民法院准确适用法律法规,并监督其遵守法定程序和作出公正的裁判,从而保证办案质量,维护法律正确实施,维护社会公平和正义。

第三节　律师代理行政诉讼的范围

一、律师代理行政诉讼的案件范围

律师代理行政诉讼的案件范围,应当是人民法院可以进行行政审判的案件范围即受案范围。换言之,只有人民法院可以进行审判的行政诉讼案件,律师才能接受当事人、法定代理人的委托代为诉讼。《行政诉讼法》对人民法院行政审判的受案范围从肯定和否定两个方面作了明确的规定,从而实际上也就对律师代理行政诉讼的案件范围作了界定。

(一)行政诉讼法规定人民法院可以受理的行政案件

《行政诉讼法》第 12 条第 1 款采取列举的方式,对人民法院的行政诉讼受案范围作了明确规定,具体包括以下十二种:(1)对行政拘留、暂扣或者吊销许可证和执照、责令停产停业、没收违法所得、没收非法财物、罚款、警告等行政处罚不服的;(2)对限制人身自由或者对财产的查封、扣押、冻结等行政强制措施和行政强制执行不服的;(3)申请行政许可,行政机关拒绝或者在法定期限内不予答复,或者对行政机关作出的有关行政许可的其他决定不服的;(4)对行政机关作出的关于确认土地、矿藏、水流、森林、山岭、草原、荒地、滩涂、海域等自然资源的所有权或者使用权的决定不服的;(5)对征收、征用决定及其补偿决定不服的;(6)申请行政机关履行保护人身权、财产权等合法权益的法定职责,行政机关拒绝履行或者不予答复的;(7)认为行政机关侵犯其经营自主权或者农村土地承包经营权、农村土地经营权的;(8)认为行政机关滥用行政权力排除或者限制竞争的;(9)认为行政机关违法集资、摊派费用或者违法要求履行其他义务的;(10)认为行政机关没有依法支付抚恤金、最低生活保障待遇或者社会保险待遇的;(11)认为行政机关不依法履行、未按照约定履行或者违法变更、解除政府特许经营协议、土地房屋征收补偿协议等协议的;(12)认为行政机关侵犯其他人身权、财产权等合法权益的。

由于行政管理领域十分广泛,因此《行政诉讼法》对行政机关侵犯人身权、财产权等合法权益的行为难以一一列举。为对公民、法人和其他组织的所有人身权、财产权等合法权益予以充分保障,《行政诉讼法》第12条第1款第12项作了兜底性规定,从而把侵犯公民、法人或其他组织人身权、财产权等合法权益的行政行为全部纳入了行政诉讼的受案范围。因此,对于行政机关侵犯人身权、财产权等合法权益的行为,公民、法人和其他组织都有权依法向人民法院提起诉讼。

最高人民法院《关于适用〈中华人民共和国行政诉讼法〉的解释》(以下简称《行诉法解释》)第1条第1款规定:"公民、法人或者其他组织对行政机关及其工作人员的行政行为不服,依法提起诉讼的,属于人民法院行政诉讼的受案范围。"该条对人民法院的行政诉讼受案范围作了概括性规定,实际上扩大了人民法院的行政诉讼受案范围。

(二)法律、法规规定可以提起诉讼的其他行政案件

除《行政诉讼法》外,我国还有一些法律、法规和司法解释对可以提起诉讼的其他行政案件也作了规定。这些案件主要是:

1. 根据《专利法》,不服确认专利权等处理的案件。

2. 根据2000年最高人民法院发布的《关于执行〈中华人民共和国行政诉讼法〉若干问题的解释》第13条的规定,有下列情形之一的,公民、法人或者其他组织可以依法提起行政诉讼:(1)被诉的行政行为涉及其相邻权或者公平竞争权的;(2)与被诉的行政复议决定有法律上利害关系或者在复议程序中被追加为第三人的;(3)要求主管行政机关依法追究加害人法律责任的;(4)与撤销或者变更行政行为有法律上利害关系的。

3. 根据2015年最高人民法院发布的《关于适用〈中华人民共和国行政诉讼法〉若干问题的解释》(现已失效)第11条第2款的规定,公民、法人或者其他组织就下列行政协议提起行政诉讼的,人民法院应当依法受理:(1)政府特许经营协议;(2)土地、房屋等征收征用补偿协议;(3)其他行政协议。

(三)人民法院依法不受理的公民、法人或者其他组织提起的诉讼

根据《行政诉讼法》第13条的规定,人民法院不受理公民、法人或者其他组织对下列事项提起的诉讼,对此律师亦不能接受委托进行代理:

1. 国防、外交等国家行为。所谓国家行为,是指国务院、中央军事委员会、国防部、外交部等根据宪法和法律的授权,以国家的名义实施的有关国防和外交事务的行为,以及经宪法和法律授权的国家机关宣布紧急状态等行为。

2. 行政法规、规章或行政机关制定、发布的具有普遍约束力的决定、命令。所谓具有普遍约束力的决定、命令,是指行政机关针对不特定对象发布的能反复适用的行政规范性文件。

3. 行政机关对行政机关工作人员的奖惩、任免等决定。这些决定是指行政机关作出的涉及该行政机关工作人员公务员权利义务的决定。

4. 法律规定由行政机关最终裁决的行政行为。这里的"法律"是指全国人民代表大会及其常务委员会制定、通过的规范性文件。

此外,根据最高人民法院《行诉法解释》第 1 条第 2 款的规定,下列行为不属于人民法院行政诉讼的受案范围,律师亦不得接受委托代理诉讼:(1)公安、国家安全等机关依照《刑事诉讼法》的明确授权实施的行为;(2)调解行为以及法律规定的仲裁行为;(3)行政指导行为;(4)驳回当事人对行政行为提起申诉的重复处理行为;(5)行政机关作出的不产生外部法律效力的行为;(6)行政机关为作出行政行为而实施的准备、论证、研究、层报、咨询等过程性行为;(7)行政机关根据人民法院的生效裁判、协助执行通知书作出的执行行为,但行政机关扩大执行范围或者采取违法方式实施的除外;(8)上级行政机关基于内部层级监督关系对下级行政机关作出的听取报告、执法检查、督促履责等行为;(9)行政机关针对信访事项作出的登记、受理、交办、转送、复查、复核意见等行为;(10)对公民、法人或者其他组织权利义务不产生实际影响的行为。

二、律师代理行政诉讼的对象范围

根据《行政诉讼法》第 31 条的规定,当事人、法定代理人可以委托律师作为诉讼代理人。行政诉讼当事人同民事诉讼当事人一样,有广义和狭义之分。广义当事人包括原告、被告、共同诉讼人和第三人,狭义当事人仅指原告和被告。从《行政诉讼法》第 25 条至第 29 条的规定来看,我国行政诉讼当事人是指广义当事人。因此,下列当事人均可委托律师代理行政诉讼:

1. 原告。即认为行政机关和行政机关工作人员的行政行为侵犯其合法权益,而依法向人民法院提起诉讼的公民、法人或其他组织。其中,原告为公民的,其法定代理人亦可委托律师代为诉讼。

2. 被告。即被原告起诉侵犯其合法权益,而由人民法院通知应诉的行政机关或法律法规授权的组织。由行政机关委托的组织所作的行政行为,则由委托的行政机关作为被告。

3. 共同诉讼人。在行政诉讼中,当事人一方或双方为 2 人以上的诉讼,称为共同诉讼。共同诉讼中的原告和被告,为共同诉讼人。《行政诉讼法》第 27 条规定:“当事人一方或者双方为二人以上,因同一行政行为发生的行政案件,或者因同类行政行为发生的行政案件、人民法院认为可以合并审理并经当事人同意的,为共同诉讼。”可见,共同诉讼是诉讼的主体的合并。共同诉讼人可以各自委托律师代为诉讼;共同原告为公民的,其法定代理人亦可各自委托律师代为诉讼。根据最高人民法院《行诉法解释》的规定,《行政诉讼法》第 28 条规定的“人数众多”,一般指 10 人以上;当事人一方人数众多的,由当事人推选代表人;当事人推选不出的,可以由人民法院在起诉的当事人中指定代表人;代表人为 2 ~ 5 人,其可以委托 1 ~ 2 人作为诉讼代理人。

4. 第三人。《行政诉讼法》第 29 条第 1 款规定:“公民、法人或者其他组织同被诉行政行为有利害关系但没有提起诉讼,或者同案件处理结果有利害关系的,可以作为第三人申请参加诉讼,或者由人民法院通知参加诉讼。”第三人参加诉讼的原因是同本诉讼存在法律上的利害关系,为维护自己的合法权益,可委托律师代为诉讼;第三人为公民的,其法定代理人亦可委托律师代为诉讼。

此外,《行政诉讼法》第 100 条规定,外国人、无国籍人、外国组织在中华人民共和国进行行政诉讼,委托律师代理诉讼的,应当委托中华人民共和国律师机构的律师。据此,律师也可以接受外国人、无国籍人、外国组织委托,代理涉外行政诉讼。

三、律师代理行政诉讼的程序范围

根据《行政诉讼法》的规定,行政诉讼程序分为行政案件审判程序、行政侵权赔偿诉讼程序和行政诉讼执行程序三类。其中,行政案件的审判程序又分为第一审程序、第二审程序和审判监督程序三种。在以上各类和各种程序中,律师均可接受当事人的委托,担任诉讼代理人,参加诉讼。

第四节　律师代理行政诉讼的步骤和方法

一、审查收案

如前所述,律师既可以接受行政诉讼原告或被告的委托,也可以接受共同诉讼人或第三人的委托,担任代理人参加诉讼。一般地说,如果当事人委托代理的案件人民法院已经立案受理，则律师无须进行审查，可以立即接受委托，办理收案手续，因为此时诉讼程序已经开始，不至于发生人民法院不予受理而尴尬的情况。但是，如果委托人是公民、法人或其他组织而准备向人民法院起诉的，则与民事诉讼收案一样，律师在受托前应通过和委托人谈话、阅读有关材料等方式进行审查，以便决定是否接受委托。否则，仓促接受委托，代理委托人向法院起诉而不被登记立案或者在立案后被裁定驳回起诉，将给工作造成被动。具体地说，律师在接受委托前应审查并弄清以下几个问题：

1. 委托人是否有权提起行政诉讼

根据《行政诉讼法》的规定，只有认为行政机关和行政机关工作人员的行政行为侵犯其合法权益时，该公民、法人或其他组织才有权向人民法院提起诉讼；有权提起诉讼的公民死亡，其近亲属可以提起诉讼；有权提起诉讼的法人或者其他组织终止，承受其权利的法人或者其他组织可以提起诉讼；没有诉讼行为能力的公民，由其法定代理人代为诉讼。如果委托人无权提起行政诉讼，即不是合格的原告，则律师自然不能接受委托代理诉讼。

2. 有无明确的被告以及具体的诉讼请求

根据《行政诉讼法》第 26 条的规定，行政诉讼的被告按以下五种情况确定：(1)公民、法人或其他组织直接向人民法院提起诉讼的，作出行政行为的行政机关是被告。(2)经复议的案件，复议机关决定维持原行政行为的，作出原行政行为的行政机关和复议机关是共同被告；复议机关改变原行政行为的，复议机关是被告。复议机关在法定期限内未作出复议决定，公民、法人或者其他组织起诉原行政行为的，作出原行政行为的行政机关是被告；起诉复议机关不作为的，复议机关是被告。(3)两个以上行政机关作出同一行政行为的，共同作出行政行为的行政机关是共同被告。(4)行政机关委托的组织所作的行政行为，委托的行政机关是被告。(5)行政机关被撤销或者职权变更的，继续行使其职权的行政机关是被告。

同时，还应审查委托人对某一行政行为的起诉，有无具体明确的诉讼请求和事实根据。所谓“有具体的诉讼请求”，按照最高人民法院《行诉法解释》第 68 条第 1 款的规定，是指：(1)请求判决撤销或者变更行政行为；(2)请求判决行政机关履行法定职责或者给付义务；(3)请求判决确认行政行为违法；(4)请求判决确认行政行为无效；(5)请求判决行政机关予以赔偿或者补偿；(6)请求解决行政协议争议；(7)请求一并审查规章以下规范性文件；(8)请求一并解决相关民事争议；(9)其他诉讼请求。例如，根据《行政诉讼法》第 53 条的规定，公民、法人或者其他组织认为行政行为所依据的国务院部门和地方人民政府及其部门制定的规范性文件不合法，在对行政行为提起诉讼时，可以一并请求对该规范性文件进行审查。

对于上述诉讼请求中涉及行政行为的,应当审查当事人是否有证据证明行政机关确已实施了该行政行为,而至于该行政行为是否合法、适当,则由行政机关负举证责任,律师此时无须进行审查。

3. 是否属于人民法院的受案范围

关于委托人与行政机关之间的争议是否属于人民法院的受案范围,本章第三节已作了论述。如不属于人民法院受案范围的,则律师不能接受委托代为提起行政诉讼。

4. 是否属于应由行政机关先行复议的案件

行政机关先行复议,是指行政争议在进入诉讼程序以前,按照有关法律、法规的规定,必须先经过行政机关复议。未经复议而直接起诉的,人民法院不予受理。对于此类案件,律师不应接受委托代理诉讼,但应告诉委托人向行政机关申请复议,对复议决定不服的再起诉。但有些法律、法规(如海关法等)规定,当事人对行政机关的行政行为不服,既可以向上一级行政机关申请复议,也可以直接向人民法院起诉的,则律师可以接受委托代理诉讼。

5. 行政行为是否超过诉讼时效

关于行政行为的诉讼时效,《行政诉讼法》规定了下列不同的情况:(1)依照法律、法规规定应当先向行政机关申请复议,申请人不服复议决定的,应当在收到复议决定之日起 15 日内向人民法院提起诉讼。(2)复议机关逾期(2 个月)不作决定的,申请人应当在复议期满之日起 15 日内向人民法院提起诉讼。(3)公民、法人或者其他组织直接向人民法院提起诉讼的,应当自知道或者应当知道作出行政行为之日起 6 个月内提出。因不动产提起诉讼的案件自行政行为作出之日起超过 20 年,其他案件自行政行为作出之日起超过 5 年提起诉讼的,人民法院不予受理。(4)公民、法人或者其他组织申请行政机关履行保护其人身权、财产权等合法权益的法定职责,行政机关在接到申请之日起 2 个月内不履行的,公民、法人或者其他组织可以向人民法院提起诉讼,但公民、法人或者其他组织在紧急情况下请求行政机关履行保护其人身权、财产权等合法权益的法定职责,行政机关不履行的,提起诉讼不受该期限的限制。律师代理行政诉讼应当在诉讼时效规定的期限内提起诉讼。如果超过了诉讼时效,委托人虽然还可以向人民法院起诉,但因丧失了实体意义上的诉权,其请求无法得到法律的保护,不能胜诉。因此,律师不应接受委托。但委托人耽误诉讼时效,如果存在引起诉讼时效中止、中断的法定事由,或者有延长时效期限的正当理由,则律师可以接受委托,代理诉讼。

经过以上几个方面的审查,如果律师决定接受委托代理诉讼的,则与代理民事诉讼一样,也要与委托人签订委托代理合同,并向人民法院提交由委托人签名或者盖章的授权委托书。授权委托书应当载明委托事项和具体权限。公民在特殊情况下无法书面委托的,也可以由他人代书,并由自己捺印等方式确认,人民法院应当核实并记录在卷;被诉行政机关或者其他有义务协助的机关拒绝人民法院向被限制人身自由的公民核实的,视为委托成立。当事人解除或者变更委托的,应当书面报告人民法院。

二、代理起诉或应诉

(一)律师代理原告起诉

律师接受尚未起诉的公民、法人或者其他组织的委托后,应立即着手起诉工作。具体包括:

1. 确定具体的诉讼请求

具体的诉讼请求包括哪些,在本节的第一部分"审查收案"中已经述及,不再重复。

2. 确定管辖法院

关于法院的行政案件管辖权,主要应注意两个问题:一是级别管辖。一般地,第一审行政案件由基层人民法院管辖,但对国务院部门或者县级以上地方人民政府所作的行政行为提起诉讼的案件,海关处理的案件,本辖区内重大、复杂的案件,以及其他法律规定由中级人民法院管辖的案件,由中级人民法院管辖,进行第一审审判。二是地域管辖。根据《行政诉讼法》的规定,行政案件由最初作出行政行为的行政机关所在地人民法院管辖;经复议的案件,也可以由复议机关所在地人民法院管辖。经最高人民法院批准,高级人民法院可以根据审判工作的实际情况,确定若干人民法院跨行政区域管辖行政案件。对限制人身自由的行政强制措施不服提起的诉讼,由被告所在地或者原告所在地人民法院管辖。因不动产提起的行政诉讼,由不动产所在地人民法院管辖。两个以上人民法院都有管辖权的案件,原告可以选择其中一个人民法院提起诉讼;原告向两个以上有管辖权的人民法院提起诉讼的,由最先立案的人民法院管辖。

根据最高人民法院《行诉法解释》第 8 条的规定,"原告所在地",包括原告的户籍所在地、经常居住地和被限制人身自由地;原告对行政机关基于同一事实,既采取限制公民人身自由的行政强制措施,又采取其他行政强制措施或者行政处罚不服的,由被告所在地或者原告所在地的人民法院管辖。

3. 代写起诉状

律师通过认真查阅行政机关作出行政行为所依据的规范性文件及有关证据材料,对案件情况进行分析判断,对证据进行审查核实,在全面了解案情的基础上应代写起诉状(其内容和格式见“代书”一章)。起诉状应经原告审阅同意。

4. 向人民法院提交相关材料

公民、法人或者其他组织提起行政诉讼,应当向人民法院提交以下材料:(1)原告的身份证明材料以及有效联系方式。其中,起诉人是公民的,提交身份证明复印件;起诉人是法人或者其他组织的,提交营业执照或者组织机构代码证复印件、法定代表人或者主要负责人身份证明书;法人或者其他组织不能提供组织机构代码的,应当提供组织机构被注销的情况说明。(2)被诉行政行为或者不作为存在的材料,如行政处罚决定书等。(3)原告与被诉行政行为具有利害关系的材料。(4)人民法院认为需要提交的其他材料。由律师代为起诉的,还应当在起诉状中写明委托代理人的基本情况,并提交委托代理人的身份证明和代理权限证明等材料。此外,还需提交与被告及其他当事人人数相符的起诉状副本。

如果提交的材料不符合上述要求的,需按照人民法院的要求在指定期限内补正。如果人民法院裁定不予立案的,应协助委托人向上一级人民法院提起上诉。

(二)律师代理被告应诉

律师接受被告行政机关的委托担任诉讼代理人,如处在应诉阶段,则律师应进行以下两项工作:

1. 认真研究原告的起诉状

接受委托后,律师首先应仔细阅读原告的起诉状,和委托人谈话,进行必要的调查,了解行政机关作出行政行为的事实根据和所依据的规范性文件,分析原告的诉讼请求是否成立。

2. 撰写答辩状并提交法院

律师在调查、研究和分析的基础上,应代写答辩状。答辩状主要应反驳原告的诉讼请求,论证行政行为事实清楚、证据确凿充分,适用法律法规正确,符合法定程序。答辩状应当经被告审阅同意,在收到起诉状副本之日起 15 日内向人民法院提出,并向人民法院提交作出行政行为的证据和所依据的规范性文件。《行政诉讼法》第 67 条规定,人民法院应当在收到答辩状之日起 5 日内,将答辩状副本发送原告。因此,被告在提出答辩状时应按原告人数提出副本。

三、进行开庭前的准备工作

律师代理行政诉讼与代理民事诉讼一样,也要进行开庭前的准备工作,如查阅案卷材料,了解熟悉案情;与委托人谈话,听取委托人的意见;调查研究,收集和审查证据;综合分析案情,撰写代理词;建立诉讼代理档案等。除此之外,根据《行政诉讼法》的有关规定,代理律师还应特别注意以下几个问题:

1. 虽然行政诉讼不适用调解，但当事人双方仍有和解权。《行政诉讼法》第62条规定："人民法院对行政案件宣告判决或者裁定前，原告申请撤诉的，或者被告改变其所作的行政行为，原告同意并申请撤诉的，是否准许，由人民法院裁定。"据此，原告的代理律师认为符合撤诉条件的，可以建议原告申请撤诉；被告的代理律师为实现与原告的和解，可根据不同情况采取以下两种方法：一是认为原告的起诉明显无理，无胜诉可能的，可以向原告或其诉讼代理人指出，由原告主动申请撤诉；二是发现被代理人的行政行为确属事实不清、证据不足或适用法律法规不当的，应及时告知，促使其认识错误。如果被代理人同意撤销或者变更其所作的行政行为的，代理律师可以通过合法途径告知原告并与其协商。原告同意撤诉的，由其向人民法院提出申请；原告不同意撤诉的，则由人民法院继续审理和判决。

2. 虽然行政诉讼不适用调解，但行政赔偿、补偿以及行政机关行使法律、法规规定的自由裁量权的案件可以调解。这是因为，公民、法人或者其他组织因自己的合法权益受到行政机关或者行政机关工作人员行政行为的侵犯而遭受损失的，或者对于行政机关因公共利益需要或者其他法定理由单方变更、解除行政协议或对土地或其他合法财产进行征收或征用而造成损失的，均有权请求进行赔偿或补偿，由此引起行政赔偿或补偿诉讼。与其他行政诉讼不同，行政赔偿或补偿诉讼的原告在提出赔偿或补偿请求后，可以放弃、变更其赔偿、补偿请求。自由裁量权是行政机关和行政机关工作人员依照法律法规享有的在法定权限范围内自由选择行政行为的种类、方式和结果的权力，只要不属于明显不当的，就是法律所认可的。《行政诉讼法》第60条第1款规定："人民法院审理行政案件，不适用调解。但是，行政赔偿、补偿以及行政机关行使法律、法规规定的自由裁量权的案件可以调解。"据此，律师代理行政赔偿、补偿以及行政机关行使法律、法规规定的自由裁量权的案件，可以申请法院进行调解。

3. 重视举证工作或对证据的审查。在行政诉讼中，由被告行政机关对作出的行政行为负举证责任。因此律师担任被告的诉讼代理人，应高度重视举证工作：一是举证要注意全面性，不仅应当提供作出行政行为的证据，而且应当提供作出该行政行为在程序上和实体上所依据的规范性文件。被告不作为的，还应提供其不作为的理由及相关证据和规范性文件。二是要注意收集有关证据，并及时提交法院。虽然《行政诉讼法》第35条规定，在诉讼过程中，被告及其诉讼代理人不得自行向原告、第三人和证人收集证据，但根据该法第36条的规定，被告在作出行政行为时已经收集了证据，但因不可抗力等正当事由不能提供的，经人民法院准许，可以延期提供；原告或者第三人提出了其在行政处理程序中没有提出的理由或者证据的，经人民法院准许，被告可以补充证据。另外，根据《行政诉讼法》第37条的规定，原告可以提供证明行政行为违法的证据;原告提供的证据不成立的,不免除被告的举证责任。

在行政诉讼中,虽然原告对被告作出的行政行为不负举证责任,但原告对下列事项应承担举证责任:(1)在起诉被告不履行法定职责的案件中,原告应当提供其向被告提出申请的证据,但被告应当依职权主动履行法定职责或者原告因正当理由不能提供证据的除外;(2)在行政赔偿、补偿的案件中,原告应当对行政行为造成的损害提供证据,但因被告的原因导致原告无法举证的,由被告承担举证责任。此外,律师担任原告的代理人的,应当注意审查被告及其代理人取证的时间和对象。如果查明被告提供的证据是在行政行为作出后取得的或者其在诉讼过程中自行向原告、第三人和证人收集的,则应向人民法院指出其取证的违法性并提供相应的证据。

4. 应当考虑是否向法院申请调取证据。按照《行政诉讼法》第 41 条的规定,对于与本案有关的下列证据,原告或者第三人不能自行收集的,其代理律师可以申请人民法院调取:(1)由国家机关保存而须由人民法院调取的证据;(2)涉及国家秘密、商业秘密和个人隐私的证据;(3)确因客观原因不能自行收集的其他证据。为此,如有必要,代理律师应当向法院申请调取证据,以利于查明案件的事实真相,有效地维护当事人的合法权益。

5. 认真撰写代理词。行政诉讼代理词,其写法与民事诉讼代理词基本相同。但代理的对象不同,代理词的侧重点亦不同。律师作为原告的代理人,其代理词主要是论证行政行为的违法性,侧重点在于驳;律师作为被告的代理人,其代理词主要应论证行政行为依据的事实可靠、适用的法律正确,突出一个"立"字。

四、出席一审法庭参加诉讼

代理律师出庭参加行政诉讼的步骤和方法与出庭参加民事诉讼的步骤和方法基本相同。但应特别注意以下几个问题:

1. 坚持律师执业原则,依法维护委托人的合法权益。由于行政诉讼的被告是具有行政管理职能、行使行政权力的国家行政机关,原告及其代理律师大多在其管辖范围之内,这往往给律师代理行政诉讼带来很大的压力。因此,律师作为原告的代理人参加诉讼,尤其要敢于坚持律师执业原则,顶住压力,排除干涉,理直气壮地维护委托人的合法权益;律师作为被告的代理人,则应切实遵守当事人在行政诉讼中法律地位平等的原则,站在公正的立场上进行代理活动,不能仗势压人、以强凌弱。

2. 在法庭调查中,要适时发问。律师作为当事人的代理人,在法庭调查中有权向对方当事人、证人、鉴定人、勘验人发问，以协助法庭查明事实真相。代理律师特别应注意通过发问，把对委托人有利的案件事实弄清楚，以有效维护委托人的合法权益。

3. 在法庭辩论中，要紧紧围绕着行政判决的种类和条件进行辩论与反驳，以促使法院采纳自己的意见，作出有利于委托人的判决：

(1)作出行政行为的证据是否充分、确凿，是当时取得的，还是事后补充的。证据是行政机关作出行政行为的根据，必须充分、确凿，而且是当时取得的。如果作出行政行为的证据不实或者主要证据不足，必然导致认定的事实不清，从而引起适用法律错误，进而侵犯公民、法人或者其他组织的合法权益，依法应予撤销；如果证据不是当时取得，而是行政机关事后补充的，则其行政行为缺乏事实根据，依法亦应予撤销。

(2)作出行政行为所适用的法律、法规是否正确。首先，应当注意，行政机关作出的行政行为是否以法律和行政法规、地方性法规为依据，在民族自治地方还应以该民族自治地方的自治条例为依据。但实际上许多行政机关的行政行为是依据行政规章作出的。所谓行政规章，是指国务院各部委以及省、自治区、直辖市和省、自治区的人民政府所在地的市和设区的市的人民政府根据法律和行政法规制定、发布的规范性文件，其效力与法律、行政法规不同：法律、行政法规具有普遍的约束力，而行政规章是否具有法律效力，取决于它与法律、行政法规是否相抵触；如果相抵触，则没有法律效力。律师代理行政诉讼，应当认真考察行政机关依据的行政规章与法律、行政法规是否相抵触；如果发现相抵触的，应当在法庭辩论时指出必须以法律、行政法规为依据。其次，应注意行为人的行为是否具备适用某一法律的条件，如被处罚人是否具有完全的责任能力，其行为是否造成了严重的危害后果。最后，还应注意行政机关适用的法律条款是否恰当，有无对情节较轻的行为适用了处罚较重的条款的情况，是否有减轻、从轻的情节等。如果认为行政机关的行政行为适用法律、法规有错误的，原告的代理律师在法庭辩论时应当提请人民法院判决撤销或者部分撤销。

(3)作出行政行为是否符合法定程序。行政机关"依法行政"的含义，不仅是指其行政行为要严格执行行政实体法，而且要严格按照法定程序进行，如根据我国《行政处罚法》的规定，除对公民处以 50 元以下、对法人或者其他组织处以 1000 元以下罚款或者警告的行政处罚，可以当场作出行政处罚外，必须按照调查、取证、决定等法定程序进行，否则，其处罚行为无效。原告的代理律师如果发现行政机关在作出行政行为时违反法定程序的，应在法庭辩论时指出并提请人民法院判决撤销，并判决该行政机关重新作出行政行为。

(4)作出行政行为是否超越职权。法律法规对每个行政机关的职权都作了严格的界定,行政机关只能在自己的职权范围内行事。否则,其行为便没有法律效力。原告的代理律师如果发现行政机关超越职权作出行政行为的,应在法庭辩论时指出并提请人民法院判决撤销。

(5)作出行政行为是否属于滥用职权。行政机关作出行政行为虽然没有超越职权范围,但不是为了国家利益、社会利益,而是以权谋私、假公济私,或者不顾客观条件,违背立法精神等,都属于滥用职权行为,必然损害行政机关在人民群众中的威信。原告的代理律师如果发现行政机关的行政行为滥用职权的,应在法庭辩论时指出并提请人民法院判决撤销。

(6)被告有无不履行或者拖延履行法定职责的情况。依法行使职权,既是行政机关的权力,也是行政机关的法定职责。行政机关在行政管理活动中,无故不履行职责或者故意拖延履行职责,不仅影响行政管理的效率,而且必然影响公民、法人或者其他组织法定权利的行使和合法利益的实现。对此,原告的代理律师应在法庭辩论时指出并提请人民法院判决行政机关在一定期限内履行法定职责。

(7)行政行为是否属于明显不当。行政机关的行政处罚虽然没有超越法律规定的幅度,但是明显不当,或者其他行政行为涉及对款额的确定、认定确有错误的,也必然侵犯公民、法人或其他组织的合法权益。原告的代理律师如果发现该类情形的,应在法庭辩论时指出并提请人民法院判决变更。

对于上述几个问题,被告的代理律师根据事实和法律,如果认为行政机关作出的行政行为证据确凿,适用法律、法规正确,符合法定程序的,或者原告申请被告履行法定职责或者给付义务理由不成立的,应在法庭辩论中进行充分论证,有理有据地反驳原告的主张和理由,并提请人民法院判决驳回原告的诉讼请求,以维护行政机关依法行使职权。

五、二审程序中的律师代理

人民法院作出一审判决或裁定后,如果当事人不服而代理律师也认为确有错误的,应当建议当事人提出上诉,请求上一级人民法院重新审理。此时,律师应注意以下几个问题:

1. 如果当事人继续委托律师担任诉讼代理人的,则双方应另行签订委托代理合同,明确律师在二审程序中的代理事项和代理权限。

2. 撰写上诉状,并在法定期限内提出上诉。按照《行政诉讼法》第85条的规定,当事人不服人民法院第一审判决或裁定的上诉期限分别是15日、10日。

3. 第二审人民法院对上诉案件,应当组成合议庭,开庭审理;经过阅卷、调查和询问当事人,对没有提出新的事实、证据或者理由,合议庭认为不需要开庭审理的,也可以不开庭审理。对此,代理律师应及时与审判人员取得联系,了解人民法院对案件的审理方式,以确定是否需要出庭参加诉讼,从而采取相应的代理方式。

4. 第二审人民法院审理上诉案件的期限为 3 个月。代理律师应注意这一时间要求,及时进行有关代理活动,并尽快向人民法院提交有关证据材料和代理意见,努力维护委托人的合法权益。

第五节　行政附带民事诉讼的律师代理

一、行政附带民事诉讼的概念和种类

行政附带民事诉讼,是指人民法院在审理行政案件的同时,对与引起该案件的行政争议相关的民事纠纷进行一并审理的诉讼活动。其特点是:第一,行政附带民事诉讼的原告既可以是受行政处罚或处理的公民、法人或者其他组织或被其侵害的人,又可以是行政机关依法裁决的权属纠纷或民事纠纷的双方当事人中的任何一方。第二,行政附带民事诉讼的被告不能是行政诉讼的被告,亦即行政诉讼中的被告不能成为附带民事诉讼的被告。第三,行政附带民事诉讼的原告既可以提出赔偿的请求,也可以提出解决相关民事权益之争的请求,如重新确认权属关系。第四,行政附带民事诉讼的原告提出的民事请求一般有两种,一是该民事请求未经行政机关处理而在行政诉讼中直接向人民法院起诉的;二是该民事请求经过行政机关依法裁决或处理,当事人不服而起诉的。

根据我国有关法律、法规的规定,人民法院在审理行政案件中附带解决的民事纠纷,主要表现为两种类型:一种是当事人不服行政机关对其与他人之间的权属纠纷所作的裁决,诉请人民法院撤销该裁决并要求人民法院重新确定权属的;另一种是当事人不服行政机关对其与他人有关损害赔偿的裁决或处理而提起诉讼,要求人民法院撤销行政机关的裁决或处理决定,并重新对其损害赔偿问题作出裁决。

应当注意的是,当事人仅要求人民法院撤销行政裁决而未同时要求人民法院重新确认民事关系的,不是行政附带民事诉讼,而是行政诉讼;只有既要求撤销行政行为,又同时要求重新确认民事关系的,才是行政附带民事诉讼。

二、律师代理行政附带民事诉讼应注意的问题

1. 掌握提起行政附带民事诉讼的条件,以便及时提起行政附带民事诉讼或单

独提起民事诉讼。行政附带民事诉讼是一种特殊形式的民事诉讼,当事人提起该种诉讼应具备以下条件:(1)必须以行政诉讼的成立为前提。附带民事诉讼是在行政诉讼中附带解决的民事纠纷,如果行政诉讼不成立,它就失去了附带的前提。这时如果民事纠纷确实存在,则应单独提起民事诉讼。(2)行政机关的行为引起了两种不同性质的争议。即行政机关行使职权的行为,一方面引起了当事人对其行政决定(裁决)不服,另一方面引起了新的民事纠纷或对业已存在的民事纠纷发生影响,从而引起两种性质不同但又彼此关联的争议。(3)两种不同性质的诉讼请求必须有内在的联系。即两种纠纷或争议不仅因同一行政行为引起,而且民事纠纷的解决有待于行政争议的解决。(4)必须在行政诉讼过程中提出。如果行政诉讼尚未开始,当然谈不上提起附带民事诉讼;如果行政诉讼已经结束,则只能单独提起民事诉讼。

2. 分别签订委托代理合同。行政附带民事诉讼由于具有与行政诉讼合并审理的属性,因此代理行政诉讼的律师往往同时又是行政附带民事诉讼当事人的代理人。由于律师在诉讼中具有两种不同的身份以及不同的权利和义务,因此,代理律师宜与当事人分别签订行政诉讼委托代理合同和行政附带民事诉讼委托代理合同,以便更好地明确律师的代理事项和权限,正确有效地进行代理活动。

3. 把握行政附带民事诉讼审理的特殊性。行政附带民事诉讼实质上是民事诉讼,因此人民法院在审理时要适用民事诉讼的原则和程序,如由原告负举证责任,双方当事人可以自行和解,人民法院可以进行调解,被告可以提起反诉,原告可以申请撤诉等。代理律师在诉讼中应充分注意这些特点,以便积极主动地进行代理活动,更好地维护委托人的合法权益。

第十三章　刑事辩护

第一节　刑事辩护概述

一、辩护制度的概念

辩护制度，是指法律规定的关于犯罪嫌疑人、被告人享有辩护权、辩护权的行使、辩护的种类、辩护的方式、辩护人的范围、辩护人的责任、辩护人的权利与义务等一系列规范的总称。辩护制度是宪法确立的被告人有权获得辩护原则在诉讼程序上的体现和保障，是现代刑事司法制度的重要组成部分。辩护制度的健全与完善，已成为刑事诉讼程序民主化和科学化的重要标志。

要了解和掌握辩护制度的内容，首先需要明确辩护、辩护权、辩护原则等基本概念。刑事诉讼中的辩护，基本含义有二：一是指诉讼行为，即犯罪嫌疑人、被告人及其辩护人根据事实和法律反驳控诉，提出犯罪嫌疑人、被告人无罪、罪轻或者减轻、免除其刑事责任的材料和意见，维护犯罪嫌疑人、被告人合法权益的诉讼行为；二是指诉讼职能，即与控诉职能、审判职能共同构成刑事诉讼三大基本职能的辩护职能。

辩护权，是法律赋予犯罪嫌疑人、被告人针对指控进行辩解和反驳，以维护自己合法权益的一种诉讼权利，是犯罪嫌疑人、被告人各项诉讼权利中的核心。我国《宪法》第130条规定："被告人有权获得辩护。"根据这一规定，《刑事诉讼法》第11条将"被告人有权获得辩护"确立为刑事诉讼法的基本原则，这就是辩护原则。其含义首先强调辩护权是犯罪嫌疑人、被告人的宪法性权利，由国家根本大法赋予并加以保障。任何侵犯、剥夺或变相剥夺犯罪嫌疑人、被告人辩护权的行为，都是违法行为，应当受到法律的追究。公安、司法机关有义务保障犯罪嫌疑人、被告人的辩护权。其次，作为刑事诉讼法的基本原则，强调在刑事诉讼的各个阶段都要依法保障犯罪嫌疑人、被告人充分行使辩护权。确立辩护原则，赋予犯罪嫌疑人、被告人辩护权，并在制度和程序上保障犯罪嫌疑人、被告人充分行使辩护权，是诉讼民主的表现，是保障人权的需要，也是查明案件真实情况、正确适用法律、公正处理案件的必要条件。

根据法律的有关规定,辩护权的内容主要包括:(1)在刑事诉讼的各个阶段,犯罪嫌疑人、被告人都有权自行辩护。(2)公诉案件犯罪嫌疑人自被侦查机关第一次讯问或者采取强制措施之日起,有权委托律师作为辩护人;自诉案件的被告人有权随时委托辩护人。(3)公安司法机关有义务保障犯罪嫌疑人、被告人获得辩护。侦查机关在第一次讯问犯罪嫌疑人或者对犯罪嫌疑人采取强制措施的时候,应当告知犯罪嫌疑人有权委托辩护人。人民检察院自收到移送审查起诉的案件材料之日起3日以内,应当告知犯罪嫌疑人有权委托辩护人。人民法院自受理案件之日起3日内,应当告知被告人有权委托辩护人。犯罪嫌疑人、被告人在押期间要求委托辩护人的,人民法院、人民检察院和公安机关应当及时转达其要求。(4)犯罪嫌疑人、被告人有权依法获得法律援助。其中,犯罪嫌疑人、被告人因经济困难或者其他原因没有委托辩护人的,本人及其近亲属可以向法律援助机构申请法律援助;犯罪嫌疑人、被告人是未成年人或者视力、听力、言语残疾人,或者是不能完全辨认自己行为的成年人,或者是可能被判处无期徒刑、死刑的人,或者是申请法律援助的死刑复核案件以及缺席审判案件的被告人,没有委托辩护人的,公安司法机关应当通知法律援助机构指派律师为其提供辩护。(5)在诉讼过程中,犯罪嫌疑人、被告人可以拒绝辩护人为其继续辩护,同时可以另行委托辩护人辩护。

辩护权行使的方式主要有以下几种:(1)自行辩护。法律规定,犯罪嫌疑人、被告人在整个诉讼过程中都可以行使辩护权,为自己进行辩护。犯罪嫌疑人、被告人自行辩护是辩护权行使的主要方式。由于犯罪嫌疑人、被告人对于自己是否实施了指控的犯罪行为最清楚,因此犯罪嫌疑人、被告人自行辩护,对于人民法院审查核实证据,正确认定案件事实具有十分重要的作用。(2)委托辩护。即犯罪嫌疑人、被告人或其法定代理人与律师或其他有资格充当辩护人的公民订立委托协议,委托律师或其他公民为自己进行辩护。《刑事诉讼法》第33条规定,犯罪嫌疑人、被告人可以委托1至2人作为辩护人;第34条规定,犯罪嫌疑人自被侦查机关第一次讯问或者采取强制措施之日起,犯罪嫌疑人有权委托律师作为辩护人;被告人有权随时委托辩护人。(3)指派辩护。即在出现法律明确规定的几种情形时,公安司法机关应当通知法律援助机构指派律师为犯罪嫌疑人、被告人提供辩护。这是《刑事诉讼法》为贯彻《宪法》规定的法律面前人人平等的原则,为一切公民提供平等的司法保障而作出的重要规定。

二、辩护人的范围

辩护人,是指接受犯罪嫌疑人、被告人的委托或者人民法院的指定,帮助犯罪嫌疑人、被告人行使辩护权以维护其合法权益的人。根据《刑事诉讼法》第 33 条的规定,在我国可以担任辩护人的人员有以下几种:

1. 律师。律师是指依法取得律师执业证书,接受委托或指定,为当事人提供法律服务的执业人员。参加国家统一司法考试,取得法律职业资格证书但未领取律师执业证书的,不得以律师身份接受委托,履行辩护职责。关于律师担任刑事辩护人的限制,《律师法》第 11 条规定:“公务员不得兼任执业律师。律师担任各级人民代表大会常务委员会组成人员的,任职期间不得从事诉讼代理或者辩护业务。”第 41 条规定:“曾经担任法官、检察官的律师,从人民法院、人民检察院离任后二年内,不得担任诉讼代理人或者辩护人。”

2. 人民团体或者犯罪嫌疑人、被告人所在单位推荐的人。在我国,尽管律师事业发展迅速,律师队伍不断壮大,但仍不能适应法律服务的需要。适当允许人民团体或者犯罪嫌疑人、被告人所在单位推荐的公民担任辩护人,是符合我国基本国情的,实践证明也是可行的。

3. 犯罪嫌疑人、被告人的监护人、亲友。犯罪嫌疑人、被告人的监护人、亲戚朋友均可以接受犯罪嫌疑人、被告人的委托担任其辩护人。这样规定充分考虑到我国的具体国情,有利于保障犯罪嫌疑人、被告人及时委托辩护人,切实维护其合法权益。

《刑事诉讼法》第 33 条第 2 款明确规定:“正在被执行刑罚或者依法被剥夺、限制人身自由的人,不得担任辩护人。”这是因为他们的人身自由受到限制不便履行辩护职责,同时行使辩护权本身也与剥夺、限制行使政治权利的刑事处罚相抵触。

三、辩护制度的意义

辩护制度,是社会主义司法制度的重要组成部分,是法制健全、诉讼民主的重要标志,对于保障公安、司法机关依法办案,准确查明案件事实,正确适用法律,惩罚犯罪分子,保障无罪的人不受刑事追究,均具有十分重要的意义。

1. 有利于公安、司法机关客观全面地了解案情,正确适用法律,公正处理案件。兼听则明,偏听则暗,这是认识事物的客观规律。把犯罪嫌疑人、被告人有权获得辩护确立为一条重要的诉讼原则,既是社会主义民主与法治的基本要求,也是在诉讼中坚持辩证唯物主义认识论的重要表现。辩护制度能够保障犯罪嫌疑人、被告人及其辩护人充分行使辩护权,进而可以从事实、证据和适用法律方面提供辩护材料和意见,对控诉进行反驳和辩解。这样就能够使公安司法机关全面了解案件的真实情况,包括犯罪嫌疑人、被告人是否实施犯罪行为或者其行为是否构成犯罪,应否给予刑事制裁,有无应当或者可以从轻、减轻、免除刑事处罚的情节,充分审查核实证据,准确适用法律,从而对案件作出正确处理。

2. 有利于保护犯罪嫌疑人、被告人的合法权益。在刑事诉讼中,允许犯罪嫌疑人、被告人自行辩护或者获得律师及其他辩护人的有效辩护,允许犯罪嫌疑人、被告人对指控作出辩解,允许辩护人提出犯罪嫌疑人、被告人无罪、罪轻或者减轻、免除其刑事责任的材料和意见,对于防止无罪定有罪或者轻罪处重刑,防止在诉讼过程中发生刑讯逼供、非法取证等违法现象,进而维护犯罪嫌疑人、被告人的合法权益具有十分重要的作用。

3. 有利于实现法制宣传教育的任务。保障犯罪嫌疑人、被告人充分行使辩护权,保护其合法利益,做到罚当其罪,程序公正,可以促使其认罪服法,接受改造,达到刑罚的教育作用。通过法庭上的辩论、辩护,还可以使旁听群众受到生动形象的法制教育,增强其法治观念,提高他们与犯罪行为作斗争的积极性。

第二节　辩护律师在刑事诉讼中的地位和作用

一、辩护律师在刑事诉讼中的地位

根据《刑事诉讼法》和《律师法》的有关规定,辩护律师在刑事诉讼中作为辩护人,属于当事人以外的一般诉讼参与人,具有独立的诉讼地位。主要表现在:

首先,律师依法进行辩护,不受犯罪嫌疑人、被告人意志的约束。辩护律师虽然接受犯罪嫌疑人、被告人的委托担任辩护人,并且与犯罪嫌疑人、被告人共同行使辩护权,但他不是犯罪嫌疑人、被告人的代言人、从属者或传声筒。委托辩护与委托代理不同,辩护律师进行辩护活动,没有代理权限的限制,不受犯罪嫌疑人、被告人的操纵、指使,其辩护内容不受犯罪嫌疑人、被告人意志的约束。律师辩护,是律师依据自己对证据的判断、事实的认定与法律的理解,提出有利于犯罪嫌疑人、被告人的材料和意见,维护其合法权益。对犯罪嫌疑人、被告人的要求和意见,律师应当充分听取,但只能支持其合法的要求,接受其正确的意见;对非法的要求和意见,律师应通过法制教育,让其放弃或收回。律师的职责始终是忠于法律,严格依法办事。也唯有如此,才能从根本上维护犯罪嫌疑人、被告人的合法权益。

其次,律师依法进行辩护,不受公诉人意志的约束。在我国,辩护律师履行的辩护职能与公诉人履行的控诉职能是对立统一的关系。“对立”表现在公诉人履行控诉职能,负责揭露犯罪,证实犯罪,提出追究被告人刑事责任的诉讼请求,并且出庭支持公诉；而辩护律师履行辩护职能是针对控诉，从事实和法律方面提出证明被告人无罪、罪轻或者减轻、免除其刑事责任的材料和意见，维护被告人的合法权益。“统一”表现在控辩双方参与诉讼的目的和追求的价值是一致的，都是为了维护法律的正确实施，实现诉讼公正。控辩双方进行诉讼活动，都要坚持以事实为根据，以法律为准绳，既要惩罚犯罪，又要避免伤害无辜；既要维护社会主义法制，又要维护犯罪嫌疑人、被告人的合法权益。在法庭审理过程中，辩护人与公诉人的诉讼权利是平等的，都享有提出物证书证、要求通知证人鉴定人出庭作证、对被告人、证人进行讯问（发问）、质证、发表辩论意见的权利。双方各司其职，各负其责，独立执行职务。辩护律师依法进行辩护，不受公诉人意志左右，不受公诉人非法干涉。

最后，律师依法进行辩护，不受审判人员意志的约束。在法庭上，律师应当遵守法庭纪律，服从审判人员指挥。但是，律师如何进行辩护，取决于自己对案件事实的认识和对法律的理解，根据自己的经验制定辩护策略，发表辩护意见，不受审判人员意志左右。审判人员应当充分保障辩护律师的诉讼权利，重视辩护律师提出的材料和意见，注意发挥律师的辩护作用。对于侵犯律师合法权益的言行，审判人员应当及时制止。律师对于法庭审理过程中的违法行为，有权要求纠正；对于审判人员侵犯自己诉讼权利和人身侮辱的行为，有权提出控告。

二、辩护律师在刑事诉讼中的作用

辩护律师在刑事诉讼中的作用，主要表现在以下两个方面：

一方面，弥补犯罪嫌疑人、被告人辩护能力的不足，维护犯罪嫌疑人、被告人的合法权益。在刑事诉讼中，虽然犯罪嫌疑人、被告人可以自行辩护，但具有很大的局限性。这是因为犯罪嫌疑人、被告人属于被追究刑事责任的对象，处于被讯问和被审判的地位，虽然对自己是否实施犯罪最为清楚，但由于担心对指控作辩解会被认为狡辩、认罪态度不好而受到从重处理，因此顾虑重重，不敢理直气壮地为自己辩护。加之，犯罪嫌疑人、被告人在诉讼过程中往往被采取某种强制措施，人身自由受到不同程度的限制，无法亲自收集对自己有利的情况和证据，因而其自行辩护缺乏基础，反驳控诉显得无力。再者，绝大多数的犯罪嫌疑人、被告人对法律知之甚少，缺乏辩护能力，以致使辩护权的行使实际上受到很大的限制。辩护律师介入诉讼，可以弥补犯罪嫌疑人、被告人辩护能力的不足，有效地维护犯罪嫌疑人、被告人的合法权益。

另一方面，协助审判人员全面查明案情，正确判断证据，准确适用法律，公正处理案件。辩护与控诉的平等对抗，是现代诉讼的必要机制，是公正审判的有力保障。法庭审理中,控诉方提出对被告人不利的材料和意见,辩护方提出对被告人有利的材料和意见,双方在法庭上针锋相对,互相反驳,有助于审判人员正确判断证据,全面了解案情,准确适用法律,对案件作出正确处理。

律师是辩护人中的核心力量,在刑事辩护中发挥主导作用。之所以这样讲,是因为与其他辩护人相比,律师在刑事诉讼中拥有特殊的诉讼地位,具有其他辩护主体所不具有的诉讼权利,能够发挥其他辩护人无法起到的作用。对此,可以从以下几个方面加以理解:

第一,律师是专业的法律工作者,不仅具有系统的法律知识,掌握熟练的辩护技巧,而且积累了丰富的实践经验,因此无论在事实的认定、证据的审查判断方面,还是在法律的适用、案件的处理方面,均能及时发现问题,抓住要害,提出有利于犯罪嫌疑人、被告人的材料和意见。

第二,律师享有广泛的诉讼权利,例如,有权查阅案卷材料,同在押的犯罪嫌疑人、被告人会见和通信,进行调查取证等。这可以保证律师全面细致地了解案情,充分地占有材料,更好地发表辩护意见。

第三,律师依法执行职务有法律的充分保障。《律师法》第 3 条第 4 款规定:"律师依法执业受法律保护,任何组织和个人不得侵害律师的合法权益。"第 36 条规定:"律师担任诉讼代理人或者辩护人的,其辩论或者辩护的权利依法受到保障。"第 37 条规定:"律师在执业活动中的人身权利不受侵犯。律师在法庭上发表的代理、辩护意见不受法律追究。"上述规定,解除了律师执行职务的后顾之忧,为律师充分开展辩护活动提供了坚实的法律保障。

第四,律师辩护有组织纪律的保证。《律师法》明确规定,律师不得私自接受委托,不得私自向委托人收取费用,而要由律师事务所统一接受委托,统一收取费用;律师接受委托后,无正当理由的,不得拒绝辩护;律师执业还必须恪守职业道德和执业纪律,否则要承担法律责任,受到惩戒。这些规定,可以增强律师的责任心,使律师既对委托人负责,也对律师事务所负责;可以使律师的辩护活动接受组织的监督和纪律的约束,更好地规范律师的执业行为,防止律师因片面追求金钱或其他好处与委托人私下交易,接受委托人的不正当要求,维护委托人的非法利益。《律师法》第 54 条还规定:"律师违法执业或者因过错给当事人造成损失的,由其所在的律师事务所承担赔偿责任。律师事务所赔偿后,可以向有故意或者重大过失行为的律师追偿。"这也是促使辩护律师勤勉执业,恪尽职守,充分发挥辩护职能的有力措施。

第五,律师从事辩护活动,可以发挥群体优势。对于某些重大、疑难的案件,经过所在律师事务所集体讨论研究,可以弥补律师个人学识和能力的不足,从而提高辩护的质量和效率。

律师辩护的上述特点,决定了律师辩护可以比犯罪嫌疑人、被告人自行辩护以及其他辩护人的辩护发挥更大的作用。因此,律师辩护是我国刑事辩护的重心。

三、辩护律师的责任

《刑事诉讼法》第 37 条规定:“辩护人的责任是根据事实和法律,提出犯罪嫌疑人、被告人无罪、罪轻或者减轻、免除其刑事责任的材料和意见,维护犯罪嫌疑人、被告人的诉讼权利和其他合法权益。”《律师法》第 31 条对律师担任辩护人的责任作了相同的规定。对此,可以从以下几方面理解:

第一,律师进行辩护活动的内容,是提出犯罪嫌疑人、被告人无罪、罪轻或者减轻、免除其刑事责任的材料和意见。根据《刑事诉讼法》第 37 条的规定,辩护人的责任具体包括三层含义:一是辩护人在刑事诉讼中的工作,主要是对犯罪指控和人民检察院、自诉人的举证进行辩解和反驳,并不承担证明犯罪嫌疑人、被告人无罪的举证责任;二是从适用法律的角度发表对犯罪嫌疑人、被告人有利的意见,如被告人的行为依法不构成犯罪,依法不应追究刑事责任,或者具有法律规定可以或者应当从轻、减轻、免除刑事处罚的情节,等等;三是辩护人除从实体方面为犯罪嫌疑人、被告人辩护外,还应当从程序方面为其辩护(程序辩护),即辩护人应当积极维护犯罪嫌疑人、被告人的诉讼权利,发现公安司法机关在办案过程中有违反法定程序或侵犯犯罪嫌疑人、被告人的诉讼权利的情形,应当依法提出纠正意见或者代理申诉、控告。

第二,律师为犯罪嫌疑人、被告人辩护,应当依据事实和法律进行,不得捏造事实,歪曲法律,不得强词夺理,颠倒黑白。根据《刑事诉讼法》和《律师法》的规定,律师在履行辩护职责过程中,不得故意提供虚假证据或者威胁、利诱他人提供虚假证据,不得帮助犯罪嫌疑人、被告人隐匿、毁灭、伪造证据或者串供,不得威胁、引诱证人作伪证以及进行其他干扰司法机关诉讼活动的行为。同时律师辩护还必须以法律为准绳,严格依法办事。

第三,律师辩护必须维护犯罪嫌疑人、被告人的合法权益。律师一旦接受委托或指定担任犯罪嫌疑人、被告人的辩护人,就必须尽职尽责地履行辩护律师的职责,维护犯罪嫌疑人、被告人的合法权益。无论犯罪嫌疑人、被告人实施的罪行性质如何严重,情节如何恶劣,其品行如何败坏,社会舆论对他的谴责如何强烈,只要是属于他的合法权益,辩护律师就要坚决维护,不能感情用事,不能不负责任地随意放弃。这是辩护律师的法定义务,也是辩护律师的职业道德。同时还要明确:律师维护的只是犯罪嫌疑人、被告人的合法权益,而不是他的一切利益,更不能是他的非法利益。在我国,诉讼制度和律师制度的社会主义性质决定了辩护律师的责任体现了维护社会主义法制与维护犯罪嫌疑人、被告人合法权益的统一。因此,律师既不能以维护“法制”为名,侵犯犯罪嫌疑人、被告人的合法权益,也不能以危害社会主义法制的手段去维护犯罪嫌疑人、被告人的非法利益。

四、辩护律师的委托和指派

(一)委托关系的建立

在刑事诉讼中,律师只有接受委托,才能担任犯罪嫌疑人、被告人的辩护人。一般情况下,由犯罪嫌疑人、被告人自行委托。当犯罪嫌疑人、被告人是未成年人或间歇性精神病人时,由犯罪嫌疑人、被告人的法定代理人进行委托。在犯罪嫌疑人、被告人被采取强制措施、限制人身自由的情况下,由犯罪嫌疑人、被告人的近亲属代为委托。为了保障犯罪嫌疑人、被告人获得律师辩护的权利,在特殊情况下也可以由犯罪嫌疑人、被告人委托其法定代理人、近亲属以外的其他公民代为委托。犯罪嫌疑人、被告人近亲属或其他公民代为委托辩护律师的,必须征得犯罪嫌疑人、被告人的同意,持有犯罪嫌疑人、被告人授权委托辩护人的证明。在司法实践中,在押的犯罪嫌疑人、被告人要求委托辩护人的,公安司法机关可以要求他指定他人代为办理委托律师辩护事宜。在办理委托过程中,委托人不得提出影响律师依法履行辩护职能的不合理要求。《律师法》第 32 条第 2 款规定,委托事项违法,委托人利用律师提供的服务从事违法活动或者委托人故意隐瞒与案件有关的重要事实的,律师可以拒绝辩护。实践中,有的委托人在办理委托手续时,对律师隐瞒事实真相,或者要求律师去做违背法律、执业纪律和职业道德的事情,如必须作无罪辩护,让律师伪造证据,要律师向办案人员请客送礼或行贿等。这样的要求是违法的,律师不能接受其委托。

按照《律师法》的规定,犯罪嫌疑人、被告人委托辩护律师必须由律师事务所统一接受委托,统一收费,律师个人不得私自接受委托。具体委托手续一般为:先由律师事务所负责接待的人员向委托人询问案件的基本情况,了解是否符合收案条件。符合收案条件的,经律师事务所主任同意即可办理委托手续,签订书面的委托协议。委托协议上必须写明委托人与受托人、犯罪嫌疑人的姓名、案由、受理的公安司法机关名称、律师事务所指派的律师、收取费用等有关情况。然后由委托人出具辩护委托书,由律师送交承办案件的公安司法机关。

(二)委托关系的变更和解除

委托关系的变更主要是指辩护律师的更换或数量上的变化。变更的要求可由委托方提出,也可由受托方提出。变更的情形主要有以下几种:(1)委托人提出增加、减少或更换辩护律师。如果要求变更的理由正当，一般应予准许，并办理相关手续。但如果委托人要求变更的理由不成立或要求不合理，可以对其进行解释或与其协商。协商不成，可以解除委托关系。（2）受托人提出更换承办律师或变动律师数量，应当征得委托人的同意。承办律师如果因某种原因不能继续履行职务，可以提出变更。委托人同意的，律师事务所可另行指派其他律师担任辩护人；委托人不同意的，可解除委托关系。委托关系变更后，应及时通知承办案件的公安司法机关。按照《刑事诉讼法》第33条的规定，每名犯罪嫌疑人只能委托一至二名律师作为辩护人。

《律师法》第32条规定：委托人可以拒绝已委托的律师为其继续辩护，同时可以另行委托律师担任辩护人；律师接受委托后，无正当理由的，不得拒绝辩护，但委托事项违法、委托人利用律师提供的服务从事违法活动或者委托人故意隐瞒与案件有关的重要事实的，律师有权拒绝辩护。据此，委托关系的解除主要有以下两种情形：一是委托人拒绝律师继续辩护；二是出现法律规定的情形时，律师拒绝辩护。

（三）接受法律援助指派

为保障犯罪嫌疑人、被告人的合法权益，2012年修改的《刑事诉讼法》进一步健全了法律援助制度，明确规定：犯罪嫌疑人、被告人因经济困难或者其他原因没有委托辩护人的，本人及其近亲属可以向法律援助机构提出申请。2018年修改的《刑事诉讼法》第36条增设了法律援助值班律师制度：法律援助机构可以在人民法院、看守所等场所派驻值班律师。犯罪嫌疑人、被告人没有委托辩护人，法律援助机构没有指派律师为其提供辩护的，由值班律师为犯罪嫌疑人、被告人提供法律咨询、程序选择建议、申请变更强制措施、对案件处理提出意见等法律帮助。人民法院、人民检察院、看守所应当告知犯罪嫌疑人、被告人有权约见值班律师，并为犯罪嫌疑人、被告人约见值班律师提供便利。

五、辩护律师的诉讼权利和义务

（一）辩护律师的诉讼权利

律师担任辩护人参加刑事诉讼，根据《刑事诉讼法》《律师法》及其他有关规定，主要享有下列诉讼权利：

1. 依法执行辩护业务受法律保护的权利

依法执业受法律保护的权利，是律师履行辩护职责的重要保障，是律师依法行使其他诉讼权利的基础。它具体是指辩护律师有权依据事实和法律独立进行辩护活动，国家机关、社会团体和任何个人不得非法干预和限制，律师的辩护言论受法律保护，不受追究。《律师法》第37条第2款规定："律师在法庭上发表的代理、辩护意见不受法律追究。但是,发表危害国家安全、恶意诽谤他人、严重扰乱法庭秩序的言论除外。”

2. 收集与本案有关材料的权利

收集与本案有关材料权是辩护律师特有的一项权利,其他辩护人不能享有。《刑事诉讼法》第 43 条规定:“辩护律师经证人或者其他有关单位和个人同意,可以向他们收集与本案有关的材料,也可以申请人民检察院、人民法院收集、调取证据,或者申请人民法院通知证人出庭作证。辩护律师经人民检察院或者人民法院许可,并且经被害人或者其近亲属、被害人提供的证人同意,可以向他们收集与本案有关的材料。”据此,律师在刑事诉讼中进行调查,收集证据,需要注意以下几个问题:(1)律师自接受委托时起就有权收集与本案有关的材料。(2)律师收集证据材料要严格遵守法律规定的程序。(3)律师收集证据要先取得被调查单位和个人的同意。证人或其他有关单位和个人可以向律师提供有关的材料,也可以不提供,或者拒绝会见。(4)有关单位和个人拒绝会见或提供材料的,律师有权申请人民检察院、人民法院收集、调取。律师认为必要,也可以不经探询有关单位和个人的意见,直接申请人民检察院、人民法院向其收集、调取证据,或者申请人民法院通知证人出庭作证。(5)律师需经被害人或其近亲属、被害人提供的证人同意,并经人民检察院或者人民法院许可,才可以向他们收集与本案有关的材料。特别需要指出的是,为解决实践中律师的调查取证难以得到上述诸方面人员同意的问题,《律师法》第 35 条明确规定:“受委托的律师根据案情的需要,可以申请人民检察院、人民法院收集、调取证据或者申请人民法院通知证人出庭作证。律师自行调查取证的,凭律师执业证书和律师事务所证明,可以向有关单位或者个人调查与承办法律事务有关的情况。”这就为律师自行收集调查证据提供了法律依据,但其有效实施还需要通过《刑事诉讼法》第 43 条的规定予以切实保障。

3. 查阅本案案卷材料的权利

《刑事诉讼法》第 40 条规定:“辩护律师自人民检察院对案件审查起诉之日起,可以查阅、摘抄、复制本案的案卷材料。”《律师法》第 34 条亦规定:“律师担任辩护人的,自人民检察院对案件审查起诉之日起,有权查阅、摘抄、复制本案的案卷材料。”据此,无论审查起诉阶段还是审判阶段,辩护律师都可以查阅、摘抄、复制本案的案卷材料。所谓本案的案卷材料,在审查起诉阶段,是指侦查机关向检察机关移送起诉的全部诉讼文书和所有证据材料,包括退回补充侦查后补充的证据材料。在审判阶段,则是指检察机关向法院移送的全部诉讼文书和所有证据材料,包括检察机关在审查起诉阶段自行补充侦查收集的证据材料。律师通过查阅本案的全部诉讼文书与所有证据材料,可以做到与控方信息对称,为辩护做好充分准备。

4. 与在押的犯罪嫌疑人、被告人会见或通信的权利

《律师法》第 33 条规定:"律师担任辩护人的,有权持律师执业证书、律师事务所证明和委托书或者法律援助公函,依照刑事诉讼法的规定会见在押或者被监视居住的犯罪嫌疑人、被告人。辩护律师会见犯罪嫌疑人、被告人时不被监听。"其中,"依照刑事诉讼法的规定",是指依照该法第 39 条的规定,即辩护律师可以同在押的犯罪嫌疑人、被告人会见和通信。除法律另有规定的外,辩护律师持律师执业证书、律师事务所证明和委托书或者法律援助公函要求会见在押的犯罪嫌疑人,看守所应当及时安排会见,至迟不得超过四十八小时。危害国家安全犯罪、恐怖活动犯罪案件,在侦查期间辩护律师会见在押的犯罪嫌疑人,应当经侦查机关许可。辩护律师会见在押的犯罪嫌疑人、被告人,可以了解案件有关情况,提供法律咨询等;自案件移送审查起诉之日起,可以向犯罪嫌疑人、被告人核实有关证据。辩护律师会见被监视居住的犯罪嫌疑人、被告人,适用上述规定。

5. 出庭参加诉讼的权利

辩护律师出庭参加诉讼的权利,具体包括:(1)在开庭 3 日以前得到出庭辩护通知书的权利。《刑事诉讼法》第 187 条规定,人民法院确定开庭日期后,通知书至迟在开庭 3 日以前送达辩护律师。人民法院确定开庭日期应给辩护律师留有准备出庭所需要的时间,辩护律师因案情复杂,认为开庭日期过急的,有权申请延期审理,法庭应在法定结案时间内予以考虑。(2)发问的权利。根据《刑事诉讼法》第 191 条的规定,辩护律师经审判长许可,可以向被告人发问。(3)出示证据的权利。根据《刑事诉讼法》第 195 条的规定,辩护律师有权向法庭出示物证,让当事人辨认。(4)质证权。根据《刑事诉讼法》第 194 条、第 195 条的规定,辩护律师经审判长许可,可以向证人、鉴定人发问;对当庭宣读的未到庭的证人的证言笔录、鉴定人的鉴定意见、勘验笔录和其他作为证据的文书,有权发表意见。赋予辩护律师对证人、鉴定人、有关证据的当庭质证权,有利于强化庭审中的控辩对抗,促使审判人员客观全面听证,公正裁判。(5)辩论权。《刑事诉讼法》第 198 条规定,法庭审理过程中,经审判长许可,辩护律师可以对证据和案件情况发表意见并且与控诉方互相辩论。通过辩论,为审判人员准确认定案件事实、正确适用法律、公正处理案件提供帮助。(6)提出有关申请的权利。《刑事诉讼法》第 197 条规定,法庭审理过程中,辩护律师有权申请通知新的证人到庭,调取新的物证,申请重新鉴定或者勘验。对于上述申请是否同意,由法庭决定。

6. 拒绝辩护权

根据《律师法》第 32 条第 2 款的规定,律师接受委托后,无正当理由的,不得拒绝辩护,但委托的事项违法、委托人利用律师提供的服务从事违法活动或者委托

人故意隐瞒与案件有关的重要事实的,律师有权拒绝辩护。拒绝辩护,不是指律师因业务繁忙等原因不能接受委托担任辩护人的行为,而是指律师与委托人的委托关系确立后,在辩护过程中,拒绝继续辩护的行为。一般情况下,律师在接受委托后不得拒绝辩护,只有具备正当理由才能拒绝为犯罪嫌疑人、被告人辩护。根据《律师法》的规定,所谓正当理由是指“委托事项违法、委托人利用律师提供的服务从事违法活动或者委托人故意隐瞒与案件有关的重要事实”等三种情况。例如,委托人要求律师帮助犯罪嫌疑人、被告人隐匿、毁灭、伪造证据或者帮助其串供,威胁、引诱证人改变证言或者作伪证,委托人要求律师携带犯罪嫌疑人、被告人的亲属会见在押犯罪嫌疑人、被告人,或者在会见中传递物品及与案件有关的信息等。出现这些情况,辩护律师应坚持原则并做好委托人的工作,在委托人不接受教育,不改正错误,一意孤行的情况下,律师可以拒绝辩护。

7. 其他诉讼权利

辩护律师在刑事诉讼中享有的其他诉讼权利,主要有:(1)经被告人同意,可以在法定上诉期限内,对地方各级人民法院第一审的判决、裁定提出上诉。(2)对公安司法机关采取强制措施超过法定期限的,有权要求解除强制措施。(3)对在执业活动中知悉的委托人的有关情况和信息,有权予以保密。

(二)辩护律师的诉讼义务

辩护律师在刑事诉讼中应当履行的诉讼义务主要有以下几项:

1. 根据事实和法律,忠于职守,维护委托人的合法权益。辩护律师接受委托后,应当以委托人的合法权益为重,一切辩护活动均应从维护委托人的合法权益出发,尽量收集有利于委托人的证据材料,尽力提出有利于维护犯罪嫌疑人、被告人合法权益的材料和意见,而不能在接受委托后,不负责任,不履行辩护职责,或随意辞去委托。

2. 对于在执业活动中知悉的国家秘密、当事人的商业秘密和个人隐私,应当严格保密。律师的保密义务是由律师的职业道德决定的。律师接受委托后,就应当认真负责地为委托人提供法律服务,依法维护委托人的合法权益。如果律师将委托人的秘密公开,势必会损害委托人的利益,使委托人处于不利的境地。律师保守职业秘密的义务有利于维护整个律师界与委托人之间的良好诚信关系。律师的保密义务,要求律师即使在委托关系终结后,一定期限内也不能将有关秘密公开。

3. 按时出庭,遵守法庭规则,服从法庭指挥。辩护律师接到出庭通知后,应按通知要求准时到庭履行职务,不得借故妨碍诉讼的正常进行。在庭审中,辩护律师应当严格遵守法庭规则和秩序,服从法庭指挥,严格遵守和执行法律规定的诉讼程序,不得有侮辱、谩骂、起哄等扰乱法庭秩序的行为。

4. 不得帮助犯罪嫌疑人、被告人隐藏、毁灭有罪、罪重证据，伪造无罪、罪轻证据或者帮助其串供；不得威胁、引诱证人改变真实证言或者作伪证。

5. 不得违反规定会见检察官、法官以及其他有关工作人员，不得向他们请客送礼、行贿或者指使、诱导当事人行贿。

6. 不得私自接受当事人的委托，私自向委托人收取费用，接受当事人的财物。

7. 会见在押的犯罪嫌疑人、被告人时，应当严格遵守监所的有关规定。

第三节　侦查阶段的律师辩护

一、侦查阶段律师的"辩护人"身份

我国1996年《刑事诉讼法》第96条规定："犯罪嫌疑人在被侦查机关第一次讯问后或者采取强制措施之日起，可以聘请律师为其提供法律咨询、代理申诉、控告。犯罪嫌疑人被逮捕的，聘请的律师可以为其申请取保候审。"与之相适应，1996年《律师法》第25条第3项规定，律师可以"接受刑事案件犯罪嫌疑人的聘请，为其提供法律咨询，代理申诉、控告，申请取保候审"。据此，在2012年之前，学术界一般认为，我国律师在侦查阶段的身份为"法律帮助人"。

允许律师在侦查阶段行使辩护职能，是当代各国刑事诉讼通行的做法。例如，意大利在法律传统上同属大陆法系，1988年制定了新的刑事诉讼法典，在原有法统的基础上移植了英美法系当事人主义的诉讼制度，加强了诉讼民主和人权保障。《意大利刑事诉讼法》第104条规定：处于预防性羁押状态的被告人有权自该措施执行之时起同辩护人进行会晤；被当场逮捕的人或者因有逃跑危险而被拘留的人有权在逮捕或拘留后立即与辩护人会晤。除各国有关刑事诉讼的立法和实践外，联合国有关人权保障和刑事司法的文件也将被告人有权及时得到律师的辩护确认为刑事司法最低标准之一。1990年联合国第八届预防犯罪和罪犯待遇大会通过的《关于律师作用的基本原则》第1条明确规定："一切个人都有权请求由其选择的一名律师协助保护和确立其权利并在刑事诉讼的各个阶段为其辩护。"第7条规定："各国政府还应确保被逮捕或拘留的一切个人，不论是否受到刑事指控，均应迅速得到机会与一名律师联系，不管在任何情况下至迟不得超过自逮捕或拘留之时的48小时。"

为在侦查阶段切实加强犯罪嫌疑人的人权保障，落实国际人权公约的相关要

求，我国2012年修改的《刑事诉讼法》第33条第1款规定："犯罪嫌疑人自被侦查机关第一次讯问或者采取强制措施之日起，有权委托辩护人；在侦查期间，只能委托律师作为辩护人。"同年修改的《律师法》第28条第3项亦规定，律师可以"接受刑事案件犯罪嫌疑人、被告人的委托或者依法接受法律援助机构的指派，担任辩护人"。由此，我国律师在侦查阶段的身份与在审查起诉阶段、审判阶段一样，均为"辩护人"。这是我国刑事法治的一个重要进步。

二、侦查阶段律师辩护的内容

我国《刑事诉讼法》第38条规定："辩护律师在侦查期间可以为犯罪嫌疑人提供法律帮助；代理申诉、控告；申请变更强制措施；向侦查机关了解犯罪嫌疑人涉嫌的罪名和案件有关情况，提出意见。"据此，侦查阶段律师辩护的内容有以下几项：

1. 为犯罪嫌疑人提供法律帮助。犯罪嫌疑人作为刑事侦查的对象，虽然对自己是否实施了犯罪行为最为清楚，但由于缺乏法律知识，对合法与违法、罪与非罪、此罪与彼罪、故意与过失、动机与目的分辨不清，对法律关于可以免除刑事责任或者从轻、减轻处罚的规定不甚了解，因此不敢如实陈述案件事实或者理直气壮地作无罪、罪轻的辩解。实践中，犯罪嫌疑人被采取强制措施，特别是被刑事拘留、逮捕后，本人及其近亲属都迫切需要律师提供法律帮助。为此，《刑事诉讼法》第38条规定侦查阶段律师辩护的第一项内容就是"为犯罪嫌疑人提供法律帮助"。具体包括：一是通过会见、通信为犯罪嫌疑人提供法律咨询；二是为犯罪嫌疑人申请取保候审或要求侦查机关依法退还取保候审的保证金；三是对违法采取强制措施或超期羁押依法要求侦查机关予以解除、变更；四是对查封、扣押、冻结的与案件无关的犯罪嫌疑人的财物依法要求解除查封、扣押；五是其他有关事项。只要法律没有禁止，有利于维护犯罪嫌疑人的诉讼权利和其他合法权益并且犯罪嫌疑人有实际需要的事项，辩护律师都可以提供法律帮助。

2. 代理犯罪嫌疑人提出申诉、控告，申请变更强制措施。我国《宪法》规定，公民对于任何国家机关和国家工作人员的违法失职行为有向有关国家机关提出申诉、控告或者检举的权利。《刑事诉讼法》第14条规定："诉讼参与人对于审判人员、检察人员和侦查人员侵犯公民诉讼权利和人身侮辱的行为，有权提出控告。"因此，办案人员在侦查过程中，对犯罪嫌疑人进行刑讯逼供、人身侮辱、非法拘禁或超期羁押的，或者发生其他违法情形的，如向犯罪嫌疑人勒索钱财，非法恫吓等，受聘律师均可以代理犯罪嫌疑人提出申诉、控告，或者向有关主管部门反映，以维护犯罪嫌疑人的正当权益。申请变更强制措施，是指在犯罪嫌疑人、被告人已被侦查机关依据法定程序采取较重强制措施的情况下，辩护律师向侦查机关申请变更为较轻的强制措施。

3. 向侦查机关了解犯罪嫌疑人涉嫌的罪名和案件有关情况，提出意见。辩护律师维护犯罪嫌疑人的诉讼权利和其他合法权益，首要的前提是了解犯罪嫌疑人涉嫌的罪名和案件的基本情况。在此基础上，辩护律师才能有针对性地为犯罪嫌疑人提供法律帮助，代理申诉、控告，向侦查机关提出撤销案件、变更强制措施或者向犯罪嫌疑人提出与被害人进行刑事和解等意见。

三、侦查阶段律师辩护的程序

根据《刑事诉讼法》《律师法》以及有关司法解释的规定，律师在侦查阶段为犯罪嫌疑人进行辩护，应遵守下列程序：

1. 聘请（委托）程序。犯罪嫌疑人可以自己聘请律师担任辩护人，犯罪嫌疑人在押的，也可以由其监护人、近亲属代为委托辩护人；犯罪嫌疑人是未成年人或者盲、聋、哑人的，可以由其法定代理人代为聘请律师；在押的犯罪嫌疑人如果提出聘请律师的，看守机关应当及时将其请求转送办理案件的侦查机关，侦查机关应当及时向其所委托的人员或者所在的律师事务所转达该项请求；犯罪嫌疑人仅有聘请律师的要求，但提不出具体对象的，侦查机关应当及时通知当地律师协会或者司法行政机关为其推荐律师。犯罪嫌疑人聘请律师的要求可以书面提出，也可以口头提出。对于口头提出的，侦查机关应当制作笔录，由犯罪嫌疑人签名或者盖章。应当注意的是，同案犯罪嫌疑人不得聘请同一名律师，但每名犯罪嫌疑人可以聘请1至2名律师。

2. 指派程序。犯罪嫌疑人因经济困难或者其他原因没有委托辩护人的，本人及其近亲属可以向法律援助机构提出申请。对符合法律援助条件的，法律援助机构应当指派律师为其提供辩护。犯罪嫌疑人是盲、聋、哑人，或者是尚未完全丧失辨认或者控制自己行为能力的精神病人，没有委托辩护人的，人民法院、人民检察院和公安机关应当通知法律援助机构指派律师为其提供辩护。未成年犯罪嫌疑人没有委托辩护人的，人民法院、人民检察院、公安机关应当通知法律援助机构指派律师为其提供辩护。犯罪嫌疑人、被告人没有委托辩护人，法律援助机构没有指派律师为其提供辩护的，由值班律师为犯罪嫌疑人、被告人提供法律咨询、程序选择建议、申请变更强制措施、对案件处理提出意见等法律帮助。

3. 会见程序。受委托的律师有权向侦查机关了解犯罪嫌疑人涉嫌的罪名，可以会见在押的犯罪嫌疑人，向犯罪嫌疑人了解有关案件情况，提供法律咨询等。律师会见犯罪嫌疑人时，应当持有律师执业证书、律师事务所证明和委托书或者法律援助公函。危害国家安全犯罪、恐怖活动犯罪案件，辩护律师会见在押的犯罪嫌疑人,应当经侦查机关许可。律师会见在押犯罪嫌疑人时,应当遵守监管场所的规定。律师会见犯罪嫌疑人,不被监听。律师对会见犯罪嫌疑人过程中了解的案件情况,应当保密。

4. 申请取保候审的程序。被逮捕的犯罪嫌疑人符合取保候审条件,并有符合条件的保证人或者按规定缴纳保证金的,律师可以向侦查机关为其申请取保候审。侦查机关接到律师为被逮捕的犯罪嫌疑人提出的取保候审申请后,应当报县级以上侦查机关。侦查机关应当在5日内作出同意或者不同意的决定。同意的,依法办理取保候审手续。不同意的,可以再次向侦查机关提出申请。侦查机关应当在接到申请后7日内作出批准或者不批准的决定。

5. 代理申诉、控告、提出意见的程序。辩护律师代理犯罪嫌疑人就侦查机关、侦查人员违反法定程序以及进行刑讯逼供、人身侮辱、非法拘禁或超期羁押等违反犯罪行为提出申诉、控告,或者向侦查机关提出撤销案件、变更强制措施等意见的,一般应当采用书面形式,并向主管机关提出。

第四节 审查起诉阶段的律师辩护

一、会见在押的犯罪嫌疑人

会见在押的犯罪嫌疑人是辩护律师的一项法定权利,也是辩护律师在起诉阶段的一项重要工作。辩护律师会见犯罪嫌疑人的目的,在于进一步确认委托关系,亲自听取犯罪嫌疑人对指控罪名的意见,询问有无证明犯罪嫌疑人无罪、罪轻、减轻或免除其刑事责任的证据材料和线索,并向犯罪嫌疑人提供法律帮助。

1. 进一步确定委托关系。即向犯罪嫌疑人说明律师的身份、律师所在事务所的名称,征询犯罪嫌疑人是否同意律师作他的辩护人。如果同意,由犯罪嫌疑人在委托协议上签字;如果不同意,经律师解释说服无效,可与其解除委托关系。如律师发现有拒绝辩护的情况,可向犯罪嫌疑人说明,经进一步调查,这种情况不能消除的,应拒绝辩护。

2. 向犯罪嫌疑人说明辩护律师的责任和律师辩护的意义,使其消除顾虑,信任律师,如实陈述案情。因为犯罪嫌疑人对自己是否犯有被控罪行最清楚,对案件最知情,犯罪嫌疑人如实陈述,有助于律师及时了解案情。

3. 听取犯罪嫌疑人对被指控罪名的意见以及犯罪嫌疑人的辩解和说明,询问有无证明其无罪、罪轻、减轻或免除其刑事责任的证据材料或线索,为调查取证、核实案情做准备。

4. 向犯罪嫌疑人提供法律帮助，包括告知犯罪嫌疑人依法享有的诉讼权利，如有权申请取保候审，申请回避，自行辩护，在被超期羁押时要求立即释放等。同时，辩护律师还应注意了解在诉讼过程中办案人员有无侵犯犯罪嫌疑人诉讼权利和人身侮辱的行为。

辩护律师会见在押的犯罪嫌疑人，应当遵守检察机关、看守机关的规定，按照法律规定的程序和手续进行。辩护律师应凭律师执业证书、律师事务所证明和委托书或者法律援助公函，到看守所办理会见手续。关于会见犯罪嫌疑人的时间和次数，法律未作任何限制，视案件情况和工作需要确定。根据《刑事诉讼法》第 39 条的规定，辩护律师可以同在押的犯罪嫌疑人、被告人会见。实践中，多数律师是在查阅案卷材料以后再安排会见，这样可以先对案情有基本的了解，会见犯罪嫌疑人时便于向其提出问题和核实案件事实。但也有律师采取先会见犯罪嫌疑人，再查阅案卷材料，然后再次会见的方法，这样可先听取犯罪嫌疑人对案件的意见，确定查阅案卷材料的重点。辩护律师会见在押的犯罪嫌疑人，由看守部门指定地点并作出相应安排。看守部门应对律师会见在押犯罪嫌疑人提供方便，不得以任何借口推脱或阻挠、干扰会见的进行。律师会见在押犯罪嫌疑人，一般以两人为宜。会见前可先向看守人员了解犯罪嫌疑人的有关情况，了解有无必要采取适当方式的戒护，严防犯罪嫌疑人自杀、行凶、逃跑等恶性事件的发生。辩护律师会见犯罪嫌疑人时应当保持高度的警惕性，对会见时的谈话应当制作询问笔录，结束时应将询问笔录交给犯罪嫌疑人核对无误后签名。对于会见时了解的情况，涉及国家机密或个人隐私的，辩护律师要严格保密，不得向无关人员或社会传媒泄露。

对于没有羁押的犯罪嫌疑人，辩护律师一般应选择律师事务所或其工作的地方会见，而不宜在律师或犯罪嫌疑人的家中进行。如有特殊情况（如犯罪嫌疑人卧病在床不能行走），也应在其他律师的陪同下去其家里会见。

二、查阅案卷材料

《刑事诉讼法》第 40 条规定，辩护律师自人民检察院对案件审查起诉之日起，可以查阅、摘抄、复制本案的案卷材料。所谓本案的案卷材料，是指侦查机关移送人民检察院的关于本案的全部诉讼文书和所有证据材料。律师在查阅案卷材料时，首先应当审阅公安机关的起诉意见书。起诉意见书是公安机关将案件移送人民检察院审查起诉的建议，是指控犯罪嫌疑人犯罪并请求追究其刑事责任的主要法律文书。辩护律师通过审阅起诉意见书和有关证据材料，应当注意从中了解案件情况，发现问题，尤其要注意犯罪嫌疑人被控的犯罪事实是否成立，证据是否确实、充分,犯罪的情节、手段、后果是否可信;犯罪嫌疑人有无自首、立功、坦白等法定从轻、减轻或免除刑罚的情节;在共同犯罪中本委托人所处地位,所起作用;指控适用的法律条文是否适当,对犯罪的定性是否正确。辩护律师通过阅卷,应对案件形成初步看法,找出需要进一步查证核实的问题,确定辩护的基本思路。

三、调查取证

《律师法》第 35 条第 2 款规定,律师自行调查取证的,凭律师执业证书和律师事务所证明,可以向有关单位或者个人调查与承办法律事务有关的情况。调查取证是辩护律师执行辩护业务的一项法定权利,也是查明案件事实真相的重要手段。辩护律师认为必要时应当对所承办的案件进行调查,以便收集证明犯罪嫌疑人无罪、罪轻或者减轻、免除刑事责任的证据,维护犯罪嫌疑人的合法权益。辩护律师应在查阅案卷材料、了解案情的基础上,主动进行调查核实,以便提出高质量的辩护意见,帮助人民检察院正确作出起诉或不起诉的决定。

辩护律师在调查取证时应当注意以下事项:(1)一般不得少于 2 人并须出示律师执业证书和律师事务所证明。(2)向有关单位或个人调查,应当说明调查的目的和要求,遵守法律的有关规定,不得以引诱、威胁、欺骗等非法方法收集证据,也不得帮助犯罪嫌疑人隐瞒、毁灭、伪造证据或者串供。(3)应当针对不同对象采取不同的调查方法。如对未成年人的调查,应请其监护人或老师在场;对于强奸案件被害妇女的调查,应申明为其个人隐私保密,等等。(4)辩护律师进行调查应做好调查笔录,由被调查人核对无误后签名或盖章。(5)根据案情的需要,辩护律师可以申请人民检察院收集、调取证据。(6)律师对被害人或者其近亲属、被害人提供的证人调查取证,必须取得人民检察院或者法院的许可。

四、提出辩护意见

审查起诉阶段律师辩护的一个重要特点,就是检察机关审查起诉的工作不采取开庭的方式进行。这样,辩护律师便不能像参加法庭审理那样可以当庭对证人、鉴定人进行询问和质证,对控方提供的事实和证据进行质疑和反驳,对控诉主张提出辩护意见。为了弥补这一不足,尽可能发挥辩护律师在审查起诉阶段的积极作用,《刑事诉讼法》第 173 条规定:"人民检察院审查案件,应当讯问犯罪嫌疑人,听取辩护人或者值班律师、被害人及其诉讼代理人的意见,并记录在案。"根据这一规定,辩护律师经过查阅案卷材料、会见犯罪嫌疑人和调查取证后,应当从案件事实和适用法律的角度,向负责审查起诉的检察机关提出书面的辩护意见:对于犯罪嫌疑人具有《刑事诉讼法》第 16 条规定的情形之一的,应当要求检察机关依法不起诉,终止诉讼;对于犯罪嫌疑人犯罪轻微,依照《刑法》规定不需要判处刑罚或者可以免除刑罚的,应当建议检察机关作不起诉处理;对于案件事实不清、证据不足,经过两次补充侦查仍不符合起诉条件的,应当要求检察机关依法作出不起诉的决定;对于犯罪嫌疑人虽然犯罪情节较重,但确有认罪悔改表现,如积极退还赃款赃物或者检举揭发他人重大犯罪事实的,应当将此情节向检察机关提出,要求检察机关在起诉书中加以反映,请求审判机关从轻或者减轻处罚。此外,对于办案人员侵犯犯罪嫌疑人诉讼权利或者人身侮辱的行为,辩护律师应当代理犯罪嫌疑人向检察机关提出控告。

五、见证认罪认罚具结书签署

《刑事诉讼法》第 174 条规定:“犯罪嫌疑人自愿认罪,同意量刑建议和程序适用的,应当在辩护人或者值班律师在场的情况下签署认罪认罚具结书。犯罪嫌疑人认罪认罚,有下列情形之一的,不需要签署认罪认罚具结书:(一)犯罪嫌疑人是盲、聋、哑人,或者是尚未完全丧失辨认或者控制自己行为能力的精神病人的;(二)未成年犯罪嫌疑人的法定代理人、辩护人对未成年人认罪认罚有异议的;(三)其他不需要签署认罪认罚具结书的情形。”检察机关与犯罪嫌疑人签署认罪认罚具结书时,辩护人或者值班律师应当在场进行见证与监督,保证认罪认罚的自愿性、真实性、合法性。

六、代理犯罪嫌疑人提出申诉

《刑事诉讼法》第 180 条规定,对于人民检察院以犯罪嫌疑人犯罪情节轻微,依照《刑法》规定不需要判处刑罚或者免除刑罚为由作出不起诉决定的,被不起诉人如果不服,可以自收到决定书后 7 日以内向人民检察院申诉;人民检察院应当作出复查决定,通知被不起诉的人。据此,辩护律师如果认为人民检察院决定不起诉的理由不当,应当积极协助被不起诉人向人民检察院提出申诉,说明申诉理由,要求人民检察院纠正错误的决定,以体现辩护权对公诉权的制约,维护犯罪嫌疑人的合法权益。

第五节　审判阶段的律师辩护

一、辩护律师出庭前的准备工作

律师出庭辩护的质量如何,很大程度取决于出庭前的准备工作是否充分、有

效。根据辩护经验,律师出庭前主要应做好以下几项准备工作:

(一)审阅起诉书和查阅与案件有关的所有材料

起诉书是人民检察院代表国家对被告人提起刑事指控的重要法律文件,其中有人民检察院对被告人犯罪事实、犯罪性质、被告人在犯罪中所处地位、所起作用的认定,以及国家公诉机关要求审判机关对被告人如何处以刑罚的法律意见。起诉书是审判的基础。为了了解被告人被控犯罪的情况,了解公诉机关的观点,为法庭辩护做好准备,辩护律师必须认真审阅起诉书,从中发现问题,确定辩护策略。

《刑事诉讼法》第40条规定,辩护律师自人民法院对案件审查起诉之日起,可以查阅、摘抄、复制本案的案卷材料。所谓本案的案卷材料,是指检察机关移送人民法院关于本案的全部诉讼文书和所有证据材料。辩护律师在阅卷时要认真作好阅卷笔录,注意各种证据材料中可能存在的相互矛盾、不一致的地方,掌握控方主要的事实和证据,以便在开庭前进行必要的调查核实,为法庭上进行质证和辩驳做好准备。

(二)会见在押被告人

在审判阶段会见在押的被告人,是辩护律师的一项重要权利,也是律师为法庭审理作辩护准备的一项重要工作。关于辩护律师会见在押被告人的手续和应注意问题,前面一节已有论述,在此不再重复。在庭审准备阶段,辩护律师会见在押被告人主要应注意以下几点:

1. 核实起诉书在论述案情和援引证据方面可能存在的问题,询问被告人是否还有新的证据和线索。

2. 听取被告人本人对指控犯罪的辩护意见,了解有无法律规定的无罪、罪轻或者可以从轻、减轻、免除刑事处罚的情节,询问其对起诉书认定事实和适用法律方面的意见和看法。

3. 向被告人告知律师的辩护准备工作和初步的辩护要点,听取被告人的意见,与被告人商量在法庭审理时的分工与协调。如果被告人与辩护律师的意见不一致,可以作出解释。需要特别注意的是,辩护律师不能把自己当作被告人的救世主,态度狂傲,语气生硬,作风专横,而应当尊重和保护被告人自行辩护的权利。如果分歧较大,律师可以坚持自己的观点,将分歧事项交给被告人自行辩护。

4. 向被告人交待法庭审理中应当注意的事项,使被告人了解自己在法庭上享有的诉讼权利,鼓励他在法庭上充分行使辩护权,教育被告人在法庭上忠于事实真相,如实回答提问。

(三)调查取证

为了充分做好出庭辩护的准备工作,在查阅案卷材料和会见在押被告人的基础上,辩护律师还应当进行必要的调查,收集和核查证据。关于调查的方法和应注意的事项,与审查起诉阶段基本相同。

根据《刑事诉讼法》和《律师法》的规定,辩护律师除自行调查取证外,根据案情的需要,可以申请人民法院调查收集证据,也可以申请人民法院通知证人出庭作证。

(四)确定辩护方案,撰写辩护材料

辩护律师经过会见在押被告人、查阅案卷材料和进行必要的调查取证后,就要确定辩护方案,构思辩护要点,撰写辩护材料,做好出庭准备。这些书面材料,主要包括辩护词、口头答辩提纲、法庭调查发问提纲和有关要引证的材料的备忘录等。

辩护律师确定辩护方案时,应根据案件的具体情况,从以下几个角度考虑:

1. 无罪辩护。即根据事实和法律,确认被告人无罪,从而反驳对被告人的有罪指控,提出被告人无罪的辩护意见。无罪辩护是刑事辩护中难度最大,也是最复杂的一种辩护。结合刑事实体法和程序法的有关规定,在下列情况下可以作无罪辩护:被告人未实施被指控的罪行;被告人的行为依法不构成犯罪;被告人虽有危害社会的行为,但情节显著轻微,危害不大,不认为是犯罪;指控被告人犯罪的事实不清,证据不足,指控罪名不能成立等。

2. 罪轻辩护。如果辩护律师认为被告人实际犯罪的性质比起诉书指控的犯罪性质要轻,或者指控的罪名不恰当,或者混淆了此罪与彼罪的界限,就可以根据具体案情提出被告人罪轻的辩护意见。

3. 从轻、减轻或者免除刑罚的辩护。如果被告人具有法律规定应当或者可以从轻、减轻或免除刑罚的情节,如犯罪后自首、正当防卫过当、紧急避险过当、从犯、助从犯、犯罪中止、犯罪未遂等,辩护律师可以从从轻、减轻、免除刑罚方面提出辩护意见。

4. 不追究刑事责任的辩护。如果辩护律师认为被告人具有《刑事诉讼法》第16条规定的情形之一的,如犯罪已过追诉时效,依照《刑法》告诉才处理的犯罪,没有告诉或者撤回告诉的,辩护律师应当提出不追究刑事责任的辩护意见,要求法庭终止审理或者作无罪判决。

5. 程序违法的辩护。对于诉讼过程中存在的违反法定程序、侵犯被告人合法权益的情况,如侦查阶段搞刑讯逼供、非法取证、超期羁押,或者侦查人员、检察人员应当回避而没有回避,辩护律师应当在对实体问题进行辩护的同时,指出程序违法的问题,以维护被告人的合法权益。

辩护词是辩护律师在法庭审理过程中为维护被告人合法权益而针对起诉书发表的辩护意见。它是辩护律师对起诉书指控的罪名,从事实认定、证据运用到法律适用，从刑事实体法到诉讼程序的全面评价，是辩护律师辩护意见的集中体现，是辩护律师执行辩护职能的重要手段。

撰写辩护词应当遵循以下基本要求：第一，以事实为根据，以法律为准绳，实事求是地提出被告人无罪、罪轻或者减轻、免除其刑事责任的材料和意见，维护被告人的合法权益。辩护律师撰写辩护词不能歪曲事实，牵强附会，强词夺理。第二，准确援引法律条文，正确阐述法律含义，注意区分罪与非罪、此罪与彼罪的界限。第三，抓住重点，有的放矢，观点明确，论证充分，用语规范简练。

辩护词的结构，一般分为绪论、本论和结论三个部分，其内容和写法分别如下：

绪论是辩护词的开头部分，没有严格的形式要求，主要说明辩护律师的身份及与被告人的关系，开庭前完成了哪些工作。常见的如，审判长、审判员或陪审员：我是某某律师事务所的律师，根据《刑事诉讼法》第 33 条的规定，受被告人 × × × 委托，经律师事务所指派，在 × × × 被控 × × 罪一案中担任被告人的辩护人。出庭前，本辩护人认真查阅了本案所指控的犯罪事实的材料，会见了在押的被告人，并进行了必要的调查。通过刚才的法庭调查，听取了公诉人发表的公诉词和被害人及其诉讼代理人发表的意见，对本案有了全面的了解。现就本案提出以下辩护意见。

本论是辩护词的正文。首先要提出基本的辩护观点，例如，被告人未实施起诉书指控的犯罪行为；本案事实不清，证据不足，指控罪名不能成立；被告人的行为依法不构成犯罪；或者被告人的行为虽然构成犯罪，但应当对被告人从轻、减轻处罚或免除刑事责任等。接着运用事实、证据和法律，采用各种论证方法，充分论证自己基本辩护观点的正确和起诉书指控主张的错误。本论的具体写法，一般采用"总—分—总"的方法，即先围绕自己的基本辩护观点提出本案的要害所在，然后提出与本案要害相关的问题，再针对这些问题分别进行论证，最后加以综合。

结论是辩护词的结尾。这一部分是对辩护观点、争议问题及其论证的总结，并由此引出最终的结论。结论的目的是突出辩护词的要点，强化辩护词的效果，对全篇辩护词起到画龙点睛的作用。

（五）出席庭前会议

《刑事诉讼法》第 187 条规定："在开庭以前，审判人员可以召集公诉人、当事人和辩护人、诉讼代理人，对回避、出庭证人名单、非法证据排除等与审判相关的问题，了解情况，听取意见。"庭前会议程序的建立，是根据审判实践的需要而对审判程序所做的一项重大修改。这一程序设计允许审判人员在正式庭审前，在控辩双方同时参与下，对与审判有关的问题集中听取意见，以确定庭审重点，解决程序问题，提高庭审效率，保障庭审质量。因此，辩护律师要在阅卷、会见、调查取证的基础上,积极做好出席的准备工作,并在庭前会议上提出关于回避、出庭证人名单、非法证据排除等与审判有关问题的意见。

二、辩护律师在法庭审判中的工作

法庭审判是刑事诉讼中的重要阶段和中心环节,辩护律师的辩护作用也主要在法庭审判中得到体现。法庭审判程序分为开庭、法庭调查、法庭辩论、被告人最后陈述、评议和宣判等五个阶段,辩护律师在每个阶段的工作侧重点均有所不同。

(一)律师在开庭阶段的工作

1. 审判长宣布合议庭组成人员名单时,辩护律师要注意合议庭的组成是否符合法律规定。如果不符合,辩护律师应向法庭提出,要求纠正。

2. 审判长宣布法庭组成人员、书记员、公诉人、翻译人员名单后,应当告知被告人有权对上述人员申请回避并询问被告人是否申请回避。辩护律师此时应当注意上述人员是否具有应当回避的情形,并协助被告人提出回避申请。如果被告人的申请具有正当理由却遭到驳回时,辩护律师可以建议法庭进行复议。

3. 注意法庭向被告人告知其在法庭审理中依法享有的诉讼权利是否全面,是否清楚。如果不全面、清楚,辩护律师应建议法庭补充和解释。

4. 注意审判是否公开,不公开的理由是否成立。对于应当公开审理而没有公开或者不应公开却公开审理的情况,辩护律师应当及时提出,要求法庭纠正。

5. 注意有关诉讼参与人特别是证人是否到庭。如果那些与案件结果有重要影响必须出庭作证的证人没有到庭,律师应当向法庭再次提出申请,必要时可以申请延期审理。对于已经到庭的证人,注意法庭是否采取隔离措施,防止证人旁听审理情况或者相互影响。

(二)律师在法庭调查阶段的工作

法庭调查是案件进入实体审理的重要阶段,一切用作定案根据的证据都要经过法庭调查予以查证核实。辩护律师在这一阶段,主要应做好以下几项工作:

1. 听取公诉人、自诉人宣读起诉书或自诉状,注意指控的内容是否有变化,以便对辩护意见作相应调整。

2. 听取被告人、被害人就起诉书指控的犯罪所作的陈述,注意被告人在法庭上的陈述和辩解与以前有无变化,与其他证据是否呼应。

3. 听取公诉人对被告人的发问,注意公诉人在发问中有无指供、诱供、骗供等情形。如果有这些情形,要立即提请法庭予以纠正。对于有利于被告人的情节,公诉人没有涉及的,辩护律师要利用自己询问的机会适时发问,以做到控辩平衡,并将对被告人有利的证据充分展现在审判人员面前。

4. 听取控方证人、鉴定人作证和公诉人、被害人及其诉讼代理人对证人、鉴定人的发问,对控方证人、鉴定人进行质证,核实证人证言的真实性和鉴定结论的可靠性。

5. 对当庭出示的物证,宣读的未到庭的证人的证言笔录、鉴定人的鉴定结论、勘验检查笔录和其他作为证据的文书发表意见,对证据的来源、证据的形式、证据的效力、证据内容的真实性进行质疑,指出其中不一致、不合理之处。

6. 对辩方证人、鉴定人进行提问,向法庭展示能够证明被告人无罪、罪轻或者应当或可以从轻、减轻或免除刑罚的情节;向法庭出示物证、书证,播放视听资料,请求宣读未到庭的证人的证言、鉴定人的鉴定结论。必要时,应当向法庭申请调取新的物证,申请通知新的证人到庭,申请重新鉴定或勘验。

(三)律师在法庭辩论阶段的工作

法庭辩论是在法庭调查的基础上,控辩双方就本案的事实、证据和法律适用问题提出观点,发表意见,进行争论和辩驳的活动,其目的是使审判人员兼听则明,公正裁判。《刑事诉讼法》强化了控辩双方在法庭上的辩论活动,允许在证据调查过程中双方对证据发表意见,其立法意图是要把辩论贯穿在庭审程序的全过程,使法庭审理中的控辩对抗得到加强。为便于论述,我们仍把法庭辩论作为法庭调查后的一个独立审理阶段。法庭辩论是辩护律师实现辩护职能的关键阶段。在这一阶段,辩护律师的工作主要是:

1. 听取公诉人发表公诉词以及被害人及其诉讼代理人的发言。法庭辩论首先由公诉人发表公诉词。公诉词是公诉人以法庭调查中所查明的案件事实和证据为依据,对案件就事实、证据和适用法律所作的全面分析,是公诉人结合法庭审理情况对起诉书所作的补充和修正。辩护律师必须认真听取公诉词,注意其中的观点和论据与起诉书有无变化,并对自己的辩护意见作相应调整。除了认真听取公诉人发表的公诉词外,还要注意听取被害人及其诉讼代理人发表的意见。

2. 听取被告人的自行辩护意见。对于被告人正确合理的意见,辩护律师在发表辩护词时要予以支持;对于被告人不正确、不合理的意见不要公开反驳和批评。

3. 发表辩护词。这是辩护律师在法庭辩论中的第一次发言,通常都是宣读事先写好的辩护词。但应当注意的是,如果辩护律师在开庭前掌握的案件情况与法庭调查查明的事实和证据有出入的,则辩护律师应当对辩护词进行修改补充,切忌照本宣科,置法庭查明的事实于不顾。

4. 与控方展开辩论。辩护律师发表辩护词后,由公诉人进行答辩。公诉人在答辩时,除了进一步阐述起诉书和公诉词的观点外,将会对辩护词中的全部或部分观点进行反驳,还可能提出新的观点。辩护律师要根据事先拟定的答辩提纲,针对公诉人的发言进行及时的反驳争辩，与控方展开辩论。法庭辩论是对辩护律师机敏程度、应变能力和表达能力的考验，也是辩护律师施展才华的场合。辩护律师要注意通过实践培养和提高自己的辩论能力和实战水平。

5. 对量刑问题发表意见。根据司法改革的探索，《刑事诉讼法》确立了相对独立的量刑程序，其第 198 条规定："法庭审理过程中，对与定罪、量刑有关的事实、证据都应当进行调查、辩论。"据此，辩护律师在法庭审理过程中，在法庭调查和法庭辩论阶段，除了对与定罪有关的事实、证据发表意见外，还要重视量刑问题，对与量刑有关的事实和证据充分发表意见。

辩护律师与控方展开辩论时要注意以下几点：(1)围绕中心，抓住要害。辩论应当始终围绕被告人是否构成犯罪，构成何罪，罪责大小，应否处以刑罚，应否从轻、减轻处罚，案件事实是否清楚，证据是否确实充分等问题进行。要抓住双方分歧的焦点，把辩论引向深入。对于与本案无关的问题或枝节问题，不要纠缠。(2)论证有力，以理服人。法庭辩论要坚持摆事实，举证据，讲道理。要以法庭调查中查明的案件事实和查证属实的证据为依据，正确援引法律，实事求是地指出控方在认定事实和适用法律上存在的错误，观点要明确，论证要有力，做到有理、有据、有节。(3)态度冷静，用语谨慎。在辩论过程中，辩护律师要保持沉着冷静，不能意气用事，争强斗胜；用语要谨慎礼貌，不使用过激言词，不搞冷嘲热讽、人身攻击，以体现辩护律师良好的道德修养和精神风貌。

(四)律师在被告人最后陈述阶段的工作

被告人最后陈述是法庭审判的一个独立阶段，也是我国法律赋予被告人的一项重要诉讼权利。在这一阶段，辩护律师的工作是：如果被告人的最后陈述权被剥夺或受到无理限制，应当要求法庭依法保障被告人这一重要权利；如果被告人在最后陈述中提出新的事实或证据，应当请求法庭恢复法庭调查，待查清事实核对证据后，再进行辩论和最后陈述，新的事实和证据一时不能查清的，可以申请延期审理。被告人最后陈述后，如果控方认为被告人态度不老实而予以批驳的，辩护律师应当根据不同情况或建议法庭予以制止，或建议恢复法庭辩论，或要求给予被告人再次最后陈述的机会。

(五)律师在评议和宣判阶段的工作

被告人最后陈述后，审判长宣布休庭，法庭审判进入评议和宣判阶段。在此阶段，辩护律师的工作主要有：(1)参加法庭宣判，听取判决内容。注意审判长是否向被告人交代清楚上诉权利、上诉方式和上诉期限。(2)及时会见被告人，询问其对判决的意见。如果被告人认为判决不当，律师可协助被告人提出上诉。

以上着重介绍的是公诉案件一审程序中的律师辩护工作，自诉案件的法庭审判有其自身的特点,如可以调解、和解、撤诉、反诉等。辩护律师要针对自诉案件的特点,适当调整辩护工作的侧重点,特别要注意以下几点:(1)积极配合法庭做好对当事人的调解工作,促成控辩双方达成调解协议。(2)对当事人进行法制教育,化解矛盾,相互谅解,增进团结,促成当事人和解撤诉,防止矛盾激化。(3)具备反诉条件的,积极支持被告人提起反诉,维护被告人的合法权益。

三、二审、再审程序中的律师辩护

(一)二审程序中的律师辩护

律师担任二审辩护人的,应当根据二审程序的特点,着重从以下几个方面进行辩护工作:

1. 二审辩护除了针对原起诉书指控的罪名和事实外,主要针对的是第一审法院的判决意见,包括第一审判决认定事实是否准确,适用法律是否正确,所判刑罚是否适当。如果二审的提起是由于检察机关的抗诉,还要针对检察机关的抗诉意见。

2. 无论是会见被告人、查阅案卷材料,还是调查取证,都要有重点、有目的地围绕第一审判决认定的事实和依据的证据来进行。

3. 要认真研究一审中被告人和辩护人提出的辩护意见,总结经验教训,正确的要坚持,合理的要维护,错误的要纠正,不足之处要加以补救,以使二审的辩护取得良好的效果。

4. 辩护不受上诉或抗诉范围的限制,从案件事实的认定到证据的查证取舍,从实体法的适用到诉讼程序的进行,只要一审判决存在错误或者侦查、起诉活动存在问题,都应当在二审的辩护意见中加以反映。

5. 如果二审不开庭审理而采用书面审理方式,辩护律师更应重视辩护词的撰写,通过辩护词充分地提出辩护意见。

6. 注意维护被告人上诉不加刑的法定权利,防止二审法院对提出上诉的被告人加重刑罚或者变相加刑。

(二)再审程序中的律师辩护

审判监督程序,又称再审程序,是指已经发生法律效力的判决、裁定,在认定事实或者适用法律上确有错误时,人民法院依法提起并进行重新审理的一种特殊程序,其任务是审查、纠正生效判决、裁定的错误。审判监督程序的提起是以生效判决、裁定确有错误为前提的,而这个错误的被发现,一个重要的来源就是有关人员的申诉。因此,申诉是引起审判监督程序的一个重要途径。根据《刑事诉讼法》第252条的规定,当事人及其法定代理人、近亲属,对已经发生法律效力的判决、裁定，可以向人民法院或者人民检察院提出申诉。《律师法》第28条规定，律师可以接受委托，代理各类诉讼案件的申诉。因此，律师作为专门的法律工作者，既有责任维护当事人的合法权益，也有义务维护法律的正确实施。所以，对于已经生效的刑事判决、裁定确有错误的，律师可以接受委托代为申诉。当申诉引起审判监督程序后，律师可以接受委托在再审程序中担任辩护人，为被告人进行辩护。具体辩护工作，则根据再审为第一审程序还是第二审程序分别采用不同的方法。

四、死刑复核程序中的律师辩护

死刑是剥夺公民生命权的最严厉的刑罚。为保证死刑案件的质量，我国《刑事诉讼法》专门建立了死刑复核程序，但1979年制定的《刑事诉讼法》和1996年修改的《刑事诉讼法》都只是原则地规定了死刑由最高人民法院核准，而未对如何核准或采用何种方式进行核准作出明确规定。长期以来，由于死刑复核程序的封闭性，律师不能参与法院复核死刑的活动并发挥作用。2012年修改的《刑事诉讼法》，对死刑复核程序作了较大完善，明确规定："最高人民法院复核死刑案件，应当讯问被告人，辩护律师提出要求的，应当听取辩护律师的意见。"据此，律师应当积极探索在死刑复核程序中如何参与和发挥作用。首先，律师应当更多地接受当事人的委托，参与死刑案件的复核活动。其次，律师应当主动向复核死刑的法官提出要求，包括去电、去函等，要求其听取自己对案件事实、证据、适用法律、诉讼程序以及是否应当判处死刑、核准死刑的意见。再次，律师应当精心准备，在复核法官听取意见时充分阐述自己的辩护意见，以维护被告人的合法权益，保证死刑的正确适用。2021年，最高人民法院、司法部联合发布《关于为死刑复核案件被告人依法提供法律援助的规定（试行）》（以下简称《规定》），对死刑复核案件被告人依申请提供法律援助、指派辩护律师的方式、指派辩护律师的权利和义务等内容作出具体规定。主要有以下内容：第一，明确为死刑复核案件被告人依申请提供法律援助。该《规定》第1条规定，最高人民法院复核死刑案件，被告人申请法律援助的，应当通知司法部法律援助中心指派律师为其提供辩护。第二，明确权利告知及申请方式和时限。该《规定》第2条规定，高级人民法院在向被告人送达依法作出的死刑裁判文书时，应当书面告知其在最高人民法院复核死刑阶段可以委托辩护律师，也可以申请法律援助；被告人申请法律援助的，应当在10日内提出，法律援助申请书应当随案移送。第三，明确指派辩护律师的方式及辩护律师资质。该《规定》第4条规定，司法部法律援助中心在接到最高人民法院法律援助通知书后，应当在3日内指派具有3年以上刑事辩护执业经历的律师担任被告人的辩护律师，并函告最高人民法院。第四，明确死刑复核案件终止法律援助的情况。该《规定》第5条、

第6条规定,最高人民法院应当告知或者委托高级人民法院告知被告人为其指派的辩护律师的情况。被告人拒绝指派的律师为其辩护的,最高人民法院应当准许。被告人在死刑复核期间自行委托辩护律师的,司法部法律援助中心应当作出终止法律援助的决定,并及时函告最高人民法院。最高人民法院在复核死刑案件过程中发现有前款规定情形的,应当及时函告司法部法律援助中心。司法部法律援助中心应当作出终止法律援助的决定。该《规定》的颁布和施行,对于充分发挥辩护律师在死刑复核程序中的作用、切实保障死刑复核案件被告人的诉讼权利具有重要意义。

第六节　涉外刑事诉讼的律师辩护

一、涉外刑事诉讼律师辩护的概念和作用

涉外刑事诉讼,简单地说就是具有涉外因素的刑事诉讼,其适用的案件范围主要包括:(1)在我国领域内外国人、无国籍人、外国法人或其他组织犯罪或者我国公民侵犯外国人、无国籍人、外国法人或其他组织合法权益的刑事案件;(2)在我国领域外外国人、无国籍人、外国法人或其他组织对我国或公民犯罪,按我国《刑法》规定的最低刑为3年以上有期徒刑的刑事案件,但按照犯罪地的法律不受处罚的除外;(3)我国公民在我国领域外犯罪,按照《刑法》规定的最低刑为3年以上有期徒刑的刑事案件;(4)我国国家工作人员和军人在我国领域外犯罪的刑事案件;(5)根据我国缔结或者参加的国际条约行使管辖权的国际犯罪案件。

涉外刑事诉讼的律师辩护,是指律师在涉外刑事诉讼中接受犯罪嫌疑人、被告人的委托或者公安司法机关的指定,担任犯罪嫌疑人、被告人的辩护人,为犯罪嫌疑人、被告人进行辩护以维护其合法权益的活动。涉外刑事诉讼的律师辩护具有十分重要的意义。通过律师的辩护活动,有利于维护涉外刑事案件犯罪嫌疑人、被告人的合法权益;有利于正确、及时、合法地处理涉外刑事案件;有利于对外宣传我国的刑事司法制度,维护社会主义法制的尊严。

二、涉外刑事诉讼律师辩护的特有原则

律师在涉外刑事诉讼中执行辩护业务,除应当遵守律师执业的基本原则外,还必须遵守下列特有原则:

1. 主权原则。根据《刑事诉讼法》第17条的规定,对于外国人犯罪应当追究

刑事责任的，由我国司法机关管辖，适用我国《刑事诉讼法》的规定；对于享有外交特权和豁免权的外国人犯罪应当追究刑事责任的，通过外交途径解决。

2. 诉讼权利同等的原则。外国公民在我国参加刑事诉讼，在诉讼过程中享有和我国公民平等的诉讼权利，并承担相同的诉讼义务。既要反对卑躬屈膝给予外国人特权，也要反对盲目排外，任意剥夺或限制外国诉讼参与人的诉讼权利。

3. 信守有关国际条约的原则。凡是我国缔结或者参加的国际条约，除声明保留的条款外，都必须遵守，不能以国内法的规定来限制或排斥国际法的适用。

4. 使用我国通用的语言文字进行诉讼的原则。进行涉外刑事诉讼活动和制作诉讼文书，都要使用我国通用的语言文字；送达外国人的诉讼文书，应当以中文本为主本，在中文本上加盖司法机关的印章，译本不具有法律效力，也不加盖司法机关的印章。

5. 委托或指定中国律师辩护的原则。在涉外刑事诉讼中外国公民需要委托律师辩护的，必须委托中国律师担任辩护人，外国律师不得在我国以律师的名义执行辩护业务。

三、涉外刑事诉讼律师辩护应注意的问题

（一）关于外国犯罪嫌疑人、被告人委托我国律师担任辩护人的手续

律师接受外国犯罪嫌疑人、被告人的委托担任辩护人，应依照有关法律规定办理委托手续。辩护委托书必须经所在国公证机关证明，并经我国驻该国的使领馆认证或履行我国与该所在国订立的有关条约中规定的手续后，才有效力。受委托的律师所在的律师事务所应与之签订委托协议，明确依法委托的具体权限和事项、委托的期限和费用的负担等。

（二）关于对外国犯罪嫌疑人、被告人的法律援助

法律援助是贯彻法律面前人人平等，为当事人提供平等的司法保护的重要法律制度。在涉外刑事诉讼中，当外国人作为犯罪嫌疑人、被告人时，由于涉及联合国刑事司法标准和国际通行惯例，涉及我国刑事司法的公正性和人权保障，因此应当按照联合国有关标准，借鉴各国通行做法，将外国人纳入刑事法律援助的范围。在外国犯罪嫌疑人、被告人因经济困难或其他原因没有委托辩护人时，为他们指定律师担任辩护人，提供法律帮助。

（三）涉外刑事案件律师担任辩护人介入诉讼的时间

根据《刑事诉讼法》的规定，犯罪嫌疑人自被侦查机关第一次讯问或者采取强制措施之日起，有权委托辩护人；在侦查期间，只能委托律师作为辩护人。被告人有权随时委托辩护人。《刑事诉讼法》对律师在侦查阶段的辩护人地位的确立，为

涉外刑事诉讼犯罪嫌疑人在侦查阶段获得律师辩护铺平了道路，与各国的立法例和联合国有关标准保持了一致。

(四)关于涉外刑事诉讼侦查阶段对辩护律师活动的同等保障

为了充分发挥辩护律师在刑事诉讼中的作用，切实保障犯罪嫌疑人、被告人的合法权益，联合国《关于律师作用的基本原则》规定：遭逮捕、拘留或监禁的一切个人应有充分机会、时间和便利条件，毫不迟延地、在不被窃听、不经检查和完全保密情况下接受律师来访和与律师联系协商。因此，在涉外刑事诉讼中对于辩护律师在侦查阶段的活动，侦查机关应当严格按照《刑事诉讼法》和《律师法》的有关规定进行，如辩护律师会见外国犯罪嫌疑人、被告人，无须经过侦查机关批准，不被监听，侦查机关亦不应派员在场等，而不能以案件涉外为由施加额外的限制。

第十四章　刑事诉讼代理

第一节　刑事诉讼代理概述

一、刑事诉讼代理的概念

刑事诉讼代理，是指律师等接受自诉案件的自诉人及其法定代理人、公诉案件的被害人及其法定代理人或者近亲属、附带民事诉讼的当事人及其法定代理人的委托，以被代理人的名义参加诉讼，为被代理人提供法律帮助，由被代理人承担代理行为的法律后果的一项诉讼活动。

刑事诉讼代理具有以下几个特征：

1. 被代理人是自诉案件的自诉人及其法定代理人、公诉案件的被害人及其法定代理人或者近亲属、附带民事诉讼的当事人及其法定代理人。

2. 刑事诉讼代理只能发生在刑事诉讼过程中，即刑事案件立案后到判决、裁定发生效力前，律师等才可以接受委托，进行代理活动。

3. 律师等进行刑事代理必须与被代理人办理委托代理手续，并以被代理人的名义进行诉讼活动。

4. 代理活动须在被代理人授权的范围内进行，才有效力。未经被代理人同意，律师等不得擅自转委托。

5. 代理的事项必须合法，代理的目的是维护被代理人的合法权益。

二、刑事诉讼代理的种类

根据授予的代理权限的不同，刑事诉讼代理可分为一般授权代理和特别授权代理。一般授权代理是指委托人只授予代理人纯粹的诉讼权利，而不把处分实体问题的诉讼权利交由代理人行使。在这种代理权限内，代理人只能代理收集证据、提供证据、陈述和补充案件事实、询问当事人和证人、进行辩论等诉讼活动，而不能代为承认、变更、放弃诉讼请求，也不能代为上诉。特别授权代理是指委托人把一般诉讼权利和处分实体问题的诉讼权利均授予代理人行使。在这种代理权限内，代理人不仅能行使一般诉讼权利,而且能代理委托人行使实体处分权的一部分或全部,如代为承认、变更、放弃诉讼请求、进行和解、提起反诉或者上诉。

根据代理性质的不同,刑事诉讼代理可分为公诉案件被害人的委托代理、自诉案件自诉人的委托代理、附带民事诉讼当事人的委托代理三种。

三、律师代理刑事诉讼的权利和义务

《刑事诉讼法》第47条规定:"委托诉讼代理人,参照本法第三十三条的规定执行。"而参照该法第33条的规定,律师、人民团体或者自诉人、被害人、附带民事诉讼当事人所在单位推荐的人及其监护人、亲友均可接受自诉案件的自诉人及其法定代理人、公诉案件的被害人及其法定代理人或者近亲属、附带民事诉讼的当事人及其法定代理人的委托,担任诉讼代理人。但正在被执行刑罚或者依法被剥夺、限制人身自由的人不得接受委托,担任诉讼代理人。被开除公职和被吊销律师、公证员执业证书的人,不得担任诉讼代理人,但系自诉人、被害人、附带民事诉讼当事人的监护人、近亲属的除外。诉讼代理人可以是1至2人。

律师代理刑事诉讼,除享有法律赋予执业律师的拒绝代理、阅卷、调查取证或者申请人民检察院、人民法院收集、调取证据等权利外,根据《刑事诉讼法》的有关规定,还享有以下权利:(1)律师作为公诉案件被害人的代理人,有权在人民检察院审查案件时发表意见,人民检察院应当听取;(2)在法庭审理中,经审判长许可,可以向被告人、证人、鉴定人发问;(3)有权对控辩双方当庭出示的证据发表意见,审判人员应当听取;(4)经审判长许可,有权对证据和案件情况发表意见并参加法庭辩论;(5)法庭对上诉案件不开庭审理的,有权发表意见,人民法院应当听取;(6)诉讼代理人认为公安机关、人民检察院、人民法院及其工作人员阻碍其依法行使诉讼权利的,有权向同级或者上一级人民检察院申诉或者控告。人民检察院对申诉或控告应当及时进行审查,情况属实的,通知有关机关予以纠正。

代理律师的义务主要有:(1)代理权的产生必须基于委托人的授权委托,当法定或约定的代理权消灭的情形出现时,代理权终止,不得再以委托人的名义进行代理;(2)必须以委托人的名义并在委托人授权范围内行使代理权,不得越权或擅自转委托;(3)必须在委托的权限内认真履行职责,维护委托人的合法权益,无正当理由拒绝代理或不履行职责的,应承担法律责任;(4)不得在同一案件中为双方当事人担任代理人;(5)不得滥用代理权;(6)不得泄露当事人的隐私。此外还应遵守律师执业纪律的有关规定。

四、律师代理刑事诉讼的意义

律师代理刑事诉讼,具有十分重要的意义:

第一,有利于维护被害人、自诉人等的合法权益。在刑事诉讼中,不仅要保护犯罪嫌疑人、被告人的合法权益,而且应保护被害人、自诉人等其他当事人的合法权益。被害人或自诉人是犯罪行为的直接受害者,不仅在精神上蒙受痛苦,而且还在身体上受到伤害可能造成伤残甚至死亡,以致不能行使或不能很好地行使其应有的诉讼权利。有的被害人或自诉人即便没有丧失诉讼行为能力,也因不懂法律而不知其在诉讼中享有的诉讼权利以及该如何行使这些权利,而且,被害人或自诉人是当事人,与案件的处理结果有利害关系,法律因此赋予他们相应的一系列诉讼权利,这些权利能否充分行使,对促使案件的正确处理有很大的关系。律师接受委托代理刑事诉讼,就可以运用法律知识和法律技能,帮助他们更充分地行使这些权利,维护他们的合法权益。

第二,有利于司法机关正确及时地处理刑事案件和附带民事诉讼案件。律师接受被害人、自诉人的委托,担任代理人参加诉讼,可以有效地协助他们收集证据,查明事实,进而运用法律指控犯罪,从而促使司法机关有效地揭露犯罪、证实犯罪和惩罚犯罪,保证刑事案件得到正确及时的处理。同时,律师接受附带民事诉讼当事人及其法定代理人的委托,担任代理人参加诉讼,也可以有效地协助他们收集证据,并在法庭上举证、质证,协助法院查明事实,适用法律,进而对刑事附带民事诉讼案件作出正确的处理。

第二节 自诉案件的律师代理

一、自诉案件律师代理的概念和范围

自诉案件的律师代理,是指律师接受自诉案件自诉人及其法定代理人或反诉人及其法定代理人的委托,担任诉讼代理人,在代理权限内所进行的诉讼活动。

在我国,自诉案件是指被害人或者他的法定代理人、近亲属向人民法院起诉,要求追究被告人的刑事责任,由人民法院直接受理的刑事案件。根据《刑事诉讼法》第210条的规定以及有关司法解释,自诉案件有三类:一是告诉才处理的案件,包括侮辱案、诽谤案、暴力干涉他人婚姻自由案、虐待案、普通侵占案;二是被害人有证据证明的轻微刑事案件,包括故意伤害案(轻伤)、重婚案、遗弃案、侵犯著作权案(严重危害社会秩序和国家利益的除外)、假冒注册商标案(严重危害社会

秩序和国家利益的除外)、妨害通信自由案、非法侵入他人住宅案、扰乱法庭秩序案等;三是被害人有证据证明对被告人侵犯自己人身、财产权利的行为应当依法追究刑事责任,而公安机关或者人民检察院不予追究被告人刑事责任的案件。自诉案件的被害人或者他的法定代理人、近亲属提起诉讼并由人民法院受理后,即成为自诉人,以原告人的身份进行诉讼活动。

《刑事诉讼法》第213条规定:"自诉案件的被告人在诉讼过程中,可以对自诉人提起反诉。反诉适用自诉的规定。"所谓反诉,是指自诉案件的被告人对自诉人的反控告,须具备三个条件:第一,反诉的对象必须是同一案件的自诉人;第二,反诉的内容只能是与自诉案件有关联的犯罪行为,并且属于自诉案件;第三,反诉的时间应在人民法院开庭审理之前,至迟应在宣告判决以前。反诉成立后,人民法院原则上要把反诉案件与自诉案件合并审理;当事人双方互为原告人和被告人,如果查证属实,都要对自己的行为承担刑事责任,所判刑罚不能互相抵消。但反诉属独立之诉,除调解成功或和解撤诉的以外,人民法院不能因自诉人撤诉而停止反诉案件的审理。在诉讼中,反诉人是反诉案件的原告人,与自诉人的诉讼地位和权利义务相同。

在自诉案件中,律师既可以接受自诉人及其法定代理人的委托,也可以接受反诉人及其法定代理人的委托,担任诉讼代理人参加诉讼。而且,在这两种诉讼代理中,律师都执行控诉职能,协助委托人追究对方当事人的刑事责任。但是,应当明确,这与国家检察机关行使公诉权所体现的控诉职能是不同的。律师的代理工作仅仅在于对委托人提供法律上的帮助,不具有独立的诉讼主体的地位,并且不能代表国家对审判活动行使监督权。

二、自诉案件律师代理的步骤和方法

(一)审查收案

如果委托人尚未起诉,则律师应与委托人谈话,并对其准备起诉的内容进行审查,着重判明:(1)被告人的行为是否构成犯罪;(2)自诉人指控被告人犯罪的事实是否清楚,有无足够证据予以证明;(3)是否属于自诉案件。经过审查,律师对上述三个问题持肯定态度的,应当接受委托;认为被告人的行为不构成犯罪或者缺乏罪证的,应动员委托人不起诉;认为属于民事案件的,应告知委托人单独提起民事诉讼;认为是公诉案件的,应告知委托人向公安机关或者人民检察院提出控告,而不应接受委托,代理诉讼,但如果是公诉转自诉的案件,被害人持有公安机关或者人民检察院出具的不予追究被告人刑事责任的证明,则律师应接受委托,代理诉讼。

对于自诉案件的被告人委托律师提出反诉的，则应着重审查是否符合反诉的条件。符合反诉条件的，律师应接受委托，否则应予拒绝。

《刑事诉讼法》规定，人民法院自受理自诉案件之日起3日内，应当告知自诉人及其法定代理人有权委托诉讼代理人。据此，对于人民法院已经受理的自诉案件，律师无需进行审查，可以立即接受委托，担任诉讼代理人参加诉讼。

律师决定接受自诉人及其法定代理人的委托，担任诉讼代理人的，应以律师事务所的名义与自诉人签订委托代理协议，以明确代理权限。律师担任自诉人的诉讼代理人只是代理行使诉讼权利，一般情况下，是对被告人进行控告，协助自诉人追究被告人的刑事责任，维护其合法权益。代理律师若要行使实体权利，如变更诉讼请求或者撤诉等，则应有自诉人的特别授权。

（二）撰写自诉状或反诉状，提起诉讼

律师接受委托后，如果自诉人尚未起诉，应代写刑事自诉状，向有管辖权的人民法院提起诉讼。由于自诉人起诉的目的是要追究被告人的刑事责任，因此在刑事自诉状中应当写明被告人犯罪的事实和证据，以及要求对被告人定罪量刑的法律依据。

（三）做好开庭前的准备工作

对于自诉案件，代理律师在开庭前，主要应做好以下几项准备工作：

1. 协助自诉人履行举证责任。自诉人指控被告人犯罪必须有足够的证据，为此代理律师要进行调查研究，帮助自诉人尽可能收集有关的证据。同时还要向自诉人讲清楚，他应对自己提供的事实和证据的真实性负责，而且为了保证代理任务的完成，他应赋予律师有纠正起诉事实的权利；如果在诉讼中因事实虚假或制造伪证而受到追究的，其责任应由自诉人自负。

2. 注意有无和解息讼的可能。《刑事诉讼法》第212条规定："自诉人在宣告判决前，可以同被告人自行和解或者撤回起诉。"自诉人起诉后，如果被告人已改正错误或者愿意承担赔偿责任的，自诉人可以同被告人进行和解。若双方达成和解协议的，自诉人可以向人民法院申请撤诉。在诉讼中，律师发现自诉人有和解愿望的，应尽量促成双方和解息讼。

3. 撰写代理词。如和解无望，代理律师应着手撰写代理词，根据现有证据，对被告人犯罪的时间、地点、动机、目的、手段、结果以及各种情节作出准确的判断，对被告人如何适用刑法定罪量刑进行深入分析，并对被告人的答辩提出反驳意见，以便为出庭参加诉讼作做好充分的准备。

（四）出庭参加诉讼活动

人民法院对自诉案件开庭审判时，代理律师应与自诉人一起出庭参加诉讼，并着重做好以下几项工作：

1. 在法庭调查阶段,履行控诉职能。法庭调查开始,代理律师可代表自诉人宣读自诉状,然后举证揭露和证实犯罪。经审判长许可,代理律师可以向被告人、证人或鉴定人发问。

2. 在法庭辩论阶段,发表代理词和与被告人及其辩护人进行辩论。代理律师发表代理词,要提出对被告人进行定罪量刑的事实根据和法律依据,以伸张正义,维护委托人的合法权益;对被告人的其他严重违法行为,要进行揭露和法律评价,但应注意掌握分寸,尊重对方的人格,避免激化矛盾;对被告人的缺点、错误和不道德行为,也可以作适当的批评或谴责。

3. 被告人提起反诉时,代理律师经自诉人委托可行使辩护职能。被告人在审判过程中提起反诉的,作为自诉人的代理人的律师,经自诉人(被反诉人)另行委托,可担任其辩护人。这时,律师就既是代理人,又是辩护人,一身两职,同时负有控诉与辩护两种职能。但应注意,在行使代理职能时,仍应在自诉人授权的范围内进行代理活动;在行使辩护职能时,则应根据事实和法律,独立进行辩护活动。

4. 积极参与法院的调解活动。由于自诉案件被告人犯罪的情节较轻,社会危害不大,双方当事人又多有亲属关系或其他特殊关系,人民法院依法可进行调解。代理律师如认为被告人确有悔改表现,依法又介于可追究可不追究刑事责任之间的,在不违背自诉人意愿的前提下,应积极参加法院的调解活动,尽量促成自诉人与被告人达成调解协议。但应注意,《刑事诉讼法》第 210 条第 3 项规定的案件(公诉转自诉的案件)不适用调解。

5. 在自诉案件作出一审判决或裁定后,代理律师应征求委托人的意见。如果自诉人不服,而且一审判决或裁定确有错误的,代理律师应协助或代理自诉人提出上诉;如果自诉人不服但一审判决或裁定确是公正的,代理律师应动员自诉人放弃上诉或拒绝接受委托。

第三节　公诉案件的律师代理

一、公诉案件律师代理的概念和特点

公诉案件中的律师代理,是指律师接受公诉案件被害人或者他的法定代理人、近亲属的委托,担任诉讼代理人,在代理权限内为维护被害人的合法权益而进行的诉讼活动。

公诉案件的被害人由于受到犯罪行为的直接侵害,有的全部或部分丧失了行使诉讼权利的能力;有的不懂法律,不善于行使自己的诉讼权利,等等。这就需要律师给予帮助。律师担任被害人的诉讼代理人,也有利于协助公诉人查清事实,追究犯罪,从而有利于法庭作出正确的判决或裁定。特别是在个别公诉案件公诉人不出庭的情况下,更需要律师作为被害人的诉讼代理人参加诉讼,以维护其合法权益。

律师担任公诉案件被害人的代理人,既不同于担任自诉人的诉讼代理人,也有别于公诉人或辩护人:

1. 律师担任自诉人的诉讼代理人,代为行使诉讼权利,如提起诉讼、撤回起诉、提供证据、参加辩论和调解等,必须在自诉人授权的范围内进行。而在公诉案件中,被害人既不能提起诉讼,也不能撤回起诉,更不能与被告人达成和解协议了结案件,他在诉讼中的主要任务,是向法庭陈述被害的事实和证据,以揭露和证实犯罪。律师担任被害人的诉讼代理人,不是代替他出庭陈述,而是以诉讼代理人的身份帮助他行使《刑事诉讼法》所赋予的各项权利。而且,律师的代理活动不受被害人意志的约束。

2. 律师担任被害人的诉讼代理人虽然与出庭支持公诉的公诉人同属于控诉一方,但他们是有区别的:公诉人代表国家,执行控诉职能,行使公诉权,有权起诉或撤诉,而且还有权监督审判,提出抗诉,以维护国家和人民的利益。被害人在公诉案件中虽然也执行控诉职能,但相对于检察机关行使公诉权而言,只是起着补充控诉的作用。因此,被害人在诉讼中既无权起诉、撤诉,又无权上诉。律师作为被害人的诉讼代理参加诉讼,只是帮助被害人行使诉讼权利,维护被害人的合法权益。

3. 律师担任被害人的诉讼代理人虽然和担任被告人的辩护人一样,同为诉讼参加人,但他们的职能是不同的:前者行使的是控诉职能,后者行使的是辩护职能。

二、公诉案件律师代理的权限

公诉案件被害人的代理律师在诉讼中的权限分为两部分:一是《律师法》规定的权利,如查阅案卷权、调查权、人身权利不受非法侵犯等;二是被害人授予的权利。在刑事诉讼中律师担任被害人的诉讼代理人,其主要任务就是根据被害人的授权帮助被害人行使诉讼权利。

根据《刑事诉讼法》的规定,被害人在刑事诉讼中与其他当事人共同享有的诉讼权利有:(1)对审判人员、检察人员、侦查人员侵犯其诉讼权利和人身侮辱的行为,有权提出控告;(2)对于审判人员、检察人员、侦查人员及鉴定人、翻译人员、书记员有《刑事诉讼法》第29条规定的情形之一的,有权申请他们回避,对驳回申请回避的决定,有权申请复议;(3)在法庭调查阶段,有权就起诉书指控的犯罪事实进行陈述,有权向被告人、证人、鉴定人发问;有权辨认物证;有权对公诉人向法庭出示的物证、书证、宣读的书面证言及其他证据文书发表意见;有权申请通知新的证人到庭,调取新的物证,申请重新鉴定或者勘验;(4)在法庭辩论阶段,有权对证据和案件情况发表意见,并与公诉人、其他当事人、辩护人相互辩论;(5)对已经发生法律效力的判决、裁定,有权向人民法院或人民检察院提出申诉,要求人民法院或人民检察院进行重新处理。

被害人所特有的诉讼权利有:(1)自案件移送审查起诉之日起,有权委托诉讼代理人,人民检察院自收到移送审查起诉的案件材料之日起3日内,应当告知被害人及其法定代理人或者其近亲属有权委托诉讼代理人;(2)在审查起诉中,被害人有权对案件事实的认定和法律适用提出意见,人民检察院应当听取;(3)对人民检察院决定不起诉的案件,被害人不服,可以向上一级人民检察院申诉,请求提起公诉,人民检察院应当将复查结果告知被害人;对人民检察院维持不起诉决定的,被害人可以向人民法院申诉,也可不经申诉,直接向人民法院起诉;(4)对于有证据证明对被告人侵犯自己人身、财产权利的行为应当依法追究刑事责任,而公安机关或人民检察院不予追究的案件,被害人有权向人民法院提起自诉;(5)被害人不服地方各级人民法院的第一审判决、裁定的,有权请求人民检察院提起抗诉,人民检察院应当将是否抗诉的决定告知被害人。

被害人的诉讼义务主要有:(1)应如实向司法机关陈述案件事实;(2)应接受司法机关的人身检查;(3)应接受传唤,按时出庭;(4)应遵守法庭秩序,在法庭上接受询问和回答问题。

律师接受被害人的委托担任诉讼代理人,应当根据被害人委托的权限,行使诉讼权利,履行诉讼义务。需要指出的是,代理律师行使涉及实体处分的权利,必须有被害人的特别授权。

三、公诉案件律师代理的步骤和方法

1. 审查收案。根据《刑事诉讼法》的有关规定,被害人在公诉案件中属于当事人,在审查起诉阶段和审判阶段有权委托诉讼代理人参加诉讼。对于被害人及其法定代理人或者其近亲属的委托,律师应注意以下几个问题:(1)是否在法定的诉讼阶段委托。根据《刑事诉讼法》的规定,公诉案件被害人及其法定代理人或者近亲属有权委托诉讼代理人的时间是在案件移送人民检察院审查起诉之日起;(2)委托人的身份是否合法,即委托人是否被害人或其法定代理人、近亲属,有无一定的身份证明;(3)委托人是否有不合理、不合法的要求。对其无理的甚至不合

法的诉讼要求，律师要加以讲解并说服教育，如委托人仍坚持其要求的，律师可以拒绝接受委托。律师决定接受委托的，应以律师事务所的名义与其签订委托代理协议，并由委托人出具授权委托书，以明确代理权限。

2. 进行出庭前的准备工作。代理律师在出庭参加诉讼之前，应做好充分的准备工作。主要是：(1)查阅、摘抄、复制本案的案卷材料；(2)与被害人及其法定代理人或者其近亲属进行仔细交谈，了解有关案情，核对阅卷中发现的问题；(3)向有关单位、个人进行调查，收集、审查和判断证据；(4)撰写代理词。在代理词中，律师应充分揭露和控诉被告人的犯罪行为及其对被害人或其近亲属造成的危害后果，并全面地和有理有据地阐述自己对被告人定罪量刑的意见和主张，突出对被害人合法权益的维护，避免与公诉人的意见重复。

3. 出庭参加诉讼，履行代理职责。律师接到人民法院的出庭通知书后，应和委托人商量出庭事宜。如被害人因受犯罪行为侵害致伤、致残，身患重病或者远在异地的，经其授权，律师可代理其出庭参加诉讼。在法庭调查阶段，代理律师应注意公诉人、审判人员对被告人的讯问，公诉人和辩护人对证人的发问以及控、辩双方出示或宣读的证据，必要时，代理律师应对被告人、证人、鉴定人进行发问和对证据进行质证，协助法庭查明事实，并据以及时修改或补充代理词；在法庭辩论阶段，在公诉人、被害人发言之后，代理律师应发表代理词，全面阐述自己的代理意见和主张。由于被害人与公诉人同属控诉一方，因此代理律师应与公诉人密切配合，以依法控诉和惩罚犯罪，维护国家、社会利益和被害人的合法权益。但代理律师与公诉人在事实认定或法律适用上意见不一致的，我们认为，他们“可以相互辩论”，这不仅符合《刑事诉讼法》第 198 条的规定，而且有利于人民法院听取不同意见，做到兼听则明，从而客观公正地处理案件。

4. 征询委托人对一审判决的意见。在人民法院对公诉案件作出一审判决后，代理律师应征询委托人对判决的意见。如判决正确而委托人不服，代理律师应对其作耐心的解释和说服工作；如判决有错误，代理律师应向委托人指出并建议或代理他请求人民检察院抗诉。

第四节　刑事附带民事诉讼的律师代理

一、刑事附带民事诉讼的概念

刑事附带民事诉讼，是指在刑事诉讼过程中，人民法院根据被害人等的申请，为处理由于被告人的犯罪行为所造成的物质损失的赔偿问题而进行合并审理的诉讼活动。其特点是:第一,被害人等由于被告人的犯罪行为而遭受物质损失,要求被告人给予经济赔偿,因此就其性质而言属于民事诉讼。第二,这种活动之所以是“附带”的,是因为它是在刑事诉讼中基于同一被告人的同一犯罪事实而产生的,而且是由同一审判组织处理的,因此它又是一种特殊形式的民事诉讼。第三,由于它具有民事诉讼性质,因而人民法院在审理时应适用民事诉讼的原则和程序,如原告负举证责任,人民法院可以调解,当事人可以和解,原告有权申请撤诉等。

二、律师代理附带民事诉讼应注意的问题

1. 了解提起附带民事诉讼的条件,以便决定是否接受被害人等的委托。《刑事诉讼法》第 101 条规定:“被害人由于被告人的犯罪行为而遭受物质损失的,在刑事诉讼过程中,有权提起附带民事诉讼。”据此,提起附带民事诉讼应当同时具备三个条件:

第一,被告人的行为必须构成犯罪。只有刑事案件成立,才谈得上附带处理被害人所遭受的物质损失的赔偿问题。如果被告人的行为不构成犯罪,而遭受物质损失的被害人要求赔偿的,他只能单独提起民事诉讼。

第二,被害人由于被告人的犯罪行为已经遭受物质损失。包括两层意思:一是被害人所遭受的是物质损失,包括财物的毁损和利益的丧失。前者如被毁坏的家具,被盗窃的财物,因伤、亡而支付的医疗费、营养费、丧葬费等;后者如因受伤而误工减少的收入等。如果被害人所遭受的是精神损害,如因诽谤、侮辱而造成的损害,则由于不符合《刑事诉讼法》的规定,因而不能提起附带民事诉讼;如果是由于虐待、伤害引起的“离婚”纠纷,则由于“离婚”不属于“被害人”的物质损失,因而也不能作为附带民事诉讼。二是被害人所遭受的物质损失必须是被告人的犯罪行为直接造成的,即两者之间存在因果关系。如果被害人的物质损失与被告人的犯罪行为之间没有因果关系,如犯罪分子的亲友致人损害或被告人的犯罪行为使被害人的近亲属惊悉后病倒而支付医疗费等,都不能提起附带民事诉讼,只能另行处理。

第三,必须在刑事诉讼过程中提出。即被害人从刑事立案到判决生效之前,都可以提起附带民事诉讼,但在一审判决之后提起上诉前的这段时间,由于刑事诉讼是结束还是继续尚未确定,因而不能提起附带民事诉讼。如果刑事诉讼已经终结,“附带”的前提便不复存在,被害人此时要求赔偿的,只能单独提起民事诉讼。

以上三个条件必须同时具备,律师才能接受被害人的委托,担任代理人参加附带民事诉讼活动。

2. 签订委托代理合同并由附带民事诉讼当事人出具授权委托书。在刑事诉讼中,律师决定接受附带民事诉讼当事人的委托的,一般应分别与当事人签订委托代理合同:如果接受自诉案件自诉人或公诉案件被害人的委托代理附带民事诉讼的,则此时律师往往既是自诉案件自诉人或公诉案件被害人的代理人,又是附带民事诉讼原告人的代理人,具有双重的代理身份,宜分别签订委托代理合同,以明确律师在这两种诉讼中不同的代理权限;如果接受自诉案件、公诉案件被告人的委托代理附带民事诉讼的,则此时律师往往既是刑事案件被告人的辩护人,又是附带民事诉讼被告人的代理人。由于诉讼职能截然不同,因而律师应与委托人分别签订委托辩护协议和委托代理合同。

3. 收集、审查证据,申请法院采取保全措施,撰写代理词。律师担任附带民事诉讼当事人的代理人,为维护委托人的合法权益,在委托人提供证据或线索的基础上,应当进行阅卷、申请鉴定或调查取证工作,特别是附带民事诉讼原告人的代理律师更应注意协助委托人履行举证责任。为保证日后判决得到顺利执行,附带民事诉讼原告人的代理律师可以代理原告人申请人民法院采取财产保全措施。同时,代理律师在分析研究案情的基础上还应撰写代理词和有关代理材料(如发问提纲、申请书等),为出庭代理做好充分准备。

4. 出庭参加诉讼,履行代理职能。律师出庭参加法庭审理活动,首先应当明确,由民事诉讼的性质决定了,无论是附带民事诉讼原告人还是被告人,双方的诉讼权利和义务是平等的,如都有权申请回避、提供证据、进行辩论、请求调解等。而且,双方当事人的合法权益都应受到法律的保护。其次,律师应当保障附带民事诉讼当事人平等地行使诉讼权利。附带民事诉讼原告人一般就是刑事案件的被害人,律师不能因为他是受害人,处于有利地位,而迁就其不合理的诉讼要求;附带民事诉讼被告人一般就是刑事案件的被告人,处于不利地位,虽然应负的赔偿责任不因判刑而抵消,但其赔偿来源原则上应以被告人本人的财产为限,被告人没有经济赔偿能力的,不能让其家属承担(被告人是未成年人应由其家长或监护人负赔偿责任的除外),也不能让被告人借债或服刑期满后以其劳动收入赔偿。最后,律师在附带民事诉讼中可能身兼三职或四职(如自诉案件被告人提起反诉并附带民事诉讼的)。在这种情况下,律师必须严格区分刑事辩护人、刑事诉讼代理人和民事诉讼代理人在诉讼中的不同地位、职能以及权利义务,弄清反诉的特点和反诉案件原被告的权利和义务,以正确履行诉讼代理职能,全面地维护委托人的合法权益。

第十五章 申诉代理

第一节 申诉代理概述

一、申诉代理的概念和特征

我国《律师法》第28条规定，律师可以“接受委托，代理各类诉讼案件的申诉”。据此，申诉代理，是指律师接受刑事、民事、行政案件当事人等的委托，对已经发生法律效力的判决或裁定，认为确有错误，依法向人民法院或人民检察院提出申请，请求重新处理的行为。它具有以下几个特征：

1. 律师代理的只是各类诉讼案件的申诉，而不包括非诉讼案件的申诉。根据我国法律的规定，诉讼案件分为刑事案件、民事案件、行政案件三类。对此，律师均可接受当事人的委托代理申诉。

2. 各类诉讼案件当事人需要委托申诉的，只能委托律师代为申诉。根据我国《刑事诉讼法》《民事诉讼法》《行政诉讼法》的有关规定，诉讼案件的当事人需要委托他人代理诉讼的，既可以委托律师，也可以委托律师以外的人。但诉讼案件的当事人需要委托他人代理申诉的，则只能委托律师，而不能委托律师以外的人。这是因为，《律师法》对律师代理申诉有明确规定；最高人民法院发布的《关于适用〈中华人民共和国刑事诉讼法〉的解释》（以下简称《刑诉法解释》）第451条第3款规定：“申诉可以委托律师代为进行。”而我国三大诉讼法及其司法解释均没有对律师以外的人可以接受委托代理申诉作出规定。因此，律师以外的人代理申诉于法无据。

3. 律师必须是认为已经发生法律效力的判决和裁定确有错误才能代理申诉。我国人民法院无论是审判刑事案件，还是审判民事案件或行政案件，均实行两审终审制，地方各级人民法院作出一审判决或裁定后，在上诉期间，律师只能接受当事人的委托代理上诉。只有人民法院的判决和裁定发生法律效力后，律师认为确有错误的，才能接受当事人的委托，代理申诉。如果判决和裁定尚未生效，或者虽然生效但没有错误，律师则不能接受当事人的委托代理申诉。

4. 律师代理申诉只能向人民法院或者人民检察院提出。这是因为，根据《刑事诉讼法》《民事诉讼法》《行政诉讼法》的规定，人民法院的判决、裁定发生法律效力以后，只有本级人民法院、最高人民法院和上级人民法院有权决定再审，以及只有最高人民检察院和上级人民检察院有权按照审判监督程序提出抗诉从而引起再审。因此，律师接受当事人的委托代理申诉只能向上述人民法院或人民检察院提出，否则均无法引起审判监督程序的发生，从而也无法使原案件得到重新处理。

5. 律师代理申诉只能在判决、裁定发生法律效力后至再审程序开始之前进行。如前所述，律师只能在人民法院的判决、裁定发生法律效力后认为其确有错误的，才能接受当事人的委托代理申诉；如果人民法院对原案件已决定进行再审或人民检察院已经按照审判监督程序提出抗诉，则该案件便已经进入再审程序，那么律师所做的只能是接受当事人的委托进行辩护或代理诉讼，而不是接受委托进行申诉。

二、律师代理申诉的作用

我国《律师法》在规定律师可以接受民事案件、行政案件当事人以及刑事自诉案件自诉人、公诉案件被害人或者其近亲属的委托，担任代理人，参加诉讼的同时，又将律师接受各类诉讼案件当事人的委托代理申诉作为律师的一项业务单独加以规定，具有十分重要的意义。主要表现在：

（一）有利于切实维护法律的正确实施

我国人民法院审判案件实行两审终审制，经过两级人民法院的审判，绝大多数案件的处理是正确的。但审判实践中，由于案件情况的复杂性和认识的局限性，人民法院在认定证据、查明事实或适用法律时出现错误又是不可避免的，从而使生效的判决、裁定缺乏合法性和公正性。为了维护法律的严肃性，我国三大诉讼法在一审、二审程序之后设立了一种纠正错误的补救程序即审判监督程序。生效判决、裁定中的错误，既可以由人民法院或者人民检察院自己发现，也可以由当事人或者曾经亲自参加过一审、二审诉讼的辩护律师或者代理律师发现。在后一种情况下，律师接受当事人的委托或者在征得当事人同意并授权的情况下代理申诉，无疑有助于引起人民法院或人民检察院的重视，进而促使这两个机关启动审判监督程序，纠正原判决、裁定中的错误，从而贯彻实事求是、有错必纠的工作方针，切实维护法律的正确实施。

（二）有利于充分维护当事人的合法权益

少数生效判决、裁定确有错误，但当事人由于有害怕心理、不懂法律或者患有疾病或生理缺陷，以至于不敢、不能或者不善于行使法律赋予的申诉权利。如能获得精通法律、经验丰富的律师的帮助，则当事人必定能依法大胆申诉，并提出新的证据或新的法律意见,进而促使人民法院对原案进行重新审理,依法纠正判决、裁定中的错误,从而充分维护当事人的合法权益。另外,律师在代理申诉中,如果发现判决、裁定没有错误,经过向申诉人说明、解释,对其进行法制宣传教育,也有助于犯罪分子认罪服法,积极进行改造,重新做人,或者有利于当事人服判息讼,主动履行生效判决,从而变消极因素为积极因素。

第二节 刑事案件的申诉代理

一、刑事案件申诉的概念和条件

所谓刑事案件的申诉,是指当事人及其法定代理人、近亲属认为已经发生法律效力的刑事判决、裁定确有错误,而向人民法院或者人民检察院申请重新审判的行为。根据《刑事诉讼法》第 252 条、第 253 条的规定,刑事案件的申诉具有以下三个特点:一是申诉可以由当事人及其法定代理人、近亲属提出。另外,根据《刑诉法解释》第 451 条第 2 款的规定,申诉也可以由认为已经发生法律效力的判决、裁定侵害其合法权益的案外人提出。二是申诉不能停止判决、裁定的执行。三是申诉不必然引起审判监督程序,即申诉能否引起审判监督程序,取决于它是否符合法定条件。

根据《刑事诉讼法》第 253 条规定,当事人及其法定代理人、近亲属的申诉符合下列情形之一的,人民法院应当重新审判:

1. 有新的证据证明原判决、裁定认定的事实确有错误,可能影响定罪量刑的。所谓新的证据,是指判决、裁定发生法律效力后,发现了原审法院没有掌握的证据,而这些证据能够证明原判决、裁定认定的事实与实际不符。根据《刑诉法解释》第 458 条的规定,具有下列情形之一,可能改变原判决、裁定据以定罪量刑的事实的证据,应当认定为《刑事诉讼法》第 253 条第 1 项规定的"新的证据":(1)原判决、裁定生效后新发现的证据;(2)原判决、裁定生效前已经发现,但未予收集的证据;(3)原判决、裁定生效前已经收集,但未经质证的证据;(4)原判决、裁定所依据的鉴定意见,勘验、检查等笔录被改变或者否定的;(5)原判决、裁定所依据的被告人供述、证人证言等证据发生变化,影响定罪量刑,且有合理理由的。

2. 据以定罪量刑的证据不确实、不充分,依法应当予以排除,或者证明案件事实的主要证据之间存在矛盾的。其中,证据不确实、不充分,具体是指:证人证言、鉴定意见是虚假的,物证、书证是伪造的,只有被告人供述而没有其他证据的,据以定案的证据未经核实、质证的等情况。此外，根据《刑诉法解释》第457条的规定，该种情形还应包括“主要事实依据被依法变更或者撤销的”情况。

3. 原判决、裁定适用法律确有错误的。这主要是指定罪上有错误和量刑上有错误两种情况。前者包括：错误地认定了案件性质，将无罪作为有罪判处或者将有罪作为无罪判处，错定罪名，混淆了此罪与彼罪或一罪与数罪的界限；后者则包括：量刑畸轻畸重，轻罪重判或重罪轻判，如在没有法定加重情节的情况下判处的刑罚超出法定刑。《刑诉法解释》第457条将该种情形细化为：(1)认定罪名错误的；(2)量刑明显不当的；(3)对违法所得或者其他涉案财物的处理确有明显错误的；(4)违反法律关于溯及力规定的。

4. 违反法律规定的诉讼程序，可能影响公正审判的。这主要是指违反《刑事诉讼法》规定的审判管辖、回避、指派辩护、审判组织的组成、公开审判等诉讼程序，进而可能影响公正审判的。如果只是某个诉讼环节、步骤存在瑕疵，不致影响公正审判的，则不应当进行重新审判。

5. 审判人员在审理该案件的时候，有贪污受贿、徇私舞弊、枉法裁判行为的。这种情况，是指参与原判决、裁定的审判人员(如审判员、庭长、副庭长、院长、副院长或审判委员会委员)在审理该案件时有贪污受贿、徇私舞弊、枉法裁判行为，经法定程序得到证明的。

二、律师代理刑事案件申诉应注意的问题

1. 律师代理申诉只能接受刑事案件当事人及其法定代理人、近亲属以及案外人的委托，而不能接受除此以外其他人的委托。其中，“法定代理人”是指被代理人的父母、养父母、监护人和负有保护责任的机关、团体的代表。“近亲属”是指夫、妻、父、母、子、女、同胞兄弟姐妹。[1] 案外人是认为已经发生法律效力的判决、裁定侵害其合法权益的人。对于当事人及其法定代理人、近亲属的委托，律师一般无须进行实质性审查，只要查明判决、裁定已经发生法律效力即可。因为对于判决、裁定是否确有错误，律师要在接受委托后通过一定的调查分析工作才能判明。但对于案外人的委托，则应审查其合法权益是否确已受到已经发生法律效力的判决、裁定的实际侵害。

2. 律师决定接受当事人及其法定代理人、近亲属或案外人的委托代理申诉的，应与其签订委托代理合同，并由当事人等出具授权委托书，以明确代理事项、权限和期限，使律师能够据以向人民法院或者人民检察院提出申诉。

---

[1] 见《刑事诉讼法》第108条。

3. 律师代理申诉的主要任务是查明当事人及其法定代理人、近亲属或案外人的申诉是否符合法定条件。根据《刑事诉讼法》第 253 条的规定,只要当事人及其法定代理人、近亲属以及案外人的申诉符合法定条件,而且只要符合其中一个条件,其申诉就能够当然地引起审判监督程序的发生。为此,代理律师应当进行调查工作,收集证据予以证明或进行分析研究予以判定。

4. 律师经审查认为当事人及其法定代理人、近亲属或案外人的申诉符合法定条件的,应代写申诉状,向有关的人民法院或者人民检察院提交并提供有关材料。根据《刑诉法解释》第 452 条的规定,代理律师代为向人民法院申诉,应当提交以下材料:(1)申诉状。应当写明当事人的基本情况、联系方式以及申诉的事实与理由;(2)原一审、二审判决书、裁定书等法律文书。经过人民法院复查或者再审的,应当附有驳回申诉通知书、再审决定书、再审判决书、裁定书;(3)其他相关材料。以有新的证据证明原判决、裁定认定的事实确有错误为由申诉的,应当同时附有相关证据材料;申请人民法院调查取证的,应当附有相关线索或者材料。律师经审查认为当事人及其法定代理人、近亲属的申诉不符合法定条件的,则应向其进行解释,动员其放弃申诉,但当事人及其法定代理人、近亲属仍然固执己见的,则律师应遵循以事实为根据、以法律为准绳的原则,辞去代理。

5. 代理律师代为提交申诉状后,应及时向人民法院或者人民检察院提交代理意见,必要时还应当补充有关证据材料。一旦人民法院决定再审或驳回申诉,或者人民检察院决定提出抗诉或不予抗诉,律师的代理任务即告完成。如当事人及其法定代理人、近亲属或案外人决定继续委托律师进行辩护或代理诉讼,则应另行办理辩护或代理委托手续。

第三节 民事案件的申诉代理

一、民事案件申诉的概念和条件

所谓民事案件的申诉,是指当事人认为已经发生法律效力的民事判决、裁定有错误,而向人民法院申请再审的行为。根据《民事诉讼法》第 205 条、第 206 条的规定,民事案件的申诉具有三个特点:一是申诉只能由当事人提出;二是申诉不停止判决、裁定的执行;三是申诉不必然引起审判监督程序,即申诉能否引起审判监督程序,取决于它是否符合法定条件。

根据《民事诉讼法》第 207 条的规定,当事人的申诉必须符合下列情形之一的，才能引起审判监督程序，即人民法院应当再审：

1. 有新的证据，足以推翻原判决、裁定的。所谓新的证据，是指在原来的诉讼中未知晓及未收集到的证据，是申请再审时新提供的证据，而不是在案件审结后新发生和制作的证据，亦是当事人原来应当提供而不能提供或者原来不知道的证据。而且，新的证据必须有足够的证明力能够推翻原判决、裁定所认定的事实。

2. 原判决、裁定认定的基本事实缺乏证据证明的。所谓基本事实，是指当事人主张的法律事实，即当事人主张的为《民法典》所规定的法律事实，具体包括：当事人主张的法律事实是否存在；当事人主张的法律事实在何时、何地发生，怎样发生、变更和消灭；引起当事人之间民事法律关系发生、变更、消灭的民事行为是否合法等。如果原判决、裁定认定的基本事实缺乏证据证明，则案件的客观真实情况就无法确定，人民法院据此作出的判决、裁定必然发生错误，因而有必要通过再审，予以查明。

3. 原判决、裁定认定事实的主要证据是伪造的。所谓主要证据，是指对认定案件事实起决定作用的证据，如借贷纠纷中的借据或收条，房屋买卖纠纷中的房屋买卖合同及付款凭证等，对于认定借贷关系是否存在、房屋买卖关系是否成立都具有决定性作用。如果这样的证据是伪造的，则人民法院据此作出的判决、裁定必然发生错误，因而应予再审。

4. 原判决、裁定认定事实的主要证据未经质证的。《民事诉讼法》第 71 条规定，证据应当在法庭上出示，并由当事人互相质证。据此，如果原判决、裁定认定事实的主要证据未经过双方当事人质证，则其是否真实、可靠未得到审查确认，人民法院据此作出的判决、裁定也会发生错误，因而有必要进行再审。

5. 对审理案件需要的主要证据，当事人因客观原因不能自行收集，书面申请人民法院调查收集，人民法院未调查收集的。《民事诉讼法》第 67 条第 2 款规定，当事人及其诉讼代理人因客观原因不能自行收集的证据，人民法院应当调查收集。如果当事人据此提出书面申请，而人民法院未予调查收集的，则不仅必然影响案件的正确处理，而且侵犯了当事人的诉讼权利，因而应当进行再审。

6. 原判决、裁定适用法律确有错误的。所谓适用法律有错误，是指该适用的法律条款没有适用，不该适用的法律条款却适用了。在这两种情况下，都会造成判决、裁定的错误，从而影响法律的正确实施，损害当事人的合法权益和人民法院的威信，因而有必通过再审予以纠正。

7. 审判组织的组成不合法或者依法应当回避的审判人员没有回避的。审判组织的组成不合法，如应当组成合议庭审理却由审判员一人独任审理，应当由审判员和人民陪审员共同组成合议庭却由审判员组成合议庭，或者合议庭的组成人员为双数等,以及审判人员依法应当回避而没有回避,都会影响案件的公正处理,因而应当进行再审。

8. 无诉讼行为能力人未经法定代理人代为诉讼或者应当参加诉讼的当事人,因不能归责于本人或者其诉讼代理人的事由,未参加诉讼的。这种情况的发生,将严重妨碍当事人诉讼权利的行使,进而影响案件的正确处理,因而也有再审纠正的必要。

9. 违反法律规定,剥夺当事人辩论权利的。《民事诉讼法》第 12 条规定,人民法院审理民事案件时,当事人有权进行辩论。同时,根据《民事诉讼法》第 144 条的规定,在法庭辩论阶段,当事人有权发言或答辩,并互相辩论。因此,辩论是民事诉讼当事人一项重要的诉讼权利,是当事人维护其合法权益的重要手段。如果法庭违反法律规定,剥夺了当事人进行辩论的权利,也将侵犯当事人的诉讼权利,影响案件的公正处理,因而应当进行再审。

10. 未经传票传唤,缺席判决的。出席法庭参加诉讼活动,既是当事人一项重要的诉讼权利,也是当事人维护其合法权益的重要手段。《民事诉讼法》第 146 条规定,原告经传票传唤,无正当理由拒不到庭的,或者未经法庭许可中途退庭的,可以按撤诉处理;被告反诉的,可以缺席判决。第 147 条规定,被告经传票传唤,无正当理由拒不到庭的,或者未经法庭许可中途退庭的,可以缺席判决。如果人民法院未经传票传唤,缺席判决的,则将严重侵犯当事人的诉讼权利,影响案件的正确处理,也应当进行再审。

11. 原判决、裁定遗漏或者超出诉讼请求的。如果判决、裁定遗漏诉讼请求的,则当事人的合法权益就无法得到国家司法的平等保护;如果判决、裁定超出诉讼请求的,则人民法院的审判就违反了"不告不理"的诉讼原则,而且将严重侵犯另一方当事人的合法权益,因而都应通过再审予以纠正。

12. 据以作出原判决、裁定的法律文书被撤销或者变更的。这种情况的发生,致使原判决、裁定失去了存在的依据和基础,应当进行再审。

13. 审判人员审理该案件时有贪污受贿、徇私舞弊、枉法裁判行为的。审判人员的这些行为,不仅损害了人民法院的形象,而且还影响到案件的正确处理,损害当事人的合法权益,因而应当进行再审,以维护司法的公正与廉洁。

《民事诉讼法》第 208 条规定,当事人对已经发生法律效力的调解书,提出证据证明调解违反自愿原则或者调解协议的内容违反法律的,可以申请再审。经人民法院审查属实的,应当再审。

二、律师代理民事案件申诉应注意的问题

律师代理民事案件申诉与代理刑事案件申诉基本相同,但应特别注意以下几

个问题：

第一，律师代理民事案件申诉，只能接受当事人及其法定代理人的委托，而不能接受当事人近亲属和案外人的委托。

第二，律师代理民事案件申诉，可以向作出原判决、裁定的人民法院的上一级人民法院申请再审；当事人一方人数众多或者当事人双方为公民的案件，也可以向原审人民法院申请再审。

第三，根据《民事诉讼法》第 212 条的规定，律师代理民事案件的申诉，应当在判决、裁定发生法律效力后 6 个月内提出。判决、裁定发生法律效力的时间超过 6 个月的，当事人即丧失申诉的权利，律师不应接受其委托代理申诉。但是，对于发现有新的证据，足以推翻原判决、裁定的，原判决、裁定认定事实的主要证据是伪造的，据以作出原判决、裁定的法律文书被撤销或者变更的，以及审判人员审理该案件时有贪污受贿、徇私舞弊、枉法裁判行为的，律师可以自当事人知道或者应当知道之日起 6 个月内代理当事人提出申诉。

第四，《民事诉讼法》第 209 条规定，当事人对已经发生法律效力的解除婚姻关系的判决、调解书，不得申请再审。据此，律师不应接受委托代理申诉。

第五，律师代理当事人申请再审的，应当撰写并代为向人民法院提交再审申请书等材料。如果人民法院要求补充有关材料的，律师还应当进行补充。《民事诉讼法》第 211 条的规定："人民法院应当自收到再审申请书之日起三个月内审查，符合本法规定的，裁定再审；不符合本法规定的，裁定驳回申请。"对于人民法院驳回再审申请的，人民法院逾期未对再审申请作出裁定的，或者再审判决、裁定有明显错误的，根据《民事诉讼法》第 216 条的规定，律师可以代理当事人向人民检察院申请检察建议或者抗诉。

第四节　行政案件的申诉代理

一、行政案件申诉的概念和条件

所谓行政案件的申诉，是指当事人认为已经发生法律效力的行政判决、裁定确有错误，而向人民法院申请再审的行为。根据《行政诉讼法》第 90 条的规定，行政案件的申诉有三个特点：一是申诉只能由当事人提出；二是申诉不停止判决、裁定的执行；三是申诉不必然引起审判监督程序。

根据《行政诉讼法》第 91 条的规定，当事人的申请符合下列情形之一的，人民法院应当再审:(1)不予立案或者驳回起诉确有错误的;(2)有新的证据,足以推翻原判决、裁定的;(3)原判决、裁定认定事实的主要证据不足、未经质证或者系伪造的;(4)原判决、裁定适用法律、法规确有错误的;(5)违反法律规定的诉讼程序,可能影响公正审判的;(6)原判决、裁定遗漏诉讼请求的;(7)据以作出原判决、裁定的法律文书被撤销或者变更的;(8)审判人员在审理该案件时有贪污受贿、徇私舞弊、枉法裁判行为的。该八种情形,是行政案件申诉应当具备的条件,只要具备其中一种,当事人就可以提出申诉。

二、律师代理行政案件申诉应注意的问题

律师代理行政案件申诉与代理民事案件申诉基本相同,但应特别注意以下几个问题:

第一,律师代理行政案件申诉,应当向作出原判决、裁定的人民法院的上一级人民法院申请再审。

第二,根据《行诉法解释》第110条的规定,律师代理行政案件的申诉,应当在行政判决、裁定或者调解书发生法律效力后的6个月内提出。但是,对于发现有新的证据,足以推翻原判决、裁定的,原判决、裁定认定事实的主要证据是伪造的,据以作出原判决、裁定的法律文书被撤销或者变更的,以及审判人员审理该案件时有贪污受贿、徇私舞弊、枉法裁判行为的,律师可以自当事人知道或者应当知道之日起6个月内代理当事人提出申诉。

第三,律师代理当事人申请再审的,应当撰写并代为向人民法院提交再审申请书等材料。如果人民法院要求补充有关材料的,律师还应当进行补充。根据《行诉法解释》第112条、第117条的规定,人民法院应当自再审申请案件立案之日起6个月内审查;对于人民法院驳回再审申请的,人民法院逾期未对再审申请作出裁定的,或者再审判决、裁定有明显错误的,律师可以代理当事人向人民检察院申请抗诉或者检察建议。

第十六章　仲 裁 代 理

第一节　仲裁代理概述

一、仲裁代理的概念

(一)仲裁的概念和特点

仲裁,又称“公断”,是指发生纠纷、争议的双方当事人在争议发生前或争议发生后达成一致协议,自愿将争议的事项交由专门的仲裁机构裁决,从而解决双方争议事项的活动。仲裁是解决人们相互之间所发生的合同纠纷和其他财产权益纠纷的重要方式。

仲裁制度作为一项古老的法律制度,发源于古罗马,形成于自由资本主义时期的英国、瑞士等西欧国家,20世纪以来,开始在世界各国普及,同时也有了许多新的发展:可以仲裁的争议事项,由原来的单纯的国内财产贸易争议发展为包括国际贸易争议和海事争议在内的多项内容;仲裁机构由原来附设于商会组织的民间团体发展为独立的民间团体,甚至有的发展为官方机构,或由国内的民间团体发展为国际性的机构;仲裁方式也由原来单一的裁决方式发展为裁决与调解相结合的方式。

仲裁与诉讼相比较,虽然都是人们解决争议的方式,但两者有着本质的区别:

1. 仲裁是由双方当事人达成协议,共同自愿地将争议事项交由仲裁机构裁决;而诉讼则只要有一方当事人向法院提起,另一方无论是否自愿,都必须参加诉讼。

2. 仲裁机构通常是专门的民间团体,各国法律一般都允许双方当事人选择或指定仲裁员进行仲裁;而诉讼的主体——审判机关,无论在哪个国家,都是独立的国家机关,或者说都是专司审判权的司法机关,并且各国法院的法官也通常是由国家任命的,进行诉讼时,双方当事人无权选择法官办理案件。

3. 仲裁机构所作出的裁决,虽然具有一定的强制性,但仲裁机构本身不能强制执行,而必须由权利人向法院申请强制执行;而法院作出的判决、裁定,则可由法院直接强制执行。

4. 仲裁实行一裁终局的制度,除非裁决被法院依法裁定撤销或不予执行,当事人就同一纠纷不得再申请仲裁或者向法院起诉;而诉讼,在我国实行两审终审制,在其他国家,有的则实行三审终审制。

(二)仲裁代理的概念

仲裁代理,作为律师代理非诉讼法律事务的一个重要方面,是指律师接受争议当事人的委托,以代理人的身份,代理当事人向仲裁机构申请仲裁,参加仲裁活动,以维护当事人合法权益的一种法律活动。

根据仲裁法律法规的有关规定,我国的仲裁主要有一般国内仲裁(合同财产纠纷仲裁)、劳动争议仲裁和涉外仲裁三种。所谓一般国内仲裁,是指依照我国《仲裁法》的规定,在有关行政区划内设立的仲裁委员会仲裁审理平等主体的公民、法人和其他组织之间发生的,除有关身份关系(如婚姻、继承、收养、监护、扶养纠纷)和行政争议之外的合同纠纷和其他财产权益纠纷;所谓劳动争议仲裁是指各级劳动争议仲裁委员会仲裁审理企业职工与企业之间发生的劳动争议的活动;而涉外仲裁,则是指依法设立的中国国际经济贸易仲裁委员会和中国海事仲裁委员会等专门仲裁机构,仲裁审理涉外经济贸易、涉外运输及海事纠纷的活动。据此,我国律师的仲裁代理,相应地可以划分为一般国内仲裁代理、劳动争议仲裁代理和涉外仲裁代理。

二、仲裁代理的特点

由于仲裁存在不同于诉讼和其他非诉讼法律事务的特点,因而仲裁代理也就有着区别于诉讼代理和其他非诉讼法律事务代理的特点。

仲裁代理区别于诉讼代理的特点是:(1)代理事项的法律属性不同。仲裁代理,律师代理当事人进行的是仲裁活动;而诉讼代理,律师代理当事人进行的则是诉讼活动。(2)代理仲裁和代理诉讼应遵循的法律规范不同。律师代理仲裁,应当遵守仲裁法律及仲裁规则的规定,而律师代理诉讼则应当遵守有关诉讼法的规定,这就决定了两者在活动的方式、方法、步骤等方面存在明显的区别。

仲裁代理区别于其他非诉讼法律事务代理的特点是:(1)代理律师在代理活动中的权限不同。在仲裁中律师进行代理活动,并不仅限于委托人的授权范围。如律师代理进行仲裁活动时,有权查阅有关卷宗材料等,均不在委托人授权范围之内,而是代理律师在仲裁程序中所享有的非当事人授权范围内的执行职务的权利;而律师在进行其他非诉讼法律事务代理活动时,必须以委托人授权范围为限,否则就应承担越权代理的法律责任。(2)代理事项的法律属性不同。律师在代理进行仲裁活动时,必须遵循仲裁法律及仲裁规则的规定,在活动的方式、方法、步骤上有专门的程序规范；而律师在进行其他非诉讼法律事务代理活动时，并无专门程序性规范约束，其代理活动只要符合国家法律规定并且不损害委托人的利益即可。

第二节　仲裁代理的步骤和方法

一、审查收案

当事人发生纠纷后，准备向仲裁机构申请仲裁而委托律师代理的，律师首先应进行审查，以决定是否接受委托。经过审查，如果属于平等主体的公民、法人和其他组织之间发生的合同纠纷或其他财产权益纠纷，并且双方在纠纷发生前或纠纷发生后订有仲裁协议的，律师才能接受委托，代理申请仲裁。如果属于婚姻、收养、监护、扶养、继承纠纷或者依法应当由行政机关处理的行政争议，或者虽然属于平等主体之间的合同纠纷和其他财产权益纠纷，但双方未订有仲裁协议的，则依《仲裁法》的规定不能仲裁，因此，律师亦不能接受委托代理申请仲裁。对于这两种情况，律师应告诉当事人向人民法院起诉；如果当事人委托代理的，律师可以接受委托进行诉讼代理。如果律师不查明上述情况，对于当事人的委托接受下来，进而代理当事人申请仲裁，而仲裁机构不予受理，则将给自己的工作造成十分被动的局面。具体而言，代理律师主要应从以下几个方面进行审查：

1. 当事人的主体资格，即当事人必须是与本案有直接利害关系的公民、法人或其他组织。

2. 当事人之间有无仲裁协议的约定，即当事人双方是否自愿达成了将纠纷提交仲裁机构解决的协议。仲裁协议是双方当事人之间订立的、表示愿意将争议的事项提交仲裁机构评判和裁决的法律文书。它既是争议双方当事人请求仲裁的书面意思表示，也是仲裁机构解决争议事项的前提条件。仲裁协议包括合同中订立的仲裁条款和以书面方式在纠纷发生前或者纠纷发生后达成的请求仲裁的协议，其应具有请求仲裁的意思表示、仲裁事项、选定某个仲裁机构的意思表示等方面的内容。

3. 有无具体的仲裁请求和事实、理由，即当事人有无明确的申请仲裁的目的以及有无争议发生的事实根据和提出仲裁请求的法律依据。

4. 争议的事项是否属于仲裁机构的受理范围，即当事人之间发生的争议是否可以由仲裁机构评判裁决。根据《仲裁法》的有关规定，对于平等主体的公民、法人和其他组织之间发生的合同纠纷和其他财产权益纠纷，仲裁机构应当受理仲裁；

而对于婚姻、收养、监护、扶养、继承纠纷以及依法应当由行政机关处理的行政争议,仲裁机构不予受理。

经过审查,律师决定接受当事人的委托,代理申请和参加仲裁的,和代理诉讼一样,应由律师事务所与当事人签订委托代理合同,并由当事人向律师出具授权委托书,以明确代理权限。

二、代理申请仲裁或代理答辩

(一)代理申请仲裁

仲裁程序的开始,以当事人向仲裁机构提出仲裁申请,仲裁机构决定受理为标志。因此,律师接受委托后,即应对委托人提供的材料进行审查,并根据《仲裁法》的有关规定,代理当事人向仲裁机构申请仲裁。这期间,律师主要应进行以下几项工作:

1. 向仲裁委员会递交仲裁协议、仲裁申请书及副本。仲裁协议应当提交原件,原件无法提交的,可以提交复印件。仲裁申请书应当载明:当事人的姓名、性别、年龄、职业、工作单位和住所,法人或其他组织的名称、住所和法定代表人或者主要负责人的姓名、职务;仲裁请求及其根据的事实、理由;证据和证据来源、证人姓名和住所等内容。仲裁申请书应当提交正本和副本,副本的份数应按对方当事人的人数提交。在代理申请仲裁的同时,代理律师还应当向仲裁委员会递交当事人的授权委托书。授权委托书应当载明:委托人及被委托律师的姓名、住所及工作单位、代理权限等。

2. 在仲裁委员会决定受理仲裁申请,并向当事人送达仲裁规则及仲裁员名册后,应及时选定或委托仲裁委员会主任指定1名仲裁员,并及时与对方当事人约定第三名仲裁员以组成仲裁庭。

3. 在仲裁委员会决定受理仲裁申请后,应根据案件具体情况和委托人的意愿,在因对方当事人的行为或者其他原因,可能使裁决不能执行或难以执行时,向仲裁委员会申请财产保全。申请财产保全应向仲裁委员会提交书面申请,写明申请人、被申请人的姓名、住所及请求财产保全的内容、理由和被保全财产的线索。仲裁委员会应将财产保全申请提交被申请人所在地或财产所在地的人民法院决定。因申请人的错误造成被申请人财产损失的,申请人应当赔偿被申请人因财产保全所遭受的损失。

4. 律师在证据可能灭失或者以后难以取得的情况下,可以向仲裁庭申请证据保全。仲裁庭将申请提交仲裁委员会,由仲裁委员会转交证据所在地的人民法院决定。

(二)代理仲裁答辩

律师接受被申请人的委托后,在答辩阶段,主要应进行以下几项工作:

1. 在被申请人收到仲裁委员会送达的仲裁申请书副本、仲裁规则及仲裁员名册后,应在仲裁规则规定的期限内向仲裁委员会提交答辩书及副本。答辩书应写明:被申请人及申请人的姓名、性别、年龄、职业、住所等基本情况;答辩主张及根据的事实和理由;证据和证据来源、证人姓名和住所等。根据案件情况和委托人的意愿,还可以提出对申请人的反请求。答辩书也应提交正本和副本,副本的份数应当按对方当事人的人数提交。在向仲裁委员会提交答辩书的同时,代理律师应向仲裁委员会提交被申请人的授权委托书。应当明确,是否提交答辩书属于被申请人的权利。根据我国《仲裁法》的有关规定,被申请人未提交答辩书的,不影响仲裁程序的进行。

2. 代理律师应当按照仲裁规则规定的期限,及时选定或委托仲裁委员会主任指定 1 名仲裁员,并及时与对方当事人约定第三名仲裁员以组成仲裁庭。

3. 在提出反请求的情况下,代理律师还应当根据委托人的意愿和案件情况,申请财产保全。

三、调查、收集并提交有关证据

律师代理仲裁,无论是代理申请人还是被申请人,都有责任向仲裁机构为其主张提供证据。因此调查取证是贯穿仲裁程序全过程的重要的代理活动。律师代理仲裁,凭律师执业证书和律师事务所证明,可以向有关单位或者个人调查与仲裁案件有关的情况。根据《律师法》的规定,律师自行调查取证的活动主要有以下几项:

1. 收集物证、书证。物证、书证是客观存在的实物,对证明案件真实情况具有十分重要的作用,因此收集物证、书证是调查取证工作的重点。律师收集物证、书证时,应注意尽量收集原物、原件,在向有关单位收集时,应向提供者说明用途。若持有物证、书证的单位、个人不愿意提供,律师可以仲裁代理人的身份,依《仲裁法》第 46 条的规定,向仲裁委员会申请证据保全,而仲裁委员会应当将当事人的申请提交证据所在地的基层人民法院。

2. 询问证人。询问证人,应当制作询问笔录,同时应尽量说服证人出庭作证。证人确实不愿出庭作证的,应将情况告知仲裁庭,由仲裁庭决定是否自行收集证人证言。

3. 收集其他证据。律师代理仲裁,除调查收集物证、书证、证人证言外,还应当注意调查收集其他证据材料,如鉴定意见、视听资料、电子数据等。

代理律师在调查收集证据材料时,除应当遵守有关的法律、法规之外,对于在调查过程中接触到的国家秘密、当事人的商业秘密、个人隐私有保密的责任,不得泄露。

四、代理参加仲裁庭审活动

仲裁庭审,是仲裁活动的中心环节,也是仲裁的必经程序。当事人主张的提出和证明,仲裁庭对案件的审理和裁决等,都在这一阶段进行并完成。因此,代理律师应将代理活动的重心放在仲裁庭审上。在这一阶段,代理律师应认真做好以下几项工作:

1. 代理当事人行使申请回避权。根据《仲裁法》第 34 条、第 35 条的规定,在仲裁庭组成后至首次开庭前,若仲裁员是本案当事人或者当事人、代理人的近亲属;仲裁员与本案有利害关系;仲裁员与本案当事人、代理人有其他关系,可能影响公正仲裁的;仲裁员私自会见当事人、代理人或者接受当事人、代理人的请客送礼的,当事人有权申请其回避,律师可以代理当事人行使这一权利。回避的事由是在首次开庭后知道的,可以在最后一次开庭终结前提出。根据《仲裁法》的第 36 条的规定,仲裁员是否回避由仲裁委员会主任决定,仲裁委员会主任担任仲裁员时,由仲裁委员会集体决定。

2. 代理当事人确定仲裁庭审方式。根据《仲裁法》第 39 条的规定,仲裁应当开庭进行;当事人协议不开庭的,仲裁庭可以根据仲裁申请书、答辩书以及其他书面材料作出裁决。因此在代理进行仲裁庭审活动时,代理律师应当根据委托人的意愿及案件具体情况,并结合委托人与对方当事人的相互关系等多种因素,代理委托人与对方当事人或其代理人协商确定是否进行开庭审理,以便迅速及时地解决纠纷。同时,《仲裁法》第 40 条规定,仲裁不公开进行;当事人协议公开的,可以公开进行。这就是说,仲裁庭审活动依法是不公开进行的,若当事人认为有必要,并且由双方协商同意时,除涉及国家秘密的案件外,仲裁庭审也可以公开进行。因此,律师代理参加仲裁庭审,应当根据案件具体情况,与对方当事人或其代理人协商确定庭审是否公开进行。这是律师代理参加仲裁庭审活动不同于代理参加法庭审判活动的两个重要特点。

3. 代理当事人参加仲裁庭审调查活动。如上所述,仲裁庭审是仲裁活动的中心环节。在仲裁庭审活动中,最重要的是调查核实案件的事实和证据,这是客观、公正处理案件的前提。在这一活动中,代理律师的活动内容主要有两个方面:一是代理委托人履行举证责任,以证明提出的主张;二是在仲裁庭上与对方当事人进行质证,帮助仲裁庭准确认定案件事实。律师在仲裁庭上举证、质证的方法与其在民事法庭上举证、质证的方法大致相同，不再赘述。

4. 代理当事人进行仲裁辩论。仲裁庭辩论的目的，在于使双方当事人各自陈述自己的主张及其事实和法律依据，反驳对方的主张，促使仲裁庭对案件作出公正处理。因此，律师代理进行仲裁庭辩论，应当注意以下几个方面：一是辩论发言应针对双方争议的焦点问题进行，不能漫无边际。二是辩论发言应根据仲裁庭审中查明的案件事实进行，而不能以尚未查证的“事实”作为辩论发言的根据。三是辩论发言应有理有节地进行。在发言中，不能有人身攻击、侮辱或挑衅性的言辞。四是辩论发言时，观点必须明确，主张必须直截了当，不能进行有悖于法律规定以及其他有损于委托人利益的发言。五是辩论发言应在仲裁庭主持下有序地进行，不能把辩论变为争吵。六是辩论发言应简捷、明了，避免啰唆、杂乱。

5. 代理当事人申请、参加仲裁调解。在仲裁庭作出裁决前，当事人可以申请调解，仲裁庭也可以进行调解。律师代理申请、参加调解，都必须根据委托人的意愿进行，不能超越代理权限与对方当事人或其代理人达成有损于委托人合法权益的调解协议，更不能与对方达成违反法律、损害国家和社会以及第三人利益的调解协议。调解协议达成后，对于仲裁庭制作的调解书，原则上应由委托人亲自签收，因为调解书一经双方当事人签收，立即发生法律效力。尤其在委托人是个人的情况下，且授权委托书中未明确载明代理律师有权签收各种法律文书的，更应当注意。代理律师代为签收调解书的，签收后应及时向委托人转达调解协议的内容，并向其说明调解书签收后的法律后果，以避免出现因委托人不了解法律而作出错误决定的情况。

五、代理参加仲裁裁决执行

根据《仲裁法》的规定，仲裁机构对仲裁案件的裁决自作出之日起发生法律效力。但仲裁裁决作出后，并不标志着仲裁程序的终结，仲裁裁决书以及仲裁调解书的执行仍然是整个仲裁程序的一部分。在这一阶段，律师同样可以接受委托进行代理活动。

律师代理参加仲裁裁决的执行，主要是进行两个方面的活动：一是代理律师发现已生效的仲裁裁决确有错误，依法申请撤销该裁决；二是代理律师认为已生效的仲裁裁决并无错误，对方当事人未予履行，而申请人民法院强制执行（可以依照《民事诉讼法》的有关规定向人民法院申请执行），或者代理委托人履行裁决。在这一阶段，代理律师应当注意以下几点：

1. 代理律师依法申请撤销已生效的仲裁裁决的，必须有证据证明已生效的裁决具有《仲裁法》第 58 条规定的 6 种情形之一：没有仲裁协议的；裁决的事项不属于仲裁协议的范围或者仲裁委员会无权仲裁的;仲裁庭的组成或者仲裁的程序违反法定程序的;裁决所根据的证据是伪造的;对方当事人隐瞒了足以影响公正裁决的证据的;仲裁员在仲裁该案时有索贿受贿、徇私舞弊、枉法裁决行为的。代理律师认为仲裁裁决具有上述6种情形之一的,应当向人民法院提出撤销已生效的仲裁裁决的申请,人民法院经组成合议庭审查核实仲裁裁决有上述情形之一的,应当裁定撤销;同时,人民法院认定该裁决违背社会公共利益的,也应当裁定撤销。代理律师在提出撤销仲裁裁决申请时,必须是向仲裁委员会所在地的中级人民法院提出,其期限为收到仲裁裁决书之日起6个月内。

2. 代理律师依法申请执行已生效的仲裁裁决的,必须是向被执行人住所地或者被执行人财产所在地的人民法院申请执行。根据《民事诉讼法》第246条的规定,申请执行的期间为2年,从裁决书规定的履行期间的最后一日起计算;裁决书规定分期履行的,从最后一期履行期限届满之日起计算;裁决书未规定履行期间的,从裁决书生效之日起计算。此外,代理律师申请执行时应向人民法院提交执行申请书、仲裁裁决书以及有关被执行人的财产状况的书面报告,并依照最高人民法院诉讼收费办法的有关规定,预交申请执行费用等。

3. 律师代理履行已生效的仲裁裁决的,必须全面严格地履行裁决书规定的义务,不能借故拖延、推诿或者拒不履行;对于人民法院的强制执行活动,不能抗拒。如果人民法院的执行活动确有错误或违法之处,代理律师应依法向有关部门反映或者请求司法赔偿。

第三节 劳动争议仲裁的律师代理

一、劳动争议仲裁律师代理的概念

(一)劳动争议仲裁的概念和特征

劳动争议仲裁,是指企业职工与企业之间发生劳动争议,并将该争议交由专门设立的劳动争议仲裁委员会裁决,从而解决双方争议的活动。

劳动争议仲裁委员会不同于国内其他仲裁机构,它设置于县、市、市辖区的劳动行政主管部门,由劳动行政主管部门代表、工会代表和企业方面代表组成。其组成人员必须是单数,主任由劳动行政主管部门的负责人担任,在仲裁劳动争议时实行少数服从多数的原则。劳动争议仲裁委员会可以聘任劳动行政主管部门或者政府其他有关部门的人员、工会工作者、专家学者和律师为专职的或者兼职的仲裁员。兼职仲裁员与专职仲裁员在执行仲裁业务时享有同等权利。

根据《劳动争议调解仲裁法》第 2 条的规定，属于劳动争议仲裁委员会管辖的案件范围包括：因确认劳动关系的争议；因订立、履行、变更、解除和终止劳动合同发生的争议；因除名、辞退和辞职、离职发生的争议；因工作时间、休息休假、社会保险、福利、培训以及劳动保护发生的争议；因劳动报酬、工伤医疗费、经济补偿或者赔偿金等发生的争议；法律法规规定的其他劳动争议。在这些劳动争议案件中，如果是简单的案件，仲裁委员会可以指定 1 名仲裁员处理；其他案件，则组成仲裁庭审理。对于重大的或者疑难的案件，仲裁庭可以提交仲裁委员会讨论决定，对于仲裁委员会的决定，仲裁庭必须执行。

县、市辖区的仲裁委员会负责本行政区域内发生的劳动争议。设区的市的仲裁委员会和市辖区的仲裁委员会受理劳动争议案件的范围，由省、自治区人民政府规定。发生劳动争议的企业与职工不在同一个仲裁委员会管辖地区的，由职工当事人工资关系所在地的仲裁委员会处理。

根据《仲裁法》和《劳动争议调解仲裁法》的规定，劳动争议仲裁与《仲裁法》规定的一般国内仲裁相比，除了在案件的管辖范围、仲裁机构的设置方面的区别外，两者还存在以下不同之处：

1. 当事人申请仲裁是否需要达成仲裁协议不同。劳动争议发生前或发生后，当事人无论相互之间是否达成仲裁协议，均可向劳动争议仲裁委员会申请仲裁，即劳动争议仲裁不以仲裁协议为前提。而一般国内仲裁，则以当事人之间有仲裁协议作为仲裁的前提。

2. 当事人对仲裁裁决能否向人民法院起诉不同。劳动争议仲裁委员会对劳动争议所作出的裁决，不是终局的裁决，当事人对裁决不服的，可以在规定的期限内向人民法院起诉；期满不起诉的，裁决书才发生法律效力。而一般国内仲裁则实行一裁终局的制度，当事人对裁决不服的，只能申请人民法院撤销，而不能向人民法院起诉。

3. 争议的双方当事人的法律地位不同。通过劳动争议仲裁程序处理的劳动争议，虽然争议的内容也涉及财产权益，但是发生争议的企业职工与企业之间在法律地位上并不平等，他们彼此之间具有特定的身份隶属关系。而通过一般国内仲裁程序处理的争议，只能是公民、法人和其他组织之间的合同纠纷和其他财产权益纠纷，双方的法律地位平等。

（二）劳动争议仲裁律师代理的概念

劳动争议仲裁律师代理，是指律师接受当事人的委托，以代理人的身份参与劳动争议仲裁，以维护委托人合法利益的一种法律活动。

劳动争议仲裁,作为解决企业职工与企业之间所发生的劳动争议或纠纷的一种方式,由律师代理进行,对当事人而言,有助于全面及时地维护其应当享有的劳动权利或利益,并可以促使争议双方当事人相互理解和团结;对于仲裁机构而言,则有助于促使其严格按照国家有关劳动争议处理的法律法规进行仲裁,以保证仲裁裁决的客观性、公正性和合法性。总之,由律师代理劳动争议仲裁,有利于维护当事人的合法权益,保障国家《劳动法》的正确实施。

如前所述,正是由于劳动争议仲裁与一般国内仲裁存在不同的特点,所以《仲裁法》第 77 条明确规定"劳动争议……的仲裁,另行规定"。鉴于此,《劳动争议调解仲裁法》对劳动争议仲裁的程序、仲裁委员会的组成等作了特殊的规定,这就给劳动争议仲裁的代理提出了一些特殊的要求。

二、劳动争议仲裁律师代理的基本要求

按照《劳动争议调解仲裁法》的规定,当事人可以委托律师或其他人代理参加劳动争议仲裁活动。因此,律师代理参加劳动争议仲裁活动,除应依法向劳动争议仲裁委员会提交合法的授权委托书之外,在劳动争议仲裁程序的不同阶段上,还应当注意有关的基本要求。

(一)申请仲裁阶段

律师在接受委托前,首先应审查当事人委托的事项是否属于可以仲裁的劳动争议,即是否符合《劳动争议调解仲裁法》第 2 条规定的争议范围。如果争议不属于此范围的,就不能通过劳动争议仲裁程序处理。其次,律师在接受委托前,还应当审查案件是否超过仲裁时效。《劳动争议调解仲裁法》第 27 条规定,劳动争议申请仲裁的时效期间为 1 年。仲裁时效期间从当事人知道或者应当知道其权利被侵害之日起计算。申请仲裁时应当提交仲裁申请,并按照被申请人人数提交副本。仲裁申请书应当载明下列事项:劳动者的姓名、性别、年龄、职业、工作单位和住所,用人单位的名称、住所和法定代表人或者主要负责人的姓名、职务;仲裁请求和所根据的事实、理由;证据和证据来源、证人姓名和住所。

(二)仲裁审理阶段

仲裁庭应当在开庭 5 日前,将开庭日期、地点书面通知双方当事人。申请人收到书面通知,无正当理由拒不到庭或者未经仲裁庭同意中途退庭的,可以视为撤回仲裁申请。被申请人收到书面通知,无正当理由拒不到庭或者未经仲裁庭同意中途退庭的,可以缺席裁决。仲裁庭裁决劳动争议案件,应当自劳动争议仲裁委员会受理仲裁申请之日起 45 日内结束。案情复杂需要延期的,经劳动争议仲裁委员会主任批准,可以延期并书面通知当事人,但是延长期限不得超过 15 日。逾期未作

出仲裁裁决的,当事人可以就该劳动争议事项向人民法院提起诉讼。

同时,劳动争议仲裁依法应当先行调解,亦即调解是劳动争议仲裁的必经程序。因此,在劳动争议仲裁庭审阶段,代理律师应根据庭审查明的事实和委托人的意愿,在案件有调解的可能时,制定出合理合法的调解方案,促使双方当事人达成调解协议,以妥善解决双方之间的劳动争议。

(三)仲裁裁决阶段

如前所述,劳动争议仲裁裁决并不是终局裁决,因此,代理律师在收到裁决书后,应客观公正地对待裁决的内容。若裁决正确,应向委托人说明,并说服其自觉遵守和执行该裁决;若当事人不服,可以自收到裁决书之日起 15 日内向人民法院起诉。否则,裁决即发生法律效力,当事人应当自动履行或者申请人民法院强制执行。

第四节 涉外仲裁的律师代理

一、涉外仲裁律师代理的概念

(一)涉外仲裁的概念

涉外仲裁,从严格意义上讲,是指当事人一方或双方是外国自然人、外国企业或组织的经济、贸易及海事争议,由专门的仲裁机构进行仲裁处理的一种法律活动。但是,由于国际经济贸易和运输的发展,国内当事人之间也可能发生国际性的经济贸易及运输关系,因此,在我国仲裁立法中,涉外仲裁中的"涉外"采取的是非严格意义上的概念,即涉外仲裁争议的双方当事人可能都是中国当事人。

根据我国《仲裁法》及有关仲裁规则的规定,涉外仲裁是专门的仲裁机构依照当事人之间的仲裁协议,以仲裁的方式,独立、公正地解决产生于国际或涉外的契约性或非契约性的经济贸易争议以及产生于远洋、沿海和与海相邻的水域的运输、生产和航行过程中的契约性或非契约性的海事争议的全部活动。简言之,涉外仲裁在我国就是指专门的仲裁机构解决国际性、涉外性的经济贸易、海事等纠纷的一种法律活动。而其中专门的仲裁机构是指中国国际经济贸易仲裁委员会和中国海事仲裁委员会。

根据《中国国际经济贸易仲裁委员会仲裁规则》第 3 条的规定,中国国际经济贸易仲裁委员会根据当事人的约定受理契约性或非契约性的经济贸易等争议案件。上述案件包括:(1)国际或涉外争议案件;(2)涉及香港特别行政区、澳门特别行政区及台湾地区的争议案件;(3)国内争议案件。

根据《中国海事仲裁委员会仲裁规则》第3条的规定,中国海事仲裁委员会根据当事人的约定受理海事、海商争议案件;航空、铁路、公路等交通运输争议案件;贸易、投资、金融、保险、建设工程争议案件;当事人协议由仲裁委员会仲裁的其他争议案件。上述案件包括:(1)国际或涉外争议案件;(2)涉及香港特别行政区、澳门特别行政区及台湾地区的争议案件;(3)国内争议案件。

与一般国内仲裁相比较,涉外仲裁具有以下几个特点:

1. 涉外仲裁的对象是具有国际因素或涉外因素的经济贸易、海事等纠纷;而一般国内仲裁的对象,则是平等主体的公民、法人和其他组织之间的合同纠纷和其他财产权益纠纷,它不含涉外因素或国际因素。

2. 涉外仲裁的仲裁机构是由民间团体(国际商会)设立的中国国际经济贸易仲裁委员会和中国海事仲裁委员会。其中,中国国际经济贸易仲裁委员会设在北京,在深圳、上海、天津、重庆设有分会;中国海事仲裁委员会也设在北京,根据业务需要它亦可以在中国境内其他地方设立分会。而一般国内仲裁的仲裁机构是按照《仲裁法》的规定设立的仲裁委员会,它可以在直辖市和省、自治区人民政府所在地的市设立,也可以根据需要在其他设区的市设立,但不需按照行政区划层层设立。

3. 在仲裁的程序上涉外仲裁与一般国内仲裁也存在不同之处。如在一般国内仲裁中,当事人申请证据保全的,仲裁委员会应当将当事人的申请提交证据所在地的基层人民法院;而在涉外仲裁中,如果遇有当事人申请证据保全的,涉外仲裁委员会则应当将当事人的申请提交证据所在地的中级人民法院。

(二)涉外仲裁律师代理的概念

涉外仲裁律师代理,是指律师接受涉外纠纷当事人的委托,以代理人的身份,代理当事人向涉外仲裁机构申请仲裁,参加仲裁活动,以维护其合法利益的一种法律活动。

由于涉外仲裁在仲裁对象、仲裁机构、仲裁程序等方面与一般国内仲裁有较大区别,所以涉外仲裁中的律师代理活动,也有不同的要求。

二、涉外仲裁律师代理的基本要求

根据我国《仲裁法》及有关涉外仲裁的特别规定,律师代理参加涉外仲裁活动,有以下基本要求:

(一)确定仲裁管辖

律师代理参加涉外仲裁活动,首先应当确定涉外仲裁案件的管辖机构。根据

《仲裁法》第6条的规定,无论是国内仲裁,还是涉外仲裁,都不实行级别管辖和地域管辖原则,而实行协议管辖原则。因此,律师应当确认当事人仲裁协议选定的涉外仲裁机构为仲裁管辖机构,并要注意审查发生争议的纠纷是否属于涉外仲裁机构管辖的案件范围,即是否属于中国国际经济贸易仲裁委员会和中国海事仲裁委员会管辖的涉外经济贸易、运输和海事活动中发生的纠纷案件。其中涉外经济贸易、运输纠纷案件,是指产生于国际或涉外的契约性或非契约性的经济贸易、运输争议的案件,具体包括:有关中外合资经营企业、外国来华投资兴办企业、中外银行相互信贷等各种对外经济合作方面发生的争议;对外贸易合同(包括补偿贸易、来料加工、来件装配等)以及委托买卖合同发生的争议;有关国际性的、涉外的商品运输(海上运输除外)、保险、保管等方面发生的争议以及其他对外经济贸易业务方面发生的争议。对于上述四个方面的对外经济贸易、运输争议,当事人在争议发生前或发生后达成协议的,应当向中国国际经济贸易仲裁委员会申请仲裁。而海事纠纷案件则是指产生于远洋、沿海和与海相通的水域的运输、生产和航行过程中的契约性或非契约性的海事争议的案件,具体包括:关于船舶救助以及共同海损所产生的争议;关于船舶碰撞或者船舶损坏海上、通海水域、港口建筑物和设施以及海底、水下设施所产生的争议;关于海上、水上船舶经营、作业、租用、抵押、代理、拖带、打捞、买卖、修理、建造、拆解业务以及根据运输合同、提单或者其他文件办理的海上、水上运输业务和海上、水上保险发生的争议;关于海洋资源开发利用及海洋环境污染损害的争议;关于货运代理合同、船舶物料供应合同、涉外船员劳务合同、渔业生产及捕捞合同引起的争议以及双方当事人协议仲裁的其他海事争议。对于这些争议,当事人事先或事后达成仲裁协议的,应当向中国海事仲裁委员会申请仲裁。

(二)提出仲裁申请或答辩

提出仲裁申请或答辩,是律师代理参加涉外仲裁的开始阶段。仲裁申请书应载明:申请人、被申请人的名称和住所;申请人依据的仲裁协议;案情和争议的要点;申请人的请求和所依据的事实、证据等。仲裁答辩书也应当载明相应的基本内容。若被申请人对申请人有反请求,应在收到仲裁通知之日起45天内书面提出,答辩书则应在收到仲裁通知之日起45天内提交。仲裁申请书或答辩书及有关证据材料,一般应一式五份,并且在提交上述文件时,应同时提交当事人出具的授权委托书。

在收到仲裁机构发出的仲裁通知后15天内,争议双方当事人均应从仲裁员名册中选定或委托仲裁委员会主任指定1名仲裁员。

在涉外仲裁申请或答辩这一阶段,代理律师还可以根据案件的具体情况,申请财产保全或证据保全。财产保全由仲裁委员会提交被申请人住所地或其财产所在地的中级人民法院作出裁定;证据保全则由仲裁委员会提交证据所在地的中级人民法院作出裁定。如果是海事仲裁,则分别提交上述地域的海事法院作出裁定。

(三)申请仲裁员回避

涉外仲裁的仲裁庭组成后,双方当事人对被选定或指定的仲裁员的公正性和独立性产生具有正当理由的怀疑时,可以以书面形式向仲裁委员会提出要求该仲裁员回避的请求。回避请求应在第一次开庭之前提出,并应说明回避请求所依据的具体事实和理由,同时提交有关证据。若回避事由的发生和得知是在第一次开庭审理之后,则可以在最后一次开庭终结前提出。

(四)参加仲裁审理

涉外仲裁,仲裁庭应当开庭进行;但经双方当事人申请或者征得双方当事人同意,仲裁庭也认为不必开庭进行的,仲裁庭可以只根据仲裁申请书、答辩书以及其他书面材料作出裁决。涉外仲裁,应当不公开进行。如果双方当事人要求公开进行的,除涉及国家秘密和个人隐私之外,由仲裁庭决定是否公开进行。

在仲裁庭仲裁案件时,双方当事人均有责任对自己提出的主张提供证据。同时,对于对方当事人提出的证据,有权进行质证。

(五)自行和解、申请或参加调解

在仲裁过程中,双方当事人可以在仲裁庭外自行达成和解。在仲裁庭外双方达成和解的,可以请求仲裁庭根据和解协议的内容作出裁决书结案,也可以由当事人申请撤销案件。仲裁庭在仲裁过程中,可以根据双方当事人自愿的原则,进行调解。在仲裁调解过程中,当事人无论是在仲裁庭内,还是在仲裁庭外达成和解,均视为在仲裁庭调解下达成的和解。对于和解,双方当事人应签订书面和解协议。除当事人另有约定外,仲裁庭应当根据当事人书面和解协议的内容作出裁决书结案。应当注意的是,涉外仲裁虽有调解形式,但没有以调解书结案的方式。

(六)执行仲裁裁决

涉外仲裁实行“一裁终局”制。仲裁裁决一经作出,即发生法律效力,当事人有义务履行。如果一方不履行,另一方可以根据法律规定,向人民法院申请执行。但是,与国内仲裁一样,如果发现裁决书上有书写、打印、计算上错误或其他类似性质的错误,以及裁决书中有漏裁事项,在收到裁决书之日起 30 日内代理律师可以代为提出申请,由涉外仲裁机构以书面形式进行更正或补充裁决。

对于仲裁裁决,双方当事人均应按裁决书写明的期限自动履行;裁决书未写明期限的,应立即履行。若一方当事人不履行的,代理律师可以代理当事人依照中国法律的规定,向中国法院申请执行(向被申请人住所地或被申请人财产所在地的中级人民法院申请)。若被执行人或被执行财产不在中国境内,代理律师则可以代理当事人依照《承认及执行外国仲裁裁决公约》或者中国缔结或参加的其他国际条约,直接向外国有管辖权的法院申请执行。申请承认和执行国外仲裁机构作出的仲裁裁决的,应当由当事人直接向被执行人住所地或者其财产所在地的中级人民法院提出申请,人民法院应当依照我国缔结或参加的国际条约,或者互惠原则办理。

根据《仲裁法》的有关规定,当事人如果有证据证明涉外仲裁机构作出的裁决有《民事诉讼法》第 281 条第 1 款规定的 4 种情形之一的,即当事人在合同中没有订有仲裁条款或者事后没有达成书面仲裁协议的;当事人没有得到指定仲裁员或者进行仲裁程序的通知,或者由于其他不属于当事人负责的原因未能陈述意见的;仲裁庭的组成或者仲裁的程序与仲裁规则不符的;裁决的事项不属于仲裁协议的范围或者仲裁机构无权仲裁的,代理律师均可以向人民法院提出申请,人民法院经组成合议庭审查核实,应当裁定撤销裁决。同样的道理,如果被申请人有证据证明涉外仲裁机构作出的仲裁裁决有上述《民事诉讼法》第 281 条第 1 款规定的 4 种情形之一的,代理律师也可以向人民法院提出不予执行的申请,人民法院经组成合议庭审查核实,应当裁定不予执行。

第十七章　非诉讼法律事务代理

第一节　非诉讼法律事务代理概述

一、非诉讼法律事务代理的概念和意义

《律师法》第28条第6项规定，律师可以“接受委托，提供非诉讼法律服务”。同时，根据《律师法》第30条的规定，律师提供非诉讼法律服务是以“非诉讼法律事务代理人”的身份进行的，因此律师的这项业务还是应简称为“非诉讼法律事务代理”，而不宜笼统地称为“非诉讼法律服务”。

所谓非诉讼法律事务代理，是指律师接受当事人的委托，在授权范围内处理当事人非诉讼法律事务的一种活动。非诉讼法律事务代理，是律师代理业务中的主要代理活动之一。

非诉讼法律事务，是一个内容十分广泛的法律概念，它泛指处于法院诉讼程序之外，并与法律适用有关的各种事务，包括有争议的非诉讼法律事务和无争议的非诉讼法律事务两个方面。其中有争议的非诉讼法律事务，是指已经发生争议或者可能发生争议，但当事人未将争议提交司法机关依照诉讼程序处理的法律事务，如非诉讼调解活动、行政复议活动等。而无争议的非诉讼法律事务，则是指无争议、无纠纷发生的法律事务，如企业登记、税务登记、专利申请等。

在现实生活中，委托人应当进行的、与法律适用有关的事务很多，涉及生产、投资、经营、管理、工作、学习、生活等各个方面。但是，发生争议并需由司法机关通过诉讼程序解决的只是其中很小的一部分，而大量的法律事务是在诉讼程序之外完成的。因此，非诉讼法律事务，不仅是律师的一项主要的代理业务，而且是律师在日常工作中面临的一项大量的、经常的代理业务。它对于我国实行依法治国、建设社会主义法治国家，具有十分重要的意义：

1. 有利于及时、有效地维护委托人的合法权益。随着我国市场经济的发展，公民、各种经济组织和其他组织之间的经济往来日益频繁，经济关系日益复杂，因此而产生的各种经济纠纷和其他权益纠纷也日渐增多。为应对日益复杂的经济关

系，我国颁布了大量的新的法律、法规，而普通公民甚至大中型企业等对各种法律规定并不十分了解，从而在自己与他人发生纠纷后，不知道该如何运用法律解决纠纷。由律师通过非诉讼法律事务代理的方式，在诉讼程序之外向委托人提供法律服务，就可以摆脱诉讼程序及其严格期限的限制，以灵活的代理方式、快捷的行动帮助当事人处理纠纷，完成各种法律事务，从而及时、有效地维护其合法权益。

2. 有利于减轻群众讼累，减轻司法机关的负担，及时稳定各种社会关系。律师代理非诉讼法律事务，其直接结果之一，就是律师能够运用法律知识，将许多纠纷、争议，通过宣讲、调解、疏导当事人的思想等方式解决在诉讼程序之外。这就避免了许多可以在诉讼程序之外解决的纠纷进入诉讼程序，从而减轻人民群众在复杂的诉讼程序中所承受的精神、物质负担以及司法机关的工作负担。这对于及时解决各种纠纷、争议，稳定社会关系具有积极的作用。

3. 有利于当事人妥善、合法地处理有关非诉讼法律事务，避免违法情形的发生，维护社会的安定团结。在现实生活中，某些公民法律意识淡薄、法律知识水平不高，因而在其与他人发生纠纷后，往往采取一些非法的手段、方式去解决，其结果不仅不能使纠纷得到解决，反而会造成新的、更大的纠纷，甚至会酿成违法犯罪事件，如因索要债务而扣留他人财物甚至扣留人质等。而由律师代理非诉讼法律事务，则可以借助律师对法律、法规的较为全面的了解，对委托人与他人发生的纠纷，寻求合法的、妥善的处理方法，这无疑可以防止违法情形的发生，有利于维护社会的安定团结。

二、非诉讼法律事务代理的特征

根据《律师法》的规定，律师可以接受非诉讼法律事务当事人的委托，担任代理人，为其提供法律服务，并“应当在受委托的权限内，维护委托人的合法权益”。因此，作为律师代理业务之一的非诉讼法律事务代理，与律师的诉讼代理、仲裁代理等比较，具有显著的特征：

1. 律师代理非诉讼法律事务，不受诉讼程序、仲裁程序的限制。非诉讼法律事务，是发生于诉讼程序、仲裁程序之外的法律事务，其范围广泛、情况复杂。律师代理时，应以什么方式、什么步骤进行，在什么期限内进行等都不受诉讼程序、仲裁程序的约束，都由代理律师根据委托代理事项的客观情况，在不违反国家法律和社会公共利益、不违背委托人意愿的前提下自行决定。较之诉讼代理、仲裁代理，在完成委托代理事务的方式、方法和步骤上，非诉讼法律事务代理具有更大的灵活性和多样性。

2. 在非诉讼法律事务代理中，律师代理进行的不是诉讼或仲裁程序上的行为，而是具有实体意义的各种法律行为。律师代理诉讼、仲裁,其代理活动都是在诉讼或仲裁程序中进行的,而且所引起的直接结果是诉讼法律关系、仲裁法律关系的设立、变更和终止。而律师代理非诉讼法律事务,一般是代理委托人实施某种具有实体意义的法律行为,如代办企业登记、代理清收债权、代理清偿债务、代办专利事务等。这些代理活动所引起的直接法律后果是使委托人作为一方当事人的实体法律关系产生、变更或终止。

3. 非诉讼法律事务代理中律师的法律地位与诉讼、仲裁代理中律师的法律地位不同。在诉讼、仲裁代理中,律师虽然也是代理委托人实施某种法律行为,但是根据诉讼法、仲裁法及律师法的规定,他们是独立的诉讼、仲裁参与人,具有独立的法律地位,享有或承担与委托人不同的诉讼权利义务或仲裁程序中的权利义务,如独立地进行调查取证、查阅卷宗、会见被羁押的犯罪嫌疑人、被告人等。而非诉讼法律事务代理中,代理律师并无特定的独立的权利义务,他们只是以被代理人的名义,代替被代理人实施某种法律行为。并且,一切代理活动只要不违反国家法律和社会公共利益,不超越委托人授权范围,均可实施。

4. 非诉讼法律事务代理中律师承担的法律责任与诉讼、仲裁代理中律师承担的法律责任不同。在诉讼、仲裁代理中,代理律师超越代理权、滥用代理权给委托人造成损害的,应承担程序法意义上的法律责任,如在诉讼中代理律师的行为不当,应承担妨碍诉讼的法律责任或受到司法行政机关的惩戒等。而在非诉讼法律事务代理中,代理律师如超越、滥用其代理权限给委托人或他人造成损害的,除应受到司法行政机关的惩戒之外,还应依照实体法有关代理行为的规定,承担实体法意义上的法律责任。如超越、滥用代理权给他人造成损害的,代理律师应当与被代理人共同承担连带赔偿责任等。

三、非诉讼法律事务代理的范围

非诉讼法律事务代理的范围,是指哪些非诉讼法律事务可由律师代理进行。一般地说,非诉讼法律事务可分为以下两类:

(一)无争议的非诉讼法律事务

所谓无争议的非诉讼法律事务,是指与他人无法律上的争议,只需当事人依法履行特定的法律手续或者实施某种行为,就能引起某种法律关系设立、变更、终止的法律事务。具体包括:

1. 专利法律事务,主要是专利申请、专利转让许可法律事务。

2. 商标法律事务,主要是申请商标注册、注册商标转让许可法律事务。

3. 企业设立登记法律事务,主要是企业设立审批、登记法律事务。

4. 股份有限公司股票上市发行法律事务。

5. 纳税法律事务，主要是税务登记、纳税鉴定申报、纳税申报等法律事务。

6. 申领进出口许可证、卫生许可证、生产经营许可证等证照法律事务。

7. 各种合同、协议、章程等法律文件谈判与签署的法律事务。

8. 保险法律事务。

9. 财产过户、财产抵押登记等法律事务。

10. 清理债权、清偿债务等法律事务。

11. 共同财产分割、遗产分配、遗嘱执行等法律事务。

12. 发表有法律意义的声明的法律事务。

13. 公证、见证法律事务。

14. 有关调查法律事务。

15. 其他无争议的非诉讼法律事务。

以上各种无争议的非诉讼法律事务，当事人既可以自己亲自实施，也可以委托律师代为办理。

（二）有争议的非诉讼法律事务

所谓有争议的非诉讼法律事务，是指双方当事人之间因某种原因而发生法律上的争议或者可能发生法律上的争议，但该争议并不通过诉讼程序进行处理的法律事务。具体包括：

1. 各种财产权益争议非诉讼处理时的法律事务。

2. 各种身份关系争议、人身权利争议非诉讼处理时的法律事务。

3. 各种行政争议非诉讼处理时的法律事务。

4. 刑事自诉案件非诉讼处理时的法律事务。

5. 各种劳动争议非诉讼处理时的法律事务。

6. 其他有争议的非诉讼法律事务。

以上各种有争议的非诉讼法律事务中，由于各种财产权益争议和各种身份关系争议、人身权利争议的当事人地位平等，当事人中任何一方均可以处分自己的实体权利，因此这两类有争议的非诉讼法律事务，律师均可以接受委托，进行非诉讼处理。对于公民、法人或其他组织不服行政机关的具体行政行为而发生争议即行政争议，依法可以由行政复议程序处理的，律师也可以进行非诉讼处理。只是对于刑事自诉案件，只有在法律允许以诉讼以外的方式解决，并且当事人也选择了以诉讼以外的方式解决时，律师才能接受当事人的委托进行非诉讼代理。对于劳动争议作非诉讼处理时，律师也可以接受当事人的委托，代理其参加调解。总之，上述有争议的非诉讼法律事务，必然发生在双方当事人或多方当事人之间，一般而言，律师可以接受其中任何一方当事人的委托,进行非诉讼法律事务代理,但因行政争议而进行的非诉讼法律事务代理时,律师通常只接受不服行政机关具体行政行为的公民、法人或其他组织的委托代理申请或参加行政复议。

第二节 律师代理非诉讼调解

一、律师代理非诉讼调解的概念

律师代理非诉讼调解,是指律师接受当事人的委托,担任代理人,代理当事人请求法院以外的调解机构或者第三方调解纠纷,或是参加已经开始的调解活动。

根据《律师法》第28条第5项的规定,律师可以接受当事人的委托,参加调解活动,这是律师代理非诉讼调解的主要法律依据。但是,必须明确,律师所代理的非诉讼调解,是非诉讼程序内的调解,包括两大类:一是行政调解。即由有关行政机关对特定纠纷依照法律规定进行的调解活动。如劳动行政管理机关对劳动争议进行的调解活动、专利管理机关对专利纠纷进行的调解活动、治安管理机关对轻微人身伤害纠纷进行的调解活动、交通管理机关对交通事故中损害赔偿纠纷进行的调解活动等。行政调解,除调解机构是行政机关之外,还具有调解活动的法定性和调解结果的强制性的基本特征。也就是说,行政调解是法律、法规赋予行政机关的权力,并且,通过行政调解,双方当事人达成的调解协议具有法律效力,任何一方当事人不履行时,另一方当事人都有权申请人民法院强制执行。二是民间调解,也即人民调解。它是指由人民调解组织主持的,调解本区域内一般民事纠纷和轻微刑事纠纷的活动。这种调解,旨在疏导当事人的思想,平息社会不安定因素。其调解结果,即当事人之间达成的调解协议,具有合同的法律效力。而律师主持调解,顾名思义,其调解的主持人为律师或律师执业机构,其调解的结果对发生争议的当事人双方同样具有合同的法律效力。因此,从根本上讲,律师主持调解亦属于民间调解的性质。

由于这两大类非诉讼调解在法律性质上存在较大的区别,因此,律师代理参加非诉讼调解时,必须严格加以区分。

二、律师代理非诉讼调解的类型和方法

律师接受当事人的委托,代理参与非诉讼调解,可以有以下三种类型:

(一)律师代理委托人与对方当事人和解

律师代理委托人与对方当事人和解,是指在争议发生后,当事人尚未将争议交由有关调解机关、组织处理,或者虽已提交有关调解机关、组织处理,但双方尚未达成调解协议时,律师代理委托人与对方当事人平等协商,在充分交换意见、取得谅解的基础上,达成和解协议,从而解决纠纷。这种方式是律师代理委托人与对方当事人直接和解,无论争议是否由调解机构进行调解,都是最直接的解决纠纷的办法。

和解达成后,代理律师应区别情形进行后续处理:对于争议处在行政机关调解过程中的,律师应将和解协议交行政机关,由行政机关依法制作调解书或撤销案件;对于争议处在人民调解组织调解过程中的,律师应告知人民调解组织终止调解;对于争议还未由调解机构调解的,律师应根据双方争议的性质和国家法律的规定制作协议书,由双方签字盖章并保存备查。

(二)律师代理参加调解活动

律师代理委托人参加调解活动,是指当事人之间的纠纷已由有关机关、组织进行调解,律师作为一方当事人的代理人参加有关机关、组织主持的调解活动。这是律师代理非诉讼调解最常见的一种方式。律师在代理参加调解活动时,应在有关机关、组织的主持下,代理委托人与对方进行充分的协商,尽量促使双方当事人达成调解协议,以及时有效地解决纠纷。对于调解协议,律师在签署前应征得委托人的同意,同时应告知委托人有关的法律后果。对于调解书的送达,除委托人有特别授权之外,应由委托人亲自签收,以防止产生代理纠纷。

(三)律师主持调解

律师主持调解,是指律师应双方或多方当事人的要求,作为调解人对争议双方或多方当事人进行疏通劝导,促使他们进行协商,达成协议,从而解决纠纷。这也是律师参加非诉讼调解的一种方式。律师主持调解时,并不代理任何一方当事人,而是作为中间人,客观公正地运用自己的法律知识,评价争议双方的是非曲直,促使双方当事人互谅互让,达成双方都能接受的协议。同时,律师主持调解,必须建立在双方当事人自愿的基础上,不能借助律师身份强行调解,更不能在调解中利用一方当事人在法律知识上的缺乏,袒护另一方当事人。

由于律师主持的调解在法律性质上属于民间调解,因此双方在调解中达成的调解协议,具有合同的法律效力。它是双方当事人之间的一种法律行为,可以依照实体法的规定,引起双方当事人之间某种实体法律关系的设立、变更或终止。若调解不成,律师应及时告知当事人通过其他合法方式解决。

律师代理非诉讼调解的方法有三种:(1)非诉讼函解。它是以律师事务所和律师名义，用书信、函电或其他方式，代理当一方当事人向对方当事人追款、追物等法律事务，以实现委托方的目的，完成委托事项。（2）直接协商。它是律师接受一方当事人的委托，代表委托人的利益直接出面，与对方当事人进行协商，这种方法便于双方沟通，有利于问题的解决，是律师代理非诉讼调解最为常用的方法。（3）参与非诉讼调解。它是指律师接受非诉讼当事人一方的委托，参加由调解机构主持的调解。

三、律师代理非诉讼调解应注意的问题

律师代理非诉讼调解的职责是为委托人提供法律帮助，协助当事人解决争议。在调解活动中，律师作为代理人（主持调解除外），其活动应受其代理权限的约束。因此，律师代理非诉讼调解应注意以下几个问题：

首先，应与委托人订立委托代理合同，明确代理权限。代理权是律师代理当事人参加非诉讼调解活动的根据。律师在代理诉讼及仲裁活动时，须向有关机关或机构提交授权委托书，而在代理非诉讼调解时，有关法律虽未规定律师应提交授权委托书，但是作为代理活动的根据，律师应与委托人订立书面的委托代理合同，以明确律师的代理权限，尤其是涉及委托人实体权利的处分问题，代理律师与委托人之间必须有明确的约定。

其次，应在弄清案件事实、明确是非及责任界限的基础上代理参加调解活动。非诉讼调解协议作为双方当事人之间达成的一种协议，具有法律意义，能够引起双方当事人之间某种实体法律关系的设立、变更或终止。因此，律师代理非诉讼调解，也应同代理诉讼调解、仲裁调解一样，首先应弄清双方当事人争议的事实和双方的是非、责任界限，然后根据委托人的授权，与对方当事人相互协商，达成协议，以妥善解决双方当事人的纠纷。

再次，应在代理权限范围内，尽力维护委托人的合法权益。律师代理非诉讼调解，无论以何种方式参加，都应在其代理权限范围内，尽力维护委托人的合法权益，不能因为代理的是非诉讼调解，就随意超越、滥用代理权，作出损害委托人利益的行为。代理律师必须明确，任何代理行为，代理人都应依法承担代理责任。

最后，应妥善处理非诉讼调解终结后的有关事务。如前所述，不同性质的非诉讼调解，其结果具有不同的法律意义。调解终结时，若双方当事人达成了调解协议，且该调解协议具备强制执行效力或合同效力的，代理律师应告知委托人严格履行调解协议；若双方当事人未能达成调解协议的，代理律师应及时告知委托人，另行通过其他方式解决争议，并依法提出初步意见供委托人参考，以维护其合法权益。

第三节　律师代理行政复议

一、律师代理行政复议的概念

行政复议,是指公民、法人或其他组织对行政机关给予的行政处罚、采取的行政强制措施等具体行政行为不服,而依照法律、法规向行政复议机关提出复议请求,由行政复议机关进行重新审议并作出处理的全部活动。行政复议制度是我国的一项重要法律制度,对于维护公民、法人或者其他组织的合法权益,提高行政机关的行政执法水平,以及促使行政机关依法行政都具有十分重要的作用。

律师代理行政复议,是指律师接受行政复议当事人的委托,以代理人的身份向行政复议机关申请行政复议或参加行政复议程序的一种法律活动。律师代理行政复议,既是律师代理非诉讼法律事务的重要组成部分,同时又有其特殊性。第一,律师代理行政复议应当严格遵守法律对行政复议程序的规定。我国《行政复议法》对行政复议的范围、条件、复议机关、申请复议的期限等都作了明确的规定,律师接受委托代理行政复议,必须遵守这些规定。在这一问题上,行政复议代理类似于诉讼代理和仲裁代理。第二,在行政复议中,一方是公民、法人或者其他组织,而另一方则是实施具体行政行为的行政机关,双方的法律地位是不平等的。

二、律师代理行政复议的范围

我国《行政复议法》规定的可以申请行政复议的事项,即律师可以代理行政复议的范围。具体包括:

1. 对行政机关作出的警告、罚款、没收违法所得、没收非法财物、责令停产停业、暂扣或者吊销许可证、暂扣或者吊销执照、行政拘留等行政处罚决定不服的。

2. 对行政机关作出的限制人身自由或者查封、扣押、冻结财产等行政强制措施决定不服的。

3. 对行政机关作出的有关许可证、执照、资质证、资格证等证书变更、中止、撤销的决定不服的。

4. 对行政机关作出的关于确认土地、矿藏、水流、森林、山岭、草原、荒地、滩涂、海域等自然资源的所有权或者使用权的决定不服的。

5. 认为行政机关侵犯合法的经营自主权的。

6. 认为行政机关变更或者废止农业承包合同,侵犯其合法权益的。

7. 认为行政机关违法集资、征收财物、摊派费用或者违法要求履行其他义务的。

8. 认为符合法定条件,申请行政机关颁发许可证、执照、资质证等证书,或者申请行政机关审批、登记有关事项,行政机关没有依法办理的。

9. 申请行政机关履行保护人身权利、财产权利、受教育权利的法定职责,行政机关没有依法履行的。

10. 申请行政机关依法发放抚恤金、社会保险金或者最低生活保障费,行政机关没有依法发放的。

11. 认为行政机关的其他具体行政行为侵犯其合法权益的。

同时,律师在接受委托,代理委托人对具体行政行为申请行政复议时,如果认为该具体行政行为所依据的国务院部门的规定、县级以上地方各级人民政府及其工作部门的规定以及乡、镇人民政府的规定(不含国务院部委规章和地方人民政府规章)不合法,可以一并向行政复议机关提出对该规定的审查申请。

此外,根据《行政复议法》的有关规定,对行政机关作出的行政处分或者其他人事处理决定不服的,只能依照有关法律、法规的规定提出申诉,不能申请行政复议;对行政机关就民事纠纷作出的调解或者其他处理不服的,可依法申请仲裁或者向人民法院提起诉讼。这些除外规定同样是律师在代理申请行政复议时应该注意的。

三、律师代理行政复议的管辖机构

律师代理申请行政复议,应当向有权对具体行政行为进行复议的行政复议机关提出。根据《行政复议法》的规定,行政复议机关分为以下几种情况:

1. 对县级以上地方各级人民政府工作部门的具体行政行为不服申请复议的,可以由该部门的本级人民政府管辖,也可以由上一级主管部门管辖。但对海关、金融、国税、外汇管理等实行垂直领导的行政机关和国家安全机关的具体行政行为不服申请复议的,只能由上一级主管部门管辖。

2. 对地方各级人民政府的具体行政行为不服申请复议的,由其上一级人民政府管辖。对省、自治区、直辖市人民政府依法设立的派出机构所属的县级人民政府的具体行政行为不服申请复议的,由该派出机构管辖。

3. 对国务院部门或者省、自治区、直辖市人民政府的具体行政行为不服申请复议的,由作出该具体行政行为的国务院部门或者省、自治区、直辖市人民政府管辖(对此类行政复议决定不服的,可以向人民法院提起行政诉讼,也可以向国务院申请作出最终裁决)。

4. 对县级以上地方人民政府依法设立的派出机关的具体行政行为不服申请复议的,由设立该派出机关的人民政府管辖。对人民政府的工作部门依法设立的派出机构根据法律、法规和规章规定,以自己的名义作出的具体行政行为不服申请复议的,由设立该派出机构的部门或者该部门的本级人民政府管辖。

5. 对法律、法规授权的组织作出的具体行政行为不服申请复议的,由直接管理该组织的地方人民政府、地方人民政府工作部门或者国务院部门管辖。

6. 对两个或者两个以上行政机关以共同的名义作出的具体行政行为不服申请复议的,由其共同的上一级行政机关管辖。

7. 对被撤销的行政机关在撤销前所作出的具体行政行为不服申请复议的,由继续行使其职权的行政机关的上一级行政机关管辖。

四、律师代理行政复议的程序

根据《行政复议法》的规定,复议参加人包括申请人、被申请人和第三人。其中,依法申请复议的公民、法人或者其他组织,是申请人;作出被申请复议的具体行政行为的行政机关,法律、法规和规章授权的组织,作出具体行政行为的机关被撤销后继续行使其职权的行政机关等,是被申请人;同申请行政复议的具体行政行为有利害关系,并经复议机关批准参加行政复议的其他公民、法人或者其他组织,是第三人。律师代理行政复议,一般以作为申请人或第三人的代理人为限,也即在行政复议代理活动中,律师通常代理申请人或第三人向行政复议机关提出行政复议申请或者参加行政复议活动。其具体程序如下:

(一)代为提出复议申请

律师在接受委托前,首先应明确委托人委托的事项是否属于行政复议的范围。对属于行政复议范围的,律师才能接受委托,然后按照《行政复议法》的有关规定,向复议机关申请行政复议(可以书面申请,也可以口头申请)。复议申请一般应当载明或说明下列内容:申请人的基本情况(如申请人的姓名、性别、年龄、职业、住址等;法人或者其他组织的名称、地址、法定代表人的姓名);被申请人的名称、地址;行政复议请求,申请行政复议的主要事实、理由,以及提出复议申请的日期。代理律师在向复议机关递交复议申请书的同时,还应向其递交委托人出具的授权委托书。

此外,代理律师还应当注意,行政复议申请有法定期限的限制。具体而言,申请行政复议在时间上应注意以下四点:一是申请期限。《行政复议法》规定,申请人可以在60日内提出行政复议申请,法律有关于超过60日的规定时,按照法律的规定确定申请期限。二是法定期限的耽误。申请人因不可抗力或有其他正当理由耽误了法定申请期限的,申请期限自障碍消除之日起继续计算。三是申请期限的起算。申请期限应当从申请人知道作出该具体行政行为之日起计算。所谓知道之日,是指了解具体行政行为内容的时日。四是行政复议前置的问题。根据《行政复议法》的规定,一般情况下当事人可以自由选择行政复议和行政诉讼,但是公民、法人或者其他组织认为行政机关的具体行政行为侵犯其已经合法取得的土地、矿藏、水流、森林、草原、滩涂等自然资源的所有权和使用权的,应当先申请行政复议。

(二)代理参加复议活动

依照《行政复议法》的规定,行政复议原则上采取书面审查的办法。因此,代理律师在行政复议的审理阶段,除依法可以向复议机关提出相关证据和书面代理意见外,无需进行其他代理活动。但是,在复议机关认为有必要采取其他方式审理复议案件时,代理律师应按照复议机关的要求进行有关的代理活动。

在这一阶段,代理律师还应当根据委托人的意愿和案件实际情况作出处理,并要特别注意行政复议与行政诉讼的关系问题:

第一,根据《行政诉讼法》的规定,除非法律、法规规定必须先申请行政复议的,行政当事人可以自由选择申请行政复议或者提起行政诉讼。行政复议已经被依法受理的,当事人在法定复议期限以内不得提起诉讼;行政诉讼已经被法院依法受理的,则不得再申请行政复议。

第二,法律、法规规定应当首先向行政复议机关申请行政复议,对行政复议决定不服再向人民法院提起行政诉讼的,或者行政复议机关不予受理或者受理后超过行政复议期限不作答复的,申请人可以自收到不予受理决定书之日起或者行政复议期满之日起 15 日内,依法向人民法院起诉。

第三,法律规定行政复议决定为最终裁决的,当事人不得提起行政诉讼。《行政复议法》规定的终局行政复议决定有两类:一类是《行政复议法》第 14 条规定的国务院依法作出的最终裁决;另一类是《行政复议法》第 30 条规定的国务院或者省、自治区、直辖市人民政府对行政区划的勘定、调整或者征收土地的决定,省、自治区、直辖市人民政府确认土地、矿藏、水流、森林、山岭、草原、荒地、滩涂、海域等自然资源的所有权或者使用权的行政复议决定。

代理律师应当对终局的行政复议决定与非终局的行政复议决定严格加以区别,以便为委托人提供全面、准确、及时的法律服务。

第四节　律师代理清理债权债务

一、律师代理清理债权债务的概念和特征

律师代理清理债权债务，是指律师接受当事人的委托，对当事人在一定期限内享有的债权和承担的债务进行分门别类的清理，然后提出处理意见并进行债权追索或债务偿付的活动。代理清理债权债务也是律师经常开展的代理业务之一。

律师代理清理债权债务的主要特征是：

1. 律师代理清理债权债务的权限，无论是对债权债务进行分门别类的整理，还是追索债权、偿付债务，都只能在委托人授权范围内，以委托人的名义进行。在这些活动中，律师始终只是委托人的代理人，不具有独立的地位。

2. 律师代理清理债权债务的范围，是代理委托人清理其在一定期间内对外产生的全部债权、债务，它既非指一定期限内所有债权债务中的某一种债权债务，也不是指其中某一笔债权债务。

3. 律师代理清理债权债务的目的，在一般情况下是根据委托人对外债权债务的具体情况，提出有针对性的处理意见，以理顺委托人对外债权债务关系，但在某些特定情况下，如企业终止时，则是通过清理债权债务，最终对债权债务进行清算。

二、律师代理清理债权债务的种类和方法

（一）律师代理清理债权债务的种类

一般而言，律师代理清理债权债务，因委托人的情况不同可以分为以下几种：

1. 正常经营情况下债权债务的清理。这种清理旨在理顺委托人对外债权债务关系，寻求妥善地实现债权、偿付债务的途径和方法。

2. 合伙企业或组织散伙时债权债务的清理。这种清理，不仅要寻求实现对外债权债务清偿的途径和方法，还要确定委托人内部对亏损的分担比例或数额。

3. 企业因破产以外原因终止时债权债务的清理。这种清理的目的，仅在于彻底清算企业的对外债权债务。

（二）律师代理清理债权债务的方法

律师代理清理债权债务的种类不同，其方法亦有所不同。

1. 企业正常经营期间债权债务的清理方法

企业在正常经营期间债权债务的清理可采取以下方法：(1)摸清债权、债务的

底数。即根据委托人的授权,对企业的财务、会计报表、单据、账册等基本材料进行综合分析,弄清企业在一定时期内对外债权债务的基本数额、发生原因、清偿期限、法律性质等基本情况。(2)提出分析报告。即根据已摸清的企业债权债务情况,对其进行分析,向委托人提出追索债权、清偿债务的详细报告。(3)追索债权、清偿债务。即根据委托人的特别授权,对外追索债权或清偿债务。对外追索债权,除委托人授权经诉讼、仲裁等程序进行外,还可采取直接追索、发信致函追索等多种方式;而清偿债务,除有关委托人人身性质的债务应由委托人直接清偿外,其他债务均可由代理律师以各种合法的方式代为清偿。

2. 合伙企业或组织散伙时债权债务的清理方法

合伙企业或组织散伙时,律师代理清理其债权债务的,首先应摸清债权债务的基本情况,然后再向委托人提出详细的分析报告。在分析报告中,应着重对清算债权债务后企业的亏损情况及造成亏损的原因作出准确的预测或判断,以便委托人对此作出处理。此外,代理律师进行清算后,还应将清算情况详细报告给委托人,以便委托人作为处理散伙事宜的依据。

3. 企业终止清算时债权债务的清理方法

企业法人或合伙企业因破产以外的原因终止时,要依法组成清算机构负责清算工作。而律师一般都是接受清算组织的委托,办理清算业务。在这一代理活动中,律师可以协助清算组织编制清算报告、清算方案等法律文书,办理财产转移、对外发布清算公告等法律事务。在委托人授权的情况下,代理律师还可以代为办理企业注销登记等事宜。

三、律师代理清理债权债务应注意的问题

1. 与委托人订立委托代理合同,明确代理权限。清理债权债务,是一项综合性的法律活动,既涉及企业内部人员的职责、工作情况和企业内部的经营秘密,也涉及企业对外形象和对外关系。因此,律师在接受委托时,应当与委托人订立内容完备的委托代理合同,明确律师的代理权限及代理职责,以避免发生因代理合同约定不明确而致使代理律师无法或难以开展工作的情况,以及避免发生因清理活动而引起企业内部和外部关系的混乱。

2. 严格遵守国家法律,恪守职业道德。在代理清理债权债务时,律师可能接触到企业内部的一些经营秘密,也可能在对外清收债权、清偿债务时涉及钱物过手等情况。代理律师在进行这些活动时,必须严格遵守国家法律,信守律师职业道德,对于企业的经营秘密严格保密;在对外清收债权、清偿债务时严格依法进行,不能有损害委托人利益的行为。

第五节　律师代理非争议法律事务

一、律师代理专利法律事务

律师代理专利法律事务，是指律师接受当事人的委托，以代理人的身份代为办理有关专利申请、专利转让许可法律事务。

律师代理专利申请，是指律师接受专利申请人的委托，代为向专利管理机关申请专利。包括：向专利管理机关提交申请专利的请求书、说明书及其摘要和权利要求书、外观设计的图片或者照片以及对该外观设计的简要说明等文件；在专利管理机关审查过程中，向专利管理机关提交有关资料、文件，陈述意见，或者按专利管理机关的要求修改请求书等。当专利申请被专利管理机关驳回后，代理律师可以代为申请复审或提起专利诉讼。

律师代理专利转让许可，是指律师接受专利权人的委托，代理其与他人订立专利权转让、专利实施许可合同并办理有关登记、公告手续。应当注意的是，代理律师代理专利转让、专利实施许可法律事务，应当按照《民法典》合同编的要求订立专利转让、专利实施许可合同，并遵循《专利法》的规定，办理登记、公告手续。

律师代理专利法律事务应注意以下几个问题：

1. 律师作为专利事务的代理人，必须经专利管理机关培训，获得专利事务代理资格，否则无权代理专利事务。

2. 专利事务代理律师，必须在经专利管理机关批准从事专利代理事务的律师执业机构中执业，才能从事专利代理活动。

3. 专利事务代理仅限于无争议的申请专利和专利转让许可法律事务。其他有关专利的诉讼、专利权确认、请求宣告专利无效、请求制止专利侵权等，均属有争议的专利事务，应按有关法律规定办理。

4. 律师作为专利事务代理人应当遵守法律法规，按照被代理人的委托办理专利申请或者其他专利事务。对被代理人发明创造的内容，除专利申请已经公布或者公告的以外，负有保密责任。

二、律师代理商标法律事务

律师代理商标法律事务，是指律师接受当事人的委托，以代理人的身份代办商标注册及注册商标转让等法律事务。

(一)代办商标注册

律师代办商标注册,主要是代理委托人对其使用的商标向商标管理机关办理商标注册或变更已注册事项的有关法律手续。具体包括:向商标管理机关提出申请,并提供有关资料;若需要补正的,在收到商标管理机关要求补正之日起30日内提交指定内容;若商标管理机关驳回商标注册申请,在收到不予注册的书面通知后15日内向商标复审委员会申请复审;对商标管理机关审查期间第三人提出的商标异议进行答辩陈述等。

对于外国公民或企业在中国注册商标,需要委托律师代理的,应当委托中国律师。中国律师对其提交的各种有关文件、资料及委托书,应要求其经所在国有关部门公证或认证。

(二)代办注册商标的转让和使用许可

律师代办注册商标的转让和使用许可,是指律师代理注册商标权人办理转让注册商标或者许可他人使用注册商标的有关法律手续。根据《商标法》的有关规定,转让注册商标,转让方与受让方除应订立书面合同之外,还应共同向商标管理机关提交申请,经商标管理机关核准后,予以公告。许可他人使用注册商标,除应订立书面合同之外,还应将合同报商标管理机关备案并公告。

(三)代办注册商标的续展

律师代办注册商标的续展,是指律师代理注册商标权人在其注册商标有效期满前,向商标管理机关办理续展手续。按照《商标法》的有关规定,注册商标的有效期为10年。在期满前12个月内,可以申请续展;在此期间未能提出申请的,可以给予6个月的宽展期。

律师代理商标法律事务应注意以下几个问题:

1. 商标代理机构应当遵循诚实信用原则,遵守法律、行政法规,按照被代理人的委托办理商标注册申请或者其他商标事宜。

2. 律师代理商标法律事务时的保密义务。律师对在代理过程中知悉的被代理人的商业秘密,负有保密义务。

3. 律师代理商标法律事务时的审查义务。律师在接受委托人的申请前,应当审查委托人申请注册的商标是否存在《商标法》第4条、第15条和第32条规定的情形,若存在相关情形,律师不得接受其委托。律师发现委托人申请注册的商标可能存在不得注册情形的,应当明确告知委托人。

三、律师代理企业设立登记法律事务

律师代理企业设立登记法律事务,是指律师接受当事人的委托,代理进行企业设立登记的法律事务，主要包括企业的设立审批和市场主体登记两类活动。由于这两类活动涉及的法律事务较为复杂，由律师代为进行，有利于维护企业发起人的合法权益。

（一）律师代理企业设立审批申请法律事务

律师代理企业设立审批申请，是指律师接受企业发起人或企业的开办单位的委托，以企业发起人或开办单位的名义向国家有关部门提出设立企业的申请，并报送有关法律文件以求获准设立企业的活动。律师代理该项法律事务应注意以下两个问题：

1. 应明确企业设立审批应报送的有关法律文件，并帮助委托人起草或要求委托人提供这些法律文件。企业的发起人或开办单位申请企业设立审批，除应向有关行政机关提交企业设立申请之外，还应提交其他有关法律文件，如企业章程、设立企业的可行性报告等。律师接受委托后，应当首先明确有关法律、法规所要求的、应提交的法律文件，并且帮助起草或要求委托人提交这些文件，以便顺利进行企业设立审批的申请活动。

2. 应明确有关审批机关及其审批权限。由于申请设立的企业性质及其经营范围、规模等不同，其批准设立的机关也不相同。律师代理企业设立审批申请，必须明确审批机关及其审批权限。根据我国现行法律、法规的规定，部分企业的设立，按其经营性质，由不同的部门审批：国有企业的设立，需要报请政府或相关主管部门审核批准；对外经济贸易公司的设立，由对外经济贸易部或省、自治区、直辖市经贸厅（委、局）审批。

（二）律师代理企业设立的市场主体登记法律事务

改革开放以来，我国先后制定出台了《企业法人登记管理条例》《公司登记管理条例》《合伙企业登记管理办法》等多部市场主体登记法律法规。为规范市场主体登记管理行为，2021 年国务院第 131 次常务会议通过了《市场主体登记管理条例》。根据《市场主体登记管理条例》，企业设立后必须在市场监督管理部门进行登记，才能进行经营活动。律师可以接受委托，代理企业办理登记的有关法律事务。律师代理企业登记法律事务，应当注意以下几个问题：

1. 根据登记机关不同权限提出登记申请。个体工商户等市场主体的登记管理由县级以上地方市场监督管理部门主管，也可由县级市场监督管理部门的派出机构承担。股份有限公司的登记管理由地市级以上地方登记机关负责。外商投资企业登记管理由国家市场监督管理总局或者其授权的地方市场监督管理部门负责。省级以上人民政府或者其授权的国有资产监督管理机构履行出资人职责的公司，以及该公司投资设立并持有 50% 以上股权或者股份的公司的登记管理由省级登记机关负责。

2. 根据不同的市场主体向市场监督管理部门登记和备案。《市场主体登记管理条例》适用于在中国境内以营利为目的从事经营活动的各类市场主体,包括:公司、非公司法人、个人独资企业、合伙企业、农民专业合作社(联合社)以及它们的分支机构、个体工商户、外国公司分支机构以及法律、行政法规规定的其他市场主体。市场主体的一般登记事项包括:名称、主体类型、经营范围、住所或者主要经营场所、注册资本或出资额、法定代表人、执行事务合伙人或者负责人姓名。不同的市场主体还应根据《市场主体登记管理条例》第 8 条分别登记其他相关事项。此外,《市场主体登记管理条例》还规定了市场主体的备案事项。

3. 根据不同的登记事项向市场监督管理部门进行登记。律师代理设立登记应当向市场监督管理部门提交相应的材料,如申请书、主体资格文件或自然人身份证明、住所相关文件、公司章程或合伙企业协议。律师代理变更登记应当提醒委托人注意相应的期限,应当自作出变更决议、决定或者法定变更事项发生之日起 30 日内申请办理变更登记。律师代理歇业登记应当在歇业前办理备案,登记机关通过国家企业信用信息公示系统向社会公示歇业期限等信息。延长歇业期限,应当于期限届满前 30 日申请办理。市场主体重新营业后,应当于 30 日内在国家企业信用信息公示系统上公示终止歇业。律师代理办理注销登记,应当提交法律规定的相关材料。市场主体因解散、被宣告破产或者其他法定事由需要终止的,应在法定期限内向登记机关申请注销登记。依法需要清算的,应当自清算结束之日起 30 日内申请注销登记。依法不需要清算的,应当自决定作出之日起 30 日内申请注销登记。

四、律师代理股份有限公司股票发行、交易法律事务

股份有限公司股票的发行、交易是股份有限公司的重要业务。律师在代理股份有限公司办理股票发行、交易的有关法律事务时,应当注意做好以下几项工作。

(一)审查股份有限公司是否具备股票发行、交易的条件

我国《公司法》《证券法》《股票发行与交易管理暂行条例》对股票发行、上市的条件作了明确规定:

1. 公司发行股票的条件。《证券法》规定公司首次公开发行新股,应当符合下列条件:公司具备健全且运行良好的组织机构;具有持续经营能力;最近 3 年财务会计报告被出具无保留意见审计报告;发行人及其控股股东、实际控制人最近 3 年不存在贪污、贿赂、侵占财产、挪用财产或者破坏社会主义市场经济秩序的刑事犯罪;经国务院批准的国务院证券监督管理机构规定的其他条件。

《股票发行与交易管理暂行条例》对股份有限公司申请发行股票应符合的条件进行了更具体的规定:生产经营符合国家产业政策;发行的普通股限于一种,同股同权;发起人认购的股本数额不少于公司拟发行的股本总额的35%;公司拟发行的股本总额中,发起人认购的部分不少于人民币3000万元,但国家另有规定的除外;向社会公众发行的部分不少于公司拟发行的股本总额的25%,其中公司职工认购的股本总额不得超过拟向社会公众发行的股本总额的10%;公司发起人在近3年内无重大违法行为;国务院证券委员会规定的其他条件。此外,原有企业改组设立股份有限公司申请公开发行股票还应当符合两项条件:发行前1年末,净资产在总资产中所占比例不低于30%,无形资产在净资产中所占比例不高于20%,但国务院证券委员会另有规定的除外;近3年连续盈利。

2. 股票申请上市交易的条件。《证券法》规定股票申请上市交易应当符合证券交易所规定的上市条件,主要是对发行人的经营年限、财务状况、最低公开发行比例和公司治理、诚信记录的要求。

根据《股票发行与交易管理暂行条例》,申请股票在证券交易所上市交易的条件:股票已经公开发行;发行后的股本总额不少于人民币5000万元;持有股票面值达1000元以上的股东人数不少于1000人,个人持有的股票面值总额不少于人民币1000万元;公司有最近3年连续盈利的记录;原有企业改组设立股份有限公司的,原企业有最近3年连续盈利的记录,但是新设立的股份有限公司除外;国务院证券委员会规定的其他条件。除此之外,还要参考各个证券交易所所制定的股票上市规则中的具体规定。

(二)代理股份有限公司向有关部门提出股票发行、上市申请并提交有关文件

我国《公司法》《股票发行与交易管理暂行条例》规定了申请股票发行与交易的具体程序和应报送的有关文件:

1. 股份有限公司聘请会计师事务所、资产评估机构、律师事务所等专业性机构对其资信、资产、财务状况进行审定、评估和就有关事项出具法律意见书后,应按照隶属关系分别向省、自治区、直辖市、计划单列市人民政府或中央企业主管部门提出公开发行股票的申请,同时应报送:申请报告,发起人会议或股东大会同意公开发行股票的决议,批准设立股份有限公司的文件,股份有限公司营业执照或筹建登记证明,公司章程或章程草案,招股说明书,资金运用的可行性报告,近3年或者成立以来股份有限公司的财务报告、审计报告、资产评估报告、验资报告和法律意见书、股票发行承销方案和承销协议,审批机关要求报送的其他文件。

2. 发行申请被批准后,应报送国务院证券委员会的监督管理执行机构——中国证券监督管理委员会复审。在报送复审时,除应报送审批时应报送的文件外,还

应报送批准发行申请的文件和证监会要求报送的其他文件。

3. 发行申请经证监会复审同意后,应向证券交易所上市委员会提出上市申请,经上市委员会同意接受上市,方可发行股票。

4. 股份有限公司的股票公开发行后,应向证券交易所的上市委员会提出交易申请,经上市委员会批准并报证监会备案后,才能在证券交易所进行交易。提出交易申请时,应当送交:申请书、公司注册登记文件、股票公开发行的批准文件、公司近3年或成立以来的财务报告、审计报告、证券交易所会员的推荐书、最近一次的招股说明书、证券交易所要求的其他文件。

(三)在股票发行、交易过程中,为股份有限公司提供其他法律帮助

在股票发行、交易过程中,律师还可以向股份有限公司提供诸如帮助其制作招股说明书、参加承销协议的谈判、草拟股票承销协议、出具法律意见书等法律帮助。

五、律师代理纳税法律事务

律师代理纳税法律事务,是指律师接受纳税义务人的委托,代为办理纳税的各种法律手续,具体包括代理税务登记、代理纳税鉴定申报和代理纳税申报。

代理税务登记,是指代理律师依照税法有关规定,代理纳税义务人向税务机关对其生产经营活动进行登记,以利于税务机关进行税收管理的活动。依照税法有关规定,办理税务登记应当提交申请报告、批准文件和其他有关证件,并在领取营业执照之日起30日以内办理。

代理纳税鉴定申报,是指律师代理纳税义务人向税务机关进行申报,由税务机关对纳税义务人有关税收的各种情况进行鉴定、审核的活动。这项代理活动,主要是依照税务机关的要求,详细、客观地报送纳税鉴定申报表,并提供有关资料。

代理纳税申报,是指律师代理纳税义务人向税务机关报送各税种的纳税申报表和有关纳税事项的情况,以便税务机关对纳税义务人的纳税情况作出处理。

六、律师代理许可证法律事务

在我国,许多生产经营活动都实行许可证制度,即由国家有关行政管理机关或法律法规授权的组织对相关生产、经营活动颁发许可证后,生产经营者才能进行生产经营活动的一种管理制度。目前,实行许可证管理的生产经营活动主要有:进出口货物许可、食品卫生许可、生产经营许可、特种服务行业许可等。律师可以根据当事人的委托,代理其向有关机关或组织办理申请许可证的有关法律事务。

律师代理申请许可证,应做好以下三项工作:

1. 在申请阶段,应以书面形式向主管机关提出申请。申请书应写明申请许可

的内容、理由、从事该项许可的能力及相关的证明资料。

2. 在主管机关审核过程中，应按照主管机关的要求，补充提交有关证明材料。

3. 在申请被批准后，应按有关主管机关通知的时间，领取许可证书，并代理委托人依照国家规定交纳费用。

七、律师代理合同洽谈与签署法律事务

律师代理合同洽谈与签署，是指律师接受当事人的委托，代理当事人参与合同的订立过程。包括两种情况：一是律师作为代理人参与合同的订立，二是律师作为代理人代理合同的签署。在代理中，代理律师应当注意以下几点：

1. 无论是就合同的条款与对方洽谈，还是就拟好的合同文本进行签署，都必须以被代理人的名义进行。

2. 代理律师在洽谈合同条款、与对方商定合同内容时，不得损害被代理人的利益，遇有重大问题应与被代理人及时交换意见。

3. 代理律师应当在参与订立合同时做好各方面的准备工作，给委托人提供可靠有效的法律帮助或其他帮助。

4. 律师代理合同的签署，必须有委托人的授权委托书，并且不得超越代理权限和滥用代理权。

八、律师代理发表有法律意义的声明

从我国有关实体法的规定来看，声明一般不具有法律上的效力，即它不能引起某一法律关系的设立、变更或终止。但是，为了防止某种侵权行为的继续发生，澄清某种法律事实等，当事人可以通过各种传播媒介，表明自己的态度或主张。对于这种具有一般法律意义的声明，当事人可以委托律师发表。律师代为发表这类声明，除应有当事人的明确授权外，还应对声明所涉及的事实进行必要的调查核实。对于事实不清或者声明的内容违反国家法律和社会公共利益，有损道德风化的，或者声明的内容可能对第三人的名誉、荣誉构成侵害的，律师应当拒绝代理或说服委托人放弃发表。

在现实生活中，常有当事人发表带有要约内容的“声明”或“启示”等，如“遗失声明”中附有明确的酬谢内容的，以及“悬赏启示”等。对于这类“声明”“启示”，当事人如果委托律师发表，律师应向委托人说明，这类声明中的要约条款对委托人具有约束力，并向其说明相对人承诺后的法律后果。若委托人坚持委托发表，代理律师则应要求其提交相应的担保，否则应当拒绝。因为一旦由此发生争议，将使代理律师处于不利的地位。

九、律师代办公证和见证

(一)律师代办公证

律师代办公证,是指律师接受当事人的委托,代为办理有关公证事务。律师在代办公证时应注意以下三个问题:

1. 应明确委托事项是否属于公证事项以及是否属于可代理的公证事项。我国《公证法》第11条规定,根据自然人、法人或者其他组织的申请,公证机构办理下列公证事项:(1)合同;(2)继承;(3)委托、声明、赠与、遗嘱;(4)财产分割;(5)招标投标、拍卖;(6)婚姻状况、亲属关系、收养关系;(7)出生、生存、死亡、身份、经历、学历、学位、职务、职称、有无违法犯罪记录;(8)公司章程;(9)保全证据;(10)文书上的签名、印鉴、日期,文书的副本、影印本与原本相符;(11)自然人、法人或者其他组织自愿申请办理的其他公证事项。法律、行政法规规定应当公证的事项,有关自然人、法人或者其他组织应当向公证机构申请办理公证。第12条规定,根据自然人、法人或者其他组织的申请,公证机构可以办理下列事务:(1)法律、行政法规规定由公证机构登记的事务;(2)提存;(3)保管遗嘱、遗产或者其他与公证事项有关的财产、物品、文书;(4)代写与公证事项有关的法律事务文书;(5)提供公证法律咨询。其中,涉及当事人人身关系的公证事项,如遗嘱、生存、收养关系及其他与自然人的人身有密切关系的公证事项,应当由申请人本人亲自申办,都不得由律师代为办理。

2. 应明确公证事务的管辖。根据《公证法》第25条的规定,自然人、法人或者其他组织申请办理公证,可以向住所地、经常居住地、行为地或者事实发生地的公证机构提出;申请办理涉及不动产的公证,应当向不动产所在地的公证机构提出,但申请办理涉及不动产的委托、声明、赠与、遗嘱的公证,可以向住所地、经常居住地、行为地或事实发生地的公证机构提出。

3. 向公证机构提出申请并提交有关证明材料。根据《公证法》的规定,自然人、法人或者其他组织申请办理公证,应当向公证机构如实说明申请公证的事项的有关情况,提供真实、合法、充分的证明材料;提供的证明材料不充分的,公证机构可以要求补充。

(二)律师见证

律师见证,是指律师接受当事人的委托,以律师身份对当事人或者当事人与其他人之间实施的特定法律行为的真实性予以证明的活动,如对合同、遗嘱的见证等。

律师见证时,应当注意审查当事人要求见证的法律行为在形式上、内容上是否真实、合法、可信。如果该行为真实、合法、可信,就应当在有关文件上签署意见,以示证明。如果当事人在履行协议时发生纠纷引起诉讼,见证律师则有义务出庭作证。

第十八章　法律咨询

第一节　法律咨询概述

一、法律咨询的概念和范围

法律咨询，即解答关于法律问题的询问，是指律师对于国家机关、企事业单位、社会团体或公民个人就有关法律问题的询问进行解释、说明，以及提供解决该问题的意见、方案、建议的一项业务活动。律师解答法律询问，是我国《律师法》赋予律师的一项重要职责，也是律师向社会提供法律服务的一种普遍方式。

由于《律师法》对于律师解答法律询问的范围未作具体规定，因此实践中的做法不够统一。有的律师事务所是“有问必答，有求必应”，而有的律师事务所则是只解答与法律相关的问题。我们认为，律师解答法律询问的范围，不宜过宽，但也不宜过窄，应当是就询问者所提出的有关法律、政策问题，作出正确解答。

解答法律询问是律师用法律知识帮助广大群众最普遍的方式。人们在工作、学习和生活中，可能会遇到各种各样的法律问题需要请求律师予以解答，因此法律咨询的范围非常广泛：咨询者既可以是国家机关、企事业单位、社会团体和我国公民，也可以是外国人、无国籍人、外国法人或其他组织；咨询的问题既可能涉及诉讼程序，也可能涉及一般的非诉讼事务；咨询的内容既可能涉及刑法、民法、行政法等法律规定，也可能涉及国家方针与政策，还可能涉及国际惯例与规则。我国的律师制度是社会主义的律师制度，维护国家、集体、公民的合法权益是律师的基本职责。律师在解答法律询问中应当开辟多种渠道，更广泛地为社会提供法律帮助。但是，解答法律询问范围、内容的广泛性，并不等于包罗万象或漫无边际，而应当确立解答法律询问工作的重点。我们认为，解答有关法律的询问应当是律师法律咨询工作的重点，其中主要是解答有关刑事、民事、行政领域内的实体性和程序性的法律问题，特别是对已经或者有可能进入诉讼程序的案件提供法律上的意见。如果“有问必答，有求必应”，把诸如行政事务、劳动工资、工作调动、升学就业等方面的问题，都列入法律询问的范围，就会使律师事务所变成“问事处”或“信息站”。对于此类问题,律师一般不宜回答,可告诉咨询者向有关部门询问。此外,由于我国法治还不够完善,有些问题仍然由政策调整解决或处理,这种情况下政策实际发挥了法律的作用。因此,咨询者提出的涉及有关政策的问题也应当列入解答法律询问的范围,而不应当仅限于法律规定,否则就会使一部分咨询者失去获得法律保护的可能。

二、法律咨询的意义

作为律师的一项经常性的工作,解答法律询问的重要意义具体表现在以下几个方面:

首先,可以宣传社会主义法治,提高公民的法律意识,促进社会的和谐与稳定。随着社会主义法治的不断健全和完善,人们在生产、工作、学习和生活中遇到的法律问题越来越多,这就迫切需要律师给予法律上的指导和帮助。因此,律师在解答法律询问过程中,对于公民个人、法人或其他组织在生产、工作、学习、生活中遇到的具体的、与切身利益相关的法律问题,有针对性地给予明确解答,就能满足前来咨询的公民、法人或其他组织的迫切需要,克服其不懂法律的困难,维护其合法权益;并且能使咨询者懂得什么是国家法律所保护的,什么是国家法律所禁止的,应怎样对待和处理矛盾、纠纷,从而使抽象的法律规定变为具体的行为准则,提高公民的法律意识,把矛盾、纠纷消除在萌芽阶段,防止矛盾的扩大和激化,进而提高生产、工作、学习的效率和生活的质量,维护人民内部团结,促进社会的和谐与稳定。

其次,可以加强同广大人民群众的联系,了解社会动态,为完善立法和改进执法工作提供参考意见和合理化建议。律师在解答法律询问过程中,可以广泛接触群众,通过与各行各业群众的交谈,能够了解到不同时期社会各界普遍存在的问题、群众亟待解决的问题,以及党的政策和国家法律、法规贯彻实施的情况,进而把这些新情况、新问题汇集起来,向有关立法机关、执法机关反映,并提出合理化的意见和建议,从而为立法、执法机关从实际出发,制定、修改有关法律、法规,加强和改善执法活动提供宝贵的第一手材料,促进国家政治、经济、文化的发展和社会的稳定。

最后,可以不断提高律师自身的业务素质、理论水平和实践能力。律师解答法律询问,是一项专业性强、难度大、范围广的工作。它可能接触各种各样的、错综复杂的法律问题,同时对于咨询者提出的问题,一般要求立即回答。律师如果没有深厚的法律知识,不具备一定的实践经验和处理问题的应变能力,是难以胜任这项工作的。律师解答法律咨询工作质量的高低,集中反映了律师的业务水平和解决实际问题的能力。因此,律师应当重视法律咨询工作,在实践中不断学习,努力掌握、积累各类知识，提高业务素质，增长才干，以适应社会的发展和满足群众的需要。

三、律师法律咨询的原则

（一）以事实为根据、以法律为准绳的原则

以事实为根据、以法律为准绳，是律师业务活动中应当贯彻始终的基本原则。这一原则体现在法律咨询工作中，就是要求律师把解答法律询问工作建立在客观事实的基础上，忠于事实真相，并正确运用有关法律、法规的规定解答咨询的问题。律师只有在客观、全面地了解事实真相的情况下才能对有关法律问题作出正确解答。因此，对于咨询者，律师首先应当提醒其不能捏造事实，伪造证据，而应当提供真实情况，并在认真听取咨询者陈述的基础上，分析判断其陈述是否真实可靠。如果事实不清楚，就会导致错误的解答。律师在对咨询的问题进行分析、判断以后，就应当准确运用有关法律、法规的规定作出解答。由于法律的运用直接关系到咨询者的切身利益，并直接影响律师的声誉，因此，对于有把握解答清楚的问题，律师应当立即向咨询者说明和作出解答；对于问题复杂一时没有把握解答清楚的，应当进行调查研究，集体讨论，仔细查阅有关法律、法规的规定，深思熟虑，把问题弄清楚以后，再作出正确的说明和答复。

（二）息讼解纷、维护和谐稳定的原则

息讼解纷、维护安定团结的原则，要求律师在解答法律询问工作中，要从维护社会安定团结的大局出发，对于可诉可不诉的矛盾、纠纷，应尽量寻找和解的条件和可能性，说服咨询者与对方当事人互相谅解，通过调解的方法及早、妥善地解决矛盾和纠纷，以防止矛盾、纠纷的扩大和激化，减少当事人的诉累。同时，律师还应当根据不同情况，有针对性地向咨询者宣传社会主义法治，提高公民遵守法律法规的自觉性，从而有利于维护社会的和谐与稳定。

（三）抑恶扬善、伸张正义、维护人民利益的原则

抑恶扬善、伸张正义、维护人民利益的原则，要求律师在解答法律咨询工作中，应当站在国家和人民的立场上，维护国家、集体和公民个人的合法权益，全心全意为群众排忧解难，尽力解答好咨询者提出的问题。对于咨询者的合法权益确实遭受非法侵害的，律师应当刚正不阿，仗义执言，不仅积极为受害者提供法律帮助，旗帜鲜明地支持受害人，而且还应当向有关部门反映，促成问题尽快妥善解决，以抑恶扬善，伸张正义，而不能混淆是非，畏惧权势，或为金钱所左右。

第二节 律师法律咨询的方法和要求

一、律师法律咨询的方法

律师解答法律询问,有口头解答、书面解答和网络解答三种方法,其中口头解答是最主要的方法,书面解答与网络解答也是实践中常用的解答方式。

(一)口头解答

口头解答,是律师对于咨询者提出的问题,用口头方式予以回答。一般情况下,律师对于咨询者提出的问题,都是立即给予解答的,只有遇到情况复杂,需要查阅资料、集体讨论后才能解答的问题,才与咨询者另外约定时间再作解答。

律师接待来访群众,首先,应当填写《法律咨询登记表》,写明咨询者的姓名、性别、年龄、职业、文化程度、民族、工作单位、住址等基本情况,并记明其咨询的主要问题,然后开始听取咨询和解答问题。

律师在听取咨询阶段,应当明确这一阶段的任务主要是弄清楚咨询者陈述的事实和需要解答的问题的实质。律师应当认真、仔细地倾听咨询者的陈述。由于咨询者在年龄、文化程度、社会职业等方面存在差异,因而其表达能力各不相同。对于言语含糊不清、词不达意或杂乱无章、漫无边际的陈述,律师一方面要以高度的责任感和满腔热情耐心倾听,另一方面也要注意引导其说明事实真相和问题实质。并且,对于关键性的事实和情节,律师还应当有针对性地进行提问。根据咨询者情况的不同,律师既可以采取谈心式提问、探讨式提问,也可以采取发问式提问,这几种提问方式也可以交叉、重复使用。提问既可以在咨询者陈述的过程中进行,也可以在咨询者陈述结束以后进行。但提问不宜采取司法机关询问当事人的那种方式,因为那种方式不能使咨询者消除顾虑、信任律师,从而与律师建立良好的心理接触关系,进而愉快、坦率地作出陈述。律师提问的目的是引导咨询者说清问题的核心和本质,以准确地了解事件的主要事实和关键性情节,把握问题的主次,为分析和解答问题提供前提条件。同时,律师在听取陈述过程中,还应当注意查看、阅读咨询者随身带来的有关证据、材料、文件等,核实其陈述是否有根据,是否真实可靠,有无遗漏情节和矛盾现象,以便深入全面地了解事实真相。

律师在听取陈述以后,在对咨询者的询问作出答复以前,应当根据自己所掌握的法律专业知识和有关政策,对咨询者陈述的事实进行综合分析判断。对于情况复杂、涉及面广、把握不准的问题,不要急于作出绝对肯定或绝对否定的答复,而应当从咨询者所陈述的事实中理出头绪,找出实质性和关键性的问题,弄清咨询者的基本要求,然后根据法律和政策,分析判断咨询者的要求是否合理合法,如果合法,就应进一步分析该问题涉及哪些权利义务关系,应通过何种途径解决。律师只有在全面了解事实,对事实进行综合分析判断,找出解决问题的法律依据,并在准确理解法律规定的基础上,所作出的答复和提供的解决问题的方案、建议才会准确无误、有的放矢和切实可行。

(二)书面解答

书面解答,是律师根据法律法规和政策,以书面形式解答咨询者提出的问题。律师在以书面形式解答法律询问时,同样要有针对性,做到有的放矢,而不能答非所问。律师要认真阅读咨询者的来信以及提供的有关材料,分析咨询者叙述的事实是否真实可靠,提出的问题是否合法合理,以尽可能弄清楚咨询者的真实意图和实际情况,使作出的答复重点明确、条理清晰和有针对性。同时,律师在回信时也要注意文字清晰,语言通俗易懂,答复和建议明确具体、切实可行,并且必须有法律、法规、政策作为依据,即在准确理解法律、法规、政策的基础上作出解答。

(三)网络解答

网络解答,是律师对于咨询者的提问,用热线、邮件、在线交流等方式予以解答。网络解答是一种适应现代化网络需求的新型法律咨询方法,伴随网络解答的是"网络律师团"这类新型复合主体。咨询者在发出咨询信息的规定日内即可收到回复意见。在实践中,"网络律师团"一般都设置了专门的秘书处。秘书处的主要工作是负责整理咨询信息,将咨询内容提交办理律师,并在规定日内将律师办理意见反馈给咨询者。网络解答同样要注意语言通俗易懂,做到以事实为基础、以法律和政策为依据。

总之,不管采用何种法律解答方式,对于不合法、不合理的要求,律师都应当耐心地向咨询者解释法律、法规、政策的规定,使其心服口服地放弃明显违法或无理的要求;对于不属于解答范围的问题,律师应当向咨询者说明情况,并告知解决问题的有关途径;对于仅涉及程序法的询问,可以依照法律规定明确地予以答复;对于涉及实体法的询问,如刑事被告人的定罪量刑、民事损害赔偿的具体数额等问题,一般不宜作具体答复。

二、律师法律咨询的基本要求

1. 树立全心全意为群众服务的观念,急群众之所急,为群众排忧解难。对于群众确因合法权益受到侵犯而提出正当要求的,律师不仅应当给予支持和帮助,使其明白自己的要求是受国家法律保护的,而且要尽力为其提出解决问题的最佳方案,使其知道如何运用法律维护自己的权利,以满足群众的要求和需要,从而更好地维护群众的合法权益。

2. 做到文明礼貌,平易近人。律师在接待咨询者时,要文明礼貌,满腔热情,平易近人,否则就会使咨询者产生抵触情绪,影响其如实陈述,并有损律师形象。

3. 律师只是根据咨询者陈述的事实进行解答,一般不需要调查核实有关情况。如果咨询者的陈述是虚假的,并影响了解答的正确性,则律师对所作解答不负任何责任。

4. 解答时语言要通俗易懂,不要故意搬弄法律术语,高深莫测;也不要故弄玄虚,似是而非。对于必须使用的法律术语、法律名词,要尽量用通俗的语言进行解释,使咨询者能够听懂,并且能够理解。在运用法律规定时,要准确无误,指明具体条款。

5. 解答问题要严肃、认真、谨慎。如果发现解答的问题有错误,应当及时向咨询者说明情况,纠正错误,以避免造成不良影响或者给咨询者造成损失。

第十九章　代　　书

第一节　代书概述

一、代书的概念和意义

（一）代书的概念和特征

代书，即律师代写法律事务文书，是指律师代表委托人的合法意志，根据事实和法律，以委托人的名义书写诉讼文书和有关法律事务的其他文书的行为。

根据《律师法》的规定，代写诉讼文书和有关法律事务的其他文书是我国律师的一项重要业务。它具有以下显著特征：

1. 律师代书必须以委托人的名义，并反映委托人的合法意志。律师的代书与律师撰写的辩护词、代理词，尽管都是为了维护委托人的合法权益而书写的法律文书，但辩护词、代理词是以律师自己的名义制作和发表的，而代书必须以委托人的名义书写，否则就不能称之为代书。同时，代书所反映的内容应当符合委托人的合法意志。

2. 律师代书所涉及的内容必须符合事实和法律。以事实为根据、以法律为准绳，这是律师进行各项业务活动都必须遵守的基本准则，代书工作也不例外。律师代书时，在内容上应如实反映客观事实，严格遵守现行法律规定。对于委托人无理的、非法的要求，律师应当耐心说服、劝其放弃，如果委托人仍固执己见，律师有权拒绝代书。

3. 律师代书所产生的法律后果由委托人承担。由于律师代书是以委托人名义书写的，而且反映的是委托人的合法意志，因此，律师代写的法律文书使用后所产生的法律后果理所当然应由委托人承担。如代写起诉状，引起诉讼程序后，在诉讼中享受一定权利和承担一定义务的应是委托人，而不是代书的律师。

4. 律师代写的是法律事务文书，或者说，与国家法律的执行有直接关系的文书，才属于律师代书的范围，如代写起诉状、合同、遗嘱等。

(二)代书的意义

代书作为律师向社会提供法律服务的一种重要方式,对于维护社会主义法治、保障国家法律的正确实施具有十分重要的意义。

首先,有利于维护委托人的合法权益和为群众排忧解难。随着改革开放的深入和社会主义市场经济的进一步发展,运用法律手段调节经济活动显得越来越重要。随之而来,合同、章程、协议等法律事务文书的应用也越来越广泛。律师作为专门的法律工作者,具有丰富的法律知识和娴熟的法律技能,能够正确理解委托人的权利和义务。因此,律师代书能够维护国家、集体和公民个人的合法权益。而且律师的代书也能为那些遇有法律事务而文化偏低、书写困难、不懂法律的公民提供法律上的帮助和方便。

其次,有利于人民法院正确处理案件,顺利开展审判工作。律师根据案件事实和法律书写的、反映委托人意愿的起诉状、上诉状、答辩状等,能够使审判人员从不同的角度了解案件事实,了解当事人的诉讼请求和答辩理由,从而作出公正的裁判。由律师代写其他法律事务文书,如为企业草拟内容周密、严谨、合法的合同文本,既有利于企业的生产经营,又有利于企业预防和减少纠纷。即使发生纠纷,也有利于人民法院准确查明责任,及时处理案件。

最后,有利于宣传社会主义法治,教育公民遵守法律法规。律师在代书过程中对于委托人提出的有关案件事实以及起诉、上诉、答辩的理由,根据法律法规进行分析判断,为其合理、合法的要求代书,劝其放弃无理的诉讼请求,并有针对性地向其宣传法律法规,使案件的当事人和其他有关人员通过具体的事例,明确什么是法律允许的、保护的,什么是法律禁止的,从而有助于委托人增强法治观念、提高遵守法律法规的自觉性。

二、代书的范围

律师代书的范围十分广泛。根据法律事务的不同性质,律师代写的法律事务文书可以分为以下两类:

一是诉讼文书。诉讼文书的代书,通常是律师接受刑事、民事或行政案件当事人的委托,在参与诉讼活动过程中代写的各种法律事务文书。它主要包括诉状类文书和诉讼过程中使用的各种申请书,前者如起诉状、上诉状、答辩状、申诉状等,后者如回避申请书、鉴定申请书、申请执行书、申请撤诉书等。

二是有关法律事务的其他文书,通常也称为非诉讼法律事务文书。非诉讼法律事务文书的代书,主要是指诉讼文书以外的,律师在担任法律顾问、进行非诉讼代理以及接待来访过程中,根据委托人的要求而书写的法律事务文书。这一类文书主要包括合同、公司章程、意向书、声明书、谈判备忘录、项目可行性研究报告、公证申请书、仲裁申请书，以及公民间的一般契约、遗嘱、遗赠扶养协议、收养协议、申请书等，内容十分庞杂。

律师代书的范围，应以以上两类法律事务文书为限。对于不涉及法律问题的一般文稿函件，如思想汇报、工作总结、入党（团）申请书、决心书等，均不属律师代书的范围。至于违法犯罪分子的悔过书、自首书、坦白书等，尽管内容可能涉及法律，但由于这种文书应当表示出违法犯罪者对自己违法犯罪行为的认识、态度，当然不能由律师代书，而应由其本人书写。

三、代书的基本要求

律师的代书，既不是机械地“录事”、简单地“代笔”，也不是文学创作，而是一项法律性、政策性很强的律师业务。律师代书质量的高低、优劣，不仅直接关系到委托人的合法意志能否得到充分体现，而且也直接反映出律师的业务水平，并在一定程度上影响律师在人民群众中的信誉和律师工作的顺利开展。因此，律师代书必须遵守以下基本要求：

1. 目的明确、中心突出。所谓目的明确，是指律师在代写法律事务文书时，要有明确的目的和宗旨，对文书所要解决的实质性问题必须明确、肯定。所谓中心突出，是指律师代书前，应当首先请委托人详细叙述有关事实，并说明代书的目的，以便把握案情、事件或者问题的实质，从而确立论点、突出中心、明确要求，避免在枝节上大做文章。诉讼文书记载的事实要求全面、周详，但这绝不是刻板地、无主次轻重地记“流水账”，而是要反映案件的主要事实，反映案件事实之间的内在联系。对于案件的次要事实，则可以采用概括叙述的方法。

2. 内容客观、理由充分。由于任何法律事务文书，都能够引起相应的法律后果，所以律师代书要力求客观全面地反映真实情况，准确地引用法律规定，实事求是地分析判断，合情合理地提出要求。事实是客观存在的，律师代书要全面反映事实真相，做到客观公正、以理服人，就必须耐心听取当事人的陈述。发现当事人叙述不清、前后矛盾或有遗漏时，应当及时提问，让其作进一步的阐述或补充，从而使案件的情节更加清楚、详细、具体。并且，律师代书前还应当对当事人提供的证据材料进行认真的分析研究，以确定其真实可靠性。对于证据不足的，应当指导当事人及时补充证据材料，以便为其写出事实清楚、证据充分、理由充足的诉讼文书。总之，对于当事人的要求不能“有求必应”，而应当根据事实和法律来论证当事人诉讼请求的正确性和合法性；要善于用事实说话，使事实建立在证据的基础上，做到持之有据，以理服人。只有这样才有助于法庭作出公正的裁决。

3. 用语准确,逻辑严密。法律事务文书要求单一解释,所以用语一定要准确。所谓用语准确,不仅是要求在内容上要准确地叙述事实和引用法律,而且也要求在语言的运用上要准确地遣词造句和使用标点符号。因此律师在代书时,不管是表述事物发生、发展过程,还是分析论证事理或解释某个观点,都必须做到表述准确恰当,逻辑严密,有理有据,文字精炼朴实。绝不能有主观臆断、自相矛盾、违反事理、含糊其词、模棱两可或用华丽辞藻渲染、修饰等现象出现,以免产生歧义和误解。

4. 层次分明、格式规范。为了有效地发挥法律事务文书的法律效能,各类法律事务文书一般都有固定或标准的格式。因此律师代书,不仅要做到内容客观、准确、合法,而且在制作上要规范化。对于有固定要求的结构或式样,不能随意变动和前后倒置。

值得注意的是,代书可以收取费用也可不收取费用。在收费的代书中,相当于有偿的委托合同。相对而言,没有收费的代书行为则相当于无偿的委托合同。对于有偿的委托合同,因受托人的过错给委托人造成损失的,委托人可以要求赔偿损失,其赔偿范围原则上仅限于直接经济损失,对于间接损失一般不予赔偿。对于无偿的委托合同,只有在受托人因故意或重大过失给委托人造成损失的,委托人才可以要求赔偿。

第二节 律师代写诉讼文书

一、诉讼文书的种类

诉讼文书,是指律师在接受当事人的委托参与刑事、民事和行政诉讼的过程中,在特定的诉讼阶段为完成一定的诉讼行为而代写的有关文书。概括地讲,诉讼文书可以分为两类:一类是各种诉状。这主要是刑事、民事或行政案件当事人为维护自己的合法权益而向人民法院提出其诉讼请求和理由的书状,如起诉状、上诉状、答辩状、申诉状等。另一类是各种申请书。这主要是在诉讼过程中,当事人根据诉讼的需要,按照事实和法律规定向司法机关提出某些程序上的申请事项的书状,如回避申请书、鉴定申请书、保全申请书等。在这两类诉讼文书中,每一类所包含的内容都十分广泛,因此我们仅介绍几种常用的诉讼文书的基本写法。

二、律师代写诉状类文书

(一)起诉状

起诉状,通常称为诉状,是当事人或其法定代理人为维护其合法权益而直接向人民法院递交的书面请求。它包括刑事自诉状、民事起诉状和行政起诉状。其中,刑事自诉状是刑事自诉案件的被害人或其法定代理人,根据事实和法律,以自诉人的名义直接向人民法院提起诉讼,要求追究被告人刑事责任的一种法律文书;民事起诉状是民事案件的原告或其法定代理人,为维护自身的民事权益,就有关民事权利、义务的纠纷或争议向人民法院提出诉讼请求的法律文书,一般称为民事诉状;行政起诉状则是公民、法人或者其他组织认为自己的合法权益受到行政机关和行政机关工作人员的行政行为的侵犯,而向人民法院提出诉讼请求,要求人民法院依法予以处理的法律文书,一般称为行政诉状。尽管刑事自诉状、民事诉状和行政诉状的具体内容、引起的法律后果各不相同,但是,在文书的制作上一般都由首部、请求事项、事实和理由、尾部和附项四部分组成。

1. 首部

首部应当写明下列事项:(1)标题。标题要标明“刑事自诉状”、“民事诉状”或“行政诉状”的字样。(2)当事人的基本情况。应分别写明自诉人、原告、被告和第三人的姓名、性别、年龄、民族、文化程度、职业、工作单位、住址、联系方式。如果是数个原告或数个被告,则应按其在案件中的主次,依次写明以上基本情况;如果有附带民事诉讼,则应写明附带民事诉讼的原告人和被告人;如果附带民事诉讼原告人是未成年人,则应在自诉人的下一行写明法定代理人的基本情况;如果当事人是企事业单位、机关、团体,应先写明单位全称和所在地址,另行写明法定代表人的姓名、职务;如果当事人有委托代理人的,则应在原告的下一行写明委托代理人的姓名、职业、工作单位和地址,如果委托律师担任代理人的,则只写律师的姓名和所在律师事务所的名称。

2. 请求事项

这部分应当写明案件当事人要求人民法院解决什么问题,通过诉讼要达到什么目的。如轻伤害案,请求事项可写为“控告被告人×××犯故意伤害罪,请求依法处理并赔偿经济损失”;离婚案,请求事项可写为“诉请与×××离婚”,等等。请求事项是对请求内容所作的高度概括性表述,因此必须简要、明确。

3. 事实和理由

事实和理由是起诉状的主要部分。从总体上讲,在写事实部分时,要本着实事求是的态度,如实地反映案件的真实情况,不能随意夸大或缩小。在写理由部分时,则要注意摆事实讲道理,要运用证据来证明案件事实,使提起诉讼的理由建立在事实清楚、证据确实的基础上。同时也要准确、恰当地援引法律、法规规定，以使理由部分有据可查，有法可依。

由于刑事、民事和行政诉状用于不同的诉讼中，具体内容各不相同，因此书写时要注意根据案件性质的特点而有所区别。具体而言，如果是刑事自诉状，在事实部分应当写明被告人犯罪的具体事实，包括犯罪的时间、地点、手段、情节和危害结果等，并且应当列出证明犯罪事实的证据材料。其中，对于证人，应当写明其姓名、住址、职业、工作单位；对于物证、书证、视听资料，应写明其名称及来源。在理由部分，应当写明对事实部分的分析，并援引相应的法律条款论证案件的性质和情节，即指出所控被告人的犯罪性质、造成的危害、构成的罪名以及追究刑事责任的法律条款。

如果是民事诉状，在事实部分应当围绕诉讼目的，写明民事纠纷发生的时间、地点、人物、事件、原因和结果，其中着重应写明双方争执的民事权益的具体内容和焦点。要对诉状中所列举的主要事实提供证据加以证实，并说明证据的来源，以供法院查证。在理由部分则应对民事纠纷进行分析，通过分析阐明因果关系以及双方权利义务和责任有无、大小，并且准确、恰当地援引法律条文，以有理、有据地说明提出诉讼请求的理由。

如果是行政诉状，在事实部分同样要写明案件发生的时间、地点、人物、事件、原因和结果等案件情况。由于行政诉状是行政诉讼的原告在认为自己的合法权益受到行政机关和行政机关工作人员行政行为侵犯的情况下，向人民法院提出诉讼请求、要求依法予以处理的法律文书，因此在叙写事实部分时，要注意实事求是地写明原告一方引起行政机关作出行政行为的事实，行政机关作出行政行为的经过情况和详细内容，以及原告对行政行为是否申请过复议，复议机关是否改变原行政行为等。虽然根据《行政诉讼法》第 34 条的规定，被告对作出的行政行为负有举证责任，应当提供作出该行政行为的证据和所依据的规范性文件。但这并没有完全免除原告的举证责任，原告对自己的主张亦应提供有关的证据予以证实，并说明证据的来源。在叙写理由时，应当通过对案件事实的分析，阐明不服行政机关和行政机关工作人员行政行为而起诉的理由，并引用相应的法律、法规或规章以支持自己的诉讼请求。如果原告认为行政机关作出的行政行为所适用的法律、法规或规章不当的，应当在理由部分援引法律、法规或规章的有关条款加以说明。

不管是刑事自诉状、民事诉状还是行政诉状，在写完事实和理由后，应当提出具体、明确的请求目的，以供受诉法院参考。如刑事自诉状，在行文上可写“综上所述，被告人×××已构成××罪，根据《中华人民共和国刑事诉讼法》第×××条的规定，特向法院起诉，请依法判决”。

4. 尾部和附项

起诉状的结尾部分，首先应写明诉状送交的法院的名称，即“此致”“×××人民法院”。其次由起诉人签名盖章，并注明起诉日期。

起诉状的附项部分，应写明本诉状副本件数、证据的名称和来源；有证人的，应载明证人的姓名、住所、联系方式等。

几类起诉状的格式大致如下：

刑事自诉状

自诉人：姓名、性别、年龄、民族、文化程度、职业、工作单位、住址、联系方式。

委托代理人：姓名、性别、年龄、民族、文化程度、职业、工作单位、住址、联系方式（如果委托代理人是律师，只写律师姓名，××律师事务所律师）。

被告人：姓名、性别、年龄、民族、文化程度、职业、工作单位、住址、联系方式。

请求事项：（具体的诉讼请求）

事实和理由：（被告人实施犯罪的时间、地点、手段、情节和危害后果等。有附带民事诉讼请求的，还须写明所依据的事实和证据。理由应阐明被告人构成的罪名和法律依据）

此致

________人民法院

自诉人：______（签名盖章）

年　月　日

附：1. 本状副本____份；

2. 证据的名称、来源等；

3. 证人的姓名、住所、联系方式等。

民事诉状

原告：姓名、性别、年龄、民族、职业、工作单位、住所、联系方式，法人或者其他组织的名称、住所和法定代表人或者主要负责人的姓名、职务、联系方式。

委托代理人：姓名、性别、年龄、工作单位、职务、住址、联系方式（如果委托代理人是律师，只写律师姓名，××律师事务所律师）。

被告:姓名、性别、工作单位、住所等信息,法人或者其他组织的名称、住所等信息。

第三人:(项目同原告)

诉讼请求:______________________________

事实和理由:______________________________

此致

________人民法院

起诉人:______(签名盖章)

年 月 日

附:1. 本状副本____份;

2. 证据的名称、来源等;

3. 证人的姓名、住所、联系方式等。

行政诉状与民事诉状格式大体相同,书写行政诉状,可参考民事诉状的格式。

(二)上诉状

上诉状,是当事人或其法定代理人,不服地方各级人民法院第一审判决、裁定,在法定期限内,依照法定程序要求上一级人民法院重新审理的一种诉讼文书,包括刑事上诉状、民事上诉状和行政上诉状。

上诉状与起诉状不同,它是享有上诉权的当事人在法定期限内针对一审法院尚未生效的判决、裁定提出的,是提起二审程序所必需的法律文件。上诉状的制作,在结构上由首部、上诉请求、上诉理由、尾部和附项四部分组成。

1. 首部

首部应写明以下内容:(1)标题。写明"刑事上诉状"、"民事上诉状"或"行政上诉状。"(2)上诉人的基本情况。写明上诉人的姓名、性别、年龄、民族、职业、工作单位、住所、联系方式。除了刑事公诉案件以外,刑事自诉案件和民事、行政案件还应当列明与上诉人相对应的一方即被上诉人的基本情况。如果上诉人或被上诉人是机关、企事业单位和团体,应当写明单位全称和法定代表人的姓名、职务。如果有辩护人或委托代理人的,还应当写明其姓名、职业、工作单位。(3)案由。写明原审案由,即写明上诉人因何案不服何法院何时、何字、何号判决或裁定而提出上诉。

2. 上诉请求

上诉请求主要写明上诉人对原审判决、裁定是全部不服，还是部分不服。即明确、概括地说明是请求第二审法院撤销原判，重新审理，全部改判，还是对原审判决、裁定只作部分变更。

3. 上诉理由

上诉理由是上诉状最重要的部分，从实质上讲，它是对上诉请求的具体论证。因此，代书的律师书写这部分内容时，一定要反复推敲，仔细分析。一般而言，上诉状都是从原审判决、裁定认定事实有错误，证据不足，或者原审判决、裁定适用法律不当，定性、定罪不准，或者原审判决、裁定违反法定诉讼程序等几个方面提出上诉理由，进而有针对性地根据事实、证据、法律加以论证的。

4. 尾部和附项

这一部分应当写明上诉状呈送机关，上诉人签名盖章和上诉的时间，并写明上诉状副本、物证、书证的件数。几类上诉状的格式大致如下：

刑事上诉状

上诉人（刑事案件被告人、刑事自诉案件自诉人、刑事附带民事诉讼原告人或被告人）：姓名、性别、年龄、民族、文化程度、职业、工作单位、住所、联系方式。

辩护人（或委托代理人）：姓名，××律师事务所律师。

被上诉人（刑事自诉案件自诉人或被告人、刑事附带民事案件原告人或被告人，刑事公诉案件被告人提出上诉时不列被上诉人）：姓名、性别、年龄、民族、文化程度、职业、工作单位、住所、联系方式。

上诉人因____________案，不服________人民法院________年____月____日____字第——号刑事判决（或裁定），现提出上诉。上诉的请求和理由如下：

上诉请求：____________________________________

上诉理由：____________________________________

此致

________人民法院

上诉人：______（签名盖章）

年　月　日

附：1. 上诉状副本____份；

2. 证据的名称、来源等;

3. 证人的姓名、住所、联系方式等。

民事上诉状

上诉人:姓名、性别、年龄、民族、职业、工作单位、住所、联系方式,法人或者其他组织的名称、住所和法定代表人或者主要负责人的姓名、职务、联系方式。

委托代理人:姓名、性别、年龄、工作单位、住址、联系方式(如果委托代理人是律师的,只写律师姓名,××律师事务所律师)。

被上诉人:(项目同上诉人)

上诉人因__________案,不服______人民法院______年____月____日____字第____号民事判决(或裁定),现提出上诉。上诉请求和理由如下:

上诉请求:______________________________

上诉理由:______________________________

此致

______人民法院

上诉人:______(签名盖章)

年 月 日

附:1. 上诉状副本____份;

2. 证据的名称、来源等;

3. 证人的姓名、住所、联系方式等。

行政上诉状和民事上诉状格式大体相同,书写行政上诉状,可参考民事上诉状的格式。

(三)答辩状

答辩状,是指在诉讼过程中,被告针对原告的起诉状,或被上诉人针对上诉人的上诉状的内容所作的辩解、答复的诉讼文书。答辩状作为与起诉状、上诉状相对应的一种法律文书,分为刑事答辩状、民事答辩状和行政答辩状。

刑事自诉案件、民事案件、行政案件的被告人、被上诉人,在收到人民法院送达的原告(人)的诉状副本、上诉人的上诉状副本以后,如果认为起诉或上诉的事实和理由有错误,就可以提出旨在反驳对方无理的或者违法的起诉、上诉,阐明自己合理、合法要求的答辩状，从而维护自己合法权益。

答辩状一般由首部、答辩的理由和答辩意见、尾部三部分组成。

1. 首部

首部应当依次写明：(1)标题。写明“答辩状”。(2)答辩人的基本情况。写明答辩人的姓名、年龄、民族、职业、工作单位、住址、联系方式，法人或者其他组织的名称、住所和法定代表人或者主要负责人的姓名、职务、联系方式。(3)答辩的案由。一审答辩状应写明对何人对何案的起诉进行答辩；二审答辩状应写明对何人对何案的上诉进行答辩。

2. 答辩的理由和答辩意见

同起诉状、上诉状一样，这一部分是答辩状的最重要的部分。答辩人在答辩的理由部分要明确回答对方的诉讼请求，并阐明自己对案件的主张和理由。答辩一定要有针对性，要针对起诉状、上诉状所列举的事实、证据、理由以及所援引的法律规定，充分、准确地进行答辩。而且在答辩中可以提出新的事实和理由，如果需要提起反诉，一审答辩状还可以结合答辩进行反诉。总之，提出的答辩理由应当合情、合理、合法，要根据事实、证据、法律进行答辩，切忌强词夺理或空发议论。在充分阐明答辩理由的基础上，答辩人在答辩意见部分应当运用综合归纳的方法，明确提出自己的答辩意见，是完全不接受对方的诉讼请求，还是部分不接受对方的诉讼请求，并根据事实和法律提出自己对处理本案的主张，以供法院裁判时考虑。

3. 尾部

尾部应写明答辩状送交的人民法院，答辩人签名盖章和答辩的时间。

答辩状的格式大致如下：

答 辩 状

答辩人：姓名、年龄、民族、职业、工作单位、住址、联系方式，法人或者其他组织的名称、住所和法定代表人或者主要负责人的姓名、职务、联系方式。

委托代理人：姓名、性别、年龄、工作单位、职务、住址、联系方式(如果是律师，只写律师姓名，××律师事务所律师)。

答辩人因＿＿＿＿＿＿＿＿一案，现提出答辩如下：

此致

＿＿＿＿人民法院

答辩人:_____(签名盖章)

年 月 日

附:1. 申诉状副本____份;

2. 证据的名称、来源等;

3. 证人的姓名、住所、联系方式等。

(四)申诉状

申诉状,是刑事、民事、行政案件的当事人及其法定代理人等,不服已经发生法律效力的判决、裁定、调解书、不起诉决定等,而向人民法院或人民检察院提出的要求对案件予以重新处理的一种诉讼文书。

申诉状的特点表现为:申诉状所针对的是已经发生法律效力的判决、裁定、调解书和不起诉决定等;刑事、行政诉讼当事人的申诉不受时间限制,无论判决或裁定已经生效多长时间,只要认为在认定事实、适用法律等方面有错误,就可以提出申诉,民事诉讼当事人的申诉应当在判决、裁定发生法律效力后6个月内提出;申诉状的提交,并不必然引起审判监督程序。因为申诉状不同于上诉状,上诉状针对的是未生效的判决、裁定,它一经送交就必然引起二审程序;而申诉状针对的是已生效的判决、裁定等,为了保证判决、裁定的稳定性、严肃性,只有判决、裁定确有错误时,为保护申诉人的合法权益才会引起对案件的重新处理程序即审判监督程序。

申诉状通常由首部、请求目的、事实和理由、尾部四部分组成。

1. 首部

首部应当依次写明:(1)标题。写明“刑事申诉状”、“民事申诉状”或“行政申诉状”。(2)申诉人的基本情况。写明申诉人的姓名、性别、年龄、民族、职业、工作单位、住址、联系方式。如果申诉人在押的,应写明羁押的处所;如果是当事人的近亲属申诉的,应写明申诉人的姓名、职业、年龄以及与当事人的关系,并写明当事人的姓名、性别等基本情况;如果是民事案件当事人,还应当写明对方当事人的基本情况。(3)案由。写明申诉人因何案不服哪个人民法院或人民检察院的何字、何号判决、裁定或不起诉决定等。

2. 请求目的

应当简要、明确地提出申诉要求,即请求司法机关解决什么问题。例如,针对判决、裁定提出的申诉,应当写明是请求人民法院撤销原判,重新审理,还是请求人民法院全部或部分改判。

3. 事实和理由

事实和理由是申诉状的核心部分。书写时,一定要有针对性,应当针对生效判决、裁定等在认定事实上、适用法律上或诉讼程序上存在的严重错误，提出事实、证据和理由，并准确、恰当地援用有关法律条款加以反驳和申辩。只有事实清楚、证据确实、理由充分、论证有力的申诉状，才有利于司法机关重新处理案件。

4. 尾部

尾部应当写明申诉状送交的机关，申诉人签名盖章以及具状的时间。

申诉状的格式大致如下：

申 诉 状

申诉人：姓名、性别、年龄、民族、工作单位、住址、联系方式。

申诉人因____________一案，不服______人民法院（或人民检察院）_______年____月____日____字____号（刑事、民事或行政）判决（裁定或决定），现提出申诉。

申诉的事实和理由：____。

综上所述，申诉人请求：（以下写明具体请求）____。

此致

______人民法院（或人民检察院）

申诉人：_____（签名盖章）

年 月 日

附：1. 申诉状副本____份；

2. 证据的名称、来源等；

3. 证人的姓名、住所、联系方式等。

三、律师代写其他诉讼文书

律师代写其他诉讼文书，主要是指律师代写适用于诉讼过程中的各类申请书。具体说，在刑事诉讼过程中经常使用的申请书有：回避申请书、重新鉴定申请书、通知证人到庭作证申请书、执行附带民事诉讼判决申请书、撤回自诉申请书等。在民事诉讼、行政诉讼过程中经常使用的申请书有：回避申请书、鉴定申请书、调取证据申请书、先行给付申请书、保全申请书、撤诉申请书、执行申请书、宣告失踪人死亡申请书和认定公民无行为能力申请书等。由于诉讼过程中的各类申请书种类繁多,且一书一式,内容简单,结构简明,因此无法一一列举。但一般情况下,应当写明以下内容:

(一)首部

首部应当首先写明标题,如"回避申请书"或"执行申请书"等;其次,在标题的下方应当写明申请人的姓名及其基本情况。

(二)请求事项

这部分应当简要地写明申请人就何事项向有关司法机关提出申请,或者通过申请要求司法机关解决什么问题。

(三)事实和理由

同各类诉状的"事实和理由"部分一样,这部分也是各类申请书的主体部分。代书的律师应当根据事实和法律,准确、具体地写明申请的事实、理由、目的和具体要求,从而使司法机关了解、明确申请人的意愿,以便作出相应的处理。

(四)尾部和附项

尾部应写明送交的机关、申请人的姓名(签名盖章)和申请的时间。在附项中,如有附送的证据,应当注明证据的名称及件数。

第三节　律师代写非诉讼法律事务文书

一、律师代拟合同

《民法典》中所称的合同,是指民事主体之间设立、变更、终止民事法律关系的协议。合同的种类很多,有买卖合同、赠与合同、借款合同、租赁合同、承揽合同、运输合同、技术合同,等等。律师在接受委托人的委托代拟合同时,一方面要注意审查合同的有效要件,另一方面也要注意不同类型合同的不同书写格式。

(一)审查合同的有效要件

合同的有效要件,是指合同具有法律效力的条件。只有符合法定条件的合同才具有法律效力,受国家法律保护。因此律师代书时,应当根据有关法律规定,注意从以下几个方面对合同进行审查:

1. 审查签订合同的当事人是否具有合法资格和履行合同的能力。合同的双方当事人,必须具备民事主体资格,有签订合同的权利能力和行为能力,有合法的经营范围和具备履行合同的生产经营条件等,否则所签订的合同无效。

2. 审查合同的内容是否符合国家的政策和法律。合同作为一种法律文书,必须遵守国家的政策和法律。合同的内容如果与政策、法律相抵触、相违背,损害国家和人民的利益,即使双方当事人同意,也不发生法律效力。而且视具体情况,还要追究有关人员的法律责任。

3. 审查签订合同的当事人的意思表示是否真实。合同双方当事人的法律地位是平等的,双方应当在平等协商的基础上就合同的内容取得一致的意见,任何一方不能凭借自己的权势、优势,把自己的意志强加给对方。否则签订合同就不能达到当事人预期的法律效果。

律师审查以上几方面情况后,在代书合同时还应当注意合同的格式。即凡是国家法律有规定的形式的,必须采用法律规定的形式;凡是国家主管部门制订了统一标准合同形式的,必须采用标准合同形式。

(二)合同的制作

在各种合同中,不同性质的合同,当事人所要实现的目的各不相同,这就决定了合同的具体内容也有所不同,律师代书时必须注意这一点。但从结构上讲,合同一般都包括首部、合同序言、合同内容和尾部四个部分。

1. 首部

首部应当依次写明:(1)合同的名称、编号、签订日期。其中在合同名称一栏中,应当写明合同的性质,如"买卖合同""运输合同""承揽合同"等。(2)签订合同双方当事人的名称、地址。如果合同当事人是企事业单位、机关、团体的,应当写明签订合同的单位名称、详细地址、法定代表人姓名和职务。

2. 合同序言

合同序言部分,应当简要地写明当事人订立合同所要达到的目的,以及依据的原则和遵循的有关法律规定。

3. 合同内容

合同内容,是合同双方当事人就相互权利义务关系所达成协议的主要条款。它是合同的核心部分,是合同合法性、有效性的凭证,是当事人履行合同、承担法律责任的依据。律师代书这一部分内容时,要根据合同的性质以及当事人要达到的目的,来确定代书的合同应当包括的条款。合同的内容由当事人约定,一般包括以下条款:(1)标的;(2)数量;(3)质量;(4)价款或者报酬;(5)履行期限、地点和方式;(6)违约责任;(7)解决争议的办法。

总之,合同内容必须明确、具体、完整,否则极容易引起争议,影响民事、经济活动的正常进行,给双方或一方造成损失。实践中,合同发生争议,往往是因为合同内容,或者说合同主要条款规定得不明确、不具体或残缺不全等原因所引起的。如标的不明,数量、质量不明,或交货日期、地点不明,没有规定违约责任或违约责任规定笼统,等等。

4. 尾部

尾部应当写明合同生效的方式和时间,以及合同的份数,并由签约人签名盖章。如果签约人是法人,合同上则应有法人单位的印章或合同专用章,并由其法定代表人或合法代理人签字。如果合同是由双方主管部门证明,或经过公证、鉴证的,还要写明有关单位的名称,并加盖公章。由律师代书的,应当写明律师的姓名及所在的律师事务所、代书的日期。

由于合同种类繁多,形式多样,因此无法一一列举,下面仅以买卖合同的格式为例加以说明。

买卖合同是出卖人转移标的物的所有权于买受人,买受人支付价款的合同。根据《民法典》第596条的规定,买卖合同的内容一般包括标的物的名称、数量、质量、价款、履行期限、履行地点和方式、包装方式、检验标准和方法、结算方式、合同使用的文字及其效力等条款。工业企业供销一般产品的买卖合同格式大致如下:

买卖合同

供方(甲方):____________ 合同编号:____________

需方(乙方):____________ 鉴证编号:____________

签订日期:________年____月____日

经双方协商一致,签订本合同,以共同遵守。

一、供方向需方提供下列产品:

产品名称	牌号商标	规格型号	计量单位	数量	单价(元)	总金额(元)	交、提货时间
							年 月 日 年 月 日 年 月 日 年 月 日
合计金额(元)							

二、质量标准:____

三、交、提货方法,运输方式:____________________________

到货地点:自____________至____________,费用负担:____________

四、合理损耗及计算方法:________________至________________

五、包装(内外)质量标准及费用负担:________________

六、验收方法及地点:________________

七、结算方式和结算期限:________________

八、违约责任:________________

九、争议解决方式:________________

十、其他约定或事项:________________

十一、说明事项

1. 本合同依法签订,即具有法律效力,双方应严格执行,任何一方不得擅自变更或解除。如一方因故需要变更或解除时,应经双方协商同意,另立协议,否则本合同仍然有效。

2. 国家法律、法规规定或双方当事人要求鉴证或备案的合同,应送交工商行政管理部门鉴证或备案。

3. 本合同有效期为:________年____月____日至________年____月____日止。

供方 单位名称(章) 单位地址: 法定代表人: 开户银行: 账号: 电话: 传真: 邮政编码:	需方 单位名称(章) 单位地址: 法定代表人: 开户银行: 账号: 电话: 传真: 邮政编码:	鉴(公)证机关 (章) 鉴(公)证人: 鉴(公)证日期: 年　月　日

二、律师代写公司法律事务文书

公司是企业法人的一种形式,是顺应社会主义市场经济发展的需要,而在全国涌现出的各种类型的经济组织。公司作为经济实体,在发展生产、活跃流通、交流经济技术信息、实现工农商联营以及提供多种服务等方面,都不可避免地会涉及许多法律问题,因此,律师为公司代写法律事务文书,就成为一项经常性的工作。

公司法律事务文书的范围十分广泛,除合同以外,经常采用的还有章程、意向书、谈判备忘录、声明书、项目可行性研究报告等。

(一)公司章程

公司章程是根据国家法律法规,明确表达公司创办人及其成员的愿望和目的,规定公司的宗旨、组织原则、经营管理方法等重大事项,明确公司权利必备的基本法律文件。章程一经登记,就对公司具有约束力,成为公司必须遵守的规范性文件。而作为规范性文件,章程必须明确、具体,文字严谨,内容符合国家政策和法律。因此,在很多情况下,公司章程都由律师代为起草。公司章程主要由以下几部分组成:

1. 总则

总则部分应当写明:(1)公司的名称、住所及其经济性质。经主管机关核准登记的名称是公司的法定名称,而公司的经济性质与公司的名称是直接相联系的,在章程的开头应当准确反映出来,并且要根据公司的所有制性质、行业特点或者承担债务的责任形式等,尽量反映该公司的主要经营项目。如"××期货股份有限公司""××技术开发公司"。(2)公司的宗旨。应当简明扼要地写明公司创办的目的。如"×××公司的宗旨为,使用××先进技术,生产和销售××产品,达到××水平,获取合营各方满意的经济效益。"(3)公司注册资金及其主要来源、盈亏分担。应当如实写明公司注册资金的数额,以真实地反映该公司可能拥有的最大业务能力。如果该公司是联营、合营等性质的公司,还应当写明联营、合营等各方出资认缴的情况以及出资方式。

2. 经营范围和经营方式

这是公司章程不可缺少的重要部分。这一部分要全面、准确地概括公司的业务范围和内容,即应当写明公司有权交易的权限范围、种类和程度,以及公司进行生产经营的具体形式、规模和内外销售比例。如"××公司的经营范围为:设计、制造和销售××产品以及技术服务";"××公司的经营方式为批发零售,产供销结合"等。

3. 领导体制和组织机构

这也是公司章程必须记载的内容。这一部分应当写明公司实行何种管理体制,如董事会领导下的经理负责制;应当写明公司的管理机构及其分支机构的设立,如董事会、董事长、总经理的产生及其职权,公司企业的分支机构的设立及其地址等。

4. 经营管理

这一部分应当写明公司的经营管理制度、公司的发展规划和经营目标;公司的利润分配形式和劳动报酬分配方法;公司的财务、外汇、会计、审计;公司的人员培训、各种规章制度等。

5. 附则

附则主要写明其他需要说明的事项,如章程的修改、解释,公司的存在期限,公司的解散等。

对于有限责任公司和股份有限公司,《公司法》第25条、第81条明确规定了公司章程应载明的事项，这是律师在代书时必须注意的。

(二)意向书、项目可行性研究报告、谈判备忘录、声明书

意向书、项目可行性研究报告、谈判备忘录、声明书等，也是律师经常代写的法律文书。此类文书多用于签订合同的准备阶段、合同谈判中，或者用于维护委托人的某项合法权益。而且，此类文书在写法上没有固定格式，主要按委托人的要求并根据事实和法律来制作。

用于签订合同准备阶段的意向书，应当写明合同双方的名称、国籍、详细地址，以及准备签订合同的意向和内容，在尾部还应当有双方的签字盖章。

项目可行性研究报告也是用于合同签订前的一种法律文书，主要是为了使开发、引进的项目取得预期的效果，而从经济、技术、法律三个方面对项目进行的科学分析和论证，以确定是否开发、引进，如何开发、引进，从而为决策者提供可靠的依据。项目可行性研究报告一般应写明以下内容：项目的名称、开发或引进方式、开发或引进单位名称、上报单位名称；开发或引进项目的经济效益分析；对国内外市场的预测；该项目（技术）的专利情况以及对该项目有关法律问题的分析研究。

用于合同谈判中的谈判备忘录，其格式是很不统一的。但作为一种书面文件，应当如实反映谈判中的主要内容，并应当写明谈判双方代表的姓名、代表的单位名称、国籍、谈判的时间等。

用于维护委托人某项合法权益（如维护专利权、商标专用权等）的声明书，其应用范围十分广泛。只要对某个有法律意义的问题或情况的立场、态度、主张有公开说明的必要，都可以使用。声明书尽管没有统一格式，但制作时一般应当写明以下几点：(1)标题。应写明"关于×××的声明"或"×××声明书"。(2)正文。直接写明声明的事项，包括声明的原因、内容。必要时也可以提出对声明事项不尊重者应承担的责任。(3)声明人的落款和日期。

三、律师代写公民法律事务文书

律师为公民代写法律事务文书，是律师为公民提供法律服务，维护公民合法权益的一种重要方式。日常生活中，公民在进行某种法律行为时，需要由律师代写的具有法律意义的文书主要有各种契约、协议、遗嘱等。下面仅就遗嘱、遗赠扶养协议书、收养协议书的代书进行介绍。

(一)遗嘱

遗嘱是立遗嘱人生前在法律允许的范围内按照法律规定的方式处分自己的财产或者事务，并于遗嘱人死后发生法律效力的法律行为。遗嘱作为一种法律行为，必须符合法定条件，才能发生法律效力，因此律师代书遗嘱首先应当根据有关法律

规定,审查遗嘱的有效要件。主要包括:立遗嘱人在立遗嘱时是否具有完全的民事行为能力;立遗嘱人的意思表示是否真实;遗嘱所处分的财产是否立遗嘱人的个人合法财产以及遗嘱的内容、形式是否合法。律师代书遗嘱,应当真实地体现立遗嘱人的意愿,如果发现遗嘱内容有违反法律、法规的情况,如立遗嘱人剥夺未成年人、老弱病残近亲属的继承权,律师应当向其指出,使其修正错误,以保证遗嘱的合法性。

遗嘱的制作没有固定格式,一般应写明以下内容:

1. 首部

首部应在标题一栏写明"×××遗嘱",并在标题下方写明立遗嘱人的姓名、性别、年龄等基本情况。

2. 立遗嘱的原因

这部分主要是简要地写明立遗嘱人处理自己遗产的内心起因,如"身患重病,且病情不断恶化"或"无子女,无近亲,生前生活全靠邻居×××照料"等。

3. 遗嘱对财产的处理

这一部分是遗嘱最重要的组成部分,应当明确、具体,以便于遗嘱的执行。因此,应当写明要处理的财产的名称、数额、财产分割意见,有关继承人的姓名、应得财产的具体数额,以及其他有关要求和事项。

4. 尾部

首先,由立遗嘱人签名或盖章;然后根据《民法典》第1135条的规定,代书遗嘱应当有两个以上见证人在场见证,由其中一人代书,并由遗嘱人、代书人和其他见证人签名,注明年、月、日。因此,见证人、代书的律师也应当签名盖章;最后注明立遗嘱的时间。

(二)遗赠扶养协议书

遗赠扶养协议书,是遗赠人与扶养人之间订立的关于扶养人承担遗赠人生养死葬义务,而遗赠人的财产的全部或一部在其死后转归扶养人所有的协议。遗赠扶养协议是法定的遗产转移的一种方式,律师代书时,要严格按照有关法律规定进行,注意审查:协议的双方当事人是否具有行为能力,协议是否是双方当事人一致的意思表示,协议双方是否存在法定扶养关系等。在制作这种文书时,应当注意写明以下内容:

1. 标题。写明"遗赠扶养协议"。

2. 遗赠人、扶养人的姓名、性别、年龄等基本情况。

3. 订立遗赠扶养协议的原因。

4. 遗赠扶养双方的权利义务,这是协议的核心部分,应当明确、具体。遗赠内容应写明遗赠财产的名称、数量、处所;扶养内容应写明提供扶养的具体内容、办法和期限。

5. 尾部,首先由立遗赠扶养协议的双方签名盖章;其次由见证人及代书律师签名盖章;最后注明订立协议的日期。

(三)收养协议书

收养协议书是收养人与他人订立的关于收养人领养他人子女为自己子女的书面协议。我国法律保护合法的收养关系,即只要收养人、送养人以及被送养人符合法定条件,三方自愿,并且订有书面文字协议作依据,收养关系就受法律保护。

收养协议书,一般应写明以下内容:

1. 标题。写明"收养协议书"。

2. 当事人的基本情况。这部分应依次写明:(1)送养人的姓名、性别、年龄、籍贯、职业、住址,与被收养人的关系;(2)收养人的姓名、性别、年龄、籍贯、职业、住址;(3)被收养人的姓名、性别、年龄、籍贯、住址。

3. 协议内容。首先写明收养、送养的原因。如果收养人与送养人之间有亲属关系的,还应当写明这种关系。然后明确、具体地写明协议的条款,以避免将来产生争议。

4. 尾部。首先由订立收养协议的送养人和收养人签名盖章;其次由证明人及代书律师签名盖章;最后注明订立协议的日期。